DIE DIGITALE PRIVATKOPIE GEM. § 53 UrhG IN DER MUSIKBRANCHE

Inauguraldissertation

zur Erlangung der Doktorwürde
der Juristischen Fakultät der
Ruprecht-Karls-Universität Heidelberg

vorgelegt von

Stefan-Frederick Staudacher
Rechtsreferendar aus Hamburg
2008

Berichterstatter: Prof. Dr. Dr. h. c. mult. Erik Jayme
Prof. Dr. Winfried Tilmann

Bibliographische Information der Deutschen Nationalbibliothek

Die Deutsche Nationalbibliothek verzeichnet diese Publikation in der deutschen Nationalbibliografie; detaillierte bibliographische Daten sind im Internet über http://dnb.d-nb.de abrufbar.

ISBN: 978-3-8370-5809-3

Kontakt: sf.staudacher@alumni.uni-heidelberg.de

Herstellung und Verlag: Books on Demand GmbH, Norderstedt

Meinen Eltern

Vorwort

Die vorliegende Arbeit wurde im Wintersemester 2007/2008 von der Juristischen Fakultät der Ruprecht-Karls-Universität Heidelberg als Dissertation angenommen. Das „Zweite Gesetz zur Regelung des Urheberrechts in der Informationsgesellschaft“ (sog. Zweiter Korb) vom 26. Oktober 2007 wurde umfassend einbezogen. Literatur und Rechtsprechung wurden bis Februar 2008 berücksichtigt.

Von dem Entschluss, diese Arbeit anzufertigen, bis zu dem nun endlich vorliegenden Buch war es ein weiter Weg, auf dem mich Gott begleitet hat, aber den ich ohne die Hilfe anderer nicht gemeistert hätte:

Dank schulde ich meinem Doktorvater, *Prof. Dr. Dr. h. c. mult. Erik Jayme*, der mich mit diesem brisanten Thema offen empfangen und stets vorbehaltlos und außerordentlich freundlich betreut hat. Ich danke *Prof. Dr. Winfried Tilmann* für die rasche Erstellung des Zweitgutachtens.

Danken möchte ich weiterhin *Prof. Dr. Reto M. Hilty* und dem

Max-Planck-Institut für Geistiges Eigentum,
Wettbewerbs- und Steuerrecht

für das großzügige Stipendium, die einmaligen Arbeitsbedingungen am Marstallplatz in München, die Möglichkeit, an weiterbildenden Seminaren im In- und Ausland teilzunehmen und vor allem die Einbindung in das Institut mit seinen herzlichen und kompetenten Mitarbeitern und Stipendiaten aus aller Welt. Besonders danke ich meinem Betreuer *Dr. Christophe Geiger*.

Ich danke *Manfred Gillig-Degrave, Peter James, Stephan Grulert, Dr. Hans-Martin Gutsch, Walter Lichte* und *Stefan Weikert*, die mir in Interviews die Musikbranche näher gebracht haben, sowie insbesondere *Michael Baur* für die Herstellung der Kontakte.

Für die unermüdliche Durchsicht des Manuskripts und viele wertvolle Anregungen danke ich vor allem meinen Brüdern *Niklas* und *Patrick Staudacher*. Große Hilfe geleistet haben auch *Marcel Mann* sowie *Anna-Katharina Loose*, die in der letzten Phase der Arbeit zudem viel

Verständnis aufgebracht und darüber hinaus die Cover-Zeichnung entworfen hat.

Für die Begleitung in der Zeit der Erstellung der Dissertation in München danke ich außerdem *Sebastian Wenig, Michael Henßler* und besonders *Dr. Jan Keller*.

Ich danke darüber hinaus der Kanzlei *Klaka* in München für die Möglichkeit, dort promotionsbegleitend wertvolle Erfahrungen zu sammeln.

Der größte Dank gebührt meinen Eltern, *Karin* und *Dr. Frank A. Staudacher*, ohne deren Hilfe und Unterstützung diese Arbeit mit Sicherheit nicht zustande gekommen wäre. Ihnen ist diese Arbeit in Liebe und Dankbarkeit gewidmet.

Hamburg, März 2008 *Stefan-Frederick Staudacher*

Inhaltsübersicht

Inhaltsverzeichnis

Abkürzungsverzeichnis

a. A.	andere Ansicht
a. a. O.	am angegebenen Ort
a. E.	am Ende
a. F.	alte Fassung
ABl.	Amtsblatt der Europäischen Gemeinschaft
Abs.	Absatz
BB	Betriebs Berater
BGB	Bürgerliches Gesetzbuch
BGBl.	Bundesgesetzblatt
BGH	Bundesgerichtshof
BGHZ	Entscheidungen des Bundesgerichtshofs in Zivilsachen (amtliche Sammlung)
BR-Drucks.	Bundesrats-Drucksache
BT-Drucks.	Bundestags-Drucksache
BVerfG	Bundesverfassungsgericht
BVerfGE	Entscheidungen des Bundesverfassungsgerichts (amtliche Sammlung)
bzgl.	bezüglich
bzw.	beziehungsweise
c't	c't Magazin für Computertechnik
CD	Compact Disc
CD-DA	Compact Disc Digital Audio
CPI	Code de la propriété intellectuelle (französisches Urheberrechtsgesetz)
ders.	derselbe
dies.	dieselbe
DMV	Deutscher Musikverleger Verband

DOV	Deutsche Orchestervereinigung e.V.
DPMA	Deutsches Patent- und Markenamt
DRM	Digital Rights Management
EGBGB	Einführungsgesetz zum Bürgerlichen Gesetzbuche
EGV	Vertrag zur Gründung der Europäischen Gemeinschaft in der Fassung des Vertrags von Nizza vom 21.02.2001, BGBl. 2001 II S. 1667, 1671
EMRK	Konvention zum Schutz der Menschenrechte und Grundfreiheiten (Europäische Menschenrechtskonvention)
E-Musik	ernste Musik
endg.	endgültig/e/er
engl.	englisch
EU	Europäische Union
EuGVO (EuGVVO)	Verordnung (EG) Nr. 44/2001 des Rates über die gerichtliche Zuständigkeit und die Anerkennung und Vollstreckung von Entscheidungen in Zivil- und Handelssachen
EUR	Euro
EVÜ	Übereinkommen von Rom über das auf vertragliche Schuldverhältnisse anzuwendende Recht
F.A.S.	Frankfurter Allgemeine Sonntagszeitung
F.A.Z.	Frankfurter Allgemeine Zeitung
Fn.	Fußnote
gem.	gemäß
GEMA	Gesellschaft für musikalische Aufführungs- und mechanische Vervielfältigungsrechte
GG	Grundgesetz
ggf.	gegebenenfalls
GRUR	Gewerblicher Rechtsschutz und Urheberrecht
GRUR Int.	Gewerblicher Rechtsschutz und Urheberrecht Internati-

	onaler Teil
GTA	Übereinkommen zum Schutz der Hersteller von Tonträgern gegen die unerlaubte Vervielfältigung ihrer Tonträger (Genfer Tonträgerabkommen)
GÜFA	Gesellschaft zur Übernahme und Wahrnehmung von Filmaufführungsrechten mbH
GVL	Gesellschaft für Leistungsschutzrechte
GWFF	Gesellschaft zur Wahrnehmung von Film- und Fernsehrechten mbH
HAP	Händlerabgabepreis
h. M.	herrschende Meinung
i. d. F.	in der Fassung
i. d. R.	in der Regel
i. E.	im Ergebnis
i. H. v.	in Höhe von
i. R. d.	im Rahmen des
i. S. d.	im Sinne des
IFPI	International Federation of the Phonographic Industry
JGG	Jugendgerichtsgesetz
K&R	Kommunikation und Recht
LUG	Gesetz betreffend das Urheberrecht an Werken der Literatur und der Tonkunst
m. E.	meines Erachtens
m. w. Nachw.	mit weiteren Nachweisen
MarkenG	Gesetz über den Schutz von Marken und sonstigen Kennzeichen
MDStV	Staatsvertrag über Mediendienste (Mediendienstestaatsvertrag)
Mio.	Millionen

MP3	Movie Picture Extra Group Audio Layer 3
MuR	Medien und Recht (Österreich)
NVP	Nettodetailverkaufspreis
n. F.	neue Fassung
öOGH	Österreichischer Oberster Gerichtshof
öUrhG	Österreichisches Gesetz über das Urheberecht an Werken der Literatur und der Kunst und über verwandte Schutzrechte (Urheberrechtsgesetz)
PatG	Patentgesetz
PC	Personal Computer
RBÜ	Berner Übereinkunft zum Schutz von Werken der Literatur und Kunst (Revidierte Berner Übereinkunft)
RG	Reichsgericht
RGBl.	Reichsgesetzblatt
RGSt	Entscheidungen des Reichsgerichts in Strafsachen (amtliche Sammlung)
RGZ	Entscheidungen des Reichsgerichts in Zivilsachen (amtliche Sammlung)
Rom-Abk.	Internationales Abkommen über den Schutz der ausübenden Künstler, der Hersteller von Tonträgern und der Sendeunternehmen
Rspr.	Rechtssprechung
S.	Satz/Seite
s. o.	siehe oben
s. u.	sieh unten
sog.	so genannte(r)
st. Rspr.	ständige Rechtsprechung
StPO	Strafprozessordnung
SZ	Süddeutsche Zeitung
TDG	Gesetz über die Nutzung von Telediensten (Tele-

	dienstegesetz)
TRIPS	Übereinkommen über handelsbezogene Aspekte der Rechte des geistigen Eigentums (TRIPS-Übereinkommen)
u. a.	unter anderem
U-Musik	Unterhaltungs-Musik
UrhG	Gesetz über Urheberrecht und verwandte Schutzrechte (Urheberrechtsgesetz) vom 09.09.1965, zuletzt geändert durch Gesetz v. 26.10.2007
UrhWG	Gesetz über die Wahrnehmung von Urheberrechten und verwandten Schutzrechten (Urheberrechtswahrnehmungsgesetz)
v.	vom
VFF	Verwertungsgesellschaft der Film- und Fernsehproduzenten mbH
VG Bild-Kunst	Verwertungsgesellschaft BILD-KUNST
VG Wort	Verwertungsgesellschaft Wort
VGF	Verwertungsgesellschaft für Nutzungsrechte an Filmwerken mbH
vgl.	vergleiche
WCT	WIPO Copyright Treaty (WIPO-Urheberrechtsvertrag, WUA)
WIPO	World Intellectual Property Organisation (Weltorganisation für Geistiges Eigentum)
WMA	Windows Media Audio
WPPT	WIPO Performances and Phonograms Treaty (WIPO-Vertrag über Darbietungen und Tonträger)
WRP	Wettbewerb in Recht und Praxis
WTO	World Trade Organisation = Welthandelsorganisation
WUA	Welturheberrechtsabkommen

ZPO	Zivilprozessordnung
ZPÜ	Zentralstelle für private Überspielungsrechte
ZUM	Zeitschrift für Urheber- und Medienrecht
ZUM-RD	Zeitschrift für Urheber- und Medienrecht Rechtsprechungsdienst
zzgl.	zuzüglich

Einführung

Die rechtliche Regelung der privaten Vervielfältigung urheberrechtlich geschützter Werke ist seit ihrer Entstehung umstritten. So heißt es bereits in einem Kommissionsbericht des Reichstags aus dem Jahr 1901 im Rahmen des Entwurfs der ersten deutschen Norm zur privaten Vervielfältigung:

> *„Nach der Meinung des einen schränkt er* [§ 15 Abs. 2 LUG] *die Vervielfältigung noch nicht genug ein, andere tadelten, dass er dies schon zu sehr thue* [sic]. *"*[1]

Die Diskussion ist nach über einem Jahrhundert noch immer zu keinem Ende gekommen. Vielmehr ist sie heute - verstärkt durch Internet und Digitalisierung - aktueller und lebhafter denn je. Die Diskussion um die urheberrechtliche Regelung der privaten Vervielfältigung war und ist dabei keine rein juristische und wissenschaftliche Diskussion, sondern sie findet in der Öffentlichkeit große Beachtung und ist zwingend mit technischen und wirtschaftlichen Fragen verbunden. Das massive öffentliche Interesse ist auf den Umstand zurückzuführen, dass ein sehr großer Teil der Bevölkerung regelmäßig Privatkopien[2] vornimmt und somit unmittelbar von der Regelung betroffen ist.

Die juristische Diskussion um die Privatkopie wird regelmäßig abstrakt anhand von Vervielfältigungen geführt, ohne dass auf bestimmte Anwendungsbereiche eingegangen wird. Tatsächlich ist § 53 Abs. 1 S. 1 Urheberrechtsgesetz,[3] der Kopien urheberrechtlich geschützter Werke zum privaten Gebrauch ohne Einwilligung des Urhebers erlaubt, auf die Vervielfältigung fast aller Arten urheberrechtlich

---

[1] Kommissionsbericht zum Entwurf des „Gesetz betreffend das Urheberrecht an Werken der Literatur und der Tonkunst" (LUG), 10. Legislaturperiode, II. Session, 1900/1901, Drucks. Nr. 214, S. 1282.

[2] Die Begriffe „private Vervielfältigung" und „Privatkopie" werden synonym verwendet.

[3] Gesetz über Urheberrecht und verwandte Schutzrechte v. 09.09.1965 (UrhG) zuletzt geändert am 26.10.2007.

geschützter Werke (§ 2 Abs. 1 UrhG) anwendbar.[4] Konträr zu diesem breiten Anwendungsbereich dreht sich die öffentliche Diskussion fast ausschließlich um die Frage nach der *privaten Vervielfältigung von Musik*.[5]

Die Digitalisierung von Musik, die damit eröffnete Möglichkeit, in jedem Haushalt nahezu perfekte Kopien anzufertigen, die Datenkomprimierung und die Möglichkeit, Musikdateien über das Internet zu übertragen, haben sich in den letzten Jahren schnell entwickelt und den Anwendungsbereich des § 53 Abs. 1 S. 1 UrhG bedeutend erweitert. Insbesondere das Internet hat den Zugriff auf Kopiervorlagen aus der ganzen Welt ermöglicht und damit zu einer *„Globalisierung der Privatkopie"* geführt.

Als Vorlage für Privatkopien konnte früher nur Musik aus dem eigenen Bestand, von Familienmitgliedern, Freunden oder aus dem Radio dienen. Heute ist nahezu das gesamte Welt-Repertoire der Musik vom Computer aus verfügbar. Musik wird immer mehr in Form von Musikdateien genutzt, die nicht mehr fest an einen Tonträger[6] gebunden sind. So wird die Macht der Rechteinhaber[7] über die Verwertung der Musik zunehmend vermindert.[8]

Wer früher Musik von CD oder Radio auf Kassette aufgenommen hat, kann heute selbst CDs mit Musik brennen oder Musikdateien auf dem Computer kopieren. Eine Privatkopie darf dabei stets ohne Einwilligung der Rechteinhaber vorgenommen werden und es muss keine unmittelbare Vergütung bezahlt werden. Die gesetzliche Privilegierung privater Vervielfältigung ist daher naturgemäß mit einem Interes-

---

[4] Einschränkungen ergeben sich z. B. aus § 53 Abs. 4 (Noten, ganze Bücher und Zeitschriften), § 53 Abs. 5 (Datenbankwerke) und § 69c Abs. 1 S. 1 Nr. 1 i.V.m. § 69a Abs. 4 UrhG (Computerprogramme).

[5] Mit „Musik" ist in dieser Arbeit sog. „recorded music" gemeint, also urheberrechtlich geschützte Werke der Musik i. S. d. § 2 Abs. 1 Nr. 2 UrhG, die bereits von einem ausübenden Künstler interpretiert und auf einen Tonträger aufgenommen wurden.

[6] Zur Legaldefinition siehe § 16 Abs. 2 UrhG.

[7] Der Begriff „Rechteinhaber" umfasst im Folgenden stets den Urheber, den ausübenden Künstler und den Tonträgerhersteller. Durch den Plural Recht*e*inhaber (statt Recht*s*inhaber) soll verdeutlicht werden, dass den Akteuren neben dem Vervielfältigungsrecht (§ 16 UrhG) regelmäßig weitere Verwertungsrechte (vgl. §§ 15 ff. UrhG) zustehen.

[8] Vgl. *Götting* in: Schricker, Vor §§ 95a ff. Rn. 1.

senkonflikt zwischen den Rechteinhabern und den Vervielfältigenden verbunden. Die geschilderten Entwicklungen bei der digitalen Privatkopie von Musik haben zu den Fragen geführt, denen sich das Urheberrecht heute stellen muss:

- Wie ist der Tatbestand des derzeitigen § 53 Abs. 1 S. 1 UrhG (insbesondere das Merkmal der „offensichtlich rechtswidrigen Vorlage“) auszulegen und zu bewerten?
- Entspricht der Anwendungsbereich des § 53 Abs. 1 S. 1 UrhG im digitalen Zeitalter noch dem Sinn und Zweck der Norm?
- Wie bewertet das deutsche Urheberrecht Privatkopien, die über das Internet von Vorlagen aus dem Ausland angefertigt werden?
- Erfüllt die geltende Fassung des § 53 Abs. 1 S. 1 UrhG die Vorgaben der deutschen Verfassung, der „Richtlinie 2001/29/EG des Europäischen Parlaments und des Rates vom 22. Mai 2001 zur Harmonisierung bestimmter Aspekte des Urheberrechts und der verwandten Schutzrechte in der Informationsgesellschaft“[9] und völkerrechtlicher Verträge[10]?
- Welche Rolle spielen die von den Rechteinhabern eingesetzten technischen Maßnahmen i. S. d. § 95a UrhG (z. B. Kopiersperren, Digital Rights Management Systeme)?

---

[9] ABl. L 167 v. 22.06.2001, S. 10 ff., abgedruckt in GRUR Int. 2001, 745 ff.

[10] Zu beachten sind insbes. die folgenden Verträge: (Revidierte) Berner Übereinkunft zum Schutz von Werken der Literatur und Kunst“ (Pariser Fassung) v. 09.09.1886 (RBÜ), zuletzt vervollständigt in Paris am 24.07.1971; Welturheberrechtsabkommen (Pariser Fassung) v. 06.09.1952 (WUA); Internationales Abkommen über den Schutz der ausübenden Künstler, der Hersteller von Tonträgern und der Sendeunternehmen v. 26.10.1961 (Rom-Abkommen); Genfer Übereinkommen zum Schutz der Hersteller von Tonträgern gegen die unerlaubte Vervielfältigung ihrer Tonträger v. 29.10.1971 (GTA); WTO (World Trade Organisation) Treaty on Trade Related Aspects of Intellectual Property Rights (TRIPS) – Übereinkommen über handelsbezogene Aspekte der Rechte des geistigen Eigentums v. 15.04.1994; WIPO (World Intellectual Property Organisation) Copyright Treaty (WCT) = WIPO-Urheberrechtsvertrag v. 20.12.1996; WIPO Performances and Phonograms Treaty = WIPO-Vertrag über Darbietungen und Tonträger v. 20.12.1996 (WPPT).

- Ist das System pauschaler Vergütungen für Privatkopien weiterhin sinnvoll?
- Welche alternativen Regelungsmöglichkeiten bieten sich an?

Zur Beantwortung dieser Fragen konzentriert sich die vorliegende Arbeit auf den zentralen Anwendungsbereich der privaten Vervielfältigung, nämlich auf *die digitale Privatkopie von Musik.*[11]

Probleme des § 53 Abs. 1 S. 1 UrhG werden nur insoweit untersucht, als sie sich im Zusammenhang mit der digitalen Privatkopie von Musik stellen. In der vorliegenden Arbeit wird dabei sowohl eine umfassende wissenschaftliche Untersuchung der geltenden Norm vorgenommen als auch die Rechtswirklichkeit, also die Anwendung der Norm im Musikbereich, beachtet. Um den hierfür erforderlichen Praxisbezug zu wahren, werden die besonderen Verhältnisse der Musikbranche[12] berücksichtigt und hierzu auch auf Erkenntnisse zurückgegriffen, die der Verfasser im Rahmen von Interviews mit einzelnen Akteuren der Musikbranche gewinnen konnte.[13] Diese sollen helfen herauszufinden, wie die rechtlichen Verhältnisse zwischen den Akteuren der Musikbranche ausgestaltet sind und wie diese durch die Regelung der privaten Vervielfältigung beeinflusst werden. Die Darstellung beschränkt sich dabei nicht auf die Situation des Urhebers, sondern schließt den ausübenden Künstler als originären Rechteinhaber im Musikbereich sowie die Plattenfirmen ein.

A. Fragestellung der Arbeit und Gang der Darstellung

In der Arbeit wird die rechtliche Behandlung der digitalen Privatkopie von Musik untersucht und nach der bestmöglichen Regelung gefragt. Dieser Kernfrage widmet sich die Arbeit in drei Teilen:

---

[11] Musik im Sinne von „recorded music“, s. o. Fn. 5.

[12] Zur Definition der „Musikbranche“ s. u. Teil I A.I, S. 26 (es wird stets auf die Seite verwiesen, auf der der betroffene Absatz beginnt; die relevante Fundstelle kann sich auf einer Folgeseite befinden).

[13] Verzeichnis der Interview-Partner im Anhang A., S. XXV.

Teil I Wie sind die rechtlichen Verhältnisse zwischen den Akteuren der Musikbranche ausgestaltet und wie werden die einzelnen Akteure durch digitale Privatkopien beeinflusst?

Teil II Wie ist die aktuelle Fassung des § 53 Abs. 1 S. 1 UrhG hinsichtlich der digitalen Privatkopie von Musik zu bewerten (Privatkopie de lege lata)?

Teil III In welchem rechtlichen Rahmen muss sich eine Neuregelung bewegen und wie könnte eine Neuregelung aussehen (Privatkopie de lege ferenda)?

Abb. 1: Gang der Darstellung.

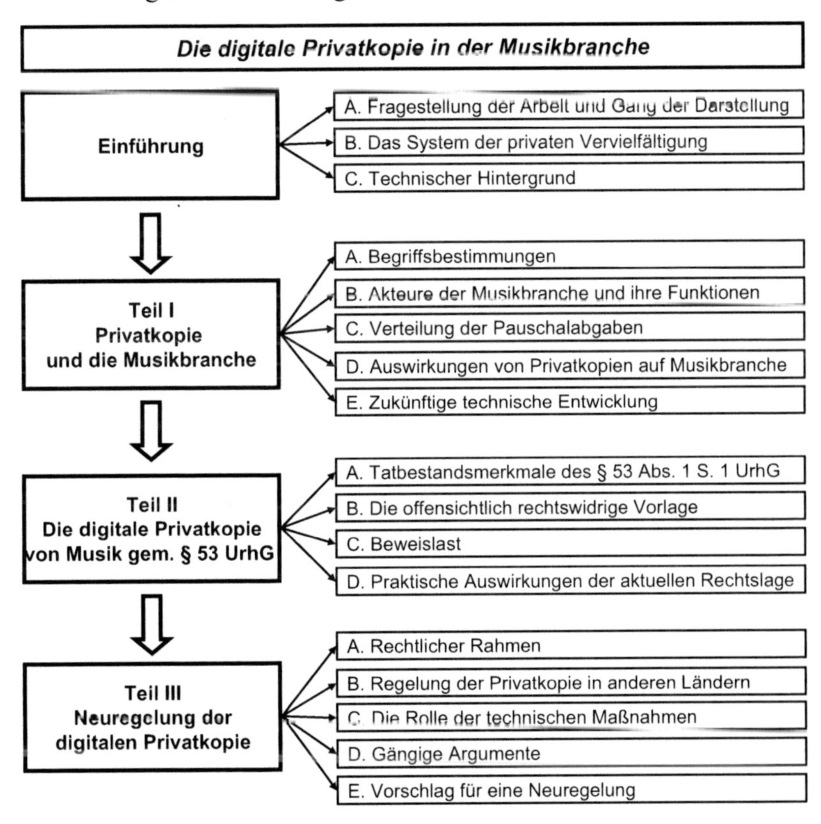

Nicht Gegenstand der Untersuchung sind die private Vervielfältigung durch einen anderen gem. § 53 Abs. 1 S. 2 UrhG,[14] die Vervielfältigung für den sonstigen eigenen Gebrauch gem. § 53 Abs. 2 UrhG, die Vervielfältigung für den Schulunterricht und Prüfungen gem. § 53 Abs. 3 UrhG, die Diskussion um die Höhe der in den §§ 54 ff. UrhG normierten Pauschalabgaben, die Problematik von Privatkopien im Zusammenhang mit Internet-Radiosendern[15] und Fragen hinsichtlich der strafrechtlichen Verfolgung von Urheberrechtsverletzungen im privaten Bereich (z. B. Auskunftsansprüche der Rechteinhaber gegen Internet-Service-Provider).

B. Das System der privaten Vervielfältigung nach dem Urheberrechtsgesetz

Gegenstand der vorliegenden Arbeit ist § 53 Abs. 1 S. 1 UrhG in der seit dem 01.01.2008 geltenden Fassung (zuletzt geändert durch das „Zweite Gesetz zur Regelung des Urheberrechts in der Informationsgesellschaft“[16] vom 26.10.2007, sog. Zweiter Korb). Der Gesetzestext lautet:

> *Zulässig sind einzelne Vervielfältigungen eines Werkes durch eine natürliche Person zum privaten Gebrauch auf beliebigen Trägern, sofern sie weder unmittelbar noch mittelbar Erwerbszwecken dienen, soweit nicht zur Vervielfältigung eine offensichtlich rechtswidrig hergestellte oder öffentlich zugänglich gemachte Vorlage verwendet wird.*

Dieser Satz regelt die rechtliche Zulässigkeit von Privatkopien. Die Privatkopie ist nach geltendem Recht eine Vervielfältigung i. S. d. § 16 UrhG (also eine Kopie) von einem urheberrechtlich geschützten Werk i. S. d. § 2 UrhG, die eine natürliche Person zum privaten Gebrauch anfertigen darf, ohne zuvor ein Nutzungsrecht von den

---

[14] Siehe hierzu *Stieper*, ZUM 2004, 911 ff.

[15] Auch „Web-Radios“ genannt. Diskutiert wird in diesem Zusammenhang insbesondere sog. „intelligente Aufnahmesoftware“, die Musikstücke aus Internet-Radiosendern herausfiltert und einzeln als Musikdatei abspeichert.

[16] Gesetz v. 26.10.2007 (BGBl. I S. 2513), in Kraft getreten am 01.01.2008.

Rechteinhabern erwerben oder unmittelbar eine Vergütung entrichten zu müssen.

Gem. §§ 83, 85 Abs. 4 UrhG ist § 53 UrhG auch auf den ausübenden Künstler und den Tonträgerhersteller (sog. Leistungsschutzberechtigte) anwendbar, so dass Privatkopien nicht nur von urheberrechtlich geschützten Werken, sondern auch von Darbietungen und Tonträgern angefertigt werden dürfen.

I. Bedeutung des § 53 Abs. 1 S. 1 UrhG

Zum grundsätzlichen Verständnis der Relevanz des § 53 Abs. 1 S. 1 UrhG ist es notwendig, Tonträger von der auf ihnen enthaltenen Musik zu abstrahieren. Der Eigentümer einer Musik-CD als eines körperlichen, dem Sachenrecht des Bürgerlichen Gesetzbuchs (BGB) unterliegenden Gegenstandes, darf gem. § 903 BGB beliebig mit der CD als Sache verfahren (er darf sie z. B. zerstören oder beschriften).[17] Der reine Werkgenuss, also die Wiedergabe und die Wahrnehmung (Hören) der Musik im Privatbereich, werden urheberrechtlich nicht erfasst und erfordern daher nicht den Erwerb eines Nutzungsrechts.[18] Soll der Tonträger aber kopiert werden, so stellt dies eine Vervielfältigung (§ 16 UrhG) der auf dem Tonträger enthaltenen Musik dar. Zu diesem urheberrechtlichen Vorgang berechtigt den Nutzer das Eigentum an dem Tonträger nicht. Hierzu ist der Erwerb eines urheberrechtlichen Nutzungsrechts (Lizenz[19]) erforderlich. Der Käufer einer Mu-

---

[17] § 903 BGB lautet: Der Eigentümer einer Sache kann, soweit nicht das Gesetz oder Rechte Dritter entgegenstehen, mit der Sache nach Belieben verfahren und andere von jeder Einwirkung ausschließen.

[18] Vgl. *Schulze* in: Dreier/Schulze, § 31 Rn. 104 und § 15 Abs. 2 UrhG: „Es heißt dort [in § 15 Abs. 2 UrhG] nicht: der Urheber hat ferner das ausschließliche Recht, sein Werk in unkörperlicher Form zu verwerten, sondern nur: sein Werk in unkörperlicher Form öffentlich wiederzugeben." BGH GRUR 1955, 492, 496 f. - *Magnettonband*, führt dies darauf zurück, dass der Endverbraucher für die vorgelagerte Nutzungshandlung des Werkmittlers bezahle: „Der Werkgenuss, den die private Aufführung eines Werkes vermittelt, wird in der Regel mit dem Erwerb des grundsätzlich mit einer Urhebergebühr belasteten Vervielfältigungsexemplars abgegolten, so dass die Freistellung der nichtöffentlichen Aufführung von einer Urhebervergütung in Wahrheit nur den Sinn hat, eine doppelte Leistung zu verhindern".

[19] Vgl. *Schulze* in: Dreier/Schulze, § 31 Rn. 4. Das Patentgesetz (PatG) spricht in § 10 ausdrücklich von „ausschließlichen oder nicht ausschließlichen Lizenzen", vgl. auch

sik-CD muss daher grundsätzlich von den Rechteinhabern eine Lizenz erwerben, wenn er die CD (und damit die auf ihr enthaltene urheberrechtlich geschützte Musik) kopieren möchte.

Hier kommt § 53 Abs. 1 S. 1 UrhG ins Spiel, der privaten Nutzern unter gewissen Voraussetzungen eine *gesetzliche Lizenz* gewährt, die es ihnen erlaubt, ein urheberrechtlich geschütztes Werk zum privaten Gebrauch zu vervielfältigen, ohne zuvor eine vertragliche Lizenz der Rechteinhaber eingeholt zu haben. Die Lizenz wird also nicht von den Rechteinhabern abgeleitet, sondern unmittelbar durch das Gesetz gewährt.[20]

Gem. § 106 UrhG ist die Vervielfältigung eines geschützten Werks außerhalb der gesetzlich vorgesehenen Fälle strafbar.[21] Demgemäß ist auch eine private Vervielfältigung von Musik, die nicht die in § 53 Abs. 1 S. 1 UrhG vorgeschriebenen Voraussetzungen erfüllt, nicht von der gesetzlichen Lizenz gedeckt und damit strafbar.[22]

II. § 53 Abs. 1 S. 1 UrhG als Schranke des Urheberrechts

Gem. § 1 UrhG genießt der Urheber für seine Werke Schutz „nach Maßgabe dieses Gesetzes“. Das dem Urheber zustehende Urheberrecht wird durch das Urheberrechtsgesetz definiert und kann durch dieses beschränkt werden.[23] Gem. §§ 15 Abs. 1 Nr. 1, 16 UrhG steht dem Urheber das *ausschließliche* Recht[24] zu, seine Werke zu verviel-

---

§§ 23, 24 PatG. Das UrhG hingegen verwendet den Begriff nicht. § 32a Abs. 2 UrhG erwähnt jedoch die „Lizenzkette“, § 42a UrhG die „Zwangslizenz“ und § 69e Abs. 1 Nr. 1 den „Lizenznehmer“.

[20] *Wenzl*, S. 82; siehe auch *Mönkemöller*, GRUR 2000, 663, 668; *Hilty* in: FS Schricker (2005), S. 325, 333 ff.

[21] Das gleiche gilt gem. § 108 Abs. 1 Nr. 4 und Nr. 5 UrhG für ausübende Künstler und Tonträgerhersteller.

[22] Eine teilweise geforderte Bagatellklausel für Verstöße privater Nutzer wurde auch mit dem „Zweiten Korb“ nicht eingeführt, vgl. BT-Drucks. 16/1828, S. 18. Der Staatsanwaltschaft bleibt jedoch immer die Möglichkeit, ein Verfahren durch Verweisung auf den Weg der Privatklage oder nach Opportunitätsgesichtspunkten einzustellen.

[23] Vgl. *Mönkemöller*, GRUR 2000, 663, 664.

[24] Das Ausschließlichkeitsrecht gibt dem Rechteinhaber die Möglichkeit, als alleiniger Inhaber alle anderen von einer Verwertung auszuschließen (negatives Verbietungsrecht) und das Werk in dem bestimmten Umfang zu nutzen (positives Benutzungsrecht), vgl. *Loewenheim* in: Loewenheim, § 19 Rn. 1.

fältigen. Dem ausübenden Künstler steht gem. § 77 Abs. 2 S. 1 UrhG das ausschließliche Recht zu, den Tonträger, auf den seine Darbietung aufgenommen wurde, zu vervielfältigen. Der Tonträgerhersteller hat gem. § 85 Abs. 1 S. 1 ebenfalls ein ausschließliches Vervielfältigungsrecht an dem Tonträger.

Durch die Gewährung der Privatkopie in § 53 UrhG (i.V.m. §§ 83, 85 Abs. 4 UrhG) werden diese ausschließlichen Vervielfältigungsrechte *eingeschränkt*. Aus diesem Grund wird § 53 UrhG eine „Schranke" des Urheberrechts genannt. Die Nutzer, die Vervielfältigungen zum privaten Gebrauch vornehmen dürfen, werden dementsprechend die „Schrankenbegünstigten" genannt.

III. Kein „Recht auf Privatkopie"

§ 53 Abs. 1 S. 1 UrhG gibt privaten Nutzern *kein Recht auf eine digitale Privatkopie* im Sinne einer einklagbaren Rechtsposition, sondern es wird ihnen nur die Möglichkeit eingeräumt, unter gewissen Voraussetzungen eine Privatkopie anzufertigen.[25] Hierfür spricht vor allem § 95b Abs. 1 Nr. 6 UrhG, aus dem sich ergibt, dass die digitale Privatkopie beim Einsatz technischer Maßnahmen[26] (z. B. Digital

---

[25] Gegen ein Recht auf eine digitale Privatkopie tendiert auch BVerfG, MMR 2005, 751 ff. Ausdrücklich gegen ein solches Recht *Schack*, UrhR, Rn. 494a; *Loewenheim* in: Schricker, § 53 Rn. 2a a. E.; *Stickelbrock*, GRUR 2004, 736, 740; *v. Diemar*, GRUR 2002, 587 ff.; *Arlt*, DRM, S. 190 ff.; *Enders*, ZUM 2004, 593, 601; *Hohagen* in: FS Schricker (2005), S. 353, 354 ff.; *Theiselmann*, S. 98 ff.; *Liepe*, S. 123; *Schäfer*, S. 84; vgl. auch *Geiger*, GRUR Int. 2004, 815, 818; *ders.*, CRi 2005, 7, 9; *Guntrum*, S. 106.
Ein Recht auf Privatkopie wurde u. a. auch in Gerichtsentscheidungen in Frankreich und Belgien abgelehnt, vgl. Europäische Kommission in: Commission Staff Working Document, Report to the Council, the European Parliament and the Economic and Social Committee on the application of Directive 2001/29/EC on the harmonisation of certain aspects of copyright and related rights in the information society, SEC(2007) 1556 v. 30.11.2007, S. 4, abrufbar unter:
http://ec.europa.eu/internal_market/copyright/copyright-infso/copyright-infso_de.htm.
[26] § 95a UrhG ist betitelt mit „Schutz technischer Maßnahmen". Aus diesem Grund soll der Begriff hier übernommen werden. Zur Legaldefinition siehe § 95a Abs. 2 UrhG. Teilweise wird von „technischen *Schutz*maßnahmen" gesprochen (so z. B. §§ 108b, 54a Abs. 1 S. 2 UrhG). Das WCT verwendet in Art. 11 den Begriff „technische Vorkehrungen", ebenso Art. 18 WPPT. Im Englischen ist der Begriff „Technical Pro-

Rights Management einer Musikdatei oder Kopierschutz bei einer CD) rechtlich nicht durchsetzbar ist.[27]

IV. Vergütungsanspruch gem. § 54 UrhG

§ 53 Abs. 1 S. 1 UrhG nimmt den Rechteinhabern die Möglichkeit, Privatkopien zu verbieten und damit auch die Möglichkeit, für die Erlaubnis von Privatkopien Geld zu verlangen. Als Ausgleich dafür, dass die Rechteinhaber Kopien zum eigenen Gebrauch[28] zulassen müssen, hat Deutschland als erstes Land der Welt 1965 einen pauschalen Vergütungsanspruch eingeführt, der heute zusammen mit Reglungen zur Durchsetzung des Anspruchs in den §§ 54 - 54h UrhG geregelt ist.[29] Dieser Vergütungsanspruch ist ein Pauschalanspruch gegen die Hersteller, Importeure und Händler von Vervielfältigungs-Geräten (z. B. Kassettenrekorder, CD-/DVD-Brenner, MP3-Player[30]) und Leer- bzw. Speichermedien (z. B. Leerkassetten, CD-R/-RW, DVD-R/+R, Speicherchips). Die Zahlungsverpflichteten können die an die Rechteinhaber gezahlten Abgaben über den Verkaufspreis an die Endverbraucher weiterreichen, so dass im Endeffekt diejenigen die Vergütung entrichten, die tatsächlich Privatkopien vornehmen (sog. System der stufenweisen Erfassung des Endverbrauchers).[31] Der Nutzer muss also nicht um Erlaubnis fragen, wenn er einen CD-Rohling für den privaten Gebrauch mit Musik bespielt. Dafür ist in dem Kaufpreis des CD-Rohlings eine Abgabe an die Rechteinhaber enthalten.

---

tection Measures/TPM" gebräuchlich. Zum Begriff des Digital Rights Management (DRM) und technischen Maßnahmen s. u. Teil III B, S. 235.

[27] Zu technischen Maßnahmen s. u. Teil III C, S. 240.

[28] Der private Gebrauch in § 53 Abs. 1 UrhG ist ein Unterfall des eigenen Gebrauchs, der in den Absätzen 2 und 3 des § 53 UrhG geregelt ist.

[29] Die Pauschalabgabe auf Geräte wurde 1965 eingeführt und 1985 auf Leermedien ausgeweitet, s. u. Abb. 3: Rechtshistorischer Überblick 1901 - 2008, S. 14. Siehe auch *Loewenheim* in: Schricker, § 53 Rn. 6 f.; *ders.* in: Loewenheim, § 86 Rn. 1 ff.

[30] Es ist strittig, ob ein Personal Computer (PC) ein abgabepflichtiges Gerät ist; dafür OLG München, GRUR-RR 2006, 121 ff. (nicht rechtskräftig). Das Gericht legte die Höhe der Vergütung - nur für Reprographie - auf 12,-EUR pro PC fest. Die Beklagten haben hiergegen Revision beim BGH eingelegt. Zur Vorinstanz siehe: LG München I, ZUM 2005, 241 ff.

[31] BT-Drucks. IV/3401, S. 8 f.; *v. Ungern-Sternberg* in: Schricker, § 15 Rn. 11 m. w. Nachw.

Die Vergütungsansprüche können gem. § 54h Abs. 1 UrhG nicht unmittelbar durch die Rechteinhaber, sondern nur durch Verwertungsgesellschaften geltend gemacht werden.[32] Zur Eintreibung der Pauschalabgaben haben sich die betroffenen Verwertungsgesellschaften 1963 zur Zentralstelle für private Überspielungsrechte (ZPÜ) zusammengeschlossen,[33] die das Inkasso für die Verwertungsgesellschaften gegenüber den Herstellern, Importeuren und Händlern von Vervielfältigungsgeräten und Speichermedien vornimmt und die eingenommenen Gelder an ihre Gesellschafter, die Verwertungsgesellschaften, verteilt. Die Verwertungsgesellschaften verteilen die Einnahmen dann an die Urheber, ausübenden Künstler und Tonträgerhersteller.[34]

V. Einschränkung durch technische Maßnahmen

Die Möglichkeit zur Vornahme privater Vervielfältigungen erfährt seit dem Jahr 2003 eine bedeutsame Einschränkung durch § 95a UrhG. Die europarechtlich und durch völkerrechtliche Verträge vorgegebene Bestimmung gewährt den Rechteinhabern einen rechtlichen Schutz „wirksamer technischer Maßnahmen“ gegen eine Umgehung.[35]

Technische Maßnahmen sind z. B. der Kopierschutz einer Musik-CD oder das Digital Rights Management-System einer Musikdatei. Durch solche technischen Maßnahmen können die Rechteinhaber *faktisch* eine digitale Privatkopie verhindern, wobei dieser faktische Schutz durch ein *rechtliches* Umgehungsverbot flankiert wird. Wer also z. B. den Kopierschutz einer CD durchbricht, macht sich grundsätzlich nach § 108b UrhG strafbar.[36]

---

[32] Gem. § 63a S. 2 UrhG können die Ansprüche im Voraus auch nur an Verwertungsgesellschaften abgetreten werden. Ein Rechteinhaber erhält also nur dann Erlöse aus den Pauschalabgaben, wenn er Mitglied einer Verwertungsgesellschaft ist.

[33] Zur ZPÜ s. u. Teil I C.I, S. 71.

[34] Die Verteilung der Pauschalabgaben wird detailliert in Teil I beschrieben, s. u. Teil I C, S. 70.

[35] Vgl. Art. 6 der Info-Richtlinie 2001/29/EG. Die Regelungen der Richtlinie sind wiederum zurückzuführen auf Art. 11 WCT und Art. 18 WPPT

[36] Zu beachten ist, dass gem. § 108b Abs. 1 UrhG a. E. eine Umgehung technischer Maßnahmen zum eigenen privaten Gebrauch des Täters oder mit dem Täter persönlich verbundener Personen zwar rechtswidrig, aber nicht mit Strafe bedroht ist. Gem. BT-Drucks. 15/38, S. 29 sollen hierdurch die Strafbehörden entlastet werden. Zivilrechtli-

Durch Art. 6 der Info-Richtlinie 2001/29/EG vorgegeben ist auch die in § 95b UrhG umgesetzte Verpflichtung, bestimmten Begünstigten (z. B. Krankenhäusern, Schulen, behinderten Personen) den privilegierten Gebrauch auch beim Einsatz technischer Maßnahmen zu ermöglichen. Hierdurch soll die Ausübung des durch die Schranken privilegierten Gebrauchs für die Begünstigten sichergestellt werden.[37]

Art. 6 Abs. 4 der Info-Richtlinie 2001/29/EG stellt es den Mitgliedstaaten der EU frei, einen Anspruch auf Durchsetzung der digitalen Privatkopie gegen technische Maßnahmen vorzusehen. Wie sich aus § 95b Abs. 1 S. 1 Nr. 6 UrhG ergibt, hat der deutsche Gesetzgeber bei der Umsetzung der Richtlinie im Jahr 2003 von dieser Möglichkeit keinen Gebrauch gemacht. Auch im Rahmen des Zweiten Korbs wurde ein entsprechender Anspruch abgelehnt.[38] Die digitale Privatkopie kann nicht gegen den Einsatz technischer Maßnahmen durchgesetzt werden. Das bedeutet, dass die Nutzer selbst bei Erfüllung aller in § 53 Abs. 1 S. 1 UrhG genannten Voraussetzungen keine digitale Privatkopie vornehmen können, wenn wirksame technische Maßnahmen eingesetzt werden. Die Rechteinhaber haben es durch den Einsatz technischer Maßnahmen damit in der Hand, digitale Privatkopien zuzulassen oder zu verhindern.[39]

---

che Schadensersatz- und Unterlassungsansprüche bleiben unberührt. Von Bedeutung ist, dass die §§ 106 - 108, 108 b Abs. 1, 2 UrhG gem. § 109 UrhG Antragsdelikte sind, so dass eine entsprechende Tat grds. nur auf Antrag verfolgt wird. Da es sich gem. § 374 Abs. 1 Nr. 8 StPO um Privatklagedelikte handelt, wird gem. § 376 StPO nur dann öffentliche Klage erhoben, wenn dies im öffentlichen Interesse liegt. Gem. § 80 Abs. 1 S. 1 JGG (Jugendgerichtsgesetz) wiederum kann gegen Jugendliche (gem. § 1 Abs. 2 JGG: 14 - 18-jährige) keine Privatklage erhoben werden.

[37] So BT-Drucks. 15/38, S. 26 unter Verweis auf Art. 6 Abs. 4 Unterabsatz 1 der Info-Richtlinie 2001/29/EG.

[38] Vgl. BT-Drucks. 16/1828, S. 1.

[39] Zur folgenden Abbildung: Pauschalabgaben fallen zwar auch beim Einsatz technischer Maßnahmen an, doch ist gem. § 54a Abs. 1 S. 2 der Einsatz technischer Schutzmaßnahmen bei der Vergütungshöhe zu berücksichtigen. Der Veranstalter als weiterer Leistungsschutzberechtigter wird bewusst nicht aufgeführt.

Abb. 2: Die private Vervielfältigung nach der geltenden Rechtslage.

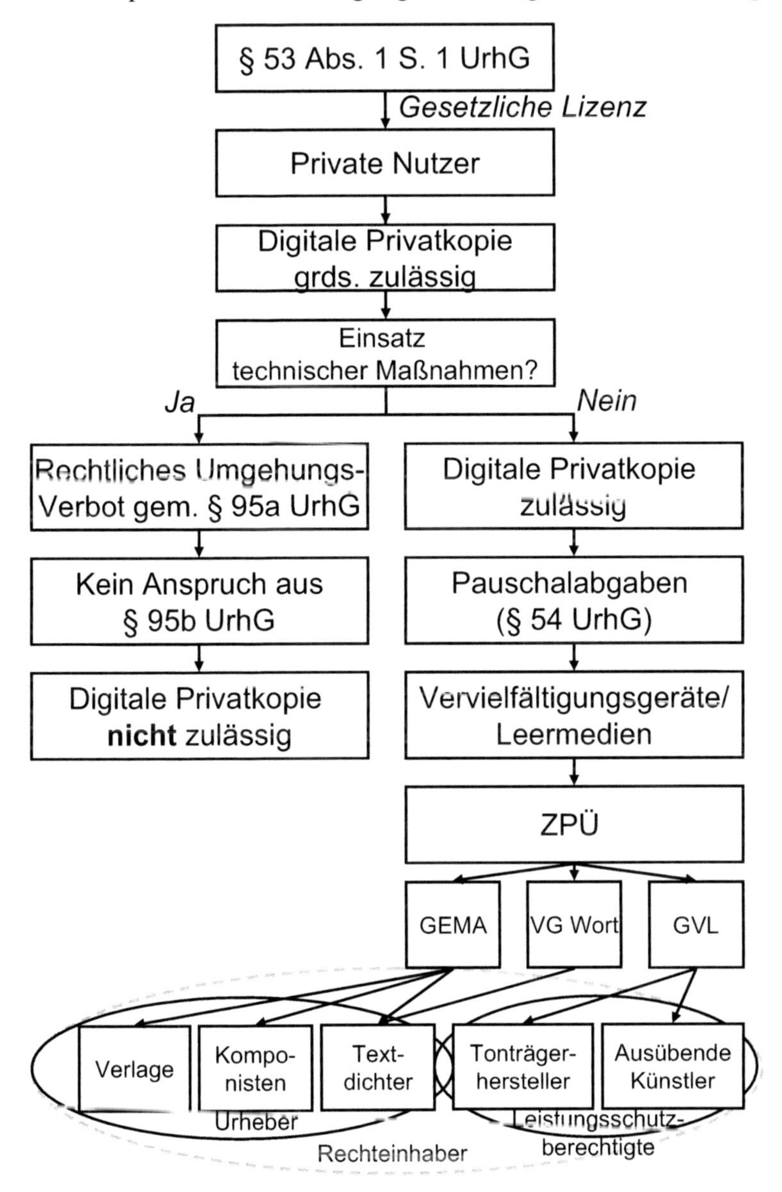

VI. Rechtshistorischer Überblick

Die aktuelle Norm zur privaten Vervielfältigung ist das Produkt einer langen gesetzgeberischen Entwicklung, die an dieser Stelle der besseren Übersichtlichkeit wegen tabellarisch dargestellt wird, soweit sie für die Privatkopie von Musik relevant ist.[40] Die Übersicht macht deutlich, dass die Geschichte des Urheberrechts bis heute eine Reaktion auf die technischen Entwicklungen darstellt.[41] Die Entstehungsgeschichte des Tatbestandsmerkmals der „offensichtlich rechtswidrigen Vorlage" wird in Teil II ausführlich dargestellt.[42]

Abb. 3: Rechtshistorischer Überblick 1901 - 2008.

Jahr	*Vorangegangene Entwicklung*	*Reaktion*
1901	Buchdruckkunst	Gesetz betreffend das Urheberrecht an Werken der Literatur und der Tonkunst (LUG)[43] § 15 Abs. 2 LUG: „Eine Vervielfältigung zum persönlichen Gebrauch ist zulässig, wenn sie nicht den Zweck hat, aus dem Werke eine Einnahme zu erzielen." - bzgl. Musik ist allein das Abschreiben von Noten gemeint.
1955	Magnettonband	BGH „*Grundig-Reporter*"-

[40] Siehe zur Entstehungsgeschichte des § 53 UrhG vor allem *Collova* UFITA 1994 (125), 53 ff.; außerdem *Hoffmann/Ritter*, S. 188; *Dungs*, S. 41; RGZ 128, 102 - *Schlagerliederbuch*; RGZ 134, 198 - *Schallplattenrechte*; *Schulze*, UrhR an Werken der Tonkunst, S. 35; *Mediger*, GRUR 1951, 382, 385; *de Boor*, GRUR 1954, 440 ff.; *Ulmer*, UrhR, S. 296 f.; *Hohagen*, S. 336; BGHZ 8, 88, 91 = BGH GRUR 1965, 104 ff. - *Personalausweise*. Zu den WIPO-Verträgen (WCT und WPPT) s. u. Teil III A.II, S. 210. Zur Entstehung der Info-Richtlinie 2001/29/EG siehe *v. Lewinski* in: Walter, S. 1019 ff.; *Spindler*, GRUR 2005, 105, 106; *Reinbothe*, GRUR Int. 2001, 733, 734 ff.; *Hohagen*, S. 194 ff.

[41] So *Schricker* in: Schricker, Einleitung Rn. 1 m. w. Nachw.

[42] S. u. Teil II B.I, S. 118.

[43] RGBl. 1901, Nr. 27, S. 227 - 239, abgedruckt bei *Dungs*, S. 5 ff.; *Schulze*, Band 1, Nr. 8 (S. 169 ff.).

		Entscheidung[44] - private Vervielfältigung durch Magnettonbandgeräte fällt nicht unter § 15 Abs. 2 LUG - Folge: vergeblicher Versuch mit privaten Nutzern Einzelverträge über Vergütung für private Vervielfältigung abzuschließen
1965	Magnettonband	Gesetz über Urheberrecht und verwandte Schutzrechte (Urheberrechtsgesetz)[45] § 53 Abs. 1 UrhG: „Zulässig ist, einzelne Vervielfältigungsstücke eines Werkes zum persönlichen Gebrauch herzustellen." - Einführung der Geräteabgabe durch § 53 Abs. 5 UrhG
1985	Kassettenrekorder, Geräte zur fotomechanischen Vervielfältigung, Video-Rekorder	Gesetz zur Änderung von Vorschriften auf dem Gebiet des Urheberrechts[46] - Einführung der Leermedienabgabe in § 54 UrhG
1996	Digitalisierung (CDs, CD-Brenner, Datenkomprimierung (MP3), Internet)	WCT („WIPO Urheberrechtsvertrag") und WPPT („WIPO-Vertrag über Darbietungen und Tonträger") - keine ausdrückliche Regelung der Privatkopie - Art. 10 WCT, Art. 16 Abs. 2 WPPT: alle Schranken müssen dem Drei-Stufen-Test[47] entsprechen - Art. 11 WCT, Art. 18 WPPT: zwin-

[44] BGHZ 17, 266 – BGH GRUR 1955, 492 - *Grundig Reporter*; dazu *Bappert*, GRUR 1956, 255 ff.
[45] BGBl. I, S. 1273 ff., abgedruckt in UFITA 1965 (45), 100 ff.; *Schulze*, Band 1, Nr. 22 (S. 605 ff.).
[46] BGBl. I, S. 1137 ff., abgedruckt bei *Schulze*, Band 2, Nr. 29 (S. 722 ff.).

		gender Schutz technischer Maßnahmen
2001	Digitalisierung (CD/DVD-Brenner, Datenkomprimierung (MP3), Internet, Kopier-Netzwerke)	Info-Richtlinie 2001/29/EG der Europäischen Union - Art. 5 Abs. 2 b): Regelung der privaten Vervielfältigung unter bestimmten Voraussetzungen den Mitgliedstaaten überlassen - Art. 5 Abs. 5: Übernahme des Drei-Stufen-Tests - Art. 6: zwingender Schutz technischer Maßnahmen
2003	Digitalisierung	Gesetz zur Regelung des Urheberrechts in der Informationsgesellschaft (sog. „Erster Korb“) - Neufassung des § 53 Abs. 1 Satz 1 UrhG: Einfügung der Merkmale „durch eine natürliche Person, „auf beliebige Träger“, „weder unmittelbarer noch mittelbarer Erwerbszweck“, keine „offensichtlich rechtswidrige Vorlage“ - § 95a UrhG: Einführung eines Schutzes technischer Maßnahmen - § 95b UrhG: Digitale Privatkopie bei technischen Maßnahmen nicht möglich
2007	Digitalisierung	Zweites Gesetz zur Regelung des Urheberrechts in der Informationsgesellschaft (sog. „Zweiter Korb“) - § 53 Abs. 1 S. 1 UrhG: Ergänzung um „offensichtlich rechtswidrig *öffentlich zugänglich gemachte* Vorlagen“ - Neuregelung der Höhe der Pauschalabgaben

[47] Siehe ausführlich zum Drei-Stufen-Test unten Teil III A.IV, S. 218.

C. Technischer Hintergrund

Die heutigen Probleme mit der Privatkopie von Musik resultieren maßgeblich aus zwei technischen Entwicklungen, die im Folgenden erklärt werden: die Digitalisierung von Musik und die Datenkomprimierung.

I. Die Digitalisierung von Musik

1. Vorgeschichte: Analoge Kopien

Vor der Digitalisierung wurde Musik, die im privaten Bereich kopiert werden sollte, auf die im Jahr 1963 eingeführte Musikkassette (MC) überspielt.[48] In einer Musikkassette befindet sich ein Kunststoffträger mit einer magnetisierbaren Schicht, die Schallwellen magnetisch speichern kann. Die hierbei vorgenommene *stufenlose* Aufzeichnung von Schallwellen ist die Besonderheit der analogen Technik. Aufnahmen auf einer Musikkassette sind daher immer analoge Kopien, auch wenn die Quelle ein digitales Medium (z. B. eine CD) ist.

Einer analogen Aufzeichnung sind qualitative Grenzen gesetzt, da bestimmte Geräusche, Verzerrungen und andere Störungen nie völlig vermieden werden können.[49] Bei Kopien von Musikkassetten summieren sich die Mängel mit jeder zusätzlichen Kopie,[50] so dass eine Kopie von der Kopie (ein Vervielfältigungsstück der zweiten Generation) schon aus technischen Gründen selten vorgenommen wird.

---

[48] Die Erfindung der Magnettonaufzeichnung (Festhalten von Schallwellen auf einem magnetisierbaren Stahldraht) wird auf Grund verschiedener Patente von Poulsen und Petersen in der Zeit von 1898 - 1902 verankert. Pfleumer entwickelte im Jahr 1928 das Magnetband. 1935 präsentierten AEG und BASF auf der Berliner Funkausstellung das erste Magnettongerät (Spulentonbandgerät), das „Magnetophon K1". Vgl. hierzu Brockhaus Enzyklopädie, 19. Auflage, 14. Band 1991, S. 25; a. A.O., 22. Band 1993, S. 239; *Mediger*, GRUR 1951, 382, 385; *Schulze*, UrhR an Werken der Tonkunst, S. 35; BGH GRUR 1955, 492, 495 - *Magnettonband*; *Collova*, UFITA 1994 (125), 53, 56; „Magnetband Jubiläum" in: Stiftung Warentest 10/2005, S. 32; *Lyng/Rothkirch/Klein*, Lexikon der Entertainment Industrie, 2004, S. 252.

[49] Enzyklopädie Naturwissenschaft und Technik, Band 5, 1981, S. 4550; *Weßling*, S. 27; *Mittenzwei*, S. 11.

[50] *Weßling*, S. 28.

2. *Digitalisierung*

Digitalisierung steht für die „Umwandlung von analogen (stufenlosen) Signalen in eine digitale (schrittweise) Form“[51]. Bei der digitalen Aufzeichnung werden analoge (wellenförmige) Audio-Signale binär dargestellt, dass heißt, jedem Signal wird ein Signalzustand, nämlich „0“ oder „1“ zugeordnet.[52] Diese kleinste Informationseinheit wird ein „Bit“[53] genannt. Die Schwingungen der Musik werden ausschließlich als Zahlenwerte dargestellt und gespeichert.[54] Störungen jeder Art sind bei der binären Darstellung ausgeschlossen, da das Schallsignal als *abstrakter Rechenwert* erfasst wird.[55]

Die Digitaltechnik macht sich dabei das begrenzte Auflösungsvermögen des menschlichen Gehörs zunutze.[56] Es genügt bei der digitalen Aufzeichnung von Musik periodische Momentanwerte in geringen Abständen zu erfassen, so dass sie bei ihrer Rückumwandlung in Schall vom Gehör nicht mehr als voneinander getrennt unterschieden werden können.[57] Demgemäß wird bei der digitalen Aufzeichnung die Schwingungskurve des Schalls in bestimmten Zeitabständen rechnerisch erfasst, womit das Digitalsignal keinen kontinuierlichen (wie beim analogen Signal), sondern einen stufenförmigen Verlauf hat.[58] Eine Musikdatei ist daher eine Ansammlung von periodischen Momentanwerten eines Schallsignals, die als Zahlenwert dargestellt werden.[59]

Die Digitalisierung von Musik umschreibt mithin den Vorgang, bei dem analoge Schallsignale in eine Form gebracht werden, in der sie durch Computer verarbeitet werden können, nämlich in den oben beschriebenen Binärcode.[60] „Denn ein Computer ‚versteht‘ nur ‚1‘

---

[51] *Mittenzwei*, S. 10.
[52] Enzyklopädie Naturwissenschaft und Technik, Band 5, 1981, S. 4550.
[53] Das Wort setzt sich aus dem englischen Begriff „*bi*nary digi*t*“ (Binärziffer) zusammen.
[54] *Weßling*, S. 24.
[55] Enzyklopädie Naturwissenschaft und Technik, Band 5, 1981, S. 4550; *Weßling*, S. 24.
[56] *Weßling*, S. 24.
[57] *Weßling*, S. 24 f.
[58] *Maus*, S. 31.
[59] *Weßling*, S. 24.
[60] *Völker* in: Ensthaler/Bosch/Völker, S. 171.

oder ‚0' bzw. ‚ein' oder ‚aus', ‚Strom' oder ‚kein Strom'".[61] Dies ist auch der Grund dafür, dass digitale Kopien nicht verlustbehaftet sind:[62] „Eine kopierte Zahlenreihe ist immer identisch mit der ursprünglichen Zahlenreihe."[63] Jedes digital hergestellte Vervielfältigungsstück ist mit der Vorlage nahezu identisch und kann als Vorlage für weitere Vervielfältigungen dienen.[64]

Eine digitale Privatkopie ist folglich eine Vervielfältigung zum privaten Gebrauch, bei der das Audiosignal in einen Binärcode umgewandelt oder der bereits vorliegende Binärcode kopiert wird.

3. CD-DA

Der erste Tonträger für den Massenmarkt,[65] der Musik in digitaler Form speichern konnte, war die CD (Digital Audio Compact Disc - CD-DA). Die CD wurde 1981 auf der Funkausstellung in Berlin erstmals öffentlich vorgestellt, 1982 von Philips und Sony auf dem Markt eingeführt und hatte auf Grund des kleineren Formats, der längeren Abspieldauer und der komfortableren Handhabung schon 1990 die Schallplatte als weltweit meistverkauften Tonträger abgelöst.[66]

---

[61] *Weßling*, S. 25.

[62] Ein eventueller klanglicher Verlust tritt nur bei der *erstmaligen* Komprimierung, also der Umwandlung in ein komprimiertes Audio-Format, auf.

[63] *Mittenzwei*, S. 11.

[64] Die Qualität des digital aufgezeichneten Signals (also seine Ähnlichkeit mit den Ursprungs-Schallwellen) hängt von der „Abtastrate" (wie eng sind die Zeitabstände bei der rechnerischen Erfassung?) und der Anzahl der Bits pro Abtastwert (Sample) ab (wie viele Signalzustände bzw. Bits werden pro Signal aufgezeichnet?). Die Musikinformationen auf einer handelsüblichen CD werden beispielsweise in 16-bit stereo (zwei Kanäle) und einer Abtastrate von 44,1 kHz (Kilohertz = 1.000 Schwingungen pro Sekunde) gespeichert.

[65] Der erste käuflich erwerbbare Tonträger, auf den Musik von privaten Nutzern in digitaler Form aufgenommen werden konnte, war das DAT (Digital Audio Tape), welches im Jahr 1987 entwickelt wurde. Wie bei der Musikkassette erfolgt die Speicherung auf einem Magnetband, doch wird die Musik hier digital gespeichert. Das DAT konnte sich nur im professionellen Bereich (Tonstudios) durchsetzen, wo es vereinzelt heute noch verwendet wird.

[66] *Lyng/Rothkirch/Klein*, Lexikon der Entertainment Industrie, 2004, S. 69. Die ersten CDs stellte die Firma PolyGram am 17.08.1982 vor. Auf den ersten kommerziell vertriebenen CDs war angeblich der Walzer von Frederic Chopin für Klavier, gespielt von

Technisch gesehen tastet ein CD-Player die Oberfläche einer CD optisch mit einem Laser - und damit ohne jegliche Abnutzung - ab.[67] Die CD konnte ursprünglich nur als fertig bespielter Tonträger erworben werden und enthielt bis zu 74 Minuten Musik.[68]

4. *CD-Rs/CD-RWs*

Für die private Vervielfältigung wurde die CD ab Mitte der 90er Jahre[69] relevant, als für Privatpersonen bespielbare CD-Rohlinge, sog. CD-Rs (Compact Disc Recordable[70]) und CD-RWs (Compact Disc ReWriteable[71]) verfügbar wurden. Zur Bespielung der CDs setzten sich CD-Brenner als fester Bestandteil von Computern durch.[72] Im

---

Claudio Arrau und das Album „The Visitors" der schwedischen Gruppe ABBA. Der erste CD-Player, der „Sony CDP 101" wurde am 01.10.1982 vorgestellt.

[67] *Lyng/Rothkirch/Klein*, Lexikon der Entertainment Industrie, 2004, S. 69; *Sjurts*, S. 78; *Weßling*, S. 25. Die Oberfläche einer CD hat ca. fünf Milliarden „Löcher" (Pits), welche das Laserlicht zerstreuen. Die Pits und die Zwischenräume (Lands) sind zu einer spiralförmigen Spur angeordnet, die sich von der Innenseite der CD über eine Länge von ca. 9 km nach außen windet. Der Laser unterscheidet zwischen „Reflexion" und „keine Reflexion" und wandelt diese Unterscheidung in die oben beschriebenen binären Daten „1" und „O" um. Die binären Daten werden mittels eines D/A-Wandlers (Digital/Analog-Wandlers) in hörbare Audiosignale umgewandelt.

[68] Die CD sollte ursprünglich ähnlich der Schallplatte einen Durchmesser von 30 cm haben, was einer Kapazität von 13 Stunden und 20 Minuten entsprochen hätte. Sony/Philips war jedoch klar, dass dies das Geschäftsmodell der Musikindustrie durcheinander gebracht hätte. Die Länge von 74 Minuten geht angeblich auf den damaligen Sony Vizepräsident Norio Ohga zurück, der ein ausgebildeter Opernsänger war und darauf drängte, Ludwig van Beethovens neunte Sinfonie ohne Unterbrechung hören zu können. Ohgas favorisierte Version - dirigiert von Herbert von Karajan - dauerte 66 Minuten, doch die Techniker orientierten sich an der längeren Version des Dirigenten Wilhelm Furtwängler aus dem Jahr 1951, welche exakt 74 Minuten dauert, vgl. *Renner*, S. 23.

[69] Die ersten CD-Rs wurden im Jahr 1994 eingeführt; im Jahr 1996 folgte die CD-RW.

[70] Bespielbare CD.

[71] Wieder-bespielbare CD.

[72] CD-Brenner schmelzen die Oberfläche von CD-Rohlingen mit einem Laser, so dass sich die Reflexionseigenschaften der CD verändern und die beschriebenen „Pits" entstehen. Heutzutage werden CD-Brenner von DVD-Brennern abgelöst, die sowohl DVDs als auch CD-Rs/CD-RWs brennen können.
Vor den CD-Brennern gab es CD-Rekorder, also eigenständige Hifi-Komponenten zur Erstellung von CDs. Die CD-Rekorder fanden jedoch nur eine geringe Verbreitung. Ähnlich erging es den MiniDisc-Rekordern (MD), die 1991 von Sony vorgestellt wur-

Laufe der Zeit wurde die Brenngeschwindigkeit der CD-Brenner weiterentwickelt, so dass die Herstellung einer Audio-CD mit 74 Minuten Spielzeit heutzutage in unter zwei Minuten bewältigt werden kann.[73]

Ein CD-Brenner gehört nach heutigem Stand der Technik zur Grundausstattung nahezu jedes Computers. Im Jahr 2006 besaßen 48 % der Deutschen einen *CD*-Brenner (bzw. 12 % einen *DVD*-Brenner, mit dem ebenfalls CDs gebrannt werden können) oder lebten mit Personen in einem Haushalt, die ein solches Gerät besaßen.[74] Die zur Erstellung von CD-Rs/CD-RWs mit Audiomaterial notwendigen Software-Programme sind in der Regel auf den handelsüblichen Computern vorinstalliert. Folglich ist es jedem Menschen mit Zugang zu einem Computer möglich, eigene Musik-CDs in optimaler Qualität und kürzester Zeit herzustellen.

II. Datenkomprimierung

Die technische Möglichkeit, Musik von einer CD auf einen Computer einzulesen und als Musikdatei zu speichern, war zunächst nicht sehr attraktiv. Eine CD mit 74 Minuten Laufzeit, die unkomprimiert in einen Computer eingelesen wird (üblicherweise in das WAV-Format[75]) nimmt etwa 700 - 800 Megabyte (MB) Speicherplatz ein. Diese Datengröße machte die Handhabung am Computer schwerfällig und ein Versenden von Musik-Dateien über die anfangs noch sehr langsamen Internetverbindungen nahm viel Zeit in Anspruch.[76]

---

den und von der Technik vergleichbar mit der CD sind, da die MD ebenfalls Musik in digitaler Form speichert und optisch ausgelesen wird; vgl. *Lyng/Rothkirch/Klein*, Lexikon der Entertainment Industrie, 2004, S. 265.

[73] Die Geschwindigkeit des Brennvorgangs wird in Vielfachen von 176,4 kBytes (Kilobyte = 10^3 Bytes; 1 Byte = 8 Bit) angegeben, was der einfachen Lesegeschwindigkeit einer normalen CD entspricht. Derzeit sind Brenngeschwindigkeiten von 1-fach bis 56-fach möglich.

[74] Quelle: „Brennerstudie 2006" der Gesellschaft für Konsumforschung (GfK) v. 28.04.2006, erstellt im Auftrag des Bundesverbandes der phonographischen Wirtschaft e. V. (seit 01.11.2007 umbenannt in Bundesverband Musikindustrie e. V.), abrufbar unter: http://www.musikindustrie.de/brennerstudien.html. Befragt wurden im Januar 2006 10.000 Deutsche, die älter als 10 Jahre waren.

[75] Abkürzung für WAVE File Format.

[76] Ein vierminütiges Lied hat im WAV-Format (16 Bit; 44,1 kHz) etwa die Größe von 40 MB (Megabyte = 10^6 Bytes). Geht man von einem damals üblichen Internetzugang

Die Größe von Musikdateien lässt sich jedoch durch eine Datenkomprimierung (auch Datenkompression) deutlich reduzieren. Hierzu gibt es verschiedene Möglichkeiten und Verfahren. Zu den bekanntesten Komprimierungsstandards gehören AAC, ATRAC, Real-Audio und WMA.[77] Weltweit am meisten verbreitet ist das MP3-Format, da dieses bei einer hohen Komprimierungsrate eine gute Klangqualität gewährleistet und vor allem mit nahezu jeder Software und jedem Abspielgerät kompatibel ist.[78] Die maßgeblichen Erfindungen stammen von einer Forschergruppe um Prof. Karlheinz Brandenburg vom Fraunhofer Institut für integrierte Schaltungen.[79] MP3 komprimiert die Audiodaten, indem es die Signalteile, die vom menschlichen Ohr nicht wahrgenommen werden können,[80] bei der Speicherung weglässt. Gespeichert wird also kein exakter Abgleich des Signals, so dass die

---

mittels analogem 56k-Modem (Download Datenrate von 56 kBit/s) aus, so dauerte das Herunterladen selbst unter optimalen Bedingungen über 1 ½ Stunden.

[77] AAC = Advanced Audio Coding; ATRAC = Adaptive Transform Acoustic Coding; WMA = Windows Media Audio File. Weitere Standards sind u. a. Ogg Vobis, LAME (für „LAME *A*in't An *M*P3 *E*ncoder") und Musepack. Siehe zur technischen Seite der einzelnen Komprimierungsstandards *Baierle*, S. 41 ff.

[78] MP3 steht für „MPEG-Audio Layer 3", wobei MPEG für „Movie Pictures Expert Group" steht. Der Name des Formats wurde im Jahr 1995 bei einer internen Umfrage des Fraunhofer Instituts festgelegt, vgl. Internetseite des Fraunhofer Instituts für integrierte Schaltungen, abrufbar unter:
http://www.iis.fraunhofer.de/amm/projects/mp3/#history.

[79] Dieses hält auch die Patente an einigen Kernerfindungen von MP3. Das Format entstand in einem langen Entwicklungsprozess an dem das Fraunhofer-Institut für Integrierte Schaltungen in Erlangen, die Universität Erlangen-Nürnberg, die Universität Hannover, AT&T und Thomson beteiligt waren; vgl. die Internetseite des Fraunhofer Instituts für integrierte Schaltungen, abrufbar unter:
http://www.iis.fraunhofer.de/amm/projects/mp3/#history. Der MP3-Encoder wurde damals zu Demonstrationszwecken im Internet veröffentlicht. Nachdem Hacker die Schutzmechanismen ausgeschaltet hatten, wurde „die Technik ins Freie gelassen" und verbreitete sich über das Internet rasend schnell auf der ganzen Welt, vgl. F.A.Z. v. 08.08.2006.

[80] Auf Grund sog. psychoakustischer Effekte der Wahrnehmung kann das menschliche Ohr beispielsweise Töne, die besonders dicht nebeneinander liegen, nicht wahrnehmen. Des Weiteren kann das Ohr leise Töne, die unmittelbar auf einen lauten Ton folgen nur schlecht oder gar nicht wahrnehmen. Schließlich sind manche besonders hohe oder niedrige Frequenzen für das Ohr grundsätzlich nicht wahrnehmbar; vgl. *Sjurts*, S. 34.

komprimierte Datei verlustbehaftet ist.[81] Der Klangverlust wird im Optimal-Fall vom menschlichen Ohr nicht wahrgenommen.[82] Die Komprimierung ermöglicht eine Datenreduktion auf ca. 1/12 der ursprünglichen Datengröße.[83]

Das Internet hat sich seit Mitte der 90er Jahre[84] verbreitet[85] und gestattet seitdem immer schnellere Datenübertragungen.[86] Erst die Datenkomprimierung ermöglichte aber das massenhafte Zurverfügungstellen und Herunterladen von Musikdateien im Internet, insbesondere in Kopier-Netzwerken (sog. Filesharing-Netze, Tauschbörsen, P-2-P-Netze[87]), in denen Nutzer sich untereinander Musikdateien zum

---

[81] Im Gegensatz zu analogen Klangbeeinträchtigungen fällt dieser Verlust aber nur einmalig an. Ist eine Datei also einmal digitalisiert und komprimiert, kann sie ohne weiteren Klangverlust beliebig vervielfältigt werden.

[82] Wie stark der Verlust ist hängt u. a. von der verwendeten Software und der eingestellten Datenrate ab. Das MP3-Format erlaubt Datenraten von 8 kBit/s bis 320 kBit/s (192 kBit/s entspricht in etwa der üblichen „CD-Qualität" einer Compact Disc Digital Audio).

[83] *Lyng/Rothkirch/Klein*, Lexikon der Entertainment Industrie, 2004, S. 270.

[84] Als „Geburtstag" des Internets in Deutschland gilt wahlweise der 05.11.1986, als die Top-Level-Domain „.de" entstand oder der 01.09.1984, als die erste Internet-Mail beim ersten CSNet-Knoten in Karlsruhe eintraf; vgl. heise online v. 28.04.2006, abrufbar unter: http://www.heise.de/newsticker/meldung/72491. Zur Entwicklung des Internets vom militärisch und wissenschaftlich genutzten „ARPANET" in den 60er Jahren bis zur „Geburt" des Internet vgl. *Lührig* in: Ensthaler/Bosch/Völker, S. 33 ff. *Sieber* in: Handbuch Multimedia-Recht, Dezember 2000, 1, Rn. 3 markiert den eigentlichen Durchbruch des Internets zum Massenmedium Anfang der 90er Jahre durch die Entwicklung des Hyper Text Transfer Protokolls (HTTP).

[85] Gem. dem „Breitbandatlas 2007_01" des Bundeswirtschaftsministeriums v. 25.09.2007, abrufbar unter: http://www.zukunft-breitband.de/Breitband/Portal/Navigation/breitbandatlas,did=224230.html, haben 97 % der deutschen Haushalte die Möglichkeit, einen Breitband-Anschluss zu bestellen. Zum Jahresende 2006 waren in Deutschland etwa 14,8 Millionen Breitbandanschlüsse geschaltet.

[86] Internetzugänge entwickelten sich von analogen Modems (56 kbit/s), über ISDN-Modems (64 kbit/s bzw. 128 kbit/s bei Nutzung beider Kanäle) bis zu DSL-Breitband- und Kabelanschlüssen (348 kbit/s bis 50 Mbit/s).

[87] Der Begriff „Filesharing" ist irreführend und verharmlosend, da er impliziert, die Nutzer würden die Dateien miteinander teilen (engl. to share). Dies ist indes nicht der Fall, da sowohl der anbietende Nutzer seine Datei vollständig behält als auch der beziehende Nutzer eine vollständige Kopie erhält. *Braun*, GRUR 2001, 1106 weist mit Recht darauf hin, dass der deutsche Begriff „Tauschbörse" ebenfalls irreführend sei: „Wer etwas tauscht, gibt eine Sache weg, um dafür eine andere zu bekommen." Eben-

kostenlosen Download zur Verfügung stellen. Auf der anderen Seite ermöglicht die Digitalisierung den Rechteinhabern, durch Veröffentlichungen im Internet ein, weltweites Publikum zu erreichen.[88]

Die Datenkomprimierung führte außerdem zur mobilen Nutzung von Musikdateien durch die seit dem Jahr 2001[89] aufkommenden MP3-Player[90], die tragbare Kassetten-Abspielgeräte („Walkman") und tragbare CD-Player („Discman") ersetzten. Heutzutage ist in viele Mobiltelefone ebenfalls ein MP3-Player integriert.

---

so *Heerma* in: Wandtke/Bullinger, § 16 Rn. 14. P-2-P steht für „Peer-to-Peer" (peer = engl. für der Ebenbürtige, der Gleichgestellte). Der Name verdeutlicht, dass in dieser Netzwerkstruktur die Dateien nicht von einem zentralen (übergeordneten) Server stammen, sondern von Nutzer zu Nutzer weitergegeben werden (Vernetzung Gleicher mit Gleichen). Die Filesharing-Netze sind nur ein Anwendungsbereich von Peer-to-Peer Strukturen. Die Vorteile von P-2-P-Netzwerken werden heute auch zu legalen Zwecken verwendet. P-2-P kann also nicht immer mit Filesharing gleichgesetzt werden. In dieser Arbeit wird der Begriff „Kopier-Netzwerk" verwendet, denn es handelt sich um Netzwerke, in denen Dateien kopiert werden. Die Netzwerke dienen der Vermittlung von Personen, die sich untereinander Dateien kopieren wollen. Niemand verliert oder teilt eine Datei in solchen Netzwerken- es wird ausschließlich kopiert. Zu Kopier-Netzwerken s. u. Teil II B.VII.3, S. 175.

[88] Vgl. *Fezer/Koos* in: Staudinger, IntWirtschR, Rn. 1052.

[89] Am 23.10.2001 wurde der MP3-Player „iPod" der Firma Apple vorgestellt. Zwar gab es zuvor Geräte anderer Hersteller doch läutete dieses Modell den Durchbruch der MP3-Player ein.

[90] Der Begriff „MP3-Player" wird für alle tragbaren Geräte verwendet, die Musikdateien abspielen können.

Teil I: Die digitale Privatkopie in der Musikbranche

Abb. 4: Gang der Darstellung Teil I.

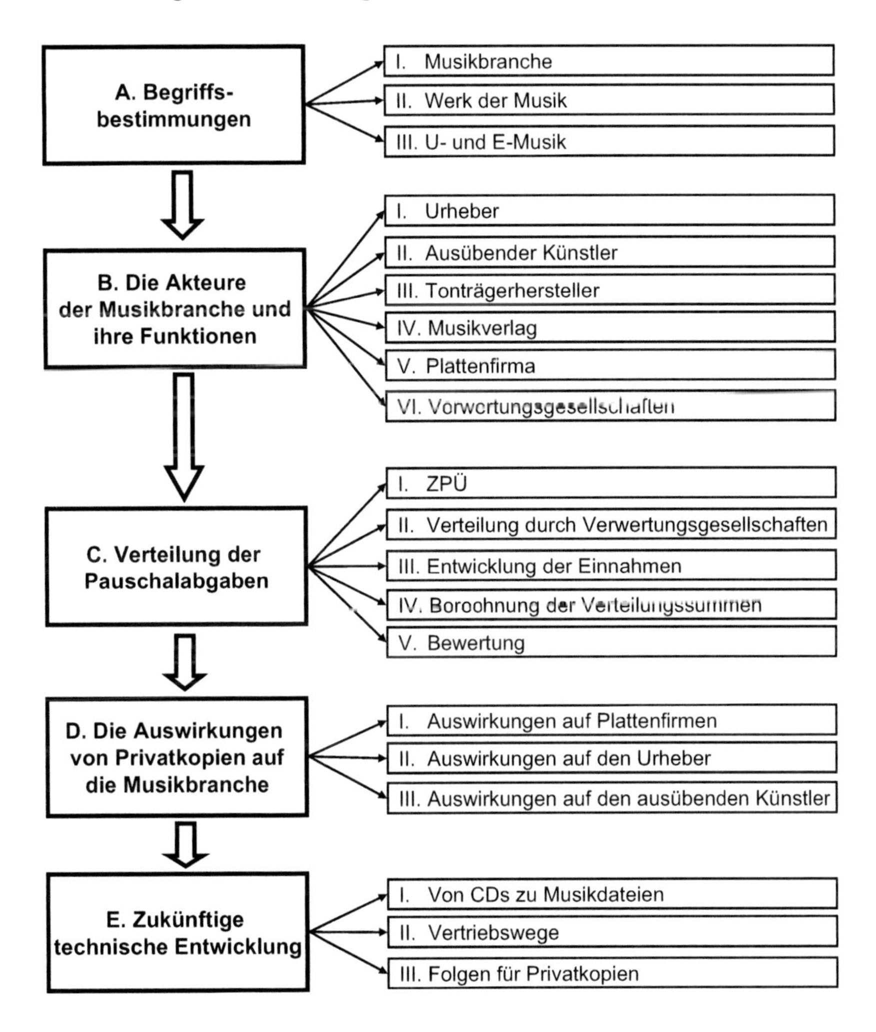

In diesem Teil wird das System der Musikbranche in Deutschland dargestellt um anschließend herausfinden zu können, welche Auswirkungen die digitale Privatkopie auf die Akteure der Musikbranche hat.

- Haben digitale Privatkopien auf den Urheber, den ausübenden Künstler und den Tonträgerhersteller gleiche oder unterschiedliche Auswirkungen?

- Wie werden die Pauschalabgaben des § 54 UrhG innerhalb der Musikbranche verteilt?

- Welche Akteure sind die Nutznießer der Zulässigkeit der digitalen Privatkopie?

Die Musikbranche stellt ein komplexes Geflecht dar. Die Beziehungen der Beteiligten zueinander sind für Außenstehende nur schwer zu durchblicken. Dies erschwert es, die Auswirkungen von digitalen Privatkopien auf die verschiedenen Handelnden der Musikbranche zu erkennen. Die folgenden Ausführungen konzentrieren sich auf die Darstellung der Grundstrukturen. Zum Verständnis des gesamten Systems ist es erforderlich, zunächst auch auf Aspekte einzugehen, die für die Privatkopie nur am Rande von Bedeutung sind.

A. Begriffsbestimmungen

I. Musikbranche

Die Musikbranche wird regelmäßig Musik*industrie* genannt.[91] Mit der Verwendung des Wortes „Musikbranche" soll dem Missverständnis vorgebeugt werden, die Untersuchung beschränke sich auf die Sicht der kommerziellen Verwerter und lasse die Sicht des Urhebers und des ausübenden Künstlers außer Acht.

[91] Auch Tonträgerwirtschaft, Tonträgerindustrie, Plattenindustrie, Phonographische Industrie, music business oder music industry. Zur Definition vgl. *Sjurts*, S. 409 und 418; *Lyng/Rothkirch/Klein*, Lexikon der Entertainment Industrie, 2004, S. 275; *Tschmuck*, S. 11. Die Herausbildung des Begriffs „Musikindustrie" ist wohl auf den starken anglo-amerikanischen Einfluss zurückzuführen. Dort ist der Begriff „music industry" (engl. für Industrie/Branche) üblich. Zur Geschichte der Musikindustrie siehe *Tschmuck*, S. 19 ff.; *Lyng*, S. 1 ff.

Funktional umfasst die Musikbranche daher im Folgenden sowohl die Urheber und ausübenden Künstler als auch die Tonträgerhersteller, Musikverlage, Plattenfirmen und Verwertungsgesellschaften.[92] *Geographisch* stellt die folgende Untersuchung - soweit nicht ausdrücklich anders angemerkt - auf die Rechtslage in Deutschland ab.

II. Werk der Musik

Grundvoraussetzung eines jeden Urheberschutzes ist das Vorliegen eines urheberrechtlich schutzfähigen Werkes. Dies sind im Musikbereich Werke der Musik i. S. d. § 2 Abs. 1 Nr. 2 UrhG und Sprachwerke i. S. d. § 2 Abs. 1 Nr. 1 UrhG.[93] Das Werk muss eine persönliche geistige Schöpfung i. S. d. § 2 Abs. 2 UrhG darstellen. Da auch Teile eines Werks (wie sie z. B. für Handy-Klingeltöne verwendet werden) und die sog. kleine Münze (Werk von geringem schöpferischem Wert) geschützt werden, ist nahezu keine Komposition, kein Text vorstellbar, der keinen Urheberschutz genießt.[94] Das Urheberrecht trifft keine geschmackliche Wertung, sondern fragt nur, ob eine persönliche geistige Schöpfung vorliegt. Einzig bei einfachen akustischen Signalen oder Pausenzeichen scheidet ein Urheberschutz aus,[95] da hier kein Gestaltungsspielraum für eine persönliche Schöpfung besteht.

Der urheberrechtliche Schutz setzt - anders als bei Patenten oder Geschmacksmustern - keine Niederlegung oder Registrierung voraus.[96] Die Urheberrolle beim Deutschen Patent- und Markenamt (DPMA) dient hauptsächlich der Registrierung anonymer und pseudonymer Werke (vgl. § 66 Abs. 2 S. 2 und § 138 UrhG) und hat nur

---

[92] Nicht Gegenstand der Untersuchung ist die Rolle von Managern, Vertrieben, Musikfachhändlern, Herstellern von Musikinstrumenten und Veranstaltern. Zum Veranstalter s. u. Fn. 257.

[93] Siehe hierzu *Loewenheim* in: Schricker, § 2 Rn. 78 ff. (Sprachwerke) und Rn. 118 ff. (Werke der Musik); *Movsessian/Seifert*, S. 96 ff. (Sprachwerke) und S. 100 ff. (Werke der Musik).

[94] Vgl. *Movsessian/Seifert*, S. 32 f.; vgl. zur „kleinen Münze" *Loewenheim* in: Schricker, § 2 Rn. 38 ff.; zur Schutzfähigkeit moderner elektronischer Musik siehe *Berndorff/Berndorff/Eigler*, S. 54 ff.

[95] *Andryk*, S. 68 f.

[96] Vgl. Movsessian/Seifert, S. 33.

geringe Bedeutung.[97] Ein Copyright-Vermerk (©) hat in Deutschland keine Bedeutung.[98]

Werden Musik und Text zu einem Lied verbunden, so bleibt dennoch die selbständige Verwertbarkeit von Text und Komposition erhalten. Es liegt dann ein verbundenes Werk i. S. d. § 9 UrhG vor.[99] Der Komponist und der Texter eines Musikwerks können dabei auch ein und dieselbe Person sein. Dennoch bleiben Musik und Text eigenständige Werke, die von den jeweiligen Urhebern selbständig verwertet werden können. Die Beziehungen der Urheber untereinander sind rein schuldrechtlicher Natur.[100]

III. E- und U-Musik

In der Musikbranche wird zwischen ernster Musik (E-Musik) und Unterhaltungsmusik (U-Musik) unterschieden.[101] E-Musik ist meistens - aber nicht zwingend - klassische Musik bzw. Musik, die als kulturell wertvoll angesehen wird. Der weitaus größere Bereich der U-Musik umfasst die gesamte Unterhaltungsmusik.

Werke der E-Musik sind weitaus weniger von digitalen Privatkopien betroffen, als Werke der U-Musik. Bei Werken der E-Musik liegt

---

[97] Am 31.12.2005 waren insgesamt 704 Werke von 376 Urhebern in das Register eingetragen, vgl. DPMA-Jahresbericht 2005, abrufbar unter http://www.dpma.de/veroeffentlichungen/jahresberichte.html.

[98] Bevor die USA der RBÜ beigetreten sind, war ein Copyright-Vermerk in Verbindung mit der Jahreszahl der Werkschöpfung oder Erstveröffentlichung und dem Namen des Rechtsinhabers Voraussetzung für das Bestehen von urheberrechtlichen Ansprüchen, *Berndorff/Berndorff/Eigler*, S. 19; siehe auch *Passman/Herrmann*, S. 303 f.

[99] Vgl. *Loewenheim* in: Schricker, § 8 Rn. 6 und § 9 Rn. 4; zur Werkverbindung im Musikbereich siehe ausführlich *Czychowski* in: Loewenheim, § 68 Rn. 8 ff.

[100] Vgl. LG München I, Az.: 7 O 6699/06, Urt. v. 14.06.2007 (nicht rechtskräftig): Schuldrechtliche Vereinbarungen zwischen Komponist Strauss und Librettist Hofmannsthal überdauern urheberrechtliche Schutzfristen.

[101] Das Gesetz kennt diese Unterscheidung nicht. Für Urheber und Verleger spielt die Unterscheidung eine große Rolle, wenn sie Mitglied der GEMA sind. Die GEMA bevorzugt Urheber und Verleger von E-Musik gegenüber solchen von U-Musik. Urheber und Verleger von E-Musik müssen ein geringeres Mindestaufkommen vorweisen, um die ordentliche Mitgliedschaft zu erwerben (vgl. § 7 Nr. 1 GEMA-Satzung). Des Weiteren werden die Urheber von E-Musik bei der Verteilung des Vergütungsaufkommens bevorzugt.

der Schwerpunkt der Verwertung auf der Herstellung, dem Verkauf und vor allem dem Verleih von gedruckten Noten (Papiergeschäft).[102] Eine Privatkopie von Noten ist gem. § 53 Abs. 4 a) UrhG nur erlaubt, soweit diese durch Abschreiben vorgenommen wird. Eine digitale Privatkopie von Noten ist folglich gesetzlich nicht gestattet. Soweit es um *Aufnahmen* von E-Musik geht, kann es bei E-Musik ebenso zu digitalen Privatkopien kommen, wie bei U-Musik. Tatsächlich findet sich im Internet und in Kopier-Netzwerken jedoch kaum E-Musik, was wohl vor allem auf die ältere Zielgruppe zurückzuführen ist. Für den Urheber von E-Musik spielen die Erträge aus der Vervielfältigung von Tonträgern auch nur eine geringe Rolle. Der Marktanteil von Klassik-CDs in Deutschland liegt deutlich unter 10 %.[103] Die folgende Untersuchung konzentriert sich aus diesen Gründen auf die U-Musik.

B. Die Akteure der Musikbranche und ihre Funktionen

I. Urheber

Im Musikbereich gibt es drei „Arten“ von Urhebern. Sie können in einer Person vereint oder können verschiedene Personen sein.

Der *Komponist* komponiert die Musik eines Liedes, indem er Noten auf Papier schreibt. Die musikalische Schöpfung genießt aber auch dann Schutz, wenn Sie nicht fixiert wird. Die Schöpfung muss nur ein Mal der Wahrnehmung durch die menschlichen Sinne zugänglich gewesen sein.[104] So genießt z. B. auch ein improvisiertes Saxophon-Solo Urheberschutz - auch wenn es weder eine zu Grunde liegende Komposition in Notenform gibt, noch das Stück während des Spielens aufgezeichnet wird. Ebenso schutzfähig ist das von einem Produzenten am Computer oder Sampler erstellte elektronische Lied - auch wenn die Komposition unmittelbar eingespielt bzw. programmiert wird. In der modernen Popmusik wird die der Musik zu Grunde liegende

[102] Vgl. *Czychowski* in: Loewenheim, § 68 Rn. 19.

[103] *Budde* in: FS Nordemann (1999), S. 13, 15 geht im Jahr 1999 davon aus, dass Klassik-CDs 8 % des Tonträgermarkts ausmachten.

[104] *Loewenheim* in: Schricker, § 2 Rn. 20.

Komposition nur noch selten schriftlich fixiert.[105] Dies ändert nichts daran, dass an diesen Kompositionen Urheberrechte bestehen.

Der *Texter*/Textdichter schreibt den Text zu einem Lied. Der Text muss nicht niedergeschrieben sein. Auch der auf der Bühne improvisierte Text genießt Urheberschutz. Der Text muss nicht als Liedtext geschaffen sein. Oft werden z. B. Gedichte nachträglich mit Musik verbunden.

Der *Bearbeiter* bearbeitet ein fremdes Werk (Musik oder Text) so, dass die Bearbeitung selbst eine persönlich geistige Schöpfung darstellt (§ 3 S. 1 UrhG).[106] Als Beispiel für eine Bearbeitung nennt § 3 S. 1 UrhG die Übersetzung. Im Musikbereich kann eine Bearbeitung z. B. in einem sog. Remix liegen.

II. Ausübender Künstler

Wenn der Urheber das Werk geschaffen (bzw. bearbeitet) hat, muss dieses klanglich realisiert werden.[107] Hierzu wird das Werk von dem ausübenden Künstler (vor allem Sänger/Instrumentalist) interpretiert.

Die Darbietung des ausübenden Künstlers wird ebenfalls durch das UrhG geschützt (§§ 73 ff. UrhG). Der ausübende Künstler bringt - anders als der Urheber - selbst keine persönlich geistige Schöpfung hervor, sondern baut auf der Schöpfung des Urhebers auf und ist immer auf die Werkvorlage angewiesen.[108] Der gesetzliche Schutz des ausübenden Künstlers ist daher schwächer als der des Urhebers.[109] Der Schutz des ausübenden Künstlers steht dem Schutz des Urhebers nahe

[105] *Rossbach* in: Loewenheim, § 69 Rn. 2.
[106] Das bearbeitete Werk muss dabei urheberrechtsschutzfähig, aber nicht (mehr) tatsächlich geschützt sein, *Loewenheim* in: Schricker, § 2 Rn. 20.
[107] *Rossbach* in: Loewenheim, § 69 Rn. 4.
[108] Vgl. Berndorff/Berndorff/Eigler, S. 89.
[109] So ist z. B. § 31 Abs. 4 UrhG, der eine Einräumung von Nutzungsrechten für noch nicht bekannte Nutzungsarten für unwirksam erklärt, auf ausübende Künstler nicht anwendbar, vgl. BGH, GRUR 2003, 234 ff. - *EROC III*.

und wird als verwandtes Schutzrecht (oder auch Leistungsschutz[110]) bezeichnet.[111]

Ausübender Künstler ist gem. § 73 UrhG, wer ein Werk aufführt, singt, spielt oder auf eine andere Weise darbietet oder an einer solchen Darbietung künstlerisch mitwirkt. Ausübender Künstler ist im Musikbereich vor allem der Sänger und der Instrumentalist. Durch moderne Produktionsmethoden treten unter gewissen Umständen künstlerische Produzenten (producer) hinzu, die an elektronischen Geräten Musik schaffen.[112] Sie setzen elektronische Geräte als Instrumente ein und sind ebenfalls ausübende Künstler, wenn sie ein schutzfähiges Werk einspielen.

Der Leistung des ausübenden Künstlers muss ein künstlerisches Moment anhaften, was gesetzlich durch die Forderung nach der Darbietung eines Werks ausgedrückt wird. Auf die Qualität der Darbietung kommt es nicht an, sondern darauf, dass überhaupt ein Werk i. S. d. § 2 UrhG dargeboten wird

Der ausübende Künstler (Interpret) ist die Person, mit der ein Musikstück in der Öffentlichkeit in Verbindung gebracht wird. Sein Name steht auf den Tonträgern, er führt das Lied bei Konzerten auf und sein Name steht in den Charts, während der Urheber z. B. bei einer CD meist nur im Booklet[113] genannt wird.

[110] Vgl. *Schricker* in: Schricker, Einleitung Rn. 28.
[111] Vgl. Movsessian/Seifert, S. 248.
[112] *Rossbach* in: Loewenheim, § 69 Rn. 2 und 4. Kein ausübender Künstler ist der Toningenieur, der lediglich technische Aufgaben erfüllt und nicht an der künstlerischen Werkinterpretation mitwirkt, *Movsessian/Seifert*, S. 252 f. Siehe ausführlich zu der Frage in welchen Fällen eine schutzfähige Darbietung vorliegt *Krüger* in: Schricker, § 73 Rn. 10 ff.; *Dreier* in: Dreier/Schulze, § 73 Rn. 7 ff.; *Büscher* in: Wandtke/Bullinger, § 73 Rn. 7 ff.
[113] Engl. für „Broschüre“. Das booklet einer CD enthält auf der Vorderseite das künstlerisch gestaltete Cover und beinhaltet in der Regel mehrere Seiten mit Fotos des/der Interpreten, Angaben zu den Urhebern der einzelnen Titel, Liedtexte, Danksagungen etc.

III. Tonträgerhersteller

1. Definition des Tonträgerherstellers

An einem Tonträger bestehen nicht nur Rechte des Urhebers und des ausübenden Künstlers, sondern auch des Tonträgerherstellers. Der Begriff „Tonträgerhersteller“ ist verwirrend, da man mit der Herstellung die industrielle Fertigung von Tonträgern in Verbindung bringt. Die „Herstellung des Tonträgers“ i. S. d. § 85 UrhG ist hingegen die *erste Festlegung* einer Darbietung/Tonfolge (und nicht die Produktion der Vervielfältigungsstücke, die anschließend erfolgt, vgl. § 85 Abs. 1 S. 3 UrhG).[114] Die Tonträgerherstellung i. S. d. Gesetzes ist in der Praxis die *Produktion des Masters.*[115]

Tonträgerhersteller ist die Stelle, die die organisatorische Verantwortung bei der Produktion des Masters trägt und die Verträge mit dem ausübenden Künstler abschließt und abwickelt.[116] Wird der Tonträger in einem Unternehmen hergestellt, so bestimmt § 85 Abs. 1 S. 2 UrhG, dass das Unternehmen als Tonträgerhersteller gilt. Eine Privatperson kann ebenfalls Tonträgerhersteller i. S. d. § 85 UrhG sein. Tonträgerhersteller ist eine rein rechtliche Zuordnung, die in der Praxis sowohl dem ausübenden Künstler als auch Tonstudio-Inhaber, Plattenfirma und Sendeunternehmen[117] zukommt. In der Praxis liegt das Recht des Tonträgerherstellers bei der Plattenfirma, entweder weil sie die Produktion des Masters organisiert hat oder weil ihr die Rechte

---

[114] *Vogel* in: Schricker, § 85 Rn. 21.

[115] Als Master bezeichnet man die in einem Tonstudio erstellte fertig abgemischte und reproduktionsfähige Aufnahme, das Premaster, von dem entweder ein Glasmaster (für die CD-Pressung) oder eine Matrize (für die Vinylschallplattenpressung) erstellt wird. Siehe auch *Vogel* in: Schricker, § 85 Rn. 21 und 26; *Schaefer* in: Wandtke/Bullinger, § 85 Rn. 4. Auf einem Tonträger wird der Tonträgerhersteller teilweise durch den „P“-Vermerk (Buchstabe „P“ umschrieben mit einem Kreis; „P“ für: phonorecord) gekennzeichnet (vgl. Art. 11 Rom-Abkommen, Art. 5 GTA). Die Anbringung eines P-Vermerks begründet in Deutschland keine gesetzliche Vermutung, dass der in dem Vermerk Genannte auch tatsächlich der Tonträgerhersteller i. S. d. § 85 ist, vgl. BGH LMK 2003, 52 - *P-Vermerk;* ebenso LG Mannheim, ZUM-RD 2007, 205 (nicht rechtskräftig).

[116] Vgl. BGH, GRUR 1999, 577, 578 - *Tonträgerhersteller als Sendeunternehmen; Vogel* in: Schricker, § 85 Rn. 33; *Schaefer* in: Wandtke/Bullinger, § 85 Rn. 8.

[117] Siehe hierzu BGH GRUR 1999, 577 ff. - *Sendeunternehmen als Tonträgerhersteller.*

des Tonträgerherstellers in einem Bandübernahmevertrag übertragen wurden.[118]

2. Rechte des Tonträgerherstellers

Die Herstellung von Tonträgern stellt eine besonders aufwendige technische und wirtschaftliche Leistung dar.[119] Für diesen unternehmerischen Aufwand gewährt § 85 Abs. 1 S. 1 UrhG dem Tonträgerhersteller das ausschließliche Recht, den Tonträger zu vervielfältigen, zu verbreiten und öffentlich zugänglich zu machen (vgl. auch Art. 10 Rom-Abkommen, Art. 2 Genfer-Tonträgerabkommen (GTA), Art. 14 Abs. 2 TRIPS, Art. 11 ff. WPPT).[120] Der Tonträgerhersteller hat das *Recht an einer konkreten Aufnahme* (dem Master) einer Darbietung eines ausübenden Künstlers, die er organisiert und finanziert hat.[121]

Das Recht des Tonträgerherstellers ist, wie das Recht des ausübenden Künstlers, ein Leistungsschutzrecht. Wird ein Tonträger zur öffentlichen Wiedergabe (z. B. im Radio) der Darbietung eines ausübenden Künstlers verwendet, so hat der Tonträgerhersteller gem. § 86 UrhG einen Anspruch auf angemessene Beteiligung an der Vergütung des ausübenden Künstlers (vgl. auch Art. 12 Rom-Abkommen, Art. 14 WPPT).

Diese Rechte stehen dem Tonträgerhersteller unabhängig von den Rechten des Urhebers/ausübenden Künstlers und auch unabhängig von vertraglichen Absprachen zu, so dass der Tonträgerhersteller aus

---

[118] S. u. Teil I B.V.3, S. 44.
[119] *Vogel* in: Schricker, § 85 Rn. 8.
[120] Vgl. *Vogel* in: Schricker, § 85 Rn. 11.
[121] Dies ist der Grund dafür, dass Musik-Produzenten bei der Verwendung von Samples (Teile einer Musikaufnahme) die gewünschten Teile neu eingespielen. Das Sample verliert hierdurch zwar den Klang der Ursprungs-Aufnahme, doch der Verwender des Samples muss nur die Urheberrechte an der zu Grunde liegenden Komposition beachten und sich nicht um die Rechte der ausübenden Künstler oder Tonträgerhersteller kümmern.
Weiteres Beispiel ist die zur Zeit stetig wachsende Nutzung von Musik als Klingelton für Mobiltelefone. Wird ein Lied zur Nutzung als Klingelton auf einem Keyboard neu eingespielt, kann der Tonträgerhersteller (bzw. die Plattenfirma) kein Entgelt für die Nutzung verlangen. Nur wenn die konkrete, von dem Tonträgerhersteller finanzierte Aufnahme mit einem bestimmten Interpreten verwendet wird („Real-Tones"), ist das Recht des Tonträgerherstellers betroffen.

eigenem Recht gegen jede widerrechtliche Nutzung der von ihm finanzierten Aufnahmen vorgehen kann.[122] Für die eigene Auswertung des Tonträgers durch Vervielfältigung und Verbreitung (bzw. bei Musikdateien auch durch die öffentliche Zugänglichmachung) ist er aber weiterhin darauf angewiesen, dass der Urheber und der ausübende Künstler ihm die entsprechenden Rechte einräumen.[123] Der Tonträgerhersteller ist daher gleichzeitig originärer Rechteinhaber und Lizenznehmer (des Urhebers/ausübenden Künstlers).[124]

Das ausschließliche Vervielfältigungsrecht des Tonträgerherstellers unterliegt gem. § 85 Abs. 4 UrhG der Privatkopieschranke des § 53 UrhG. Auch der Tonträgerhersteller hat Anspruch auf einen Anteil an den nach § 54 UrhG erhobenen Pauschalabgaben auf Vervielfältigungsgeräte und Speichermedien.

3. *Entscheidende Zweispurigkeit*

Urheber, ausübender Künstler und Tonträgerhersteller sind oft ein und dieselbe Person.[125] So ist ein „Singer/Songwriter" gleichzeitig Komponist, Texter und Interpret. Insbesondere bei künstlerischen Produzenten moderner elektronischer Musik (nicht bei reinen Toningenieuren) kommt es häufig vor, dass diese mit elektronischen Geräten Musik schaffen, die direkt klanglich realisiert wird.[126] Damit sind sie Urheber und ausübende Künstler.[127] Wenn sie die Musik auch selbst mit einem Gesang abmischen und ein vervielfältigungsfähiges Endprodukt (Master) erstellen, sind sie zudem Tonträgerhersteller i. S. d. § 85 UrhG.

Die weitere Darstellung wird deutlich machen, dass es sehr wichtig ist, Urheber- und Leistungsschutzrechte (also die Rechte des ausübenden Künstlers und des Tonträgerherstellers) strikt voneinander zu

[122] Vgl. *Vogel* in: Schricker, § 85 Rn. 14 und 20.
[123] Vgl. *Ahlberg*, GRUR 2002, 313 f. S. u. Abb. 8: Notwendige Rechte zur Herstellung/Vertrieb von Tonträgern/Musikdateien, S. 57.
[124] Vgl. *Ahlberg*, GRUR 2002, 313, 314.
[125] *Budde* in: FS Nordemann (1999), S. 13, 17 schätzt den Anteil der selbstkomponierenden Künstler im U-Bereich auf über 80 %.
[126] Siehe hierzu *Krüger* in: Schricker, § 73 Rn. 29.
[127] Vgl. *Berndorff/Berndorff/Eigler*, S. 162; *Hertin* in: Moser/Scheuermann, S. 771, 794.

trennen. *Die Zweispurigkeit von Urheberrechten und Leistungsschutzrechten ist der Schlüssel zum Verständnis des Systems der Musikbranche in Deutschland.* Auch Privatkopien haben auf den Urheber und die Leistungsschutzberechtigten (ausübender Künstler und Tonträgerhersteller) unterschiedliche Auswirkungen.

Abb. 5: Rechte an einem Lied.

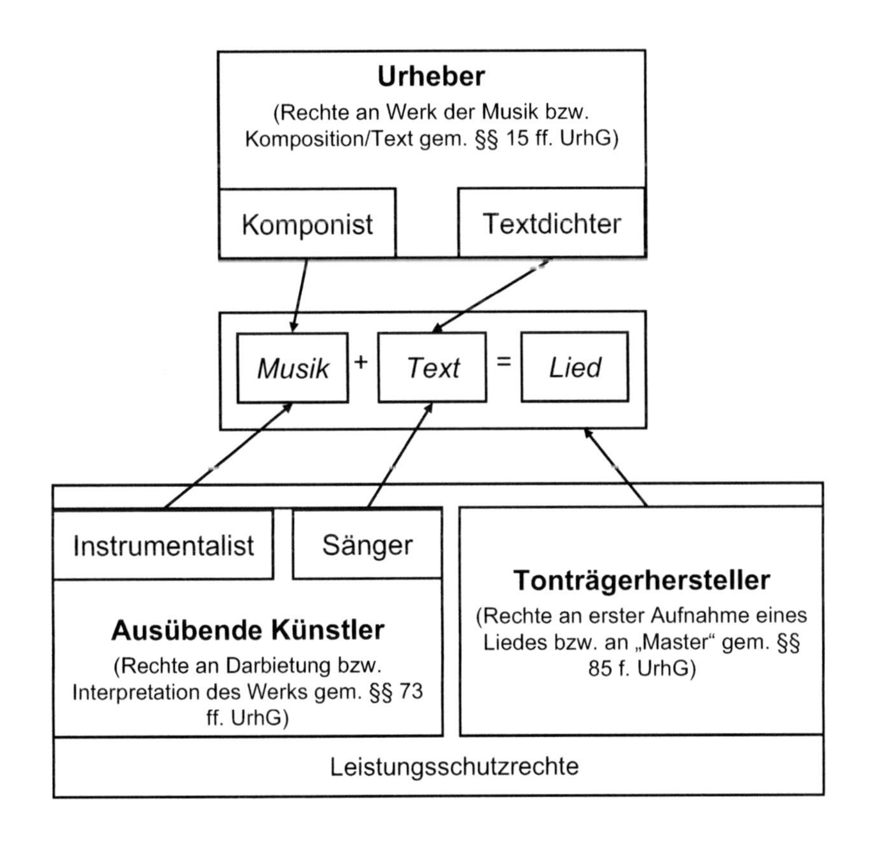

Abb. 6: Weiteres Vorgehen bei der Darstellung der Akteure der Musikbranche.

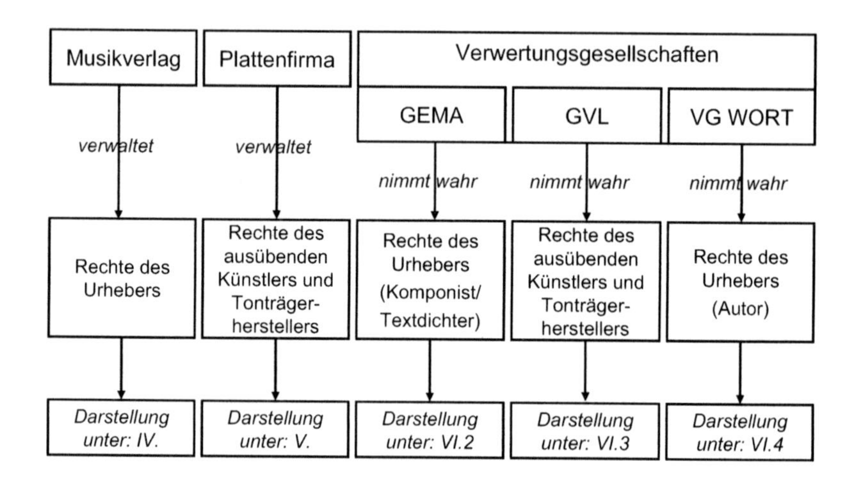

IV. Musikverlag

Der Urheber von Musik überträgt die Nutzungsrechte an den von ihm geschaffenen Werken häufig auf einen (Musik-) Verlag.[128] Der Verlag bemüht sich um eine Verwertung der Werke. Der durch die Verwertung erzielte Gewinn wird zwischen dem Verlag und dem Urheber geteilt.

Ein Verlag, der im Musikbereich tätig ist, wird als Musikverlag bezeichnet und der Vertrag, den er mit einem Urheber abschließt, Musikverlagsvertrag.[129] Ein Musikverlag stellt keine Tonträger her - dies

[128] Siehe ausführlich zu Musikverlagsverträgen *Nordemann* in: Münchener Vertragshandbuch, Band 3/II, VII.16; *Schack*, UrhR, Rn. 1065 ff.; *Czychowski* in: Loewenheim, § 68; *Lichte* in: Moser/Scheuermann, S. 1067 ff.; *Schulze* in: Dreier/Schulze, Vor § 31 Rn. 221 ff.; *Lyng*, S. 89 ff.; *Passman/Herrmann*, S. 245 ff. (überwiegend zur Lage in den U.S.A.).

[129] Verträge zwischen Verlag und Urheber werden im Folgenden unabhängig von einer Anwendung des Verlagsgesetzes als Verlagsverträge bezeichnet. Zur Anwendbarkeit des Verlagsgesetzes siehe *Schulze* in: Dreier/Schulze, Vor § 31 Rn. 22; *Wandtke/Grunert* in: Wandtke/Bullinger, Vor §§ 31ff. Rn. 82. Verlagsverträge werden ent-

ist Aufgabe der Plattenfirma. Ein Musikverlag betreibt Geschäfte mit Noten und verwaltet die Rechte des Urhebers.

In Deutschland gibt es ca. 550 Musikverlage.[130] Die Größe der Verlage variiert von Autorenverlagen, die nur die Rechte eines einzelnen Autors wahrnehmen, über mittelständische Verlage zu großen Unternehmen, die zahlreiche deutsche und (als Subverlag[131]) internationale Urheber vertreten. Teilweise gehören die Musikverlage zu Musikkonzernen, zu denen auch Plattenfirmen gehören.[132] 90 % der Verlage, die im Deutschen Musikverleger Verband (DMV) organisiert sind, haben im Jahr 2006 einen Umsatz von 371 Millionen EUR erwirtschaftet.[133]

1. *Musikverlag und GEMA*

Der Urheber schließt in der Regel vor Abschluss eines Musikverlagsvertrags einen Berechtigungsvertrag mit der GEMA ab.[134] Im

---

weder als Titelvertrag (über ein Werk) oder überwiegend als Exklusivautoren-Vertrag geschlossen. Im letzteren Fall bietet der Urheber dem Verlag alle Werke zur Verwertung an, die er während der Vertragslaufzeit schafft; vgl. *Lichte* in: Moser/Scheuermann, S. 1067, 1068.

[130] Hiervon sind die meisten sog. Independent-Verlage, das heißt, sie sind nicht an einen Konzern gebunden und sind kein Tochterunternehmen eines Tonträgerherstellers, vgl. *Budde* in: FS Nordemann (1999), S. 13.

[131] Die Musikbranche in Deutschland orientiert sich im Bereich der U-Musik noch immer stark an Musik aus dem anglo-amerikanischen Raum. Aus diesem Grund ist es für Musikverlage wichtig, neben der Wahrnehmung der Rechte von deutschen Urhebern als Subverlag eines ausländischen Verlags auch die Rechte von ausländischen Urhebern wahrzunehmen; vgl. *Budde* in: FS Nordemann (1999), S. 13, 16.

[132] So gehört z. B. der Verlag Universal Music Publishing zur Universal Music International Group, zu der zahlreiche Plattenfirmen, wie die Deutsche Grammophon, Karussell, Polydor, Motown, Def Jam, Geffen, Interscope oder MCA gehören. Weiteres Beispiel ist der Verlag EMI Music Publishing, der zur EMI Group gehört, zu der auch die EMI Music gehört, unter deren Dach sich Plattenfirmen wie Blue Note, Capitol, EMI Classics oder Virgin vereinen. Auch viele kleinere Verlage sind an eine Plattenfirma angeschlossen.

[133] F.A.Z. v. 31.03.2007. Die Abdeckung von 90 % der Verlage durch den DMV beruht auf Angaben des Verbands.

[134] Es gibt Urheber, die sich bewusst keiner Verwertungsgesellschaft anschließen; vgl. *Czychowski* in: Loewenheim, § 68 Rn. 60 ff. Sie schreiben „GEMA-freie Musik", insbesondere für die funktionale Nutzung im Bereich der Werbe- oder Hintergrundmusik. Die „GEMA-Freiheit" erlaubt es den Nutzern mit einmaligen Vergütungen alle

Rahmen dieses Berechtigungsvertrags räumt der Urheber der GEMA treuhänderisch vor allem das Vervielfältigungs- (§ 16 UrhG) und Verbreitungsrecht (§ 17 UrhG) und das Recht der öffentlichen Zugänglichmachung (§ 19a UrhG) ein.[135] Diese Rechte benötigt die Plattenfirma, wenn sie Werke des Urhebers aufnehmen und verbreiten will.

Die Rechte, die bereits an die GEMA übertragen wurden, können nicht mehr an einen Verlag abgetreten werden.[136] Daher wird zwischen dem Urheber und dem Verlag vereinbart, dass die Rechte nur insoweit übertragen werden, als sie nicht bereits der GEMA übertragen worden sind. Die Verlage sind ebenfalls Mitglieder der GEMA.[137] Wenn die GEMA Lizenzeinnahmen ausschüttet, so prüft sie, ob der entsprechende Urheber in Verbindung mit einem Musikverlag steht. Ist dies der Fall, schüttet die GEMA die Gelder nach ihrem Verteilungsplan anteilig an den Urheber und seinen Verlag aus.[138]

2. *Aufgaben des Verlags*

Das Inkasso für die Auswertung eines Musikwerks durch die Herstellung und den Vertrieb von Tonträgern wird von der GEMA vorgenommen, da der Urheber ihr die entsprechenden Rechte übertragen hat.[139] Wenn eine Plattenfirma einen Tonträger herstellen möchte, erwirbt sie die notwendigen Nutzungsrechte an den entsprechenden

---

notwendigen Rechte direkt vom Urheber zu erwerben, so dass nicht bei jeder einzelnen Nutzung Lizenzgebühren an die GEMA fällig werden.

[135] Siehe § 1 h) des GEMA-Berechtigungsvertrags i. d. F. vom 28./29.06.2005, abrufbar unter:
http://www.gema.de/media/de/mitglieder_formulare/gema_berechtigungsvertrag.pdf.

[136] OLG München, ZUM 2006, 473 (nicht rechtskräftig) - *Mambo No. 5.*

[137] Diese historisch bedingte Besonderheit ermöglicht es den Verlagen, einen unmittelbaren Zahlungsanpruch gegen die GEMA zu erwerben und nicht auf eine schuldrechtliche Abtretung der Urheber angewiesen zu sein; vgl. *Berndorff/Berndorff/Eigler*, S. 199.

[138] Der Verteilungsplan der GEMA findet sich im GEMA Jahrbuch 2006/2007, S. 318, 320, abrufbar unter: http://www.gema.de/presse/jahrbuch/. In Buchform herausgegeben von *Kreile*, Berlin 2006. Der Verlag erhält den Gegenwert für seine Leistung also nicht unmittelbar vom Urheber (mit dem er einen Verlagsvertrag geschlossen hat) sondern von der GEMA.

[139] Vgl. *Hertin* in: Moser/Scheuermann, S. 771, 800.

Urheberrechten daher nicht vom Urheber oder seinem Verlag, sondern von der GEMA. In diesem Bereich beschränkt sich die Aufgabe des Verlags auf die Verwaltung der von der GEMA eingenommenen Gelder und der Überprüfung der Abrechnungen (der GEMA-Kontoauszüge).

Die GEMA bemüht sich nicht um das Marketing und den Vertrieb der einzelnen Werke.[140] Diese Aufgaben übernimmt der Musikverlag, der noch zahlreiche zusätzliche Aufgaben zu übernehmen hat:

- *Vermittlung von Kontakten*: Hauptaufgabe des Verlags ist es, für eine umfangreiche Verwertung (insbes. Vervielfältigung, Verbreitung, Aufführung, Bearbeitung oder Sendung) der Werke des Urhebers zu sorgen.[141] Hierzu setzt er seine Kontakte zu Interpreten (insbes. Bandleadern), Plattenfirmen, Rundfunkanstalten, Fernsehsendern, Werbeagenturen und Managern ein, um diese für die Kompositionen/Texte des Urhebers zu gewinnen.

- *Erteilung von Bearbeitungslizenzen*: Wer die Bearbeitung (§ 3 UrhG) eines urheberrechtlich geschützten Musikstücks veröffentlichen möchte, benötigt hierzu die Einwilligung des Urhebers, § 23 S. 1 UrhG. In der Praxis werden Bearbeitungslizenzen regelmäßig vom Verlag vergeben, der zuvor die Zustimmung des Urhebers einholt. Bearbeitungslizenzen sind u. a. zur Herstellung von Handy-Klingeltönen notwendig.[142]

- *Erteilung von Filmsynchronisationslizenzen*: Das Recht, ein urheberrechtlich geschütztes Werk der Musik in Verbindung

[140] Vgl. *Schulze* in: Dreier/Schulze, Vor § 31 Rn. 221.

[141] Vgl. *Czychowski* in: Loewenheim, § 68 Rn. 31; *Hertin* in: Moser/Scheuermann, S. 771, 801; *Schulze* in: Dreier/Schulze, Vor § 31 Rn. 224; *Schricker* in: Schricker, Vor §§ 28 ff. Rn. 78 f.

[142] Die Nutzung von Musikwerken als Handy-Klingelton stellt nach Ansicht zahlreicher Gerichte einen Eingriff in das Urheberpersönlichkeitsrecht gem. §§ 14, 23 UrhG dar; vgl. OLG Hamburg, GRUR 2006, 323 (nicht rechtskräftig) - *Handy-Klingeltöne II*. Teilweise wird in der Kürzung des Liedes zur Verwendung als Klingelton zudem eine erlaubnispflichtige Bearbeitung gesehen.

mit Animationen[143] zu verwenden, das sog. Filmsynchronisationsrecht,[144] wird in der Regel ebenfalls vom Verlag vergeben.[145]

- *Erteilung von Lizenzen für Werbung*: Wirtschaftlich bedeutsam ist das Recht, Musikwerke oder Bearbeitungen zu Werbezwecken einzusetzen. Dieses Recht wird gem. § 1 k) des GEMA-Berechtigungsvertrags ausdrücklich nicht auf die GEMA übertragen, sondern von Verlagen wahrgenommen.

- *Musikproduktion*: Teilweise übernimmt der Musikverlag auch Teile der Musikproduktion, um einer Plattenfirma ein Demo[146] oder fertig produzierte Lieder anbieten zu können.[147] So betätigt sich der Verlag als Entdecker und Förderer talentierter Urheber.

- *Auswertung im Ausland*: Der Musikverlag schließt Verträge mit Subverlagen im Ausland. Eine ausländische Verwertungsgesellschaft kann Lizenzerlöse im Ausland direkt an den örtlichen Subverlag zahlen. Die ausländischen Verlage leiten die Gelder unmittelbar an den Ursprungsverlag in Deutschland.[148] Umgekehrt sind die Musikverlage in Deutschland als Subverlage für ausländische Urheber tätig.

---

[143] Jegliche Art von Fernseh-/Video-/Kinofilmen, Werbefilmen oder Multimedia-Anwendungen. In den letzten Jahren gewinnt auch die Verwendung von Musikwerken in Computerspielen an Bedeutung.

[144] Auch Filmeinblendungs-/Filmherstellungs-/Synchronisationsrecht. Im Englischen: sync right. Zu beachten ist, dass die Filmvorführung weiterhin über feste GEMA-Tarife abgerechnet wird, vgl. § 1 f) des GEMA-Berechtigungsvertrags.

[145] Zunächst überträgt der Urheber dieses Recht im Berechtigungsvertrag auf die GEMA. § 1 i) des GEMA-Berechtigungsvertrags gewährt die Möglichkeit, das Recht zurückzurufen und selbst wahrzunehmen. Die Einnahmen werden üblicherweise zwischen Verlag und Urheber zu je 50 % geteilt, wobei manche Verlage eine zusätzliche Administrationsgebühr von 5 - 15 % erheben, vgl. *Lichte* in: Moser/Scheuermann, S. 1067, 1075.

[146] Demo = demonstration recording (Vorführ-Aufnahme).

[147] Vgl. F.A.Z. v. 31.03.2007. Handelt es sich bereits um ein vervielfältigungsfähiges Master, erwirbt der Verlag damit gleichzeitig das Leistungsschutzrecht des Tonträgerherstellers.

[148] Vgl. *Schulze* in: Dreier/Schulze, Vor § 31 Rn. 228.

V. Plattenfirma

Ein Unternehmen, das Tonaufnahmen vervielfältigt, bewirbt und verkauft, wird als Plattenfirma (auch Schallplattenfirma, Tonträgerfirma, Plattenlabel oder nur als label[149]) bezeichnet. Es gibt momentan vier weltweit agierende *Major*-Plattenfirmen: EMI Group, Sony BMG Music Entertainment, Universal Music International Group und Warner Music Group.[150] Alle übrigen Plattenfirmen werden, unabhängig von ihrer Größe, *Independent*-Plattenfirmen genannt. Der Bundesverband Musikindustrie e. V.[151] gibt an, im Jahr 2006 sei ein Branchenumsatz von 1,7 Milliarden EUR erzielt worden.[152]

1. Notwendige Rechte für die Herstellung von Tonaufnahmen

Um Tonaufnahmen herstellen und vervielfältigen zu dürfen, muss eine Plattenfirma verschiedene Rechte erwerben.[153] Am einfachsten „erhältlich" sind die Rechte an den urheberrechtlich geschützten Werken der Musik, die auf der Tonaufnahme von dem ausübenden Künstler interpretiert werden sollen. Diese sog. mechanischen Rechte[154] werden von der GEMA wahrgenommen. Die GEMA unterliegt einem Kontrahierungszwang und muss jedem zu angemessenen Bedingungen eine Lizenz einräumen (§ 11 Abs. 1 UrhWG).[155] Möchte eine

---

[149] Label = engl. für das Etikett einer Schallplatte. Im anglo-amerikanischen Raum ist der Begriff „record label" üblich. Dementsprechend wird auch im Deutschen teilweise der Begriff Plattenlabel oder nur Label verwendet.

[150] Stand: 27.02.2008.

[151] Es handelt sich um einen Interessenverband, dem nach eigenen Angaben rund 350 Labels angehören, die mehr als 90 % des deutschen Musikmarktes repräsentieren.

[152] *Michalk*, IFPI-Pressemitteilung v. 29.03.2007, abrufbar unter: http://www.ifpi.de/news/news-863.htm.

[153] S. u. Abb. 8: Notwendige Rechte zur Herstellung/Vertrieb von Tonträgern, S. 57.

[154] Als mechanische Rechte werden die Rechte bezeichnet, die zur Herstellung und Verbreitung von Tonaufnahmen erforderlich sind, also das Vervielfältigungs- und Verbreitungsrecht (§§ 16, 17 UrhG). Für den Verkauf von Musikdateien im Internet muss zusätzlich das Recht der öffentlichen Zugänglichmachung (§ 19a UrhG) erworben werden. Gem. dem Einigungsvorschlag der Schiedsstelle beim Deutschen Patent- und Markenamt v. 11.12.2006 - Sch-Urh 36/04, ZUM 2007, 243, ist bei diesem Recht nicht die Plattenfirma der Lizenzschuldner der GEMA, sondern der Betreiber des Download-Shops.

[155] S. u. Teil I B.VI.2.b), S. 49.

Plattenfirma also einen Tonträger herstellen, zahlt sie an die GEMA die erforderliche Vergütung und hat damit die notwendigen Urheberrechte erworben.[156]

Des Weiteren benötigt die Plattenfirma die Rechte des ausübenden Künstlers, welcher die Musikwerke interpretiert (gespielt/gesungen) hat. Diese Erstverwertungsrechte[157] zur Herstellung und Verbreitung von Tonträgern nimmt der ausübende Künstler selbst wahr (sie werden also keiner Verwertungsgesellschaft übertragen). Die Plattenfirma muss die Rechte direkt vom Künstler erwerben und hierzu individuelle Verträge aushandeln. Die allgemein als „Plattenvertrag" bezeichneten Verträge lassen sich grob in Künstlerverträge (2.) und Bandübernahmeverträge (3.) unterteilen.

2. *Künstlervertrag*

In einem Künstlervertrag[158] verpflichtet sich der Künstler (oder auch eine Gruppe) gegenüber der Plattenfirma, für einen gewissen Zeitraum exklusiv an der Herstellung von Tonaufnahmen und der Werbung für die Tonträger/Musikdateien (z. B. durch Interviews oder Auftritte) mitzuwirken.[159] Gleichzeitig überträgt der Künstler der Plattenfirma die notwendigen Leistungsschutzrechte (§ 77 Abs. 2 S. 1 und

---

[156] Anders wenn auf dem Tonträger Bearbeitungen (§ 23 UrhG) urheberrechtlich geschützter Werke enthalten sein sollen. Dann muss die Plattenfirma zusätzlich eine Bearbeitungslizenz der Urheber erwerben.

[157] Zu dieser Unterscheidung s. u. Abb. 9: Erst- und Zweitverwertung, S. 63.

[158] Auch Künstlerlizenzvertrag, Künstlerexklusivvertrag, Tonträgerproduktionsvertrag oder Tonträgerherstellungsvertrag genannt.

[159] Siehe zu solchen Künstlerverträgen u. a. BGH, GRUR 1989, 189 ff. - *Künstlerverträge*; BVerfG, GRUR 2005, 880 ff. - *Xavier Naidoo*; *Will-Flatau*, S. 1 ff.; *Hertin* in: Münchener Vertragshandbuch, Band 3/II, VII.23.; *Gilbert/Scheuermann* in: Moser/Scheuermann, S. 1091 ff.; *Schulze* in: Dreier/Schulze, Vor § 31 Rn. 235 f.; *Schaefer* in: Wandtke/Bullinger, § 85 Rn. 9 und 26; *Schack*, UrhR, Rn. 1109 ff. Ähnlich dem Künstlervertrag ist der Vertrag zwischen einem künstlerischen Produzenten und einer Plattenfirma (Producervertrag). Die Plattenfirma beauftragt den Produzenten, bestimmte Aufnahmen mit einem Künstler anzufertigen. Der Produzent überträgt dann die Auswertungsrechte an der von ihm produzierten Musik auf die Plattenfirma; zu den Einzelheiten siehe *Rossbach* in: Loewenheim, § 69 Rn. 49 ff.

§ 78 Abs. 1 Nr. 1 UrhG), damit die Plattenfirma die Aufnahmen kommerziell verwerten kann.[160]

Der ausübende Künstler erbringt, anders als der Urheber, reproduzierbare Leistungen (die Interpretation eines Musikwerks). Ein Werk kann nur einmal geschaffen, aber beliebig oft interpretiert werden. Der wichtigste Bestandteil eines Künstlervertrags ist daher die dreifache Exklusivität (daher auch Künstlerexklusivvertrag genannt):[161]

- *Exklusivität der vertraglichen Aufnahmen*: Der ausübende Künstler überträgt sämtliche Rechte an den vertraglichen Aufnahmen an die Plattenfirma, so dass diese die während der Vertragslaufzeit angefertigten Aufnahmen bis zum Ablauf der gesetzlichen Schutzfrist exklusiv auswerten kann.

- *Titelexklusivität*: Der ausübende Künstler verpflichtet sich, die entsprechenden Titel nach dem Ende der Vertragslaufzeit nicht für eine andere Plattenfirma neu aufzunehmen (re-recording restriction). Die Titelexklusivität ist jedoch zeitlich begrenzt, man unterscheidet hier zwischen der Vertrags- und der Auswertungsdauer.[162]

- *Persönliche Exklusivität*: Der Künstler steht der Plattenfirma auch persönlich exklusiv zur Verfügung, so dass er die Erlaubnis der Plattenfirma benötigt (Freistellungserklärung), wenn er bei Aufnahmen anderer Künstler mitwirken möchte.

[160] Auf Grund des § 31 Abs. 5 UrhG lässt sich die Plattenfirma regelmäßig zahlreiche weitere Rechte übertragen, auch wenn diese für die Auswertung der Aufnahmen zunächst nicht relevant sind, vgl. *Rossbach* in: Loewenheim, § 69 Rn. 14 und 16.

[161] Vgl. *Schaefer* in: Wandtke/Bullinger, § 85 Rn. 26. Folgende Dreiteilung nach *Rossbach* in: Loewenheim, § 69 Rn. 22 ff.; *Krüger* in: Schricker, § 79 Rn. 8; *Gilbert/Scheuermann* in: Moser/Scheuermann, S. 1091, 1098 ff.

[162] Vgl. *Berndorff/Berndorff/Eigler*, S. 113 f. Siehe hierzu auch BGH, GRUR 2002, 795 ff. - *Titelexklusivität*.

3. Bandübernahmevertrag

Inhalt eines Bandübernahmevertrag[163] ist die Lizenzierung eines *reproduktionsfähigen Masters* (daher auch Tonträgerlizenzvertrag genannt). Die Tonträgerherstellung wird nicht von der Plattenfirma durchgeführt, sondern von einem Dritten, der über keine eigenen (oder keine ausreichenden) Marketing- und/oder Vertriebsstrukturen verfügt und hierfür eine Plattenfirma benötigt.[164]

In der Praxis ist es für einen unbekannten Künstler oft schwer, direkt einen Künstlervertrag mit einer großen Plattenfirma abzuschließen. Aus diesem Grund schließen Künstler Künstlerverträge mit kleinen Plattenfirmen, wirtschaftlichen Produzenten oder Inhabern von Tonstudios.[165] Diese finanzieren und organisieren die Produktion des Masters und lizenzieren ihre Rechte als Tonträgerhersteller dann zusammen mit den Rechten des ausübenden Künstlers in einem Bandübernahmevertrag an eine Plattenfirma.[166] Es kommt auch vor, dass ein ausübender Künstler selbst die Aufnahme seiner Musik organisiert und dann im Rahmen eines Bandübernahmevertrags seine Rechte als ausübender Künstler und als Tonträgerhersteller zusammen an eine Plattenfirma lizenziert.[167] Die Tätigkeit der Plattenfirma beschränkt sich bei Bandübernahmeverträgen auf die Vervielfältigung, den Vertrieb und das Marketing.[168]

---

[163] Der Name leitet sich von der Übernahme eines Masterbands ab und nicht von der Übernahme einer Musik-Gruppe (engl. band).

[164] Vgl. *Schaefer* in: Wandtke/Bullinger, § 85 Rn. 9; *Schack*, UrhR, Rn. 1115.

[165] Zu dem Begriff des „wirtschaftlichen Produzenten" vgl. *Gilbert/Scheuermann* in: Moser/Scheuermann, S. 1091, 1094. Siehe auch *Ahlberg*, GRUR 2002, 313, 314.

[166] In der Praxis wird in der Regel zunächst nur ein Demo (mit wenigen Liedern) produziert und erst nach Abschluss eines Bandübernahmevertrags das fertige Master, vgl. *Rossbach* in: Loewenheim, § 69 Rn. 62.

[167] Vgl. *Schaefer* in: Wandtke/Bullinger, § 85 Rn. 9.

[168] Betreibt der Produzent selbst eine (kleine) Plattenfirma, so schließt er mit einer (meist größeren) Plattenfirma einen Labelvertrag, in dem die Lizenzen an den Rechten mehrerer Künstler an übertragen werden; vgl. *Rossbach* in: Loewenheim, § 69 Rn. 9 und 74 ff. Übernimmt die kleinere Plattenfirma weiterhin das Marketing für den Tonträger, so dass sich die Aufgaben der größeren Plattenfirma auf die Herstellung der Vervielfältigungsstücke und deren Vertrieb beschränken, spricht man von einem „Press and Distribution"-Vertrag („P&D deal"); siehe hierzu *Rossbach* in: Loewenheim, § 69 Rn. 9 und 81 ff.; *Passman/Herrmann*, S. 193 f.

Abb. 7: Künstler- und Bandübernahmevertrag.

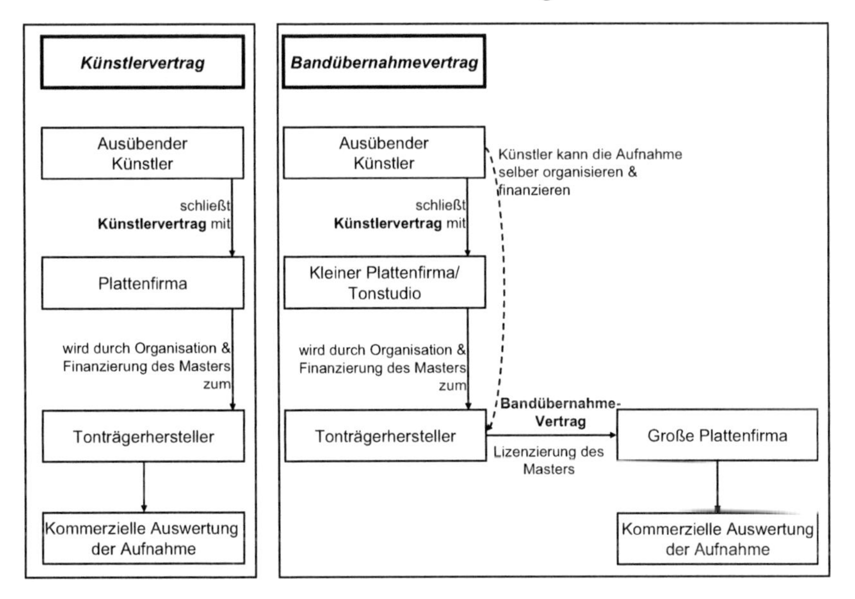

4. Vergütung

Als Vergütung erhält der Künstler (bei einem Bandübernahmevertrag: der Tonträgerhersteller) eine prozentuale Umsatzbeteiligung an den mit seinen Aufnahmen erwirtschafteten Erträgen.[169] Die Bestimmung der effektiven Umsatzbeteiligung ist schwierig, da der vereinbarte Prozentsatz der Beteiligung (Lizenz oder rate) allein nicht aussagekräftig ist. Die effektive Vergütung des Künstlers erschließt sich in der Praxis erst aus einem komplexen System, auf das hier nicht detailliert eingegangen wird. Es kommt insbesondere auf folgende Punkte an:[170]

[169] *Gilbert/Scheuermann* in: Moser/Scheuermann, S. 1091, 1107 weisen darauf hin, dass bei Künstlern des klassischen Repertoires (E-Musik) auch Pauschal-Entgelte vereinbart werden.

[170] Siehe ausführlich zur Vergütung des ausübenden Künstlers *Rossbach* in: Loewenheim, § 69 Rn. 30 ff.; sehr detailliert *Passman/Herrmann*, S. 89 ff. und S. 153 ff.; *Gilbert/Scheuermann* in: Moser/Scheuermann, S. 1091, 1107 ff.; *Hertin* in: Münche-

- *Höhe der Umsatzbeteiligung (Royalties)*: variiert zwischen 5 % und 30 %, abhängig von der Berechnungsgrundlage (üblicherweise der Händlerabgabepreis = HAP, teilweise aber auch der Nettodetailverkaufspreis = NVP), dem Vertragstyp (Künstler-/Bandübernahmevertrag) und vor allem von der Verhandlungsmacht des Künstlers (erfolgreicher Künstler/Newcomer);[171]

- *Abrechnungsmenge*: die Plattenfirma zahlt keine Vergütung für Tonträger, die zu Werbezwecken kostenlos verteilt werden (freebies);

- *Reduzierungen (Reductions)*: regelmäßig werden nur 25 % bis 75 % der Basislizenz für Tonträger gezahlt, die im Ausland verkauft, mit besonderem Aufwand (Werbespots oder Anzeigen) beworben, über besondere Vertriebswege (z. B. Buchclubs) vertrieben oder in besonderen Preisklassen (Mid-, Low-Price-Kategorie) verkauft werden;

- *Abzüge (Deductions)*: eventuelle Abzüge für die Herstellung des Tonträgers (Formatabzüge), die Gestaltung des Booklets/Covers, Produktion eines Musikvideos oder finanzielle Unterstützung einer Tournee.

---

ner Vertragshandbuch, Band 3/II, VII.23 (dort § 8 und Anm. 11); *Berndorff/Berndorff/Eigler*, S. 120 f.; *Lyng*, S. 166 ff.

[171] *Gilbert/Scheuermann* in: Moser/Scheuermann, S. 1091, 1111 geben als grobe Richtwerte 7 % - 12 % des HAP bei Künstlerverträgen und 18 - 26 % bei Bandübernahmeverträgen an. Der Händlerabgabepreis (HAP; auch Listenabgabepreis) entspricht dem englischen PPD (published price to dealer). Der HAP wird von den Plattenfirmen in Listen für jeden Tonträger festgelegt und stellt den Preis dar, den die Händler an den Vertrieb zahlen, vgl. Einigungsvorschlag der Schiedsstelle für IFPI und GEMA v. 12.04.2005 - Sch-Urh 28/00, ZUM 2005, 670 ff. *Hertin* in: Münchener Vertragshandbuch, Band 3/II, VII.23 Anm. 11 geht von 5 - 9 % vom Nettodetailverkaufspreis (NVP; Preis, den der Endkunde zahlt abzüglich MwSt.) aus; *Lyng*, S. 168 geht von 8 - 12 % des HAP und 7 - 12 % des NVP aus. Dem Sachverhalt von BGH, GRUR 1998, 673 - *Popmusikproduzenten* liegt ein Bandübernahmevertrag zu Grunde, in dem eine Beteiligung von 14 % des NVP vereinbart war. Der Wert kann sich auch nach bestimmten Staffeln (escalations) bis zu einer Maximalgrenze (cap) richten, also z. B. 5 % für die ersten 10.000 verkauften Einheiten, 6 % für die nächsten 10.000 etc.

Erst eine Gesamtschau all dieser Faktoren ermöglicht es festzustellen, wie hoch die Vergütung tatsächlich ist, die von der Plattenfirma an den ausübenden Künstler (bzw. an den Tonträgerhersteller im Falle eines Bandübernahmevertrags) bezahlt wird.

VI. Verwertungsgesellschaften

Im Folgenden werden zunächst einige grundsätzliche Aspekte dargestellt, die allen Verwertungsgesellschaften gemein sind. Anschließend werden die drei Verwertungsgesellschaften dargestellt, die für die Musikbranche von Bedeutung sind (GEMA, GVL und VG WORT).

1. Allgemein

a) Funktionen von Verwertungsgesellschaften

i) Kollektive Wahrnehmung

Die Existenz von Verwertungsgesellschaften beruht auf dem Unvermögen des einzelnen Rechteinhabers, alle seine Rechte selbst wahrzunehmen. Viele Verwertungsrechte wären in der Praxis für den Urheber wertlos, wenn er jede Lizenz individuell erteilen und jeden Rechtsverstoß persönlich verfolgen müsste.[172] Es ist für uns selbstverständlich, dass ein Radiosender jedes Lied spielen darf und in Diskotheken, Gaststätten, Hotels oder Einzelhandelsgeschäften Musik läuft oder dass eine Band bei einem Live-Konzert nicht nur eigene Lieder spielen, sondern auch einige Klassiker anderer Bands interpretieren darf. All dies wäre ohne Verwertungsgesellschaften nur schwer möglich, da diese Nutzungen von Musik in die ausschließlichen Verwertungsrechte des Urhebers (§§ 15 ff. UrhG) eingreifen. Damit nicht jeder Radiosender, jede Diskothek, jeder Interpret die einzelnen Urheber aufsuchen und von ihnen eine Lizenz erwerben muss, gibt es Verwertungsgesellschaften. Der Urheber überträgt bestimmte Nutzungsrechte i. S. d. § 29 Abs. 2 UrhG an die Verwertungsgesellschaft, die diese Rechte treuhänderisch für ihn wahrnimmt.[173] Die Nutzer von

[172] Vgl. *Schack*, UrhR, Rn. 1156.
[173] Treuhänderische Rechtsgeschäfte sind dadurch geprägt, dass ein Recht nicht voll übertragen wird, sondern die Übertragung von beschränkenden Abreden begleitet ist,

Musik müssen festgelegte Vergütungen für die einzelnen Nutzungen an die Verwertungsgesellschaft zahlen und erwerben so die notwendigen Lizenzen.

ii) Eintreibung/Verteilung von Vergütungen

Eine weitere Funktion der Verwertungsgesellschaften hängt unmittelbar mit Privatkopien zusammen. Wie bereits dargestellt, stehen dem Urheber, dem ausübenden Künstler und dem Tonträgerhersteller als finanzieller Ausgleich für die Möglichkeit, Privatkopien anfertigen zu dürfen, eine pauschale Vergütung zu, die auf bestimmte Vervielfältigungsgeräte und Speichermedien erhoben wird (§§ 54 f. UrhG). Diese Vergütung muss bei den Verpflichteten erhoben und an die Berechtigten verteilt werden. Hierbei hat der Gesetzgeber in § 54h UrhG bestimmt, dass diese Ansprüche nur durch eine Verwertungsgesellschaft geltend gemacht werden können. Um an den Erlösen aus den Pauschalabgaben für Privatkopien beteiligt zu werden, müssen die Berechtigten Mitglieder einer Verwertungsgesellschaft werden. Eine wichtige Funktion der Verwertungsgesellschaften ist daher die Eintreibung und Verteilung der Erlöse aus den Pauschalabgaben.[174]

Es gibt neben der privaten Vervielfältigung Bereiche, in denen das Urheberrecht den Rechteinhabern kein Verbotsrecht zugesteht, sondern Nutzern unter bestimmten Voraussetzungen eine gesetzliche Lizenz gewährt.[175] Das bedeutet, dass die Rechteinhaber in diesem Bereich eine Nutzung ihrer Werke/Darbietungen nicht von ihrer Erlaubnis abhängig machen können. Als Ausgleich sieht das Gesetz in diesen Fällen einen gesetzlichen Vergütungsanspruch vor. Für die Musikbranche spielen vor allem die Vergütungsansprüche des ausübenden Künstlers gem. § 78 UrhG eine große Rolle. Diese können gem. § 78 Abs. 3 S. 2 UrhG im Voraus nur an eine Verwertungsgesellschaft abgetreten werden. Wie bei den Abgaben für Privatkopien müssen die

---

die die Rechtsstellung des Zedenten im Innenverhältnis einschränken, *Schricker* in: Schricker, Vor §§ 28ff. Rn. 37.

[174] Zur Eintreibung der Pauschalabgaben haben sich die betroffenen Verwertungsgesellschaften 1963 zur Zentralstelle für private Überspielungsrechte (ZPÜ) zusammengeschlossen, s. u. Teil I C.I, S. 71.

[175] Zu gesetzlichen Lizenzen siehe ausführlich *Melichar* in: Schricker, Vor §§ 44aff. Rn. 17.

Verwertungsgesellschaften auch in diesem Bereich keine Lizenzen erteilen, sondern ihre Aufgabe beschränkt sich darauf, die gesetzlichen Vergütungsansprüche im Namen der Rechteinhaber geltend zu machen und die eingenommenen Gelder zu verteilen.

b) Wahrnehmungsgesetz

Die Tätigkeit der Verwertungsgesellschaften wird durch das Wahrnehmungsgesetz geregelt. Entscheidend für die Praxis der Verwertungsgesellschaften ist, dass das Wahrnehmungsgesetz die Verwertungsgesellschaften auf Grund ihrer faktischen Monopolstellungen einem *doppelten Kontrahierungszwang* unterwirft:[176]

- Auf der einen Seite sind die Verwertungsgesellschaften gem. § 6 UrhWG dazu verpflichtet, auf Verlangen eines Berechtigten dessen Rechte zu angemessenen Bedingungen wahrzunehmen (Wahrnehmungszwang). Das heißt, dass z. B. die GEMA keinen Urheber, der einen Berechtigungsvertrag mit ihr abschließen möchte, ablehnen darf.[177]

- Auf der anderen Seite sind die Verwertungsgesellschaften gem. § 11 UrhWG dazu verpflichtet, jedermann auf Verlangen zu angemessenen Bedingungen Lizenzen zu erteilen (Abschlusszwang).[178] Das bedeutet, dass die GEMA auf Anfrage jedem Bewerber Lizenzen für ihr gesamtes Repertoire einräumen muss. Wenn der Urheber einmal ein Werk der GEMA gemeldet hat, hat er keinen Einfluss mehr darauf, wer sein Werk interpretiert oder vervielfältigt.[179]

---

[176] Vgl. *Reinbothe* in: Schricker, § 6 WahrnG Rn. 1; *Schack*, UrhR, Rn. 1208.

[177] Der Berechtigte hat jedoch keinen Anspruch darauf, als Mitglied aufgenommen zu werden, vgl. *Reinbothe* in: Schricker, § 6 WahrnG Rn. 3. Zudem gilt der Wahrnehmungszwang nur für Deutsche, Staatsangehörige anderer EU-Mitgliedstaaten oder EWR-Vertragsstaaten oder Ausländer, die ihren Wohnsitz im Geltungsbereich des UrhWG haben, *Reinbothe* in: Schricker, § 6 WahrnG Rn. 7.

[178] *Schack*, UrhR, Rn. 1208 weist darauf hin, dass der Urheber bei der kollektiven Rechtewahrnehmung durch eine Verwertungsgesellschaft sein Verbotsrecht praktisch einbüße.

[179] Beachte allerdings die §§ 14, 23, 24, 39, 62 UrhG.

Gem. § 13 UrhWG müssen die Verwertungsgesellschaften Tarife festlegen, dürfen also nicht die Lizenzhöhe von der Solvenz des Verwerters abhängig machen oder etwa für besonders nachgefragte Werke besonders hohe Lizenzgebühren fordern. § 13 Abs. 4 UrhWG verpflichtet die Verwertungsgesellschaften dazu, bei den Tarifen, die auf den §§ 54 f. des UrhG beruhen (Vergütungen für Privatkopien), zu berücksichtigen, inwiefern technische Maßnahmen i. S. d. § 95a UrhG eingesetzt wurden.

c) *Wahrnehmungsvertrag*

Zur Übertragung der Rechte an eine Verwertungsgesellschaft schließt der Berechtigte mit der Verwertungsgesellschaft einen Wahrnehmungsvertrag.[180] In diesem räumt der Berechtigte der Verwertungsgesellschaft bestimmte Rechte zur treuhänderischen Wahrnehmung (daher Wahrnehmungsvertrag) ein und tritt Vergütungsansprüche (zum Inkasso) ab.[181]

Die Übertragung an die Verwertungsgesellschaft zur Wahrnehmung erfolgt exklusiv, so dass der Berechtigte nicht mehr über seine Rechte verfügen kann.[182] Das bedeutet in der Praxis, dass z. B. ein Urheber, der seine eigenen Kompositionen bei einem Konzert spielt, hierfür eine Vergütung an die GEMA bezahlen muss (die die Vergütung nach Abzug ihrer Verwaltungskosten wieder an den Urheber ausschüttet).

---

[180] Siehe ausführlich zu Wahrnehmungsverträgen *Seifert* in: Moser/Scheuermann, S. 981 ff.; *Schulze* in: Dreier/Schulze, Vor § 31 Rn. 118 ff.; *Schricker* in: Schricker, Vor §§ 28ff. Rn. 37 ff.; *Scholz*, S. 52 ff.; *Melichar* in: Loewenheim, § 47 Rn. 15 ff.; *Schack*, UrhR, Rn. 1200 ff.

[181] Vgl. *Reinbothe* in: Schricker, § 6 WahrnG Rn. 4; *Melichar* in: Loewenheim, § 47 Rn. 16. Die Besonderheit der Rechtewahrnehmung liegt darin, dass die Verwertungsgesellschaft *für den Urheber* und teilweise auch *im Namen des Urhebers* auftritt. Ein Verlag hingegen, dem Nutzungsrechte eingeräumt werden, tritt *im eigenen Namen* und *für eigene Rechnung* auf; vgl. *Schulze* in: Dreier/Schulze, Vor § 31 Rn. 118.

[182] *Melichar* in: Loewenheim, § 47 Rn. 16. *Schulze* in: Dreier/Schulze, Vor § 31 Rn. 129 sieht hierin einerseits eine Beschränkung der Handlungsfreiheit, andererseits einen Selbstschutz, da der Urheber meist der schwächere Vertragspartner sei und so nicht Gefahr laufe, seine Rechte unter dem Tarif der Verwertungsgesellschaft einzuräumen.

Für die Funktionsfähigkeit der Verwertungsgesellschaften ist es wichtig, dass sie möglichst viele Rechte an möglichst vielen Werken zur Wahrnehmung übertragen bekommen.[183] Wenn sich ein Nutzer nicht darauf verlassen kann, dass ein fester Katalog an Rechten an allen Werken/Darbietungen eines Rechteinhabers von der Verwertungsgesellschaft wahrgenommen wird, entfällt die Einfachheit des Lizenzerwerbs, die gerade Sinn und Zweck der Verwertungsgesellschaften ist. Es ist einem Urheber oder Leistungsschutzberechtigten daher verwehrt, die Übertragung der Rechte auf bestimmte Werke/Darbietungen zu beschränken und so besonders erfolgreiche selbst zu verwalten (Alles-oder-nichts-Prinzip).[184]

Aus diesem Grund werden der Verwertungsgesellschaft die Rechte an allen bestehenden und vor allem auch künftigen Werken übertragen (vgl. § 40 Abs. 1 UrhG), die während der Dauer des Wahrnehmungsvertrags geschaffen bzw. interpretiert werden.[185] Die Rechte gehen dann zukünftig automatisch auf die Verwertungsgesellschaft über.

d) Gegenseitigkeitsverträge mit Verwertungsgesellschaften im Ausland

Wegen des Territorialitätsprinzips können die Verwertungsgesellschaften in Deutschland Lizenzen nur für das Gebiet der Bundesrepublik vergeben.[186] Damit die Rechte ihrer Mitglieder auch im Ausland wahrgenommen werden, haben die Verwertungsgesellschaften mit ihren Schwestergesellschaften im Ausland Gegenseitigkeitsverträge abgeschlossen.[187] Die Verwertungsgesellschaften im Ausland nehmen

[183] Vgl. *Melichar* in: Loewenheim, § 47 Rn. 18; *Reinbothe* in: Schricker, § 6 WahrnG Rn. 5.
[184] Vgl. *Seifert* in: Moser/Scheuermann, S. 981, 990.
[185] Vgl. *Schack*, UrhR, Rn. 1204, der diese Praxis als Bevormundung kritisiert; *Melichar* in: Loewenheim, § 47 Rn. 18; *Reinbothe* in: Schricker, § 6 WahrnG Rn. 5; *Seifert* in: Moser/Scheuermann, S. 981, 991.
[186] Zum Territorialitätsprinzip s. u. Teil II B.III.2, S. 126.
[187] So z. B. die GEMA in den U.S.A. mit der „American Society of Composers, Authors and Publishers“ (ASCAP) und der „Broadcast Music Incorporated“ (BMI), in Frankreich mit der „Société des auteurs, compositieurs et éditeurs de musique“ (SACEM), in England mit der „Mechanical Copyright Protection Society“ (MCPS), in

dort die Rechte der deutschen Rechteinhaber wahr und die deutschen Verwertungsgesellschaften nehmen dafür die Rechte der ausländischen Rechteinhaber in Deutschland wahr. So können Verwertungsgesellschaften in Deutschland praktisch Lizenzen für das Weltrepertoire der Musik vergeben.[188]

Die GEMA vergibt z. B. Lizenzen für Werke amerikanischer Urheber und leitet die so eingenommenen Gelder an die entsprechende Schwestergesellschaft in Amerika weiter. Ebenso vergeben amerikanische Verwertungsgesellschaften Rechte für die Nutzung von Werken deutscher Urheber und leiten die eingenommenen Gelder an die GEMA weiter. Durch diese Gegenseitigkeitsverträge vertritt die GEMA über 1,4 Millionen Urheber aus aller Welt und vergibt Lizenzen für über 8,5 Millionen Werke.[189]

2. *GEMA*

a) *Grundsätzliches*

Die Gesellschaft für musikalische Aufführungs- und mechanische Vervielfältigungsrechte (GEMA) ist die älteste und größte Verwertungsgesellschaft in Deutschland. Sie nimmt die Rechte von Komponisten, Textdichtern und Musikverlagen wahr. Die heutige GEMA entstand im Jahr 1947.[190] Neben der GEMA ist in diesem Bereich die

---

Österreich mit der „Staatlich genehmigten Gesellschaft der Autoren, Komponisten und Musikverleger“ (AKM) oder in der Schweiz mit der „Suisse Auteurs“ (SUISA).

[188] Vgl. *Schack*, UrhR, Rn. 1174.

[189] Vgl. GEMA Jahrbuch 2006/07,S. 57, abrufbar unter: http://www.gema.de/presse/jahrbuch/. Im Jahr 2005 hat die GEMA 52 Millionen EUR von Schwesterngesellschaften aus dem Ausland erhalten, 108 Millionen EUR an Schwesterngesellschaften im Ausland ausgeschüttet und 112 Millionen EUR auf Subverlags-Sonderkonten (also Konten von Verlagen in Deutschland, die als Subverlag für ausländische Verlage tätig sind) überwiesen; vgl. GEMA-Jahrbuch 2006/2007, S. 62.

[190] Im Jahr 1915 wurde die Genossenschaft zur Verwertung musikalischer Aufführungsrechte („alte“ GEMA) gegründet. Diese schloss sich 1933 mit der im Jahr 1903 gegründeten Anstalt für musikalisches Aufführungsrecht (AFMA) zur Staatlich genehmigten Gesellschaft zur Verwertung musikalischer Urheberrechte (STAGMA) zusammen. 1938 fusionierte die STAGMA mit der 1909 gegründeten Anstalt für mechanisch-musikalische Rechte GmbH (AMMRE). 1947 wurde die STAGMA durch Verfügung des Alliierten Kontrollrats in GEMA umbenannt. Siehe ausführlich zur

VG Werbung + Musik mbH (VGWM) tätig, doch hat diese 2004 gegründete Verwertungsgesellschaft bislang keine große Bedeutung erlangt. Die GEMA hat ein Quasi-Monopol inne.

Die GEMA hatte laut ihrem Geschäftsbericht 2006/07 am 31.12.2005 insgesamt 61.942 Mitglieder (davon 53.788 Urheber, 4.746 Verleger und 3.408 Rechtsnachfolger).[191] Sie weist für das Jahr 2006 Erträge von 874 Millionen EUR aus, von denen nach Abzug der Aufwendungen i.H.v. 122 Millionen EUR (14 %) eine Verteilungssumme von 753 Millionen EUR blieb.[192]

Der Wahrnehmungsvertrag der GEMA wird Berechtigungsvertrag genannt. Hierin überträgt der Urheber der GEMA die Rechte an den von ihm geschaffenen Werken der Musik, insbesondere das Vervielfältigungs- und Verbreitungsrecht und die Rechte zur öffentlichen Wiedergabe.[193]

Geschichte der GEMA *Reinbothe* in: Schricker, Vor §§ 1ff. WahrnG Rn. 2 ff.; *Scholz*, S. 20 ff.; *Schack*, UrhR, Rn. 1157; *Melichar* in: Loewenheim, § 45 Rn. 9 ff.

[191] Vgl. GEMA Jahrbuch 2006/07, S. 57. Die Mitglieder sind in einem Kuriensystem organisiert, das seine Mitglieder in ordentliche (ca. 5 % aller Mitglieder; erwirtschafteten 2005 ca. 63 % des Gesamtertrags), außerordentliche (ca. 10 % aller Mitglieder; erwirtschafteten 2005 ca. 7 % des Gesamtertrags) und angeschlossene Mitglieder (ca. 85 % aller Mitglieder; erwirtschafteten 2005 ca. 23 % des Gesamtertrags) unterteilt. Nur ordentliche Mitglieder haben bei der jährlichen Hauptversammlung das aktive und passive Wahlrecht (§ 10 Nr. 2 GEMA-Satzung) und nur sie können Leistungen von der GEMA-Sozialkasse beziehen (§ 5 Satzung GEMA-Sozialkasse).

[192] Vgl. GEMA-Pressemitteilung v. 24.04.2007, abrufbar unter: http://www.gema.de/presse/pressemitteilungen/pm20070424.shtml.

[193] Der Rechtekatalog, der an die GEMA übertragen wird, kann § 1 des GEMA-Berechtigungsvertrags i. d. F. v. 28./29.05.2005 entnommen werden, abrufbar unter: http://www.gema.de/media/de/mitglieder_formulare/gema_berechtigungsvertrag.pdf. Die öffentliche Wiedergabe (vgl. § 15 Abs. 2 UrhG) umfasst vor allem das Aufführungsrecht (§ 19 Abs. 2 UrhG, eine Komposition wird live gespielt), das Senderecht (§ 20 UrhG, ein Musikwerk wird im Radio oder Fernsehen wiedergegeben) und das Wiedergaberecht (§ 21 UrhG, ein Tonträger wird in der Öffentlichkeit z. B. in einer Diskothek wiedergegeben). Die Rechte an dramatisch-musikalischen Werken (vor allem Aufführungsrechte an Opern oder Musicals), die sog. großen Rechte, werden nicht von der GEMA, sondern meist von Bühnenverlagen verwaltet.

b) *GEMA und die gewerbliche Vervielfältigung von Tonträgern*

Wenn eine Plattenfirma die Interpretation eines Werkes auf Tonträger aufnehmen und (auch in Form von Musikdateien) vertreiben möchte, so braucht sie hierzu in der Regel (wenn der Urheber Mitglied der GEMA ist) nicht die Einwilligung des Urhebers oder des Verlags, sondern sie benötigt eine Lizenz der GEMA. Plattenfirmen sind Kunden der GEMA. Wegen des Abschlusszwangs (§ 11 Abs. 1 UrhWG) ist die GEMA dazu verpflichtet, jeder Plattenfirma auf Verlangen eine Lizenz einzuräumen. Das bedeutet konkret, dass jeder eine Komposition, deren Rechte von der GEMA wahrgenommen werden, interpretieren, vervielfältigen und verbreiten darf - solange die in den GEMA-Tarifen festgelegte Lizenzgebühr entrichtet wird.[194]

Die GEMA hat für die Herstellung und Verbreitung von Tonträgern mit Musikwerken des von ihr verwalteten Repertoires feste Tarife aufgestellt. Die dort festgesetzten Lizenzgebühren sind vor der Herstellung/Verbreitung zu entrichten und werden teilweise direkt vom Presswerk bzw. der Fertigungsstätte erhoben und an die GEMA weitergeleitet.[195] Während der ausübende Künstler seine prozentuale Beteiligung nur von jedem tatsächlich *verkauften* Tonträger erhält, wird der Urheber grundsätzlich für jeden *hergestellten* Tonträger entlohnt, soweit die GEMA der Plattenfirma nicht durch einen individuellen Vertrag die Möglichkeit eingeräumt hat, keine bzw. niedrigere Gebühren für retournierte Tonträger zu bezahlen. Der ausübende Künstler muss vorab seine Rechte an die Plattenfirma übertragen, während die

---

[194] Dies ist der Grund für zahlreiche Neueinspielungen (Cover-Versionen) erfolgreicher Musikwerke. Solange das Werk originalgetreu interpretiert wird (also keine erlaubnispflichtige Bearbeitung oder eine Entstellung vorliegt), kann jeder Musiker Werke aus dem GEMA-Repertoire interpretieren (also singen/spielen) und diese Darbietung auch auf Tonträger aufnehmen und verkaufen. Weder der Urheber noch ein Verlag oder die GEMA können dies verhindern. Oft stellen neue Interpretationen (z. B. eine Dance-Version eines Oldies) jedoch Bearbeitungen dar, die nur mit Erlaubnis des Urhebers bzw. seines Verlags zulässig sind, vgl. *Berndorff/Berndorff/Eigler*, S. 214 ff. Siehe auch BGH GRUR 1998, 376 - *Cover-Version* und hierzu *Hertin* in: FS Nordemann (2004), S. 35 ff.

[195] Vgl. die „Information und Lizenzierungsgrundlagen der GEMA zur Vervielfältigung von handelsüblichen Audio-Tonträgern“ v. 02.03.2006, abrufbar unter: http://www.gema.de/musiknutzer/herstellen/tontraeger/handelsuebliche.shtml: „Eine spätere Vernichtung der Tonträger hat auf den Lizenzanspruch keine Auswirkung. Die Lizenz gilt erst nach Bezahlung der (...) Lizenzrechnung als erteilt.“

GEMA-Lizenz erst nach Bezahlung der Lizenzrechnung durch den Tonträgerhersteller als erteilt gilt.

Die Tarife der GEMA für die Vervielfältigung von Werken des GEMA-Repertoires auf handelsüblichen Tonträgern sind zur Zeit (Stand: 25.02.2008) wie folgt:[196]

- pro Tonträger 13,75 % des Händlerabgabepreises (HAP[197]) oder 10 % des Netto-Endkundenverkaufspreises (EVP);[198]

- Plattenfirmen, die Mitglied der IFPI oder des VUT sind, bezahlen unter gewissen Voraussetzungen nur 9,009 % vom HAP oder 8 % vom EVP;[199] (Beispiel: eine Plattenfirma, die

---

[196] Siehe allgemein zur Kostenstruktur einer Musik-CD die ausführliche Übersicht bei *Haller*, Tabelle B.3 und B.4, S. 313 f.

[197] S. o. Fn. 171.

[198] Der EVP wird auch Detailverkaufspreis (DVP), Nettodetailverkaufspreis (NVP) oder Actual Realized Price (ARP) genannt. Es handelt sich hier um den GEMA-Tarif VR-T-H-1, Details abrufbar unter: http://www.gema.de/musiknutzer/herstellen/tontraeger/vervielfaeltigung-beim-presswerk/. Der Tarif sieht eine Mindestvergütung (ca. 0,62 EUR bei einem CD-Album) vor, die nicht unterschritten werden darf (Normalmindestvergütung, NMV). Für die Erstauflage von bis zu 500 Tonträgern wird für GEMA-Mitglieder, die ihre eigenen Werke vervielfältigen, nur eine pauschale Vergütung i.H.v. 70,-EUR zzgl. MwSt. erhoben.

[199] Die Mindestvergütung beträgt hier ca. 0,49 EUR. Der Verein unabhängiger Tonträgerunternehmen (VUT) hat mit der GEMA den Einzelvertrag für die Vervielfältigung und Verbreitung von Tonträgern für VUT-Mitglieder (Einzelvertrag) abgeschlossen, abgedruckt bei *Scholz*, S. 185 ff. Die deutsche Landesgruppe der IFPI (Bundesverband Musikindustrie e. V.) hat mit der GEMA ebenfalls einen Gesamtvertrag i. S. d. § 12 UrhWG geschlossen, den Normalvertrag für die phonographische Industrie (Normalvertrag oder Industrievertrag genannt). Der Industrievertrag basiert auf einem internationalen Standardvertrag, der zwischen dem Zusammenschluss der Verwertungsgesellschaften (Bureau International des Sociétés Gérant les Droits d'Enregistremente et de Reproduction Mécanique = BIEM) und der IFPI ausgehandelt wurde. Siehe ausführlich zum Industrievertrag (Normalvertrag) mit Abdruck des Vertragstextes *Valbert* in: Moser/Scheuermann, S. 1005 ff.
Die IFPI hatte im Januar 2004 eine Herabsetzung der Vergütung auf 6,6 %, Abzüge für medienbeworbene Tonträger und eine Reduzierung der Vergütung um ein zusätzliches Prozent zur Errichtung eines Fonds für Pirateriebekämpfung verlangt. Dieser Antrag wurde von der Schiedsstelle beim Deutschen Patent- und Markenamt abgelehnt, siehe den Einigungsvorschlag v. 12.04.2005 - Sch-Urh 28/00, ZUM 2005, 670 ff.

Mitglied der IFPI ist, stellt einen Tonträger her, der 12 Musiktitel enthält und weniger als 80 Minuten lang ist. Wenn die Plattenfirma die CD für 12,99 EUR an den Handel abgibt, erhält die GEMA, bzw. nach Abzug der Verwaltungskosten die entsprechenden Urheber, hiervon 1,17 EUR pro Tonträger.)

- die Vergütung für den kostenpflichtigen Musikdownload im Internet ist derzeit noch streitig. Die GEMA sieht seit dem 01.01.2007 15 % vom EVP (Mindestvergütung 0,175 EUR) vor.[200] Die Schiedsstelle beim DPMA hält bislang 11 % vom EVP (Mindestvergütung 0,1278 EUR) für angemessen.[201] Das wären beim heute üblichen Preis von 0,99 EUR (ca. 0,83 EUR Netto) für den Download einer Musikdatei ca. 0,09 EUR, so dass die Mindestvergütung von 0,1278 EUR greifen würde;
- bei der Vervielfältigung von Musik-DVDs (einschließlich VHS), also sog. Bildtonträger, 6,99 % vom HAP.[202]

Es kann festgehalten werden, dass eine Plattenfirma keinerlei vertragliche Beziehung zu einem Urheber unterhalten und mit diesem auch nicht über eine Vergütung verhandeln muss. Möchte die Plattenfirma ein Musikwerk kommerziell verwerten, muss sie in einem standardisierten Verfahren die Urheberrechte von der GEMA erwerben und hierzu eine bereits vorher festgelegte Lizenzgebühr entrichten.

---

[200] GEMA-Tarif VR-OD 2 (gültig bis: 31.12.2007), Details abrufbar unter: http://www.gema.de/musiknutzer/online-bereitstellen/music-on-demand/.

[201] Einigungsvorschlag der Schiedsstelle beim Deutschen Patent- und Markenamt v. 11.12.2006 - Sch-Urh 36/04, ZUM 2007, 243, 245. Es sind weitere Verfahren zu dieser Frage anhängig, vgl. heise online v. 24.04.2007, abrufbar unter: http://www.heise.de/newsticker/meldung/88753.

[202] So seit der Entscheidung der Schiedsstelle des Deutschen Patent- und Markenamts v. 09.11.2005. Bisher galt 9,009 % für DVD und 8 % vom HAP für VHS; die IFPI hatte 3,63 % vom EVP gefordert.

Abb. 8: Notwendige Rechte zur Herstellung/Vertrieb von Tonträgern/Musikdateien.[203]

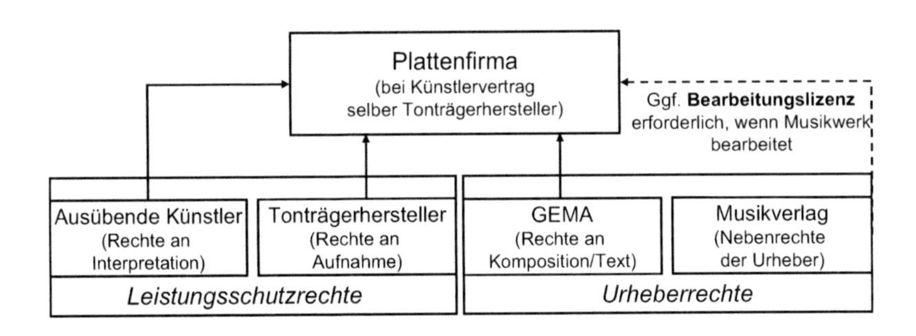

c) Exkurs: Beispiel U.S.A.

Um die Besonderheit des deutschen Systems aufzuzeigen, sei kurz die Situation in dem größten Musikmarkt der Welt, den U.S.A. dargestellt. Während in Deutschland für die Lizenzierung von Urheberrechten feste Vergütungssätze gelten; verhandelt in den U.S.A. die Plattenfirma mit dem Urheber bzw. seinem Verlag über die Lizenzhöhe für jeden Tonträger individuell.

Die Forderungen des Urhebers werden bei diesen Verhandlungen durch die gesetzliche „statutory rate" begrenzt. Section 115 des Copyright Acts sieht eine Zwangslizenz für die Herstellung von Tonträgern vor. Unter bestimmten Voraussetzungen darf eine Plattenfirma ohne Einwilligung des Urhebers Werke auf Tonträger aufnehmen, vervielfältigen und verbreiten, wenn sie hierfür eine gesetzlich festgelegte Lizenzgebühr (die statutory rate) an den Urheber zahlt (mechanical royalties, oder nur mechanicals).[204] Um eine Monopolbildung an Musikaufnahmen zu verhindern, wird der Urheber vom Gesetzgeber dazu gezwungen, einer Plattenfirma, die ihm die statutory rate bezahlen, die

[203] Nicht erwähnt ist an dieser Stelle der Veranstalter. Möchte die Plattenfirma eine Aufnahme von einem Konzert vervielfältigen, sind ggf. die Rechte des Veranstalters aus § 81 UrhG zu beachten.
[204] *Passman/Herrmann*, S. 201 ff.

Aufnahme seiner Werke zu gestatten. Die statutory rate beträgt seit dem 01.01.2006 9,1 US Cent pro Werk.[205]

Die Zwangslizenz wird in der Praxis jedoch kaum angewendet. Die statutory rate stellt bei den Verhandlungen zwischen Urheber und Plattenfirma die Höchstgrenze dar. Sollte der Urheber bzw. sein Verlag sich nicht auf eine Reduzierung der statutory rate einlassen, kann die Plattenfirma auf die Verhandlung verzichten und die gesetzliche Zwangslizenz in Höhe der statutory rate in Anspruch nehmen.[206] In der Regel muss sich vor allem der Künstler, der eigene Kompositionen interpretiert (controlled compositions), gegenüber der Plattenfirma zu einer starken Reduzierung der statutory rate bereit erklären.[207] Die Plattenfirmen argumentieren dort, dass erst die Verbreitung der Werke auf Tonträgern dem Urheber weitere Verwertungsmöglichkeiten eröffne.

Im Gegensatz zu Deutschland, wird die Lizenzgebühr für mechanische Vervielfältigungen in den U.S.A. demnach zwischen der Plattenfirma und dem Urheber bzw. dessen Verlag frei ausgehandelt, wobei die gesetzlich festgelegte statutory rate den Verhandlungsrahmen nach oben hin begrenzt.

d) Verteilung der Einnahmen

Die GEMA unterteilt die eingenommenen Vergütungen in verschiedene Sparten, für die unterschiedliche Verteilungsschlüssel in Verteilungsplänen festgelegt sind. Von den Einnahmen werden die Verwaltungskosten abgezogen und Gelder für kulturelle und soziale

---

[205] Dies gilt bei Werken bis zu einer Spielzeit von fünf Minuten. Ab fünf Minuten kommen 1,75 US Cent pro angefangene Minute dazu.

[206] *Passman/Herrmann*, S. 204 und 211 ff. Auch in Deutschland existiert eine solche Zwangslizenz für die Vervielfältigung von Tonträgern in § 42a UrhG. Dort ist allerdings vom Gesetzgeber keine feste Vergütung festgelegt. Statt dessen muss der Urheber demjenigen, der die Zwangslizenz in Anspruch nimmt, die entsprechenden Rechte „zu angemessenen Bedingungen" einräumen. Da die GEMA gem. § 11 UrhWG einem Abschlusszwang unterliegt, hat § 42a UrhG in der Praxis nahezu keine Bedeutung.

[207] Passman/Herrmann, S. 213 ff.

Zwecke (GEMA-Sozialkasse) zur Verfügung gestellt (vgl. § 7 S. 2 UrhWG und § 2 Nr. 4 GEMA-Satzung).[208]

Vorliegend interessieren vor allem die Einnahmen aus Tonträgerlizenzen. Diese werden von der Plattenfirma an die GEMA entrichtet, wenn sie Kompositionen und Texte von einem ausübenden Künstler interpretieren, auf Tonträger aufnehmen, vervielfältigen und verbreiten lässt. Von diesen Einnahmen zieht die GEMA gem. ihrem Verteilungsplan zunächst eine Provision ab, die bis zu 25 % betragen darf. Die Verteilungssumme wird in der Regel wie folgt verteilt:

- 30 % erhält der Komponist,
- 30 % der Textdichter und
- 40 % der Verleger.[209]

Soweit der kostenpflichtige Download von Musikdateien betroffen ist, werden 33,33 % der Erlöse nach dem Verteilungsplan für das Aufführungs- und Senderecht verteilt (5/12 Komponist, 3/12 Textdichter und 4/12 Verleger) und 66,67 % nach dem Verteilungsplan für das mechanische Recht (30 % Komponist, 30 % Textdichter und 40 % Verleger).

---

[208] Die Verwaltungskosten lagen im Geschäftsjahr 2006 bei 122 Millionen EUR (14 % des Gesamtertrags); vgl. GEMA-Pressemitteilung v. 24.04.2007, abrufbar unter: http://www.gema.de/presse/pressemitteilungen/pm20070424.shtml. Im Geschäftsjahr 2005 wurden 55 Millionen EUR für kulturelle und soziale Zwecke zur Ausschüttung bereitgestellt. Vgl. detailliert zu den sozialen und kulturellen Aufwendungen GEMA Jahrbuch 2006/2007, S. 63. Kritisch hierzu *Schack*, UrhR, Rn. 1223 ff. Der kulturellen Förderung dient auch das Wertungsverfahren der GEMA. Während die Verteilungspläne sich an dem aus der Verwertung eines einzelnen Werks erwirtschafteten Ertrag orientieren, geht es im Wertungsverfahren um eine ertragsunabhängige Ausschüttung, durch die vor allem Urheber von E-Musik gegenüber Urhebern von U-Musik bevorzugt werden; vgl. *Bezzenberger/Riesenhuber*, GRUR 2003, 1005, 1006.

[209] Die Parteien können individualvertraglich eine andere Verteilung vereinbaren, insbesondere eine Beteiligung des Urhebers am Verlagsteil (Refundierungsklauseln). Vgl. *Czychowski* in: Loewenheim, § 68 Rn. 39, *Lichte* in: Moser/Scheuermann, S. 1079. Andere Verteilungsschlüssel ergeben sich auch durch Bearbeiter, wenn der Komponist zugleich den Text verfasst hat, es keinen Verlag, nur einen Subverlag oder eine Edition gibt; vgl. ausführlich zu den verschiedenen Konstellationen GEMA Jahrbuch 2006/2007, S. 320, abrufbar unter: http://www.gema.de/presse/jahrbuch/.

Die Verteilung der Einnahmen, die der GEMA auf Grund der Pauschalabgaben auf Vervielfältigungsgeräte und Speichermedien als Ausgleich für Privatkopien gem. § 54 UrhG zufließen, werden unten ausführlich dargestellt.[210]

e) Exkurs: Lizenzen im Online-Bereich

Im Online-Bereich werden Musikwerke länderübergreifend genutzt. Um dieser Situation gerecht zu werden, haben sich die GEMA und fast alle anderen europäischen Verwertungsgesellschaften im Jahr 2000 auf das Santiago-Abkommen geeinigt.[211] Dieses Abkommen erlaubt es einer nationalen Verwertungsgesellschaft, Content-Anbietern (vor allem legalen Download-Shops) eine Lizenz zur Nutzung von Musik im Internet zu erteilen - auch wenn der Download im Ausland erfolgt. Ein Content-Anbieter braucht daher nur eine einzige Lizenz für das gesamte Internet zu erwerben. Dies gilt nur für das Recht der öffentlichen Zugänglichmachung (§ 19a UrhG), also für das Zurverfügungstellen von Musik im Internet.

Für die mechanischen Vervielfältigungsrechte wurde zwar am 28.09.2001 das sog. Barcelona-Abkommen verabschiedet, doch sind dem nicht alle Verwertungsgesellschaften beigetreten. Dies hat zur Folge, dass die GEMA z. B. keine Lizenz für den *Download* anglo-amerikanischer Werke über das gesamte Internet vergeben kann.[212] Zwar vertritt die GEMA auch diese Urheber in Deutschland, doch darf sie Lizenzen nur für das Gebiet der Bundesrepublik erteilen. Dies ist der Grund dafür, dass legale Download-Shops bislang zwingend auf das Gebiet eines Landes beschränkt sind.[213]

Bei beiden Abkommen ist problematisch, dass sie den Content-Anbieter verpflichten, die erforderliche Lizenz bei der Verwertungs-

---

[210] S. u. Teil I C, S. 70.

[211] Vgl. *Schack*, UrhR, Rn. 1174a.

[212] Vgl. *Kreile/Becker* in Moser/Scheuermann, S. 632, 641 f.

[213] So war der „i-Tunes Music Store“ zuerst nur in den U.S.A. zugänglich. Erst langsam kamen weitere Länder hinzu. Jedes Land hat weiterhin einen „eigenen“ Store, die Nutzer in Amerika sehen also eine andere Internetseite als die Nutzer in Deutschland. Um die territoriale Beschränkung durchzusetzen, erlauben manche Download-Shops die Bezahlung nur mit einer Kreditkarte, die von einer nationalen Bank herausgegeben wurde.

gesellschaft des Landes zu erwerben, in dem er seinen Sitz hat. Die Europäische Kommission wertet dies als Behinderung des Wettbewerbs innerhalb der Europäischen Union.[214] Die Verwertungsgesellschaften bemühen sich daher, Lösungen für eine EU-weite Lizenzierung von Musik in Download-Shops zu finden.[215]

3. GVL

Während die GEMA die Verwertungsgesellschaft der Urheber ist, nimmt die GVL die Leistungsschutzrechte wahr. Die Gesellschaft zur Verwertung von Leistungsschutzrechten mbH ist die Verwertungsgesellschaft der ausübenden Künstler, Tonträgerhersteller und Veranstalter.[216] Die GVL wurde 1958 von der Deutschen Landesgruppe der IFPI und der Deutschen Orchestervereinigung e.V. (DOV) gegründet.[217]

Die GVL verfügt nach eigenen Angaben zur Zeit über 127.541 abgeschlossene Wahrnehmungsverträge (davon 122.041 bzw. 96 % mit ausübenden Künstlern und 5.500 bzw. 4 % mit Tonträgerherstellern).[218] Sie weist für das Jahr 2005 einen Gesamtertrag von 154 Mil-

[214] Die EG-Kommission hat am 30.09.2005 eine Empfehlung zur Beseitigung dieser Schranken abgegeben, abrufbar unter: http://europa.eu.int/comm/internal_market/copyright/docs/management/rec_crm_de.pdf.

[215] Siehe die Zusammenfassung der Evaluierung der Lizenzierung im Online-Bereich der Europäischen Kommission, Monitoring of the 2005 Music Online Recommendation v. 07.02.2008, abrufbar unter: http://ec.europa.eu/internal_market/copyright/management/management_de.htm.

[216] Außerdem vertritt die GVL die Hersteller von Videoclips (Tonträger begleitende Bildträger). Die Rechte der Tonträgerhersteller werden i.d.R. von Plattenfirmen bei der GVL eingebracht. Entweder die Plattenfirmen haben selbst das Tonträgerherstellerrecht erworben (bei einem Künstlervertrag) oder sie haben es vertraglich erworben (bei einem Bandübernahmevertrag).

[217] *Reinbothe* in: Schricker, Vor §§ 1ff. WahrnG Rn. 14; siehe auch *Melichar* in: Loewenheim, § 46 Rn. 10. Als GmbH hat die GVL keine Mitglieder. Die IFPI und der DOV sind nach wie vor die einzigen Gesellschafter der GVL. Die GVL hat einen Beirat, der aus 24 Leistungsschutzberechtigten besteht. Der Beirat ist die Interessenvertretung der Leistungsschutzberechtigten und in der Gesellschafterversammlung für die Abnahme der von der Geschäftsführung vorgelegten Verteilungspläne zuständig, vgl. *Scholz*, S. 99.

[218] Quelle: Persönliche Auskunft der GVL gegenüber dem Autor v. 23.04.2007.

lionen EUR aus.[219] Im Jahr 2005 wurden nach einem Abzug von 16 Millionen EUR (10 %) für das Jahr 2004 (dort Gesamtertrag 151 Millionen EUR), 135 Millionen EUR an die Berechtigten ausgeschüttet.[220]

a) Wahrgenommene Rechte

Die Erstverwertungsrechte, insbes. das Vervielfältigungs- und Verbreitungsrecht (§ 77 Abs. 2 S. 1 UrhG), sind auch für die Leistungsschutzberechtigten als Verbotsrecht (und nicht als reiner Vergütungsanspruch) ausgestaltet. Der ausübende Künstler nimmt diese Rechte, anders als der Urheber, der seine Rechte an die GEMA überträgt, selbst wahr. Während die GEMA für den Urheber Tarife mit den Plattenfirmen vereinbart oder festlegt, verhandelt der ausübende Künstler individuell mit der Plattenfirma über die Vergütung für die Vervielfältigung und Verbreitung seiner Darbietungen.

Der rechtliche Schutz des ausübenden Künstlers ist traditionell schwächer ausgestaltet als der Schutz des Urhebers, da der Künstler ein Werk interpretiert, ohne selbst etwas zu erschaffen. Wird ein Tonträger vermietet, ein Lied gesendet oder öffentlich wiedergegeben, so stehen dem ausübenden Künstler (anders als dem Urheber) daher keine Verbotsrechte zu, sondern gem. § 78 Abs. 2 UrhG nur Vergütungsansprüche. Ein Radiosender beispielsweise muss keine Erlaubnis bei dem ausübenden Künstler/Tonträgerhersteller einholen, wenn er ein Lied von einer Musik-CD senden möchte. Er hat lediglich eine Vergütung an die GVL zu entrichten. Wird zur öffentlichen Wiedergabe (§ 15 Abs. 2 UrhG) ein Tonträger benutzt, so hat der Tonträgerhersteller gegen den Künstler gem. § 86 UrhG einen Anspruch auf angemessene Beteiligung an dessen Vergütung.

---

[219] Quelle: Persönliche Auskunft der GVL gegenüber dem Autor v. 23.04.2007.
[220] Quelle: Persönliche Auskunft der GVL gegenüber dem Autor v. 23.04.2007.

Abb. 9: Erst- und Zweitverwertung.[221]

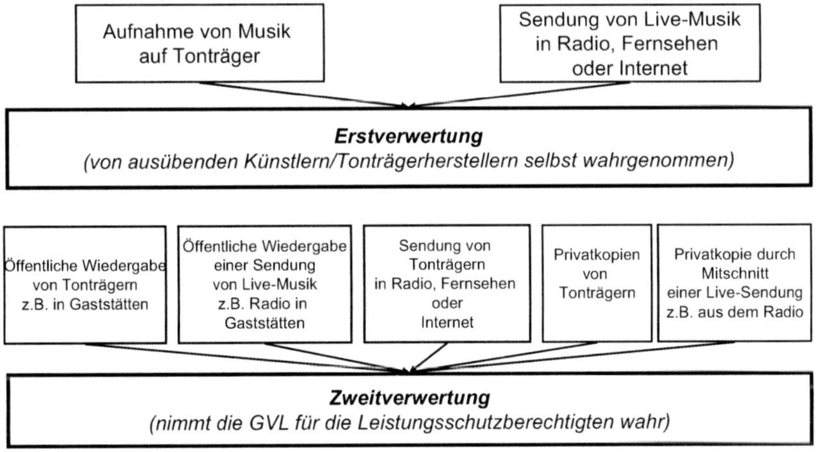

Aufnahme von Musik auf Tonträger

Sendung von Live-Musik in Radio, Fernsehen oder Internet

Erstverwertung
(von ausübenden Künstlern/Tonträgerherstellern selbst wahrgenommen)

Öffentliche Wiedergabe von Tonträgern z.B. in Gaststätten

Öffentliche Wiedergabe einer Sendung von Live-Musik z.B. Radio in Gaststätten

Sendung von Tonträgern in Radio, Fernsehen oder Internet

Privatkopien von Tonträgern

Privatkopie durch Mitschnitt einer Live-Sendung z.B. aus dem Radio

Zweitverwertung
(nimmt die GVL für die Leistungsschutzberechtigten wahr)

Die GVL nimmt für den ausübenden Künstler und den Tonträgerhersteller diese sog. *Zweitverwertungsrechte* wahr, die gesetzlich als Vergütungsansprüche ausgestaltet sind.[222] Die GVL erteilt keine Lizenzen sondern zieht gesetzliche Vergütungsansprüche ein, führt also für die Leistungsschutzberechtigten das Inkasso durch. Vergütungen erhält die GVL vor allem für die *Sendung* von Tonträgern durch Hörfunk- und Fernsehsender (§ 20 UrhG), für die *Wiedergabe* von Musik durch Tonträger, vor allem in Gaststätten und Diskotheken (§ 21 UrhG), und für das Verleihen von Tonträgern (§§ 77 Abs. 2 S. 2, 27 UrhG).[223]

---

[221] Angelehnt an die Darstellung bei *Scholz*, S. 102. Die Drittverwertung (z. B. Privatkopie eines im Radio gesendeten Tonträgers) ist hier aus Gründen der Übersichtlichkeit bewusst nicht aufgeführt.

[222] Zur Unterscheidung von Erst- und Zweitverwertung siehe *Scholz*, S. 101 f.: Erstverwertung = Aufnahme von Musik auf einen Tonträger bzw. Sendung von Live-Musik im Radio/Fernsehen/Internet; Zweitverwertung = Öffentliche Wiedergabe/Sendung/Privatkopie von Tonträgern bzw. öffentliche Wiedergabe/privater Mitschnitt von Live-Musik-Sendungen; Drittverwertung: Öffentliche Wiedergabe der öffentlichen Wiedergabe von Tonträgern (Kneipe lässt Radiosender laufen)/Weiterleitung in Kabelnetze. S. u. Abb. 9: Erst- und Zweitverwertung, S. 63.

[223] Vgl. die eigenen Angaben der GVL „Was ist und was macht die GVL?“, abrufbar unter: https://www.gvl.de/index.htm. Zu den Vergütungen der Hörfunksender siehe

Die §§ 54 f. UrhG, die den Anspruch auf die Pauschalabgaben für Privatkopien regeln, sind gem. §§ 83 und 85 Abs. 4 UrhG auf den ausübenden Künstler und den Tonträgerhersteller anwendbar. Diesen Anspruch auf einen Anteil an den Erlösen aus den Pauschalabgaben haben die Leistungsschutzberechtigten auf die GVL übertragen.

b) Verteilung der Einnahmen

Von den Einnahmen zieht die GVL zunächst ihre Verwaltungskosten ab. Der verbleibende Betrag wird um weitere 5 % für kulturelle, kulturpolitische und soziale Zwecke gekürzt.[224]

Die dann zur Verfügung stehenden Vergütungen für die *Sendung* von Tonträgern (z. B. Lieder von CDs werden im Radio gespielt) und die Vermietung und den Verleih schüttet die GVL zu

- 50 % an die ausübenden Künstler und zu
- 50 % an die Tonträgerhersteller aus.[225]

Die Einnahmen für die *öffentliche Wiedergabe* (z. B. Lieder von CD/Schallplatten werden in Diskotheken gespielt) und der *pauschalen Vergütung für private Vervielfältigungen* verteilt die GVL zu

- 64 % an die ausübenden Künstler und zu
- 36 % an die Tonträgerhersteller.[226]

Unter den Tonträgerherstellern bzw. den Plattenfirmen werden die Einnahmen nach Sendeminuten und *labelbezogen* (im Gegensatz zu track-bezogen) verteilt.[227] Der Anteil einer Plattenfirma an den Erlö-

---

BGH, NJW 2002, 603 ff. Die Vergütungsansprüche für die Sendung macht die GVL selbst bei den Zahlungsverpflichteten geltend während die Vergütungen für die Wiedergabe i. S. d. §§ 20, 21 UrhG von der GEMA für die GVL erhoben werden.

[224] Vgl. GVL Verteilungspläne 2006 i. d. F. v. 15.02.2007, abrufbar unter: https://www.gvl.de/pdf/verteilungsplaene-2006.pdf.

[225] Vgl. GVL-Verteilungsplan Nr. 1, GVL Verteilungspläne 2006 i. d. F. v. 15.02.2007, abrufbar unter: https://www.gvl.de/pdf/verteilungsplaene-2006.pdf.

[226] Vgl. GVL-Verteilungsplan Nr. 1.

[227] Vgl. GVL-Verteilungsplan Nr. 3. Vgl. hierzu *Gilbert/Scheuermann* in: Moser/Scheuermann, S. 1091, 1117; *Scholz*, S. 110 und 119. Um eine Zuordnung der

sen der GVL richtet sich danach, wie oft die Tonträger einer Plattenfirma im Radio gesendet werden.

Unter den ausübenden Künstlern werden die Einnahmen nach dem Einkommen verteilt, das diese durch die *Erstverwertung* erwirtschaftet haben.[228] Das bedeutet konkret, dass der ausübende Künstler der GVL einmal im Jahr meldet, welche Einkünfte er durch Künstlerverträge mit Plattenfirmen, Live-Konzerten und Werbe-/Sponsorenverträgen erzielt hat. Die von der GVL zu verteilende Summe wird dann durch die Summe aller gemeldeten Einnahmen aus der Erstverwertung geteilt, um die Ausschüttungsquote (GVL-Schlüssel) zu ermitteln.[229] Der GVL-Schlüssel lag in der Vergangenheit zwischen 28 % und 37 %.[230]

Beispiel:

Wenn die von der GVL vertretenen Künstler im Jahr 2007 Lizenzgebühren i.H.v. 100 Millionen EUR melden und der GVL 30 Millionen EUR zur Ausschüttung zur Verfügung stehen, erhält ein Künstler für jeden EUR, den er an Lizenzgebühren aus der Erstverwertung eingenommen hat, 0,30 EUR als Ausschüttung von der GVL für die Zweitverwertung.[231]

Hat also ein Künstler mit einem Plattenvertrag und Konzerten im Jahr 2007 50.000,-EUR eingenommen, so erhält er von der GVL 15.000,-EUR für die Einnahmen aus der Zweitverwertung.

Hintergrund dieser Verteilung ist, dass die GVL davon ausgeht, dass Künstler, die im Rahmen der individuell wahrgenommenen Erst-

---

Sendeminuten an die einzelnen Plattenfirmen zu ermöglichen, vergibt die GVL sog. LC-Nummern (label codes), mit denen alle Tonträger einer Plattenfirma gekennzeichnet werden. Die großen Rundfunkstationen registrieren in Sendelisten die Sendezeiten der Tonträger und der entsprechenden LC-Nummern.

[228] Vgl. GVL-Verteilungsplan Nr. 2a-e.

[229] *Scholz*, S. 108.

[230] Aus dem Sachverhalt von BGH, GRUR 2004, 767 - *Verteilung des Vergütungsaufkommens* ergibt sich, dass der GVL-Schlüssel im Jahr 1990 bei 37,8 %, 1991 bei 35,5 %, 1992 bei 37,5 % und 1996 bei 28,6 % lag. *Berndorff/Berndorff/Eigler*, S. 141 gehen von rund 30 % aus; *Scholz*, S. 108 gibt an, dass im Jahr 2001 die Quote bei 34,55 % lag.

[231] Beispiel nach BGH, GRUR 2004, 767 - *Verteilung des Vergütungsaufkommens.*

verwertung ein hohes Einkommen erzielen können, im Bereich der öffentlichen Wiedergabe besonders präsent sind.

4. *VG WORT*

Die 1958 gegründete Verwertungsgesellschaft Wort (VG WORT) nimmt die Rechte (überwiegend Zweitverwertungsrechte) der Urheber und Verlage an Sprachwerken im Bereich Literatur und Wissenschaft wahr.[232] Soweit ein Verlag als Produzent von Tonträgern mit Sprachwerken (Hörbücher und Lehrgänge) das Leistungsschutzrecht eines Tonträgerherstellers erwirbt, wird auch dieses von der VG WORT wahrgenommen, wenn der Berechtigte nicht bereits Mitglied der GVL ist.[233] Im Jahr 2005 hatte die VG WORT 138.669 Ausschüttungsempfänger (davon 132.633 Autoren und 6.036 Verlage). Die Summe der Erträge betrug 2005 91 Millionen EUR.[234]

Die VG WORT ist für die Musikbranche relevant, da auch Sprachwerke, die ursprünglich nicht als Liedtext geschaffen wurden, mit einem Musikwerk verbunden werden können.[235] Zudem nimmt die VG Wort die Rechte an Hörfunk- und Fernsehsendungen sowie an Hörspielen und Hörbüchern (Sprachtonträger) wahr, die wie Musik auf Tonträgern festgehalten und dementsprechend privat vervielfältigt werden können. Aus diesem Grund gehört die VG WORT mit GEMA und GVL zu den drei Verwertungsgesellschaften, die von der ZPÜ (nimmt das Inkasso der Pauschalabgaben vor) Erlöse aus den Pauschalabgaben für Privatkopien im Verwertungsbereich Audio erhält (vgl. § 8 Abs. 2 ZPÜ Gesellschaftsvertrag).[236]

---

[232] *Melichar* in: Loewenheim, § 46 Rn. 6. Zum Wahrnehmungsvertrag der VG WORT siehe *Schulze* in: Dreier/Schulze, Vor § 31 Rn. 132.

[233] So angegeben auf der Internetseite der VG WORT unter „Im Portrait", abrufbar unter: http://www.vgwort.de/struktur_3.php.

[234] Vgl. Bericht des Vorstands über das Geschäftsjahr der VG WORT 2005, S. 12, abrufbar unter: http://www.vgwort.de/files/geschaeftsbericht_2006.pdf.

[235] Dies ist z. B. der Fall, wenn ein Komponist sich dazu entschließt, ein Gedicht, dessen Urheber Mitglied der VG WORT ist, mit Musik zu untermalen. Es entsteht dann eine Werkverbindung i. S. d. § 9 UrhG. Denkbar ist auch, dass ein Urheber, der in der Regel literarische Werke schafft, ausnahmsweise einen Musiktext verfasst.

[236] Abgedruckt in der Textsammlung von *Hillig* (Hrsg.), Urheber- und Verlagsrecht, 10. Auflage, München 2003, Nr. 24c.

VII. Zusammenfassung

Der Urheber wird seine Rechte grundsätzlich zur Wahrnehmung an die GEMA übertragen. Zusätzlich kann er einen Vertrag mit einem Musikverlag schließen, der sich darum bemüht, dass seine Werke von Künstlern, Plattenfirmen, Werbeagenturen und Sendeanstalten verwertet werden. Der Verlag kümmert sich außerdem um Lizenzen für Bearbeitungen, Werbung, Filmsynchronisationen und Wahrnehmung der Rechte im Ausland.

Möchte eine Plattenfirma Tonaufnahmen mit Musik anfertigen, so hat sie zum Erwerb der Urheberrechte eine festgelegte Vergütung an die GEMA abzuführen. Die GEMA schüttet die Vergütung nach Abzug ihrer Verwaltungskosten an den Urheber und ggf. einen Verlag aus. Die Rechte des ausübenden Künstlers und ggf. des Tonträgerherstellers kann die Plattenfirma nicht von einer Verwertungsgesellschaft, sondern nur individualvertraglich in Künstler- oder Bandübernahmeverträgen erwerben. Bei einem Künstlervertrag organisiert die Plattenfirma den kompletten Produktionsprozess der Musik, während sie bei einem Bandübernahmevertrag die Rechte an der bereits fertig produzierten Tonaufnahme (dem Master) erwirbt. Die Plattenfirma vergütet den ausübenden Künstler durch prozentuale Beteiligungen an den verkauften Tonträgern.

Die GVL nimmt für die Leistungsschutzberechtigten (ausübender Künstler und Tonträgerhersteller) die Zweitverwertungsrechte (z. B. Abspielen von CDs im Radio oder Gaststätten) wahr.

Abb. 10: Das System der Musikbranche in Deutschland.[237]

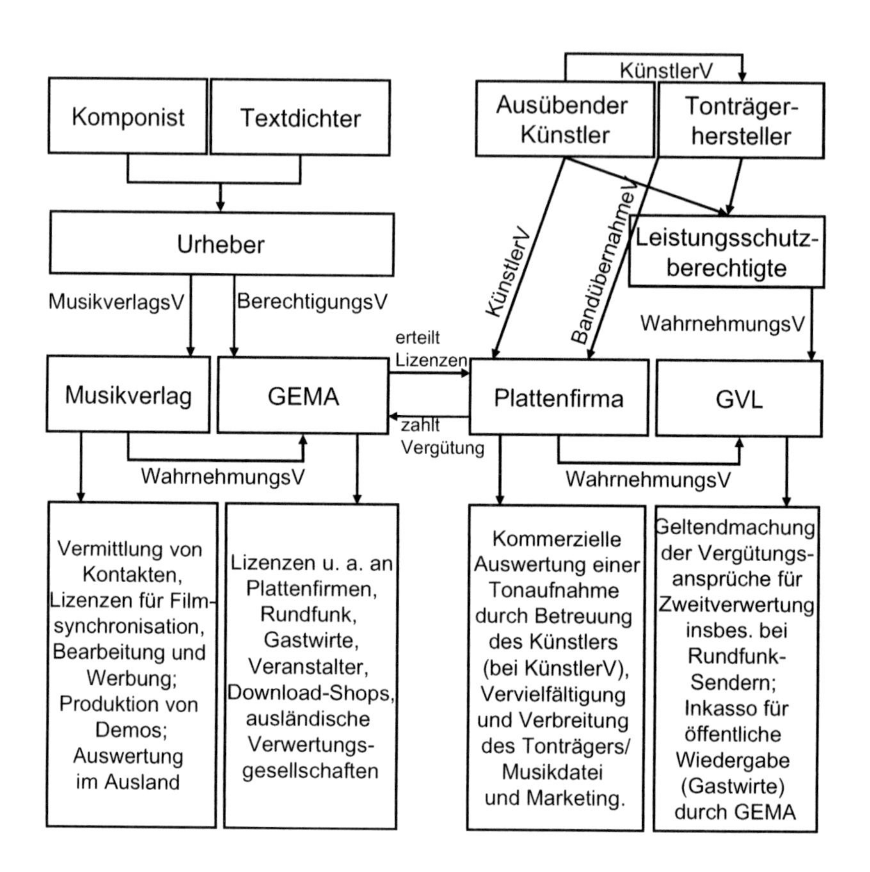

[237] Der Buchstabe „V" steht für Vertrag.

Folgendes Beispiel stellt die verschiedenen Akteure dar, die an einem Lied beteiligt sind:

Das Lied „99 Luftballons“ der Band Nena mit der gleichnamigen Sängerin aus dem Jahr 1983 gehört zu den international erfolgreichsten deutschen Liedern aller Zeiten (Platz 1 der Verkaufscharts in Deutschland, vielen europäischen Ländern, Japan, Mexiko, Kanada, Australien, Neuseeland, Großbritannien und den U.S.A.). Die folgende Übersicht zeigt die Beteiligten an „99 Luftballons“:

Abb. 11: Beteiligte an dem Lied „99 Luftballons“.[238]

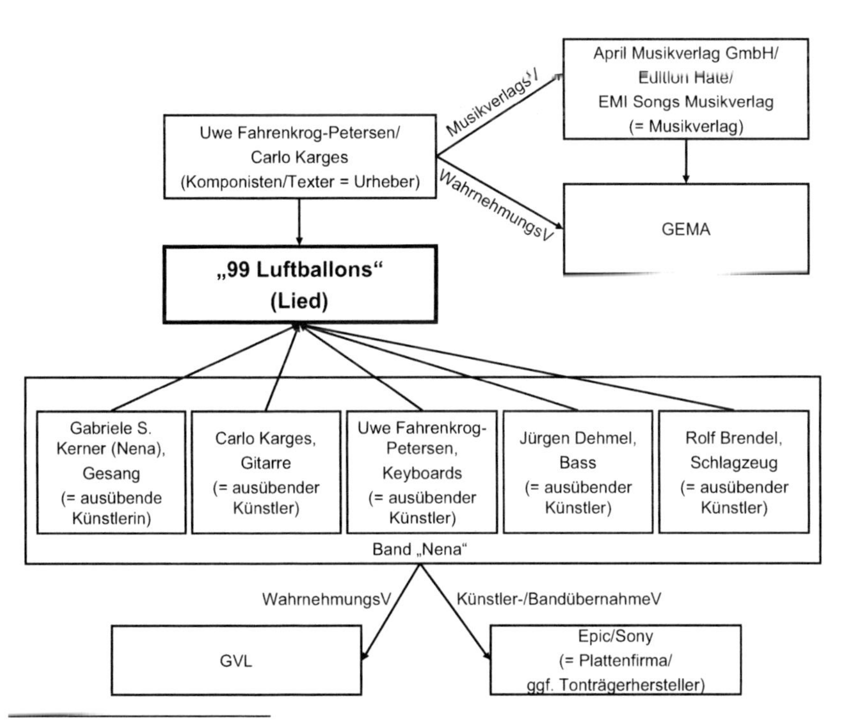

[238] Angaben zu den Rechteinhabern gem. http://www.gema.de. Die ausübenden Künstler sind als Einzelperson Mitglieder der GVL und nicht als Band - die Darstellung wurde bewusst vereinfacht. „V“ steht für Vertrag.

C. Verteilung der Pauschalabgaben

Als Ausgleich dafür, dass die Rechteinhaber gem. § 53 Abs. 1 S. 1 UrhG Privatkopien nicht verbieten können, steht ihnen gem. § 54 Abs. 1 UrhG ein pauschaler Vergütungsanspruch zu, der auf Vervielfältigungsgeräte (z. B. CD-Brenner) und Leer- bzw. Speichermedien (z. B. CD-Rohlinge) erhoben wird. Ein teilweise gefordertes Verbot der Privatkopie hätte somit automatisch einen Wegfall der pauschalen Vergütung zur Folge. Im Rahmen der Diskussion um die Privatkopie ist bislang nicht offengelegt worden, wie hoch die Einnahmen aus den Pauschalabgaben in der Praxis tatsächlich sind und wie diese verteilt werden.

Um das System der pauschalen Vergütung richtig bewerten zu können wird daher nun untersucht, wie die Einnahmen aus den Pauschalabgaben zwischen den verschiedenen Verwertungsgesellschaften und innerhalb der Verwertungsgesellschaften an ihre Mitglieder verteilt werden. Zudem wird am Beispiel der Einnahmen im Jahr 2005 dargestellt, welche Summen durch die Pauschalabgaben eingenommen werden und vor allem welche Beträge tatsächlich bei welchen Berechtigten ankommen.

Seit 1985 wurde die Höhe der Pauschalabgaben vom Gesetzgeber durch die in der Anlage zu § 54d UrhG a. F. festgelegten Vergütungssätze bestimmt.[239] Diese gesetzlich festgelegten Vergütungssätze sind im Rahmen der Gesetzesnovelle Zweiter Korb mit Wirkung zum 01.01.2008 abgeschafft worden.[240] Die Höhe der Pauschalabgaben soll gem. §§ 54a UrhG, 13a UrhWG zukünftig zwischen den Beteiligten (Verwertungsgesellschaften und Verbänden der betroffenen Hersteller) ausgehandelt werden. Auf Grund der Aktualität der Gesetzesänderung liegt eine Vereinbarung über die Vergütungshöhe noch nicht vor. Statt dessen sind gem. § 27 UrhWG bis zum Vorliegen einer solchen Vereinbarung die bisherigen Vergütungssätze nach wie vor, längstens bis zum 01.01.2010, anwendbar. Die folgende Darstellung konzent-

---

[239] Trotz der Festlegung sind jedoch auch heute schon Vereinbarungen zwischen Verwertungsgesellschaften und Vergütungspflichtigen üblich, die von diesen Sätzen abweichen.

[240] Siehe hierzu ausführlich *Müller*, ZUM 2007, 777 ff.; *Langhoff/Oberndörfer/Jani*, ZUM 2007, 594 ff.; *Spindler*, NJW 2008, 9, 11 f.; *Scheja/Mantz*, CR 2007, 715, 717 f.

riert sich daher hinsichtlich der Höhe der Pauschalabgaben auf diese Vergütungssätze.

Zu beachten ist, dass sich auch die Europäische Kommission seit einigen Jahren mit den Vergütungssystemen für Privatkopien in den Mitgliedstaaten der Europäischen Union befasst.[241] Es ist daher möglich, dass sich das Vergütungssystem in Deutschland auf Grund einer europarechtlichen Regelung in naher Zukunft erneut verändern wird.

I. ZPÜ

Die Verwertungsgesellschaften[242] haben sich zur Eintreibung der Pauschalabgaben zur Zentralstelle für private Überspielungen (ZPÜ) zusammengeschlossen.[243] Weiterhin haben die Verwertungsgesellschaften mit der ZPÜ einen Inkassovertrag abgeschlossen, in dem sie der ZPÜ das Inkasso der Pauschalabgaben übertragen.[244]

Zur Erhebung der Pauschalabgaben enthalten die §§ 54 ff. UrhG verschiedene gesetzliche Instrumente, wie einen Auskunftsanspruch gegen Händler, die mit Vervielfältigungsgeräten und Speichermedien handeln, und eine Meldepflicht für Importeure von Vervielfältigungs-

[241] So hat die Kommission ab Oktober 2004 die Mitgliedstaaten hinsichtlich der von ihnen verwendeten Vergütungssysteme konsultiert. Nach weiteren Umfragen im Jahr 2006 führt die Kommission aktuell eine zweite Befragung aller Beteiligten durch, die sich bis zum 18.04.2008 in einem Fragebogen äußern können. Zu Einzelheiten siehe die Internetseite der Europäischen Kommission, abrufbar unter: http://ec.europa.eu/internal_market/copyright/levy_reform/index_de.htm.

[242] Die Gesellschafter der ZPÜ sind: Die Gründungsgesellschafter GEMA, GVL und VG Wort (Verwertungsgesellschaft Wort) sowie GÜFA (Gesellschaft zur Übernahme und Wahrnehmung von Filmaufführungsrechten), GWFF (Gesellschaft zur Wahrnehmung von Film- und Fernsehrechten), VG Bild-Kunst (Verwertungsgesellschaft Bild-Kunst), VFF (Verwertungsgesellschaft für Film und Fernsehgesellschaften) und VGF (Verwertungsgesellschaft für Nutzungsrechte an Filmwerken).

[243] Vgl. ZPÜ Gesellschaftsvertrag i. d. F. v. 21.12.1992, abgedruckt bei *Hillig* (Hrsg.), Urheber- und Verlagsrecht, 10. Auflage, München 2003, Nr. 24c.

[244] Vgl. Inkassovertrag v. 10.05.1989, abgedruckt bei *Hillig* (Hrsg.), Urheber- und Verlagsrecht, 10. Auflage, München 2003, Nr. 24c. Zur Geschäftsführung der ZPÜ ist die GEMA berechtigt (§ 6 Abs. 1 ZPÜ-Gesellschaftsvertrag). Dies führt in der Praxis dazu, dass die ZPÜ Teil der GEMA-Direktion „Inkasso Mandate" ist. Es gibt also keine ZPÜ-Mitarbeiter sondern nur GEMA-Mitarbeiter, die das Inkasso-Mandat der ZPÜ ausüben.

geräten und Speichermedien. Weiterhin schließt die ZPÜ mit Vereinigungen, deren Mitglieder zur Zahlung von Pauschalabgaben verpflichtet sind, Gesamtverträge ab (vgl. § 12 UrhWG), so z. B. mit der Vereinigung von Herstellern von Tonaufzeichnungsgeräten (VHT).[245]

Von den eingenommenen Geldern behält die ZPÜ eine Provision ein, die maximal 7 % betragen darf.[246] Von der verbleibenden Verteilungssumme zahlt die ZPÜ in dem für die Musikbranche relevanten „Verwertungsbereich Audio“

- 42 % an die GEMA,
- 42 % an die GVL und
- 16 % an die VG WORT.[247]

Die Höhe der Pauschalabgaben war bis zum 31.12.2007 gesetzlich festgeschrieben (vgl. Anlage zu § 54d Abs. 1 UrhG a. F.).[248] Die Vergütungssätze waren - trotz Inflation - seit 1985 unverändert. Aus der gesetzlich festgeschriebenen Vergütungshöhe ergeben sich für die hier relevanten Geräte und Speichermedien folgende Vergütungssätze, die

---

[245] Vgl. *Kreile* in: Kreile, GEMA-Jahrbuch 2001/2002, abrufbar unter: http://www.gema.de/presse/jahrbuch/jahr_01_02/themadesjahres.shtml, S. 94, 118. Der VHT gehören im Jahr 2001 laut *Kreile*, a. A.O., Unternehmen wie Blaupunkt, Grundig, Loewe Opta, Panasonic, Philips, Samsung, Sharp, Sony etc. an. Im Jahr 1998 hat die ZPÜ das Inkasso zu ca. 80 % über solche Gesamtverträge abgewickelt.

[246] Die Kosten, die die GEMA als geschäftsführende Gesellschafterin der ZPÜ erhält, dürfen gem. dem ZPÜ-Inkassovertrag (unter I. Abs. 4) bis zu 7 % betragen. Der Kommissionssatz wird von den ZPÜ-Gesellschaftern festgelegt. Aus *Kreile* in: Kreile, GEMA-Jahrbuch 2001/2002, S. 94, 121 geht hervor, dass die Kommission zunächst bei 7 % des Gesamtaufkommens lag und ab 01.01.1989 auf 5 %, für mehr als 130 Mio. DM auf 4 % gesenkt wurde.

[247] Vgl. ZPÜ-Inkassovertrag v. 10.05.2007 unter III.1., abgedruckt bei *Hillig* (Hrsg.), Urheber- und Verlagsrecht, 10. Auflage, München 2003, Nr. 24c.

[248] Eine ausgezeichnete Übersicht über die Höhe der Vergütungssätze und die Einnahmen durch Pauschalabgaben in anderen europäischen Staaten und Kanada bietet die International Survey on Private Copying Law & Practice (17th revision 2006) der holländischen Gesellschaft „Stichting De Thuiskopie“, abrufbar unter: www.auvibel.be/files/Survey2006.pdf.

bis zu einer Vereinbarung der Beteiligten über die Vergütungshöhe, spätestens bis zum 01.01.2010, weiterhin Geltung haben:[249]

Vervielfältigungsgeräte:

- CD-Brenner: 7,50 EUR
- DVD-Brenner: 9,21 EUR
- Kassettenrekorder: 1,28 EUR
- MP3 Player mit Aufnahmefunktion

  mit auswechselbarem Speicher: 1,28 EUR
  mit fest eingebautem Speicher: 2,56 EUR

Speichermedien:

- CD-Rs und CD-RWs[250]: 0,08 EUR
- DVD-R/RW, DVD+R/RW[251]: 0,17 EUR
- Speicherkarte 256 MB[252]: 0,25 EUR

---

[249] Die Anlage zu § 54d Abs. 1 UrhG a.F. enthält keine Liste bestimmter Geräte oder Speichermedien, sondern setzt die Vergütung wie folgt abstrakt fest: Die Vergütung beträgt für jedes Tonaufzeichnungsgerät 1,28 EUR, für jedes Tonaufzeichnungsgerät, für dessen Betrieb nach seiner Bauart gesonderte Träger nicht erforderlich sind 2,56 EUR und für jedes Bildaufzeichnungsgerät mit oder ohne Tonteil 9,21 EUR. Bei Tonträgern beträgt die Vergütung für jede Stunde Spieldauer 0,0614 EUR; bei Bildträgern für jede Stunde Spieldauer 0,0870 EUR.

[250] Die Vergütung wird nur für 30 % aller hergestellten/importierten CDs erhoben. Der angegebene Wert bezieht sich auf einen CD-Rohling mit 700 MB Speicherkapazität und einer Spieldauer von 80 Minuten.

[251] Die Vergütung wird nur für 30 % aller hergestellten/importierten DVDs erhoben. Der angegebene Wert bezieht sich auf einen DVD-Rohling mit 4,7 GB Speicherkapazität

[252] Die Berechnung legt eine Speicherkapazität von 64 MB für 1h Musik zu Grunde. Die Vergütung für Speichermedien fällt nur an, wenn diese zusammen mit einem Abspielgerät vertrieben werden.

II. Verteilung innerhalb der Verwertungsgesellschaften

1. Verteilung innerhalb der GEMA

Die Gelder, die von der ZPÜ an die GEMA gezahlt werden, werden von der GEMA zu 75 % mit den Lizenzeinnahmen aus dem Bereich Rundfunk (Verteilungsschlüssel 5/12 Komponist, 3/12 Textdichter und 4/12 Verlag) und 25 % mit den Lizenzeinnahmen aus der Schallplattenindustrie (30 % Komponist, 30 % Textdichter und 40 % Verlag) an die Urheber und Verlage ausgeschüttet.[253] Rechnet man die Anteile zusammen, so gehen

- 38,75 % der Pauschalabgaben an die Komponisten,
- 26,25 % an die Textdichter und
- 35 % an die Verlage.[254]

2. Verteilung innerhalb der GVL

Der von der ZPÜ an die GVL überwiesene Betrag wird nach Abzug der Verwaltungskosten zunächst wie folgt aufgeteilt:

- 64 % erhalten die ausübenden Künstler und
- 36 % die Tonträgerhersteller.[255]

Unter den ausübenden Künstlern bemisst sich der Anteil des einzelnen Künstlers wieder nach seinen Einnahmen aus der Erstverwertung.[256] Zu beachten ist, dass die GVL die Veranstalter von Konzerten zu den ausübenden Künstlern zählt.[257]

---

[253] Vgl. Ausführungsbestimmungen zum Verteilungsplan der GEMA für das mechanische Vervielfältigungsrecht, unter IV.8, im GEMA-Jahrbuch 2006/2007, S. 328.

[254] Wie oben dargestellt, kann der Urheber mit dem Verlag in sog. Refundierungsklauseln auch eine abweichende Verteilung vereinbaren.

[255] Vgl. GVL-Verteilungsplan Nr. 1 i. d. F. v. 15.02.2007, abrufbar unter: https://www.gvl.de/pdf/verteilungsplaene-2006.pdf.

[256] Zu dieser Art der Verteilung s. o. Teil I B.VI.3.b), S. 64. Hierbei berücksichtigt die GVL gem. GVL-Verteilungsplan Nr. 2c Hörfunkentgelte hinsichtlich der Vergütungen für Tonaufzeichnungsgeräte und unbespielte Tonträger (Vervielfältigung Audio), Fernsehentgelte hinsichtlich der Vergütung für unbespielte Bildtonträger (Vervielfälti-

3. Verteilung innerhalb der VG WORT

Die VG WORT zieht von den Einnahmen ihren Verwaltungsaufwand und jährlich bis zu 15 % für das Autorenversorgungswerk der VG WORT ab.[258] Die verbleibenden Einnahmen werden nach folgendem Schlüssel verteilt:[259]

- 70 % Autor
- 30 % Verlag

Die Ausschüttung wird auf die Autoren und Verleger von Rechten an Hörfunk- und Fernsehsendungen und Sprachtonträgern beschränkt.

III. Entwicklung der Einnahmen aus Pauschalabgaben

An den Einnahmen aus Pauschalabgaben lässt sich indirekt ablesen, in welchem Ausmaß Privatkopien vorgenommen wurden. Wenn die ZPÜ hohe Einnahmen aus Pauschalabgaben verzeichnet, dann bedeutet das, dass viele Speichermedien und Kopiergeräte verkauft wurden und dementsprechend auch viele Kopien vorgenommen wurden.

---

gung Video) und die angemeldeten Tonträgerentgelte hinsichtlich beider Vergütungsarten.

[257] Wird die Darbietung eines ausübenden Künstlers von einem Unternehmen veranstaltet, so gewährt § 81 UrhG diesem ein selbständiges Leistungsschutzrecht. Veranstalter i. S. d. Gesetzes ist derjenige, der die organisatorische und finanzielle Verantwortung für die Veranstaltung trägt. Der Gesetzgeber belohnt den besonderen Aufwand, der erforderlich ist, um ein Live-Konzert zu veranstalten. Gem. § 81 UrhG hat der Veranstalter neben dem ausübenden Künstler die ausschließlichen Rechte der §§ 77 Abs. 1, Abs. 2 S. 1, 78 Abs. 1 UrhG. Gem. § 83 UrhG hat der Veranstalter Anspruch auf einen Anteil an den Pauschalabgaben. Der den Veranstaltern von der GVL ausgezahlte Teil richtet sich - wie bei den ausübenden Künstlern - nach den Erträgen aus der Erstverwertung. Zum Veranstalter siehe *Büscher* in: Wandtke/Bullinger, § 81 Rn. 7 ff.; *Dreier* in: Dreier/Schulze, § 81 Rn. 1 ff.

[258] Vgl. Satzung der VG WORT i. d. F. v. 20.05.2006 unter § 9 Abs. 2 Nr. 3, abrufbar unter: http://www.vgwort.de/satzung.php.

[259] Vgl. Verteilungsplan der VG WORT i. d. F. v. 20.05.2006 unter A. § 2 b) und detailliert unter B. I § 6, abrufbar unter: http://www.vgwort.de/verteilungsplan.php.

Die ZPÜ veröffentlicht grundsätzlich keine Zahlen, so dass sich die Entwicklung der Einnahmen schwer feststellen lässt.[260] Die letzte öffentliche Angabe bezieht sich auf die Jahre 1988 bis 2000.[261] Für die Jahre 2001 bis 2006 muss daher auf Zahlen zurückgegriffen werden, welche die GEMA in ihrem jährlichen Geschäftsbericht in der Spalte „Vergütungsansprüche nach § 54 UrhG - Private Vervielfältigung Audio“ ausweist.[262] Die GEMA-Beträge müssten nach dem ZPÜ-Verteilungsschlüssel 42 % der Gesamt-Einnahmen der ZPÜ im Verwertungsbereich Audio darstellen. Wenn man die ZPÜ-Kommission, die diese gem. dem Inkassovertrag einbehalten darf, mit 5 % ansetzt, ergibt sich insgesamt Folgendes:

[260] Auch auf Anfrage weigerte sich die ZPÜ, Angaben zu ihren Einnahmen zu machen. Die International Survey on Private Copying Law & Practice (17th revision 2006) der holländischen Gesellschaft „Stichting De Thuiskopie“, abrufbar unter: www.auvibel.be/files/Survey2006.pdf, gibt auf S. 36 folgende ZPÜ-Erträge im Bereich Audio an: 2002 - 28,9 Millionen EUR, 2003 - 37,5 Millionen EUR, 2004 - 37,9 Millionen EUR. Leider wird nicht angegeben, woher die Zahlen stammen.

[261] *Kreile* in: GEMA-Jahrbuch 2001/2002, abrufbar unter: http://www.gema.de/presse/jahrbuch/jahr_01_02/themadesjahres.shtml

[262] Dies sind für das Jahr 2001 - 7,1 Millionen EUR, 2002 - 11 Millionen EUR, 2003 - 14 Millionen EUR, 2004 - 14,6 Millionen EUR und 2005 - 12,6 Millionen EUR, vgl. die entsprechenden GEMA-Geschäftsberichte, abrufbar unter: http://www.gema.de/presse/jahrbuch, auch in Buchform erhältlich (Hrsg.: *Kreile*).

Abb. 12: ZPÜ-Erträge im Bereich Audio 1996 - 2005 (teilweise geschätzt).[263]

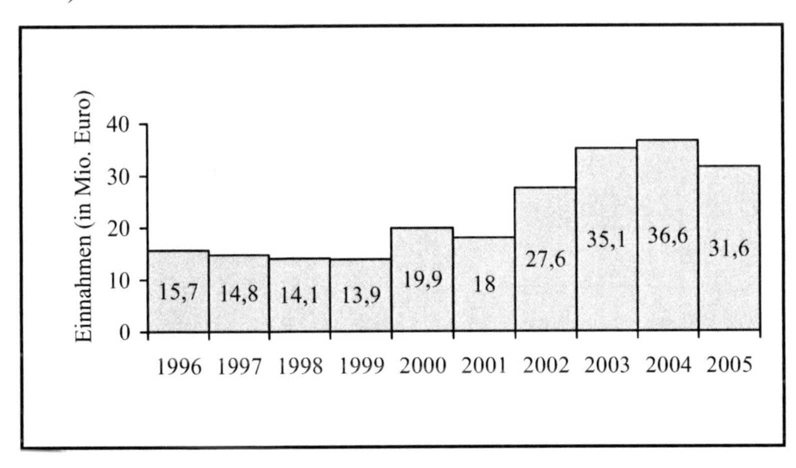

Die Grafik zeigt, dass sich die Einnahmen der ZPÜ im Bereich Audio zwischen 1996- 2005 bei einer durchschnittlichen jährlichen Wachstumsrate (CAGR[264]) von 8 % mehr als verdoppelt haben. Die positive Entwicklung hängt vor allem mit den Einnahmen aus CD-/DVD-Brennern und CD-R/-RWs (CD-Rohlingen) zusammen. Aus den Zahlen lässt sich ablesen, dass die digitalen Vervielfältigungsmöglichkeiten zu deutlich höheren Einnahmen geführt haben, als es zu Zeiten analoger Vervielfältigungen (überwiegend auf Kassetten) der Fall war. Die höheren Einnahmen zeigen zudem, dass mehr Kopiergeräte und Speichermedien verkauft wurden und folglich durch die Digitalisierung im privaten Bereich mehr Privatkopien angefertigt wurden.

IV. Berechnung der Verteilungssummen

In dieser Analyse soll untersucht werden, welche Bedeutung die Pauschalabgaben für die Rechteinhaber haben. Um sich ein Bild über

---

[263] Zahlen für die Jahre 1996 bis 2000 bei *Kreile*, GEMA-Jahrbuch 2001/2002, abrufbar unter: http://www.gema.de/presse/jahrbuch/jahr_01_02/themadesjahres.shtml. Zur Berechnung der Zahlen für die Jahre 2000 - 2005 s. o.

[264] CAGR = Compound Annual Growth Rate.

die tatsächlichen Geldflüsse machen zu können, werden die konkreten Einnahmen und ihre Verteilung im Jahr 2005 errechnet.[265]

Die GEMA weist in ihrem Geschäftsbericht für das Jahr 2005 im Bereich „Private Vervielfältigung Audio“ einen Betrag von 12,6 Millionen EUR aus.[266] Die GVL erhält im Bereich Audio stets den gleichen Betrag wie die GEMA, also ebenfalls 12,6 Millionen EUR. 12,6 Millionen stellen 42 % der Gesamt-Verteilungssumme der ZPÜ im Bereich Audio dar, die somit 30 Millionen EUR beträgt. Die ZPÜ-Provision, die gem. dem ZPÜ-Inkassovertrag höchstens 7 % betragen darf, wird mit 5 % geschätzt, so dass die Gesamteinnahmen der ZPÜ aus Pauschalabgaben im Bereich Audio im Jahr 2005 ungefähr bei 31,6 Millionen EUR lagen.

Der Kostensatz der GEMA lag im Geschäftsjahr 2005 bei 14,1 %. Die GVL gibt an, im Jahr 2005 von der ZPÜ 37,5 Millionen EUR erhalten zu haben (Audio und Video), wovon 36,2 Millionen EUR an die Rechteinhaber ausgeschüttet worden seien.[267] Hieraus ergibt sich ein Abzug von 3,5 %. Die VG WORT hatte im Geschäftsjahr 2005 Verwaltungskosten i.H.v. 7 % der Inlandserlöse.[268]

Die Verteilung innerhalb der Verwertungsgesellschaften richtet sich nach den oben dargestellten Maßstäben.[269] Nicht berücksichtigt sind Abzüge für kulturelle und soziale Zwecke oder das von der GEMA durchgeführte Wertungsverfahren. Nicht aufschlüsselbar ist auch die Verteilung innerhalb der GVL zwischen den ausübenden Künstlern und den Veranstaltern, da diese sich nach den jeweils erwirtschafteten Einnahmen aus der Erstverwertung richtet.[270]

---

[265] Da weder GVL noch ZPÜ regelmäßig Zahlen veröffentlichen, und auch die GEMA dies nur im Rahmen ihres Jahrbuchs tut, basiert das folgende Beispiel zum Teil auf Annahmen.

[266] Genau handelt es sich um 12,587 Millionen EUR, vgl. GEMA-Jahrbuch 2006/2007, S. 59.

[267] Quelle: Persönliche Auskunft der GVL gegenüber dem Autor v. 23.04.2007.

[268] Vgl. Bericht des Vorstands über das Geschäftsjahr der VG WORT 2005, S. 12, abrufbar unter: http://www.vgwort.de/files/geschaeftsbericht_2006.pdf. Ein eventueller Abzug für das Versorgungswerk der VG WORT wird in der vorliegenden Berechnung nicht vorgenommen.

[269] S. o. Teil I C.II, S. 74.

[270] S. o. Teil I B.VI.3.b), S. 64.

Abb. 13: Verteilung der Pauschalabgaben im Bereich Audio im Jahr 2005 (Schätzung; Beträge in Euro).

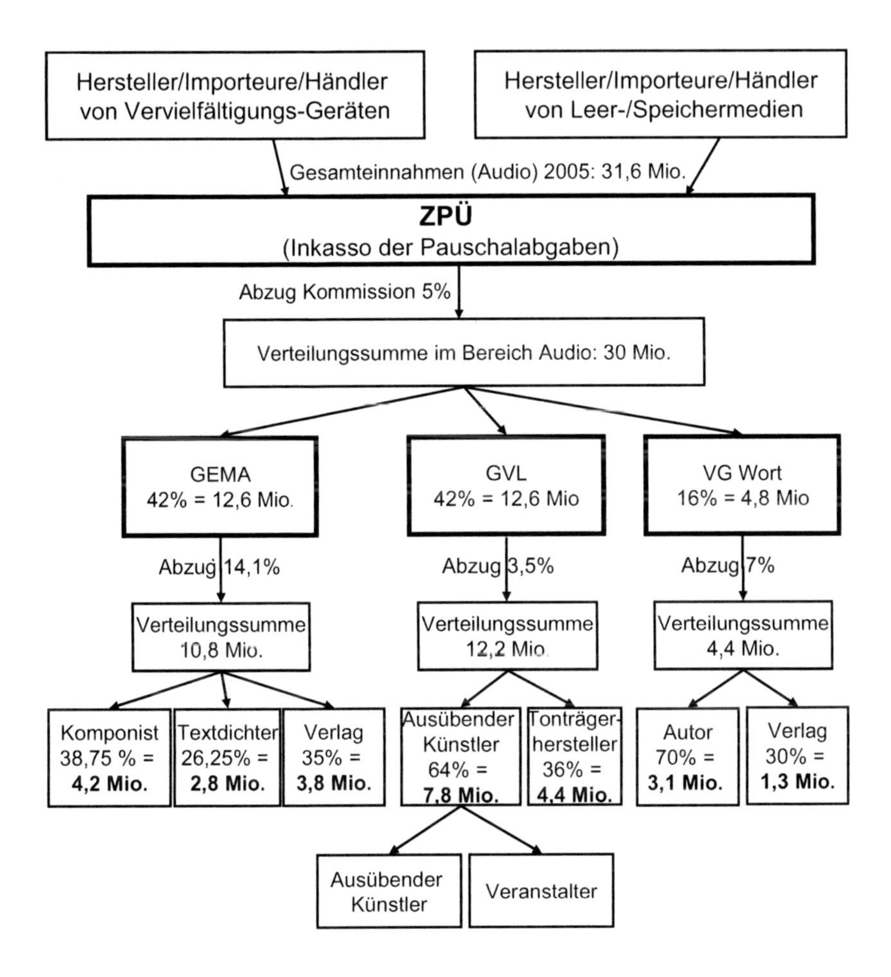

V. Bewertung

Das Beispiel zeigt deutlich, dass die Einnahmen aus den als Ausgleich für Privatkopien gezahlten Pauschalabgaben (im Bereich Audio), die letztlich zu den Berechtigten gelangen, *sehr gering* sind. Die Einnahmen aus den Pauschalabgaben (Audio) haben im Jahr 2005 nur 1,5 % der Gesamteinnahmen der GEMA ausgemacht,[271] bei der GVL waren es ca. 8 % und bei der VG WORT ca. 5 %.

Wenn die GEMA im Jahr 2005 ca. 7 Millionen EUR aus Pauschalabgaben an die Urheber (Komponisten und Textdichter) ausgeschüttet hat und in jenem Jahr insgesamt 53.788 Urheber Mitglied der GEMA waren, so entfielen rechnerisch bei gleicher Aufteilung 130,- EUR auf jeden Urheber. Einzelne Urheber werden in der Praxis deutlich höhere Anteile erhalten haben, da die Pauschalvergütungen prozentual auf die Lizenzeinnahmen aus dem Rundfunk und der Tonträgerindustrie aufgeschlagen werden.[272] Urheber, deren Werke viel im Rundfunk gespielt werden und auf Tonträger vervielfältigt werden, erhalten auch höhere Einnahmen aus den Pauschalabgaben. Die Anzahl der in diesen Bereichen tätigen Urheber lässt sich nicht beziffern. Unter der Annahme, dass nur ein Viertel der Urheber, die Mitglied der GEMA sind, an den Pauschalabgaben partizipieren, so erhielte jeder einzelne Urheber bei gleichmäßiger Aufteilung noch immer nur rund 520,- EUR im Jahr.

Zusammenfassend kann festgestellt werden, dass die Erlöse aus den Pauschalabgaben im Bereich Audio verhältnismäßig gering sind und keine bedeutende Einnahmequelle für die Rechteinhaber darstellen dürften. Nach den Gesetzesänderungen durch den Zweiten Korb wird die Höhe der Pauschalabgaben zukünftig zwischen den Verwertungsgesellschaften und Verbänden der Hersteller von Vervielfältigungsgeräten/Speichermedien ausgehandelt. Inwiefern sich die Höhe der Vergütungen durch eine solche Vereinbarung stark verändern wird, bleibt abzuwarten. Auf Grund des zu erwartenden Widerstands der Hersteller, Händler und Importeure von Vervielfältigungsgeräten

[271] Vgl. GEMA Jahrbuch 2006/2007, S. 59.

[272] Pauschale Vergütungen erhält gem. dem GEMA-Verteilungsplan nur der Urheber, dessen Werke von Tonträgerherstellern vervielfältigt und im Rundfunk gespielt wurden.

und Speichermedien, ist jedoch nicht davon auszugehen, dass die Vergütungssätze in naher Zukunft so stark erhöht werden, dass sich die Pauschalabgaben zu einem relevanten Einkommensfaktor für die Rechteinhaber entwickeln werden.[273]

Ob die niedrigen Einnahmen aus den Pauschalabgaben einen angemessenen Ausgleich für Privatkopien darzustellen, hängt von dem Ausmaß ab, in dem § 53 Abs. 1 S. 1 UrhG Privatkopien zulässt. Dies wird im weiteren Verlauf der Arbeit untersucht werden.[274]

Finanziell gesehen wäre eine individuelle Abrechnung für die Rechteinhaber vorteilhafter.[275] Allerdings verursacht eine individuelle Abrechnung hohe Kosten, erfordert einen hohen Verwaltungsaufwand und birgt die Gefahr, dass auf Grund von technischen und praktischen Schwierigkeiten bei der Durchsetzung nur ein Teil der Nutzungen erfasst werden könnte. Dennoch könnten die derzeit geringen Einnahmen aus den Pauschalabgaben leicht übertroffen werden. Die Gefahr, dass der Urheber und der ausübende Künstler an Einnahmen aus der Vergabe von Lizenzen für Vervielfältigungen zum privaten Gebrauch nicht beteiligt werden könnte, besteht nicht. Die Darstellung des Systems der Musikbranche hat gezeigt, dass der Urheber und der ausübende Künstler *prozentual* an den Einnahmen beteiligt sind, die eine Plattenfirma oder ein Verlag mit der Verwertung eines Musikstücks erzielen. Sollte eine Lizenzgebühr für Vervielfältigungen zum privaten Gebrauch erhoben werden, so würde der Urheber/ausübende Künstler auch an dieser Gebühr prozentual beteiligt werden.

---

[273] Für eine deutliche Erhöhung *Freiwald*, S. 199.

[274] S. u. Teil II E, S. 203 und Teil III A.III.3, Seite 215.

[275] Siehe auch *Schäfer*, S. 166, der sich dafür ausspricht, die Verteilung der Pauschalabgaben gesetzlich festzulegen und den Tonträgerherstellern einen größeren Anteil zuzusprechen.

D. Die Auswirkungen von Privatkopien auf die Musikbranche

Die Darstellung des Systems der Musikbranche bildet die Basis für die Untersuchung der Kernfrage des Teil I: Welche Auswirkungen haben Privatkopien auf die Akteure der Musikbranche?

Die Verwertungsgesellschaften werden in die folgende Analyse nicht einbezogen, da sie keinen Eigenzweck verfolgen, sondern den Interessen der durch sie vertretenen Rechteinhaber dienen.[276] Die Auswirkungen werden daher durch die Untersuchung des Urhebers, des ausübenden Künstlers und des Tonträgerherstellers bzw. der Plattenfirma abgedeckt.

Die Auswirkungen von Privatkopien auf Musikverlage werden ebenfalls nicht untersucht. Anders als Urheber, ausübender Künstler und Plattenfirma, hat der Musikverlag keine eigenen Rechte an einem Werk, einer Darbietung oder einem Tonträger. Seine Einnahmen hängen ganz von der Auswertung der Werke des Urhebers ab, an der er prozentual beteiligt wird.

I. Die Auswirkungen von Privatkopien auf Plattenfirmen

1. Erstverwertung

a) Situation

i) Tonträger

Die Erstverwertung ist für die Plattenfirmen der Verkauf von Tonträgern (CDs, Schallplatten) und der Verkauf von Nutzungsrechten an Musikdateien, wobei der Umsatzanteil der CD (Album und Single) im Vergleich zur Musikdatei derzeit noch bei 85 % liegt.[277] Die phonographische Industrie in Deutschland verzeichnet in den vergangenen 10 Jahren nach eigenen Angaben einen deutlichen Umsatzrückgang:

---

[276] Zweck der GEMA ist gem. § 2 Abs. 1 der GEMA-Satzung „der Schutz des Urhebers und die Wahrnehmung seiner Rechte (…). Seine Einrichtung [des Vereins] ist uneigennützig und nicht auf die Erzielung von Gewinn gerichtet."

[277] Vgl. IFPI-Jahreswirtschaftsbericht 2006, S. 17, abrufbar unter: http://www.musikindustrie.de/statistik-publikationen.html.

Abb. 14: Gesamtumsatz phonographische Wirtschaft gem. Bundesverband der Phonographischen Wirtschaft 1997 - 2006.[278]

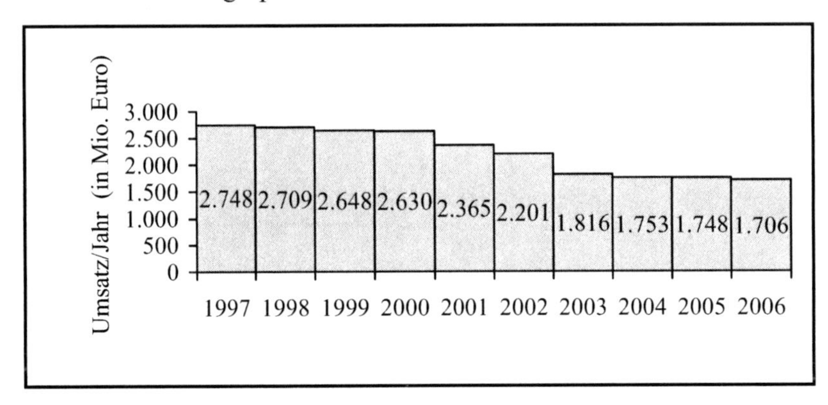

Abb. 15: Absatz CD-*Alben* gem. Bundesverband der Phonographischen Wirtschaft 1997 - 2006.[279]

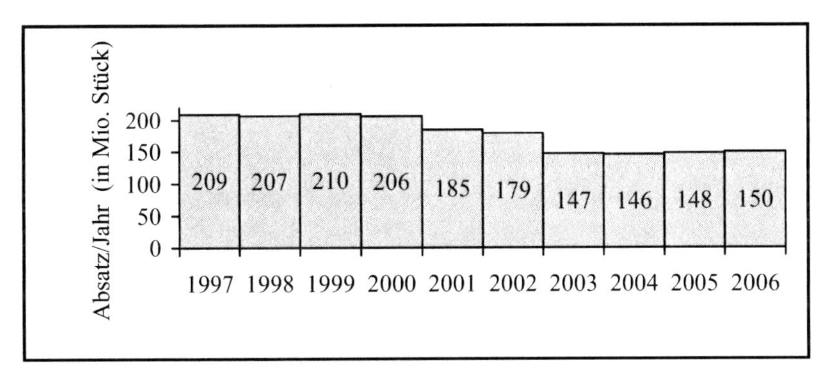

278 Quelle: IFPI-Jahreswirtschaftsbericht 2006, S. 15, abrufbar unter: http://www.musikindustrie.de/statistik-publikationen.html. Diese Zahlen stammen vom Bundesverband der Phonographischen Wirtschaft e.V. (seit 01.11.2007 umbenannt in Bundesverband Musikindustrie e. V.). Der Verband ist die Interessenvertretung von ca. 350 Plattenfirmen, die nach eigenen Angaben mehr als 90 % des deutschen Musikmarktes repräsentieren. Die Zahlen werden jedes Jahr „an den aktuellen Teilnehmerstand angepasst" - sind also nicht die Zahlen, die der Verband im jeweiligen Jahr ermittelt hat. Ab 2002 enthalten die Zahlen Umsätze mit Musikvideos, ab 2004 Umsätze mit Downloads und ab 2006 Umsätze mit Mobile Music (Handy).

279 Quelle: IFPI-Jahreswirtschaftsbericht 2006, S. 20, abrufbar unter: http://www.musikindustrie.de/statistik-publikationen.html.

Abb. 16: Absatz CD-*Singles* gem. Bundesverband der Phonographischen Wirtschaft 1997 - 2006.[280]

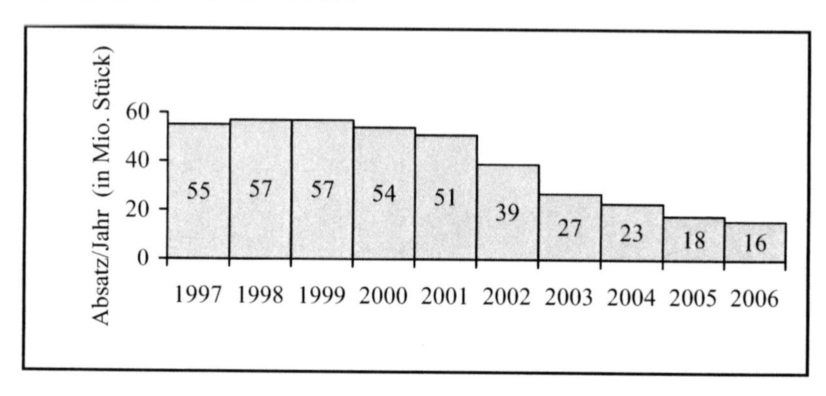

Die Zahlen sind zum einen nicht unabhängig und basieren zum anderen teilweise auf Hochrechnungen. Die Abbildungen geben daher nicht die exakten Absatzwerte wieder. Unabhängig davon ist den Zahlen ein Trend dahingehend zu entnehmen, dass die Plattenfirmen in Deutschland (wie in anderen Ländern[281]) in den vergangenen Jahren Umsatzeinbußen verbuchen mussten.[282] Während das allgemeine Wirtschaftswachstum in den Jahren 1997 bis 2006 in Deutschland jährlich im Durchschnitt (CAGR) um 2,1 % gestiegen ist,[283] ist der Umsatz der phonographischen Wirtschaft nach deren Angaben jährlich um 5,2 % gesunken. Insbesondere der Absatz von CD-Alben (CAGR: -3,6 %) und Singles (CAGR: -12,8 %) ist stark zurückgegangen.

[280] Quelle: IFPI-Jahreswirtschaftsbericht 2006, S. 20, abrufbar unter: http://www.musikindustrie.de/statistik-publikationen.html.

[281] In den U.S.A. ging der Verkauf von Alben im Jahr 2007 um 15 % auf 500 Millionen Stück zurück. Der Markt für digitale Alben ist um 2,4 % gestiegen und für einzelne digitale Lieder um 45 %; F.A.Z. v. 05.01.2008 unter Berufung auf das Forschungsinstitut Nielsen SoundScan.

[282] Als Folge der sinkenden Tonträgerabsätze musste z. B. die Mindestanzahl verkaufter Tonträger für die Verleihung einer goldenen Schallplatte im Jahr 2003 von 150.000 auf 100.000 herabgesetzt werden (für eine Platin-Verleihung sind nur noch 200.000 statt zuvor 300.000 Einheiten erforderlich).

[283] Quelle: Statistisches Bundesamt Deutschland, abrufbar unter: http://www.destatis.de/indicators/d/lrvgr02ad.htm.

Ein niedriger Tonträgerabsatz ist für die Plattenfirmen vor allem deshalb von Nachteil, da die Fixkosten für die Produktion des Masters, die Gestaltung des Covers/Booklets und vor allem für das Marketing unabhängig von der Produktionsmenge anfallen.

ii) Musikdateien

Der Verkauf von Musikdateien (bzw. den Nutzungsrechten an diesen) über das Internet ist seit dem Jahr 2003 stetig gewachsen.[284]

- in Deutschland wurden im Jahr 2007 über 37 Millionen Musikdateien im Internet verkauft (Steigerung zu 2006: 33,6 %)[285]
- der bislang erfolgreichste Downloadtitel in Deutschland wurde knapp 200.000 Mal verkauft[286]
- in den U.S.A. wurden im Jahr 2007 von allen kostenpflichtig erworbenen Musiktiteln 10 % über Downloads aus dem Internet bezogen[287]

---

[284] Auch international gewinnt der kostenpflichtige Download von Musikdateien an Bedeutung: Im Jahr 2005 wurde in den U.S.A. erstmals ein Titel allein durch Downloads über eine Millionen Mal verkauft (erste „Download-Millionärin“ war die amerikanische Sängerin Gwen Stefani mit dem Titel „Hollaback Girl“); vgl. musikwoche.de v. 04.10.2005. Im Mai 2006 schaffte es erstmals ein Lied („Crazy“ der Gruppe Gnarls Barkley), nur durch Downloads auf Nummer eins der britischen Charts; vgl. musikwoche.de v. 02.05.2006. Im Januar 2008 überschritt in den U. S. A. erstmals ein Musiktitel die Grenze von drei Millionen kostenpflichtigen Downloads (das Lied „Crank That (Souljah Boy)“ von Souljah Boy Tell'em), vgl. TransWorldNews v. 10.01.2008, abrufbar unter: http://www.transworldnews.com/NewsStory.aspx?id=32823&cat=16.

[285] Davon entfielen 34,5 Mio. auf einzelne Musikdateien. Quelle: Pressemitteilung media control v. 10.01.2008, abrufbar unter: http://www.media-control.de/pressemitteilungen/legale-downloads-erzielen-rekordergebnis-physischer-markt-schwaecher.html. In den U.S.A. wurde mit Musikdownloads im Jahr 2005 bereits 504 Mio. Dollar umgesetzt, vgl. musikwoche.de v. 04.04.2006. Im Jahr 2004 wurden nach Angaben des Bundesverbandes der Phonographischen Wirtschaft (seit 01.11.2007 umbenannt in Bundesverband Musikindustrie e. V.) in Deutschland 6,7 Mio. Musiktitel verkauft, vgl. F.A.Z. v. 05.08.2005.

[286] Dies schaffte passend zur Fußball-Weltmeisterschaft in Deutschland der Titel „'54, '74, '90, 2006“ der deutschen Gruppe Sportfreunde Stiller, vgl. Pressemitteilung media control v. 08.01.2007, abrufbar unter: http://www.media-control.de/pressemitteilungen/musik-downloads-2006-auf-hoehenflug.html.

- der international erfolgreichste Download-Shop überschritt im Januar 2008 die Grenze von vier Milliarden verkauften Musik-Downloads[288]

Insgesamt hat der digitale Musikvertrieb (neben Musikdateien vor allem Klingeltöne für Mobiltelefone) einen wachsenden Anteil an den Umsätzen der Plattenfirmen.[289] Die Rückgänge beim Absatz von Tonträgern konnte bislang jedoch nicht durch den Verkauf von Musikdateien ausgeglichen werden.[290]

b) Verantwortlichkeit von Privatkopien für Umsatzeinbußen

Inwiefern Privatkopien für Umsatzeinbußen der Plattenfirmen verantwortlich sind, ist strittig.[291] Auch in den für diese Arbeit geführten Interviews machten einige Interviewpartner[292] Privatkopien für

---

[287] Vgl. Angaben der NPD Group v. 26.02.2008, abrufbar unter: http://www.npd.com/press/releases/press_080226a.html. Die Umfrage basiert auf der Befragung von 5.000 Konsumenten über 13 Jahren in Amerika. Die Umfrage kommt weiter zu dem Ergebnis, dass der Download-Shop iTunes im Jahr 2007 nach der Supermarktkette Wal-Mart der zweitgrößte Verkäufer von Musik in den U.S.A. war.

[288] Vgl. F.A.Z. v. 17.01.2008.; siehe auch Pressemitteilung der Firma „Apple" v. 26.02.2008, abrufbar unter: http://www.apple.com/pr/library/2008/02/26itunes.html.

[289] Im Oktober 2006 gab *Hesse*, Präsident der Global Digital Business Abteilung von Sony BMG in einem Interview an, digitale Verkäufe (vor allem Download von Musikdateien und Handy-Klingeltönen) seien bei dem Plattenlabel Sony BMG Music Entertainment bereits für 20 Prozent des Umsatzes verantwortlich, vgl. Spiegel online v. 06.10.2006, abrufbar unter http://www.spiegel.de/netzwelt/technologie/0,1518,441123,00.html. Der CEO von Universal Music, *Briegmann*, äußerte die Hoffnung, den Anteil des Online- und Handy-Vertriebs in den kommenden Jahren auf 30 Prozent steigern zu können, vgl. heise online v. 26.01.2006, abrufbar unter: http//www.heise.de/newsticker/meldung/68887. Auch EMI gab im Jahr 2005 an, den Anteil der digitalen Musikverkäufe bis zum Jahr 2010 auf 25 Prozent der gesamten Verkäufe steigern zu wollen, vgl. Musikmarkt Online v. 02.03.2005.

[290] Eine Studie der britischen Medienmarktforscher screen digest, abrufbar unter: http://www.screendigest.com/reports/06onlinemusiceuro/06onlinemusiceuro-pr/view.html, geht davon aus, dass es bis zum Jahr 2010 gelingen werde, den Abwärtstrend der europäischen Musikindustrie durch legale Musik-Downloads zu stoppen.

[291] A. A. *Stickelbrock*, GRUR 2004, 736: „Hauptursache für den dramatischen Rückgang bei den Verkaufszahlen bespielter Tonträger dürften aber wohl unbestritten die massenhaften digitalen Musikkopien sein."

[292] Verzeichnis der Interviewpartner im Anhang.

alle Einbußen verantwortlich, während andere auf „hausgemachte" Probleme der Musikindustrie verwiesen.

i) *Privatkopie als Ersatz für Kauf*

Eine Privatkopie wirkt sich negativ auf den Absatz kostenpflichtiger Tonträger und Musikdateien aus, wenn die Privatkopie einen kostenpflichtigen Erwerb vollständig *ersetzt*. Dies ist für Tonträger und Musikdateien unterschiedlich zu bewerten.

Zunächst muss unterschieden werden zwischen einem Original und einer Kopie. Im allgemeinen Sprachgebrauch dient der Begriff des „Originals" meist der Abgrenzung von einer Fälschung/einem Imitat oder einer Replik.[293] In der vorliegenden Arbeit wird der Begriff „Original" jedoch in Abgrenzung zu einem privat vervielfältigten Vervielfältigungsstück verwendet. Der Original-Tonträger bezeichnet damit nicht das Master-Band, sondern ein von den Rechteinhabern lizenziertes Vervielfältigungsstück. „Original" in diesem Sinne ist also die im Handel erworbene CD oder die über einen offiziellen Download-Shop heruntergeladene Musikdatei. Kopien in diesem Sinne sind von diesen Originalen vorgenommene Vervielfältigungsstücke. Von der Aufnahme der Interpretation eines Musikstücks existiert streng genommen nur ein einziges „Original", das bei der Aufnahme in einem Tonstudio/bei einem Konzert angefertigt wird.[294] Alle weiteren Tonträger enthalten Kopien der Original-Aufnahme.

Eine digital kopierte CD ist zwar klanglich gesehen mit der Vorlage bzw. Original-CD nahezu identisch, doch stellt sie noch keinen vollen Ersatz für das „Kauf-Exemplar" dar.[295] Es fehlt das Original-Cover[296], das Booklet (das z. B. Fotos, Liedtexte und Informationen über die Mitwirkenden Urheber und Interpreten enthalten kann) und

[293] Zu den rechtlichen Schwierigkeiten der rechtlichen Definition eines „Originals" siehe *Jayme* in: Reichelt, S. 23 ff.
[294] Vgl. *Jayme* in: Reichelt, S. 23, 30.
[295] Aus ökonomischer Sicht hat *Haller*, S. 246 nachgewiesen, dass Kopien die Nachfrage nach käuflich zu erwerbenden Aufnahmen der entsprechenden Musik in der Regel nicht vollständig substituieren.
[296] Auch hier gilt, wie beim Begriff der Original-CD, dass es streng genommen nur ein „Original-Cover" gibt. Mit Original-Cover soll vorliegend aber das Cover gemeint sein, dass bei einem im Handel erhältlichen Tonträger beigefügt ist.

der Original-Druck auf der CD. Außerdem haben einige Abspielgeräte technische Schwierigkeiten mit der Wiedergabe privat gebrannter CDs. Für manche Konsumenten spielen diese Faktoren eine bedeutende Rolle.

Zum Kopierverhalten der Deutschen bzgl. CDs gibt es zahlreiche Untersuchungen. Es handelt sich überwiegend nicht um unabhängige Studien, so dass die im Folgenden zitierten Zahlen nur Anhaltspunkte darstellen können:

- fast jeder zweite Jugendliche (45 %) hat bereits CDs mit urheberrechtlich geschützten Inhalten gebrannt, zu denen er die Vorlagen nicht besitzt[297]
- 44 % der 14-64-jährigen Deutschen nutzten im Jahr 2006 ihren Computer zum Erstellen/Kopieren von Musik-CDs (14-19-Jährige: 70 %; 20-29-Jährige: 56 %)[298]
- 2006 wurden 594 Millionen bespielbare CD-Rohlinge verkauft (Vergleich 2000: 210 Millionen), deren Preis von 1,64 EUR im Jahr 1998 auf 0,25 EUR im Jahr 2006 gefallen ist[299]
- 68 % der Personen, die in Deutschland im Jahr 2006 CDs gebrannt haben, gaben an, Musik oder Musikvideos zu kopieren[300]

Im Gegensatz zu einer CD muss eine *Musikdatei* nur das gewünschte Lied in möglichst guter Qualität enthalten. Die gekaufte Musikdatei bietet kaum einen Mehrwert gegenüber einer privat ko-

[297] Quelle: Pressemitteilung BSA (Business Software Alliance) v. 10.04.2006, abrufbar unter: http://www.bsa.org/germany/presse/newsreleases/BS046-06.cfm. Die Umfrage wurde von der BSA und der Agentur Decker und Lang unter 4.400 Schülern an Gymnasien, Real- und Hauptschulen durchgeführt.
[298] Quelle: „Allensbacher Computer- und Technik-Analyse (ACTA) 2006" des Instituts für Demoskopie Allensbach, abrufbar unter http://www.acta-online.de.
[299] Quelle: „Brennerstudie 2006" der Gesellschaft für Konsumforschung (GfK) v. 28.04.2006, erstellt im Auftrag des Bundesverbandes der phonographischen Wirtschaft e.V. (seit 01.11.2007 umbenannt in Bundesverband Musikindustrie e. V.), abrufbar unter: http://www.musikindustrie.de/brennerstudien.html. Befragt wurden im Januar 2006 10.000 Deutsche, die älter als 10 Jahre waren.
[300] Quelle: „Brennerstudie 2006", a. a. O.

pierten Musikdatei. Ob eine Musikdatei von einem Download-Shop kostenpflichtig erworben oder privat kopiert wurde, spielt folglich keine Rolle. Das Cover-Bild zu einer Musikdatei wird von vielen Computer-Programmen automatisch aus Datenbanken im Internet (kostenlos) bezogen. Bei der Nutzung von Musikdateien sind digitale Privatkopien daher dazu geeignet, die von Plattenfirmen vertriebenen kostenpflichtigen Musikdateien zu ersetzen.[301] Dieses Ungleichgewicht spiegelt sich in Untersuchungen wider, nach denen Europäer im Alter von 15 - 24 Jahren dreimal mehr Musik über kostenfreie Kopier-Netzwerke beziehen als von kostenpflichtigen Download-Shops.[302]

Die Privatkopie von einer CD oder einer Musikdatei *verhindert* jedoch nicht immer einen Kauf. Es kann nämlich nicht davon ausgegangen werden, dass Musik, die privat kopiert wird, ohne die gesetzliche Privilegierung der Privatkopie in jedem Fall käuflich erworben worden wäre.[303]

In den Fällen, in denen ein Konsument die Absicht hat, ein Musik-Album zu kaufen, wird dieser Kauf aber grundsätzlich verhindert, wenn er durch eine Privatkopie an die gewünschte Musik gelangt, wobei Musikdateien eher durch Privatkopien substituiert werden können als CDs oder Schallplatten. Die Privatkopie kann also das Bedürfnis nach Musik befriedigen.[304]

Es ist daher unbestreitbar, dass Privatkopien den kostenpflichtigen Absatz von Tonträgern und Musikdateien schmälern.

ii) Andere Ursachen

Die Privatkopie ist nur ein Faktor, der zu Umsatzeinbußen der Musikindustrie geführt hat. In Gesprächen mit Beteiligten aus der Mu-

---

[301] So auch *Baumgartner*, S. 108.

[302] Quelle: Jupiter Research, abgedruckt in: Music & Copyright, Nr. 310/2006, S. 16. Die Zahlen in diesem Bereich schwanken sehr. Die Deutschen Phonoverbände gehen davon aus, dass auf jeden legalen rund 14 illegale Downloads kämen, vgl. Pressemitteilung IFPI v. 29.03.2007, abrufbar unter: http://www.ifpi.de/news/news-863.htm.

[303] Gem. einer Studie von *Oberholzer/Stumpf*, The Effect of File Sharing on Record Sales - An Empirical Analysis, v. März 2004, abrufbar unter: http://www.unc.edu/~cigar/papers/FileSharing_March2004.pdf, haben Internet-Downloads keinen Einfluss auf den Verkauf von Tonträgern.

[304] Siehe *de Boor*, GRUR 1954, S. 440, 445.

sikbranche[305] wurde der Verfasser auf weitere mögliche Ursachen hingewiesen:

- Den heutigen Umsatzeinbußen ging ein außergewöhnliches Umsatzhoch in den 80er und 90er Jahren voraus, das durch den Übergang von der Schallplatte zur CD bedingt war.[306] Ab der Mitte der 90er Jahre fehlte der Branche eine Format-Innovation, die die hohen Umsatzzahlen hätte halten können.

- Betrachtet man die Konsumausgaben von Jugendlichen, so kann man feststellen, dass Musik verstärkt in Konkurrenz zu Mobiltelefonen, Computern, Kleidung oder Spielkonsolen steht.

- Der Übergang vom Tonträger-basierten Musikvertrieb zum digitalen Vertrieb von Musikdateien gestaltet sich schwierig. Während Kopier-Netzwerke, wie das von dem Amerikaner Shawn Fanning programmierte Napster, seit 1998 verfügbar sind, startete der erste ernst zu nehmende legale Download-Shop in Deutschland im Jahr 2003 („Musicload") bzw. der „i-Tunes Music Store" im Jahr 2004.[307] Die Musikindustrie hat anfangs gegen Radiosender, Musikkassetten, Musikvideos, CDs und MP3-Player gekämpft, welche sich nachträglich alle

[305] Verzeichnis der Interviewpartner siehe Anhang.
[306] Die Einführung der CD in den 80er Jahren führte dazu, dass viele Konsumenten Musik-Alben, die sie bereits auf Vinyl-Schallplatten gekauft hatten, erneut auf CD erwarben. Anfang der 90er Jahre ermöglichte die Öffnung der ehemaligen Deutschen Demokratischen Republik (DDR) und die anschließende Wiedervereinigung den Plattenfirmen, zahlreiche Schallplatten-Restbestände an Bürger in den neuen Bundesländern zu verkaufen, die zu diesem Zeitpunkt noch nicht über CD-Player verfügten. Später wiederholte sich in den neuen Bundesländern der CD-Boom.
[307] Der erste deutsche Download-Shop „Music On Demand (MoD)" wurde von der Deutschen Telekom in Zusammenarbeit mit zahlreichen Musikfirmen entwickelt und auf der Messe CeBit 1998 vorgestellt. Die Firma Universal eröffnete am 08.08.2002 den Dienst „Popfile". Beide Angebote mussten mangels Erfolgs eingestellt werden. Der ebenfalls von der Telekom betriebene Dienst „Musicload" wurde im August 2003 auf der internationalen Funkausstellung in Berlin vorgestellt. Der wohl bekannteste Download-Shop „iTunes Music Store" ist deutschen Kunden seit dem 15.06.2004 zugänglich.

als geschäftsfördernd erwiesen haben.[308] Ähnlich stellt die Anpassung an die Nutzung von Musikdateien, die nicht mehr dauerhaft an einen Tonträger gebunden sind, eine Herausforderung dar.[309]

c) Netzeffekte

Privatkopien können auch positive Auswirkungen auf die Plattenfirmen haben. Aus wirtschaftlicher sog. Netzeffekte für die Musikbranche eine wichtige Rolle: Die Möglichkeit zum Austausch mit anderen Konsumenten über ein Musikstück macht einen beträchtlichen Teil des individuellen Nutzens aus.[310] Der Nutzen eines Musikstücks steigt mit der Anzahl der Konsumenten, mit denen Informationen über das jeweilige Musikstück ausgetauscht werden kann.[311] Dies bedeutet weiterhin, dass, je mehr Nutzer ein Musikstück gut finden, desto mehr wird dieses nachgefragt und in Diskotheken oder Radiosendungen wiedergegeben.[312]

Die Existenz von Netzeffekten spricht dafür, dass Privatkopien positive Auswirkungen auf die Musiknutzung haben. Diese Netzeffekte werden durch Privatkopien verstärkt. Privatkopien, die für andere Personen angefertigt werden (Familie- und enger Freundeskreis) sorgen für eine größere Verbreitung von Musiktiteln und erhöhen damit die Möglichkeit der Nutzer, sich untereinander über die Musikstücke auszutauschen. Dies führt zu einer Steigerung der Nachfrage nach einzelnen Musiktiteln und kann so zu mehr kostenpflichtiger Musik-

---

[308] Zum Kampf gegen den Rundfunk Anfang der 1920er Jahre siehe *Tschmuck*, S. 271; zur Auseinandersetzung um Tonbandkassetten vgl. Stellungnahme der Musikwirtschaft, 1984, S. 7 und S. 66 ff. Zur Klage der RIAA (Recording Industry Association of America) gegen MP3-Player siehe *Baumgartner*, S. 24.
[309] Siehe zu Problemen der Musikindustrie bei solchen Veränderungen ausführlich *Tschmuck*, S. 249 f.
[310] *Haller*, S. 219. Siehe dort auch ausführlich zur Entstehung von Netzeffekten bei Tonträgern.
[311] Vgl. *Haller*, S. 219 m. w. Nachw.
[312] Vgl. Clement/Schusser, S. 41.

nutzung führen.[313] Für Plattenfirmen kann sich ein durch Privatkopien ausgelöster Netzeffekt folglich verkaufsfördernd auswirken.

Die Gruppe „Arctic Monkeys“ wurde z. B. allein durch das kostenlose Verteilen von Musikdateien auf der bandeigenen Internetseite und durch Auftritte so bekannt, dass ihr im Januar 2006 veröffentlichtes Debutalbum („Whatever People Say I Am, That's What I'm Not“) auf Platz 1 der britischen Album-Charts einstieg und mit weit über 100.000 verkauften Einheiten am ersten Verkaufstag das bislang am schnellsten verkaufte Debutalbum der britischen Musikgeschichte wurde.[314] Ähnlich bot die Gruppe „Radiohead“ ab dem 10.10.2007 ihr aktuelles Album („In Rainbows“) exklusiv im Internet zum Download an.[315] Die Konsumenten konnten selbst entscheiden, welchen bzw. ob sie überhaupt einen Preis für das Album zahlen wollten. Ende Dezember 2007 erschien das Album dann auch regulär auf CD und erreichte direkt Platz 1 der amerikanischen, Platz 1 der britischen und Platz 8 der deutschen Album-Charts.[316]

2. *Zweitverwertung*

Die Zweitverwertungsrechte,[317] bzw. die entsprechenden Vergütungsansprüche, haben die Plattenfirmen regelmäßig auf die GVL, die Verwertungsgesellschaft der ausübenden Künstler und Tonträgerhersteller, übertragen. Um die Entwicklung der Zweitverwertung zu untersuchen, bietet es sich daher an, auf die Zahlen der GVL zurückzugreifen.

---

[313] So ermittelte gem. *Baumgartner*, S. 16, eine Studie des Marktforschungsunternehmens Yankelovich Partners sogar eine verkaufsfördernde Wirkung von Kopier-Netzwerken (Tauschbörsen).

[314] Vgl. F.A.Z. v. 28.01.2006.

[315] Siehe hierzu Der Spiegel Nr. 50/2007, S. 168 f.

[316] Auch in den deutschen Album-Charts war das Album in den Top 20.

[317] S. o. Abb. 9: Erst- und Zweitverwertung, S. 63.

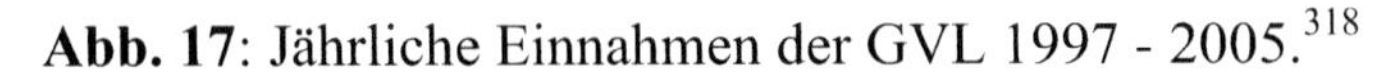

Abb. 17: Jährliche Einnahmen der GVL 1997 - 2005.[318]

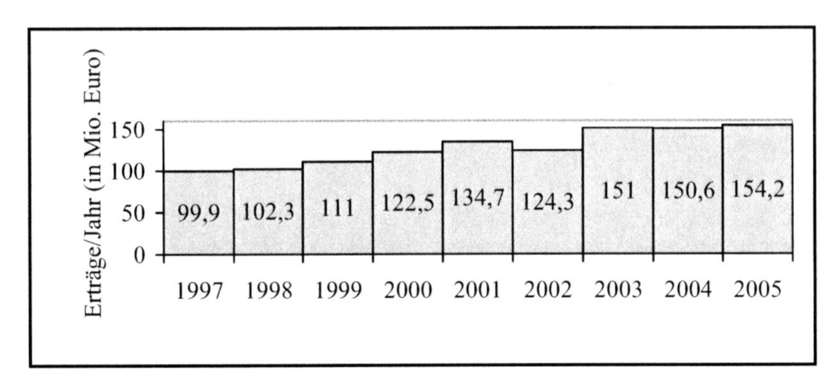

Die Einnahmen der GVL, sind in den Jahren 1997 - 2005 jährlich um durchschnittlich 5,6 % gewachsen und liegen damit deutlich über dem allgemeinen Wirtschaftswachstum in Deutschland (CAGR: 2,1 %[319]). *Der geringere Absatz von Tonträgern hat daher nicht zu einer geringeren Musiknutzung in der Öffentlichkeit geführt* (durch Bars, Diskotheken, Radio und Fernsehen). Vielmehr ist die Musiknutzung in diesen Bereichen deutlich gestiegen.

Musik wird zunehmend im Radio, Fernsehen und in Gaststätten gespielt und im Internet öffentlich zugänglich gemacht. Die öffentliche Musiknutzung steht unmittelbar mit Privatkopien in Verbindung. Eine verstärkte öffentliche Wiedergabe von Musik setzt eine höhere Nachfrage nach Musik im Radio, Fernsehen, in Diskos und Gaststätten voraus. Das bedeutet, dass sich mehr Menschen mit Musik beschäftigt haben müssen. Wenn eine größere Zahl von Menschen über Musik verfügt und Musik genutzt haben - ohne dass mehr kostenpflichtige Angebote in Anspruch genommen wurden, so liegt es nahe,

---

[318] Quelle: Deutsches Patent- und Markenamt (DPMA) Jahresbericht 1998 - 2005, abrufbar unter: http://www.dpma.de/veroeffentlichungen/jahresberichte.html. Während die GEMA als Verein Geschäftszahlen veröffentlicht, ist das bei der GVL, die als GmbH organisiert ist, nicht der Fall. Der Grund für den Rückgang im Jahr 2002 hängt vermutlich - ähnlich wie bei der GEMA im Jahr 2004 - mit Rückstellungen zusammen, die durch den starken Anstieg im Folgejahr (2003) ausgeglichen wurden.

[319] Quelle: Statistisches Bundesamt Deutschland, abrufbar unter: http://www.destatis.de/indicators/d/lrvgr02ad.htm.

dass die Nutzer sich kostenlos Musik verschafft haben und dies *auch* durch Privatkopien ermöglicht wurde. *Privatkopien führen daher zu einer stärkeren Musiknutzung im Bereich der öffentlichen Wiedergabe.*

Von dieser stärkeren Musiknutzung profitieren auch die Plattenfirmen. Wenn man davon ausgeht, dass die phonographische Wirtschaft einen Ebit[320] von 10 % erwirtschaftet, so wären dies im Jahr 2005 bei einem Umsatz von 1.748 Millionen EUR ca. 174,8 Millionen EUR. Im Verhältnis dazu sind die GVL-Erträge von 154,2 Millionen EUR im selben Jahr durchaus von Bedeutung.[321] Auch für Plattenfirmen haben Privatkopien hinsichtlich der Zweitverwertung also durchaus bemerkenswerte positive Auswirkungen.

3. *„Ausweichmöglichkeiten"*

Mit „Ausweichmöglichkeiten" sind die Möglichkeiten gemeint, die eine Plattenfirma hat, neben dem Verkauf von Tonträgern, einen Ertrag zu erzielen. Diese Möglichkeiten sind für Plattenfirmen, deren Geschäft überwiegend im Verkauf von Tonträgern und neuerdings dem Verkauf von Nutzungsrechten an Musikdateien besteht, begrenzt.

Als weitere Einkommensquelle dient die Verwendung von Musik in der Werbung. Allerdings haben Plattenfirmen nur Rechte an einer speziellen Aufnahme bzw. der Darbietung des ausübenden Künstlers - nicht an dem zu Grunde liegenden Werk (Komposition/Text). Ein Unternehmen hat daher immer die Möglichkeit, ein Lied von einem anderen Künstler neu einspielen zu lassen und in der Werbung eine Cover-Version zu verwenden. In diesem Fall muss nur eine Lizenz des Urhebers bzw. seines Verlags erworben werden. Eine Lizenz der Plattenfirma muss lediglich dann eingeholt werden, wenn eine konkrete Aufnahme der Plattenfirma verwendet werden soll.

---

[320] Ebit = Earnings before interest and tax = Gewinne vor Zinsen und Steuern.

[321] Hierbei ist nicht berücksichtigt, dass die Veranstalter ebenfalls einen Anteil der GVL-Einnahmen erhalten, jedoch nicht in den Zahlen der phonographischen Wirtschaft enthalten sind. Ebenfalls unberücksichtigt ist, dass an den Umsätzen der phonographischen Wirtschaft neben den Plattenfirmen und den ausübenden Künstlern weitere Akteure beteiligt sind. Der Vergleich soll eine Idee davon geben, welchen Stellenwert die Zweitverwertung für die Plattenfirmen hat.

In dem Bestreben, sich von den Erlösen aus Tonträgerverkäufen zu lösen, bemühen sich einige Plattenfirmen, mit den ausübenden Künstlern sog. *360-Grad-Verträge* abzuschließen.[322] In solchen Verträgen lassen Plattenfirmen sich von Künstlern nicht nur die Rechte an ihren Darbietungen sondern auch das sog. Merchandisingrecht übertragen, also das Recht, den Namen, Bild und das Logo des Künstlers zu vermarkten.[323] Dies geschieht durch den Verkauf von T-Shirts, Mützen, Aufklebern, Postern und ähnlichem „Fan-Zubehör". In der Regel enthält das Merchandisingrecht auch die Möglichkeit, die Persönlichkeit des Künstlers dadurch zu vermarkten, dass Dritt-Unternehmen das Recht eingeräumt wird, mit dem Namen/Bild des Künstlers ihre Produkte/Dienstleistungen zu bewerben.[324] Wie dem Verfasser in Gesprächen mit Akteuren der Musikbranche bestätigt wurde,[325] ist das Merchandisingrecht heute ein zentraler Punkt im Verhältnis der Plattenfirma zum ausübenden Künstler. Darüber hinaus werden Plattenfirmen in 360-Grad-Verträgen auch an Einnahmen der ausübenden Künstler aus Live-Aufnahmen beteiligt.[326]

Wegen geringerer Einnahmen aus dem Verkauf von Tonträgern sind vor allem manche kleinere Plattenfirmen darauf angewiesen, mit Künstlern, die ihre eigenen Werke interpretieren, parallel zum Plattenvertrag einen Verlagsvertrag (mit einem angeschlossenen Musikverlag) abzuschließen. Durch die Kombination der Einnahmen aus Tonträgerverkäufen und den Ausschüttungen der GEMA lassen sich Musik-Projekte für kleine Firmen leichter amortisieren.[327]

---

[322] Vgl. *Schmidt-Holtz*, Vorstandsvorsitzender der Plattenfirma Sony BMG, F.A.Z. v. 25.03.2008.

[323] Vgl. *Rossbach* in: Loewenheim, § 69 Rn. 15; ausführlich zu Merchandisingverträgen *Schertz* in: Loewenheim, § 79; siehe auch die Nachweise bei *Schricker* in: Schricker, Vor §§ 28ff. Rn. 110.

[324] Vgl. *Rossbach* in: Loewenheim, § 69 Rn. 15; *Gilbert/Scheuermann* in: Moser/Scheuermann, S. 1091, 1105.

[325] Liste der Interviewpartner siehe Anhang.

[326] Vgl. *Schmidt-Holtz*, Vorstandsvorsitzender der Plattenfirma Sony BMG, F.A.Z. v. 25.03.2008.

[327] Für den ausübenden Künstler ist es vorteilhafter, wenn die Plattenfirma nicht mit dem Verlag verbunden ist, da er so die Möglichkeit hat, von beiden Seiten einen Vorschuss zu erhalten.

Zusammenfassend kann festgestellt werden, dass Privatkopien auf die Erstverwertung durch die Plattenfirmen, abgesehen von Netzeffekten, überwiegend negative Auswirkungen haben. Diese Einbußen in der Erstverwertung können nicht durch die steigenden Einnahmen aus der Zweitverwertung ausgeglichen werden. Die Plattenfirmen sind durch sinkende Tonträgerverkäufe gezwungen, ihr Geschäftsmodell zu erweitern. Es geht nicht mehr ausschließlich um den Verkauf von Tonträgern oder Musikdateien (bzw. Nutzungsrechten an diesen), sondern um die Vermarktung der *Musik als Gesamt-Projekt.*

II. Die Auswirkungen von Privatkopien auf den Urheber

1. Auswertung durch Tonträger/Musikdateien

Der Urheber wird prozentual an jedem einzelnen Tonträger/Musikdatei beteiligt. Im Unterschied zum ausübenden Künstler kann er seine Beteiligung jedoch nicht selbst mit der Plattenfirma aushandeln. Stattdessen erwirbt die Plattenfirma die entsprechenden Rechte durch Zahlung einer vorher festgelegten Lizenzgebühr an die GEMA (z. B. 9,009 % vom HAP bei Inanspruchnahme des Industrievertrags).[328]

Bei der Erstverwertung (Verkauf von Tonträgern) liegt der Unterschied zum ausübenden Künstler darin, dass die Vergütung des Urhebers grundsätzlich bereits bei der Vervielfältigung (also der CD-Pressung) fällig wird und nicht erst beim anschließenden Verkauf.[329] Kurzfristig betrachtet ist der Urheber daher nicht unmittelbar von einem geringeren Tonträgerabsatz betroffen. Allerdings führen sinkende Absatzzahlen langfristig dazu, dass von den Plattenfirmen geringere Auflagen angefertigt werden. Soweit Privatkopien mitverantwortlich für die Herstellung geringerer Auflagen von Vervielfältigungsstücken

---

[328] S. o. Teil I B.VI.2.b), S. 54.

[329] Etwas anderes gilt nur, wenn die GEMA der Plattenfirma vertraglich die Möglichkeit eingeräumt hat, für retournierte Tonträger keine bzw. eine niedrigere Lizenz zu bezahlen. Solche Verträge bestehen allerdings nur mit sehr großen Plattenfirmen.

sind, wirkt sich dies unmittelbar auf die Vergütung des Urhebers aus.[330]

Bei Musikdateien wird die Vergütung „pro abgerufenes Werk" fällig.[331] Hier wirkt sich jede nicht verkaufte Musikdatei unmittelbar auf die Vergütung des Urhebers aus.

2. *Entwicklung der GEMA-Einnahmen*

Der Urheber wird in der Regel die Wahrnehmung fast aller seiner Rechte auf die GEMA übertragen.[332] Daher erhält er von der GEMA auch den Großteil seiner Einnahmen.[333] Die GEMA erteilt u. a. Lizenzen für die mechanische Vervielfältigung (Tonträger), Aufführung, Sendung und öffentliche Wiedergabe der Werke und verteilt die Einnahmen aus den Pauschalabgaben. Sie ist also, anders als die GVL, sowohl für die Erst- als auch für die Zweitverwertung zuständig. Die jährlichen Gesamteinnahmen der GEMA haben sich in den letzten zehn Jahren wie folgt entwickelt:[334]

---

[330] Kurzfristig werden niedrigere Einnahmen möglicherweise durch einen von einem Musikverlag bezahlten Vorschuss abgefedert. Langfristig wird der Musikverlag die Höhe des Vorschusses an die zu erwartenden niedrigeren Einnahmen anpassen.

[331] Vgl. GEMA-Tarif VR-OD 2 (gültig bis: 31.12.2007). Die Lizenz zur Einbringung eines Werks in einen Download-Shop ist vorab einzuholen.

[332] S. o. Teil I B.VI.2, S. 52.

[333] Etwas anderes gilt, wenn ein Musikverlag dem Urheber einen Vorschuss gewährt hat. Dann wird der Urheber zunächst vom Verlag bezahlt und die GEMA-Einnahmen des Urhebers gehen an den Musikverlag bis der Vorschuss eingespielt ist.

[334] Quelle für die folgende Abbildung: GEMA Jahrbuch 2006/2007, abrufbar unter: http://www.gema.de/presse/jahrbuch/, S. 60. Bzgl. der Erträge für das Jahr 1995 vgl. GEMA-Pressemitteilung v. Juni 1997, abrufbar unter: http://www.gema.de/presse/pressemitteilungen/mgv97.shtml. Der starke Zuwachs im Jahr 2005 ist nach Angaben der GEMA „fast zur Hälfte von einmaligen und periodenfremden Erträgen gespeist worden. Hierunter ist in erster Linie die Auflösung von Rückstellungen zu nennen, die wir in den Vorjahren, insbesondere im Jahr 2004, wegen des Tarifstreits mit der deutschen IFPI über die Tonträgerlizenzierung vornehmen mussten." Vgl. GEMA-Jahrbuch 2006/2007, S. 42. Die erwähnten Rückstellungen erklären den leichten Einbruch im Jahr 2004.
Auch die Erträge der VG WORT haben sich in den vergangenen zehn Jahren von 50 Millionen EUR auf 91 Millionen EUR im Jahr 2005 gesteigert.

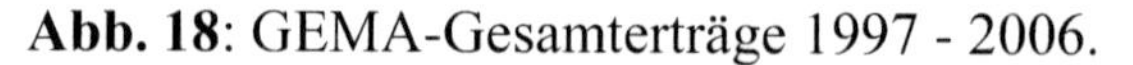

Abb. 18: GEMA-Gesamterträge 1997 - 2006.

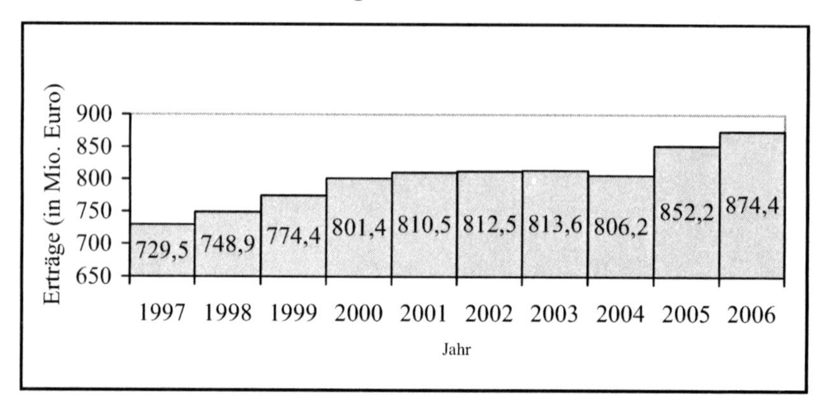

Die Einnahmen der GEMA sind - im Gegensatz zu den Umsätzen der Plattenfirmen - konstant gestiegen (CAGR: 2,0 %). *Weniger verkaufte Tonträger haben die Einnahmen des Urhebers insgesamt nicht geschmälert.*

Die Einnahmen aus Lizenzen für Tonträger haben im Jahr 2005 weniger als 15 % der gesamten GEMA-Erträge ausgemacht.[335] Die Einbußen in diesem Bereich konnten durch höhere Einnahmen in anderen Bereichen nicht nur kompensiert, sondern übertroffen werden. Anders als die Plattenfirmen sind die Einnahmen des Urhebers daher nicht vom Tonträgerabsatz abhängig.

Die steigenden GEMA-Einnahmen, trotz sinkender Einnahmen im Tonträgerbereich, zeigen eine verstärkte Musiknutzung im Bereich der öffentlichen Wiedergabe i. S. d. § 15 Abs. 2 UrhG.[336] Aus finanzieller Sicht haben *Privatkopien für den Urheber offensichtlich keine unmit-*

---

[335] Die GEMA weist für das Geschäftsjahr 2005 in der Spalte „PHO VR" (Vervielfältigungsrecht an Tonträgern), einen Ertrag von 124 Millionen EUR aus, was 14,58 % des Gesamtertrags darstellt, vgl. GEMA-Jahrbuch 2006/2007, S. 59.

[336] Zur öffentlichen Wiedergabe gehört die Aufführung (§§ 15 Abs. 2 Nr. 1, 19 Abs. 2 UrhG; z. B. Live-Konzerte), öffentliche Zugänglichmachung (§§ 15 Abs. 2 Nr. 2, 19a UrhG; z. B. Musik zum Abruf im Internet bereit halten), Sendung (§§ 15 Abs. 2 Nr. 3, 20 UrhG; z. B. Radio), Wiedergabe durch Tonträger (§§ 15 Abs. 2 Nr. 4, 21 UrhG; z. B. Wiedergabe von CD in Gaststätte) und die Wiedergabe von Funksendungen und von öffentlicher Zugänglichmachung (§§ 15 Abs. 2 Nr. 5, 22 UrhG; z. B. Musik aus Radio in Gaststätte).

telbar schädigende Auswirkung - wenngleich Privatkopien für einen geringeren Tonträgerabsatz mitverantwortlich sind.[337]

3. Unterschiede zwischen Urheber und Leistungsschutzberechtigten

Eine öffentliche Musiknutzung kommt grundsätzlich nicht nur dem Urheber, sondern auch den Leistungsschutzberechtigten (ausübender Künstler und Tonträgerhersteller) zu Gute. Dies zeigt sich an den gestiegenen Erträgen der GVL.[338]

Der Urheber profitiert jedoch in einem größeren Ausmaß von öffentlicher Musiknutzung: Erstens hat nur der Urheber ein Aufführungsrecht (§ 19 Abs. 2 UrhG). Wenn ein Musikwerk live interpretiert wird, verdient daran nur der Urheber.[339]

Zweitens hat der Tonträgerhersteller im Rahmen der öffentlichen Wiedergabe keinen eigenen Vergütungsanspruch. Statt dessen muss der ausübende Künstler den Tonträgerhersteller gem. § 86 UrhG an den Vergütungen, die ihm gem. § 78 Abs. 2 UrhG zustehen, beteiligen. Während dem Urheber ein eigener Anspruch zusteht, müssen sich ausübender Künstler und Tonträgerhersteller einen Anspruch teilen.

Drittens sind die Vergütungen der Leistungsschutzberechtigten niedriger als die Vergütungen des Urhebers. Bei der öffentlichen Wiedergabe (§§ 20, 21 UrhG) z. B. übernimmt die GEMA das Inkasso für die GVL. Hierzu schlägt die GEMA gegenüber den Zahlungsverpflichteten 20 % (für die Wiedergabe von Tonträgern in Gaststätten etc.) bzw. 26 % (für die Wiedergabe von Sendungen und Videoclips)

---

[337] Diese Aussage gilt jedoch nur in dem Ausmaß, in dem der kostenpflichtige Vertrieb von Musik für die Plattenfirmen wirtschaftlich sinnvoll bleibt. Sollte der Extremfall eintreten, dass die Nachfrage nach kostenpflichtigen Angeboten so weit sinkt, dass diese Voraussetzung nicht mehr gegeben ist, würde sich dies auch auf den Urheber auswirken. Der Urheber ist darauf angewiesen, dass seine Musik von ausübenden Künstlern interpretiert, aufgenommen und verbreitet wird. Die durch Plattenfirmen finanzierten und verbreiteten Aufnahmen sind die Basis dafür, dass die Werke des Urhebers privat kopiert und öffentlich genutzt werden können.

[338] S. o. Teil I D.I.2, S. 92.

[339] Der ausübende Künstler, der das Werk interpretiert, erhält ggf. eine Vergütung vom Veranstalter des Konzerts. Diese Vergütung wird individuell verhandelt und nicht von der GVL erhoben.

auf die eigenen Tarife auf.[340] Die Leistungsschutzberechtigten erhalten in diesem Verwertungsbereich also nur 20 % bzw. 26 % der Vergütung des Urhebers und müssen sich diese geringere Vergütung auch noch teilen.

Diese Faktoren führen dazu, dass der Urheber von einer verstärkten Musiknutzung in der Öffentlichkeit stärker profitiert als die Leistungsschutzberechtigten.

4. *„Ausweichmöglichkeiten"*

Wie an den GEMA-Einnahmen ersichtlich, hat der Urheber neben der Lizenzierung von Tonträgern zusätzliche relevante Einnahmequellen.

Unabhängig von der Auswertung der an die GEMA übertragenen Rechte kann der Urheber durch die Vergabe von Filmsynchronisations- und Werbelizenzen Einnahmen erzielen. Während die Rechte des ausübenden Künstlers an der Interpretation und die Rechte des Tonträgerherstellers an der konkreten Aufnahme durch eine Neuinterpretation „umgangen" werden können, ist dies bei den Rechten des Urhebers an der zu Grunde liegenden Komposition bzw. dem Text nicht möglich. Wer ein Lied in einem Film oder einer Werbung verwenden möchte, ist immer auf die Einwilligung des Urhebers (bzw. seines Verlags) angewiesen.

Außerdem kann der Urheber anderen Urhebern Bearbeitungslizenzen einräumen (vgl. § 24 Abs. 2 UrhG). In der modernen Popmusik kommt es oft vor, dass Elemente alter Hits neu verarbeitet werden. Hier liegt ebenfalls eine bedeutende Einnahmequelle der Urheber.

5. *Sonstiges*

Eine weitere positive Auswirkung von Privatkopien für den Urheber ist, dass es einer größeren Zahl von Personen ermöglicht wird, sich mit seinen Werken auseinander zu setzen. Jedes Werk der Musik

---

[340] Ein Restaurant, das Musik von CDs als Hintergrundmusik laufen lässt, muss daher die notwendigen Vergütungen nur an die GEMA zahlen, die einen Teil der Vergütung an die GVL weiterleitet; siehe hierzu *Berndorff/Berndorff/Eigler*, S. 142.

(Komposition/Text), enthält eine Botschaft oder eine Aussage im weitesten Sinn.[341] Es ist wichtiger Bestandteil künstlerischen Schaffens, dass der Urheber eine Reaktion auf diese Botschaft erfährt. Das schöpferische Werk ist auf Mitteilung, Veröffentlichung und Akzeptanz durch das Publikum angelegt.[342] Dieses Ziel wird unabhängig davon erreicht, ob das Publikum die Musik käuflich erwirbt oder über eine Privatkopie verfügt.

III. Die Auswirkungen von Privatkopien auf den ausübenden Künstler

1. Erstverwertung

Der ausübende Künstler hat seine Erstverwertungsrechte in einem Künstlervertrag an eine Plattenfirma übertragen, die ihm einen Vorschuss und eine Beteiligung an den Umsätzen zahlt, die sie mit dem Verkauf von Tonträgern und Musikdateien erzielt.

Einbußen beim Tonträger-Absatz[343] haben für den ausübenden Künstler unmittelbar negative Auswirkungen, weil seine Einnahmen prozentual von jedem verkauften Tonträger und Download berechnet werden. Der ausübende Künstler ist nur insoweit besser gestellt als die Plattenfirma, als ihm ein Vorschuss gewährt wird. Je nach Höhe dieses Vorschusses wird der Künstler von dem Risiko der Absatzzahlen befreit. Da Privatkopien für geringere Tonträger-Verkäufe bzw. kostenpflichtige Downloads verantwortlich sind, haben Privatkopien negative Auswirkungen auf die Vergütung des ausübenden Künstlers.

Mittelbar wirken sich Umsatzeinbußen dadurch aus, dass Plattenfirmen ihre Vertragsgestaltungen an die schwierigere Marktsituation anpassen. In allen für diese Arbeit geführten Interviews[344] wurde dem Verfasser bestätigt, dass die Plattenfirmen Konsequenzen aus den Verlusten gezogen hätten, und den Künstlern geringere Vorschüsse

---

[341] Vgl. *Schricker* in: Schricker, Einleitung Rn. 7.
[342] *Kreile* in: Kreile, GEMA-Jahrbuch 2001/2002, S. 94, 96.
[343] S. o. Teil I D.I.1, S. 82.
[344] Verzeichnis der Interviewpartner im Anhang.

gewähren und Verträge selten über längere Zeiträume abschließen würden.[345]

Mit sinkendem Umatz sinkt auch die Bereitschaft, Investitionen zu tätigen und Risiken einzugehen. Große Plattenfirmen weichen aus und bevorzugen die Auswertung ausländischen Repertoires, da hier keine Gestehungskosten anfallen. Umsatzeinbußen der Plattenfirmen bedeuten daher nicht nur schlechtere Vertragsbedingungen für den ausübenden Künstler in Deutschland, sondern auch größere Schwierigkeiten, überhaupt einen Künstlervertrag mit einer Plattenfirma abschließen zu können.

2. *Zweitverwertung*

Die Zweitverwertungsrechte bzw. die entsprechenden Vergütungsansprüche hat der ausübende Künstler in der Regel - wie der Tonträgerhersteller - an die GVL übertragen. Es wurde bereits festgestellt, dass die Einnahmen der GVL in den vergangenen Jahren gestiegen sind, so dass von einer höheren Musiknutzung bei der öffentlichen Wiedergabe von Musik ausgegangen werden kann.

Die Einnahmen der GVL im Bereich der öffentlichen Wiedergabe gehen zu 50 % an die Tonträgerhersteller und zu 50 % an die ausübenden Künstler. Bedeutsam ist, dass sich der Anteil des ausübenden Künstlers an der GVL-Verteilungssumme nach seinen Einnahmen aus der Erstverwertung richtet.[346] Erhält der ausübende Künstler weniger Geld aus einem Künstlervertrag mit einer Plattenfirma, wirkt sich dies auch negativ auf seine Einkünfte aus der Zweitverwertung (GVL-Zahlungen) aus.[347] Soweit Privatkopien zu einem geringeren Absatz kostenpflichtiger Musikangeboten führen, wirkt sich dies für den ausübenden Künstler mithin doppelt negativ aus. Seine Einkünfte aus der Erstverwertung (Verkauf von Tonträgern/Musikdateien) sinkt ebenso

[345] So auch *Theurer* in: F.A.Z. v. 17.03.2008.

[346] S. o. Teil I B.VI.3.b), S. 64.

[347] Diese Aussage betrifft den *einzelnen* ausübenden Künstler. Wenn die Einbußen im Rahmen der Erstverwertung bei allen ausübenden Künstler exakt gleich wären, würden sich die Einkünfte aus der Zweitverwertung nicht verändern, da das Verteilungs-System keinen Einfluss auf die Verteilungssumme hat.

wie seine Einkünfte aus der Zweitverwertung (Radio, Fernsehen, Diskos, Gaststätten).

3. *„Ausweichmöglichkeiten"*

Privatkopien führen zu einer größeren Verbreitung von Musik. Mit der Anzahl der in der Öffentlichkeit zirkulierenden Musikstücke eines Künstlers steigt dessen Bekanntheitsgrad und Marktwert.[348] Hierbei kann es auch zu „Spillover-Effekten" kommen:[349] Durch den größeren Bekanntheitsgrad steigen die Möglichkeiten des Künstlers, in anderen Bereichen Geld zu verdienen.

Möglicherweise entdeckt ein Konsument einen Künstler durch ein privat kopiertes Album und möchte sich daraufhin ein anderes Album des Künstlers kaufen oder ein Konzert besuchen. Von diesem höheren Bekanntheitsgrad wird der *Künstler immer profitieren*. Auch die Plattenfirma profitiert zunächst von der Berühmtheit der bei ihr unter Vertrag stehenden Künstler, doch ist dieser Nutzen zeitlich auf die Dauer des Vertrags bzw. auf den Auswertungszeitraum (exploitation period) beschränkt.

Ferner hat der ausübende Künstler die Möglichkeit, seine Musik live aufzuführen. Verträge mit Veranstaltern kann er unabhängig von der Plattenfirma abschließen und muss diese grundsätzlich auch nicht an Einnahmen aus Konzerten beteiligen.[350] Hierin besteht eine wichtige Einnahmequelle. Im Gegensatz zum Tonträgerabsatz hat sich das Geschäft mit Live-Musik in den vergangenen Jahren positiv entwickelt.[351] Laut einer vom Bundesverband der Veranstaltungswirtschaft

---

[348] So auch *Grötker*, „Internetpiraten in der Netzwerk-Ökonomie", Telepolis v. 16.03.2005, abrufbar unter: http://www.telepolis.de/r4/artikel/19/19679/1.html.

[349] Vgl. *Grötker*, „Internetpiraten in der Netzwerk-Ökonomie", Telepolis v. 16.03.2005, abrufbar unter: http://www.telepolis.de/r4/artikel/19/19679/1.html.

[350] Siehe hierzu F.A.Z. v. 15.01.2008: „Plattenfirmen wie Warner leiden unter chronischem Umsatzschwund, während populäre Künstler dank steigender Eintrittspreise an Konzerten immer mehr verdienen." Die Plattenfirmen versuchen verstärkt sich in Verträgen mit den Künstlern an den Einnahmen aus Live-Auftritten beteiligen zu lassen oder sich als Veranstalter (vgl. § 81 UrhG) zu betätigen, vgl. *Theurer* in: F.A.Z. v. 19.09.2007.

[351] So Der Spiegel Nr. 38/2006, abrufbar unter: http://service.spiegel.de/digas/find?DID=48902712: „Das Geschäft mit Live Musik

e.V. (IDKV) in Auftrag gegebenen Studie wurden in Deutschland im ersten Halbjahr 2007 mit Live-Musik 1,44 Milliarden Euro umgesetzt und damit fast doppelt so viel wie mit Tonträgern.[352] Mehr Menschen besuchen Konzerte und sind bereit, steigende Eintrittspreise zu entrichten.[353] Konzertbesucher werden überwiegend Konzerte von Künstlern besuchen, die ihnen bekannt sind. Ein steigender Bekanntheitsgrad erhöht daher gleichzeitig die Möglichkeiten, Publikum für ein Konzert zu gewinnen. Die Bekanntheit eines Künstlers wird durch kopierte Musik ebenso gesteigert wie durch kostenpflichtig erworbene. Hinsichtlich der Verdienstmöglichkeiten durch Auftritte haben Privatkopien daher positive Auswirkungen auf den ausübenden Künstler.

Neben Live-Auftritten besteht für den ausübenden Künstler die Möglichkeit, durch die Vermarktung seiner Künstlerpersönlichkeit Einnahmen zu erzielen. Die hierzu notwendigen Rechte sind meist auf die Plattenfirmen übertragen worden, so dass der Künstler sich in diesem Bereich die Einnahmen mit der Plattenfirma teilen muss. Die Vergabe von Lizenzen für Filmsynchronisationen und Werbe-Nutzungen stellen ebenfalls eine zusätzliche Einnahmequelle dar, doch besteht die Gefahr, dass z. B. eine Werbeagentur das Werk von einem anderen Künstler neu einspielen lässt. Wer ein bestimmtes Lied

---

boomt". Ähnlich musikwoche v. 19.04.2005, abrufbar unter http://www.musikwoche.de: „Live-Markt erreicht globalen Rekordwert". F.A.Z. v. 12.10.2007: „Konzerte sind in jüngster Zeit zu einem immer stärkeren Standbein in der Musikbranche geworden." Die positive Entwicklung spiegelt sich auch in den Geschäftszahlen des europäischen Marktführers, der deutschen „CTS Eventim" (die u. a. 51 % an der „Marek Lieberberg Konzertagentur Holding GmbH" hält), die im Geschäftsjahr 2006 im Segment Live-Entertainment ein Umsatzplus von 27 % und im Segment Ticketing von 54 % verzeichnen konnte; vgl. CTS Eventim Geschäftsbericht 2006, abrufbar unter: http://www.eventim.de (dort unter „Investor Relations"). Ähnlich positive Zahlen finden sich bei der Deutschen Entertainment AG (Deag), abrufbar unter: http://www.deag.de/de/investors_relations.htm. Spiegel online v. 04.02.2008, abrufbar unter http://www.spiegel.de/netzwelt/web/0,1518,532399,00.html, gibt unter Berufung auf „Wired" an, mit Live-Auftritten sei im Jahr 2007 mehr als die Hälfte aller mit Musik in den Vereinigten Staaten erzielen Einnahmen erwirtschaftet worden.

[352] Vgl. *Theurer* in: F.A.Z. v. 19.09.2007.

[353] Laut dem Vorstand des größten deutschen Ticketvermarkters CTS Eventim, *Schulenberg*, sind die Eintrittspreise für Konzerte in den Jahren 2002 - 2007 um rund ein Drittel gestiegen, vgl. *Theurer* in: F.A.Z. v. 19.09.2007.

nutzen möchte, ist auf die Zustimmung des Urhebers angewiesen - aber nicht auf den Interpreten und den Tonträgerhersteller.

IV. Zwischenergebnis (Auswirkungen von Privatkopien auf die Musikbranche)

1. Digitale Privatkopien sind neben zahlreichen anderen Ursachen *mit*verantwortlich dafür, dass der Absatz kostenpflichtiger Musik-Angebote (Tonträger/Musikdateien) in den vergangenen Jahren gesunken ist.

2. Aus Sicht der *Plattenfirmen* haben digitale Privatkopien sowohl negative als auch positive Auswirkungen. Privatkopien stehen zu ihrem Kerngeschäft, dem Verkauf von Tonträgern/Musikdateien, in unmittelbarer Konkurrenz. Gleichzeitig haben Plattenfirmen nur wenige Möglichkeiten, in anderen Feldern (wie z. B. Merchandising) Einnahmen zu erzielen. Vorteilhaft für die Plattenfirmen ist die positive Entwicklung der Einnahmen aus der Zweitverwertung (GVL-Erträge). Privatkopien sind für die Zweitverwertung von Musik (öffentliche Wiedergabe) förderlich.

3. Für den *Urheber* haben digitale Privatkopien bislang überwiegend positive Auswirkungen. Der Urheber kann die sinkenden Lizenzeinnahmen aus dem Tonträgerbereich durch Einnahmen aus anderen Bereichen vollständig kompensieren. Insbesondere steigern Privatkopien die Musiknutzung in der Öffentlichkeit, was mit dazu beigetragen hat, dass die Ausschüttungen der GEMA an die Urheber in den vergangenen Jahren insgesamt gestiegen sind.
   Aus Sicht des Urhebers führen Privatkopien daher bislang nur zu einer Verlagerung seiner Einkünfte.
   Der Urheber hat viele zusätzliche Möglichkeiten, sein Werk auszuwerten (Lizenzen für Bearbeitung-, Filmsynchronisation und Werbung). Zudem profitiert der Urheber von einer durch Privatkopien geförderten Steigerung seines Bekanntheitsgrads.

4. Auf den *ausübenden Künstler* haben digitale Privatkopien sowohl negative als auch positive Auswirkungen. Soweit Privat-

kopien zu sinkenden Tonträgerabsätzen führen, mindern diese (abgesehen von einem nicht rückzahlbaren Vorschuss) seine Einnahmen aus der Erst- und der Zweitverwertung. Außerdem führt ein Umsatzrückgang bei den Plattenfirmen langfristig zu schlechteren Vertragsbedingungen für den ausübenden Künstler.

5. Für die ausübenden Künstler insgesamt haben sich die Einnahmen aus der Zweitverwertung (GVL-Erträge) positiv entwickelt. Soweit der einzelne Künstler geringere Einnahmen im Bereich der Erstverwertung verzeichnet, sinkt jedoch sein Anteil an der GVL-Verteilungssumme.

6. Der ausübende Künstler profitiert von Privatkopien insoweit, als diese helfen, seinen Bekanntheitsgrad zu steigern, wodurch sein Marktwert erhöht wird und durch Spillover-Effekte die Verdienstmöglichkeiten mit Live-Auftritten, Werbung und dem Absatz von Tonträgern/Musikdateien vergrößern.

E. Zukünftige technische Entwicklung

Die technische Entwicklung schreitet in hohem Tempo voran. An dieser Stelle wird der Versuch unternommen, eine Prognose über die zukünftigen technischen Veränderungen und deren Einfluss auf die digitale Privatkopie zu machen.

I. Von CDs zu Musikdateien

Es ist abzusehen, dass nach der Schallplatte auch die CD (und alle nachfolgenden „Silberlinge“, wie DVD, HD-DVD, BluRay-Disc, SVCD, HVD…) auf lange Sicht ein Nischenprodukt werden wird.[354]

---

[354] Die CD ist gleichzeitig ein Datenträger. Möglicherweise wird sie in Zukunft auf diese Funktion reduziert werden. A. A. *Nordemann* in FS A. Dietz (2001), S. 595, 601: „Aber verschwinden - wie der Leierkastenmann aus den Hinterhöfen unserer Großstädte und das Klavier aus den meisten deutschen Wohnungen - wird der bespielte Tonträger nicht, mag er in fünfundzwanzig Jahren vielleicht auch noch perfekter sein und anders heißen als die heutige CD.“

Die Zukunft liegt unzweifelhaft in der Nutzung von Musikdateien (sei es im MP3- oder nachfolgenden Dateiformaten).

Die Musikkonsumenten wollen *Musik mobil abspielen* können, z. B. auf einem MP3-Player oder einem Handy. Anfang 2006 verfügten bereits 23 % der privaten Haushalte in Deutschland über einen MP3-Player (Vergleich 2005: 15 %).[355] Zudem wird das Mobiltelefon verstärkt als Abspielgerät eingesetzt.[356] Da heute bereits vier von fünf deutschen Haushalten ein Mobiltelefon besitzen, wird dieses langfristig den MP3-Player verdrängen (Stichwort: mobile content[357]).[358] Für die mobile Wiedergabe benötigen die Nutzer nur die Musikdatei und keine CD. Die CD muss erst in einen Computer eingelesen werden, bevor die auf ihr enthaltene Musik auf einen MP3-Player übertragen

---

[355] Quelle: Pressemitteilung des Statistischen Bundesamts v. 07.02.2007, abrufbar unter: http://www.desastis.de/presse/deutsch/pm2007/p0510024.htm. Ohne Haushalte von Selbständigen und Landwirten und ohne Haushalte mit einem monatlichen Haushaltsnettoeinkommen von 18.000 EUR und mehr. Gem. einer Studie des Marktforschungsinstituts Ipsos besitzt in den U.S.A. jeder fünfte Amerikaner über zwölf Jahre einen MP3-Player, vgl. musikwoche.de v. 03.07.2006.

[356] Vgl. hierzu *Brandenburg*, einen der Erfinder des MP3-Formats, zitiert in: F.A.Z. v. 06.12.2004: „Nach dem Mooreschen Gesetz wird in zehn Jahren auf einem Handy so viel Speicherplatz sein wie heute auf einer DVD. Dann kann ich auch von einem Handy Hunderte Stunden Musik oder Filme abspielen." Das Mooresche Gesetz (Moore's Law) besagt, dass sich auf Grund der technischen Entwicklung die Komplexität von integrierten Schaltkreisen etwa alle 18 Monate verdoppelt. Tatsächlich gibt es schon heute (Stand: Februar 2008) Mobiltelefone, die eine Speicherkapazität von 8 GB haben (eine DVD hat eine Kapazität von 4,7 GB).

[357] Im Rahmen der Branchenmesse Popkomm in Berlin 2005 war „Mobile Music" das Schlagwort mit dem die Hoffnung verbunden wurde, in der Zukunft neue Einnahmequellen durch den Musikverkauf über das Mobiltelefon zu erschließen. *Schröder*, Entertainment-Manager bei T-Online äußerte die Erwartung, für das Jahr 2008 bis zu 800 Millionen EUR Umsatz mit Mobile Music machen zu können, vgl. heise online v. 15.09.2005, abrufbar unter: http://heise.de/newsticker/meldung63939. Auf der Popkomm 2006 wurde der Innovationspreis an einen Handy Radioservice verliehen, bei dem die Lieder eines digitalen Radioprogramms direkt auf ein Mobiltelefon und später auf den heimischen Computer geladen werden können, vgl. heise online v. 21.09.2006, abrufbar unter http://www.heise.de/newsticker/meldung/78469.

[358] Quelle: Statistisches Bundesamt, zitiert in F.A.Z. v. 16.05.2007; siehe auch *Koesch/Stadler* in: Spiegel online v. 14.07.2006, abrufbar unter: http://www.spiegel.de/netzwelt/telefonkultur/0,1518,426698,00: „Die Vereinigung von Handy und MP3-Player ist beschlossene Sache."

werden kann. Die ansprechende Verpackung einer CD rechtfertigt diesen aufwendigen Zwischenschritt nicht.

Wenn Musik im mobilen Bereich in Form von Musikdateien konsumiert wird, wird sich diese Form langfristig *auch beim stationären Musikkonsum* durchsetzen. 80 Prozent der deutschen Haushalte verfügte im Jahr 2006 über einen Computer.[359] Die Computer-Hersteller arbeiten schon seit Jahren an dem „digitalen Wohnzimmer", was den Einzug des Computers, der zum „Media-PC" werden soll, vom Arbeitszimmer ins Wohnzimmer voraussetzt.[360] Zukünftig werden Mediennutzungen, wie Fernsehen, Computer-Spiele, Bildbetrachtung und möglicherweise auch das Lesen von Zeitungen und Büchern im Wohnzimmer über einen Computer stattfinden. Sobald alle elektronischen Geräte miteinander kommunizieren, wird sich auch die Nutzung von Musik von der Stereo-Anlage auf den Computer und andere Geräte[361] verlagern (oder die Stereo-Anlage erhält immer mehr Eigenschaften eines Computers).

> *„Die Stereoanlage der Zukunft kann Genres unterscheiden und im Internet nach ähnlicher Musik suchen und mir im Rahmen meines Musikabonnements zum Download anbieten. Sie kann auch gleich die Information über die Tourdaten der Musiker am Wandbildschirm (Fernseher würde ich dazu nicht mehr sagen) anzeigen und von Sonderangeboten für Fanartikel und Konzertkarten berichten."*[362]

---

[359] Quelle: „Allensbacher Computer- und Technik-Analyse (ACTA) 2006" des Instituts für Demoskopie Allensbach, abrufbar unter http://www.acta-online.de/

[360] Vgl. zu entsprechenden Plänen der Computer-Hersteller c't 23/2006, S. 94, abrufbar unter: http://www.heise.de/ct/06/23/094/.

[361] Vgl. *Brandenburg*, in: Spiegel online v. 29.01.2007, abrufbar unter: http://www.spiegel.de/netzwelt/tech/0,1518,462408,00.html, auf die Frage mit welchen Geräten in zehn Jahren Musik gehört werden wird: „Wie heute werden wir Musik von vielen Arten Geräten hören: von Telefonen, PDAs, MP3-Spielern - ja, die wird es in zehn Jahren noch geben -, Uhren, Brillen, Kühlschränken, einfach allen Arten von Geräten."

[362] *Brandenburg* in: Spiegel online v. 25.10.2006, abrufbar unter: http://www.spiegel.de/netzwelt/technologie/0,1518,444298,00.html. *Brandenburg* ist einer der Erfinder des MP3-Formats. Ein Dienst, der dem Nutzer ähnliche Musik vorschlägt, gibt es schon: siehe http://www.last.fm.

Das Bedürfnis der Nutzer entwickelt sich zu einem schlichten „hören-können" von Musik - unabhängig von dem Besitz eines Tonträgers. Es wird Standard werden, Musik verlustfrei (also ohne klangliche Einbußen) zu komprimieren (in sog. Lossless-Formate).[363] Damit wird auch die klangliche Überlegenheit der Musik-CD entfallen.

II. Vertriebswege

Das Bedürfnis nach Musikdateien wird überwiegend über das Internet befriedigt werden. Schon in den vergangenen Jahren ist die Zahl der erwachsenen Internetnutzer (ab 14 Jahren) in Deutschland von 4 Millionen im Jahr 1997, über 18 Millionen im Jahr 2000, auf 37 Millionen im Jahr 2005 gestiegen.[364] Jeder zehnte Deutsche über 14 Jahre gab im Jahr 2005 an, Musik aus dem Internet herunterzuladen;[365] im Jahr 2006 waren es bereits 27 %.[366] Der Zugang zum Internet wird zukünftig von allen stationären und mobilen Geräten möglich sein. Es sind bereits Mobiltelefone und vereinzelt MP3-Player erhältlich, die drahtlos eine Internetverbindung aufbauen und über diese Verbindung Musikdateien beziehen können.

Dennoch wird der Verkauf von Musik wohl nicht ausschließlich Online stattfinden, da es immer Bedarf nach persönlicher Beratung geben wird. Möglicherweise werden Musikdateien auf Trägern, wie z. B. Speicherchips oder Speicherkarten, verkauft, wie dies teilweise schon versucht wird oder der stationäre Handel bietet die unmittelbare

---

[363] Schon heute existieren solche „lossless-codecs", wie z. B. FLAC (Free Lossless Audio Codec), oder Software wie Monkey's Audio, das Musikstücke im WAV-Format verlustfrei auf die halbe Dateigröße reduzieren kann. Das Fraunhofer Institut für Integrierte Schaltungen (IIS) arbeitet an einem MP3-Surround Format, mit dem sich Mehrkanalton komprimieren lässt, vgl. *Kremp* in: Spiegel online v. 19.10.2006, abrufbar unter: http://www.spiegel.de/netzwelt/technologie/0,1518,443225,00.html.

[364] Quellen: „ARD-Online-Studie 1997" und „ARD-/ZDF-Online-Studien 1998-2005", grafische Zusammenfassung abrufbar unter: http://www.br-online.de/br-intern/medienforschung/onlinenutzung/onlinenutzung.

[365] Quelle: Stern Studie Trend Profile „Online Musiksites", vorgestellt im April 2005, abrufbar unter: http://www.trendprofile.de.

[366] Quelle: „Allensbacher Computer- und Technik-Analyse (ACTA) 2006" des Instituts für Demoskopie Allensbach, abrufbar unter http://www.acta-online.de.

Übertragung von Musikdateien auf MP3-Player oder andere tragbare Speichermedien der Konsumenten an.[367]

III. Folgen für Privatkopien

Die weitgehende Verlagerung des Musikkonsums auf den Konsum von Musikdateien hat für die digitale Privatkopie bedeutende Auswirkungen, denn Musikdateien sind deutlich schneller und einfacher zu kopieren als Tonträger.

Mobile Speichermedien wie externe Festplatten oder USB-Sticks erlauben die Speicherung immer größerer Datenmengen auf immer kleinerem Raum. Eine DVD beispielsweise hat schon heute eine Speicherkapazität von ca. 9 GB.[368] Speichert man auf einer DVD Musikdateien im MP3-Format, so kann man auf einer einzelnen Disc ca. 1.500 Lieder (ca. 100 Alben) speichern.[369] Praktisch bedeutet das, dass ganze Musiksammlungen auf einem einzigen Träger gespeichert und von diesem auch kopiert werden können.

Aber auch ohne Träger wird es leichter werden, Musik zu kopieren. Die Übertragung (und damit Vervielfältigung) von Musikdateien per e-mail (als sog. e-mail-Anhang) ist bislang auf Grund langsamer „Upstream"-Geschwindigkeiten noch selten.[370] Durch immer schnelle-

---

[367] Im Jahr 2005 brachte EMI ein Album der Rolling Stones („A Bigger Bang"), in Kooperation mit dem Speicher-Spezialisten SanDisk auf einer auswechselbaren Flash Memory Card (einer sog. „Gruvi Music Card") heraus. Die fingernagelgroße Karte war mit Inhalten vorbespielt und konnte auf Handys oder anderen tragbaren Endgeräten genutzt werden. Jede Karte hatte eine Kapazität von bis zu sechs Musik-Alben, vgl. Musikwoche.de v. 28.09.2005.

[368] Normalerweise hat eine DVD eine Kapazität von 4,7 GB. Viele DVD-Brenner können die DVD in zwei Schichten (sog. „Double-Layer") bespielen, so dass die doppelte Kapazität genutzt wird.

[369] Hierbei wird davon ausgegangen, dass ein Lied durchschnittlich ca. 6 MB Datenspeicher in Anspruch nimmt, was in etwa einer MP3-Datei mit 4:23 Minuten Länge bei einer Bit-Rate von 192 kBit/s entspricht. Des Weiteren wird davon ausgegangen, dass ein Musik-Album durchschnittlich 15 Titel enthält.

[370] Wer Dateien aus dem Internet bezieht (herunterlädt/download) benötigt eine möglichst schnelle „Downstream"-Geschwindigkeit (auch „Download"-Geschwindigkeit). Wer hingegen Dateien versenden will (hochladen/upload), benötigt eine möglichst schnelle „Upstream"-Geschwindigkeit (auch „Upload"-Geschwindigkeit). Letztere ist bei heutigen Breitband-Internetanschlüssen sehr langsam (ähnliches gilt für Kabel-

re Übertragungsgeschwindigkeiten wird es in Zukunft zur Normalität werden, dass Personen sich gegenseitig einzelne Musikdateien oder ganze Alben in kürzester Zeit per e-mail zusenden.[371]

Gleichzeitig steigen die Anzahl der verfügbaren Kopiervorlagen im Internet und die Möglichkeiten, auf diese zuzugreifen. Das Internet wird auf immer mehr Wegen „mobil" (durch internetfähige Mobiltelefone und Abspielgeräte oder durch Drahtlosnetzwerke an sog. Hot-Spots in der Öffentlichkeit…). Mit dem Zugang zum Internet steigen gleichzeitig die Möglichkeiten, sich über dieses auszutauschen. Das bedeutet, dass zukünftig sowohl stationäre als auch mobile Abspielgeräte miteinander kommunizieren werden und den Austausch von Daten und damit auch von Musikdateien untereinander ermöglichen.[372]

Für diejenigen, die Geld mit dem Verkauf von Tonträgern verdienen, wird die vollständige Umstellung auf den Verkauf von Musikdateien mit Einbußen verbunden sein. Mit dem Verkauf von Musikdateien lassen sich z. Zt. vergleichbar weniger hohe Renditen erzielen, wie mit CDs, da bei nahezu konstanten Kosten einer Musikproduktion und deren Vermarktung, die Einnahmen aus dem Verkauf einer Musikdatei niedriger sind als bei einem Tonträger.[373]

Internetanschlüsse). So ermöglicht ein heutiger DSL-Anschluss zwar beispielsweise 2.048 kbit/s Downstream aber nur 192 kbit/s Upstream (oder z. B. 3.072 kbit/s Downstream bei nur 384 kbit/s Upstream). Der Versand einer Musikdatei braucht daher selbst bei Dateien im komprimierten MP3-Format mehrere Minuten (wohlgemerkt nur auf der Seite des Versenders - der Empfänger erhält die Datei durch die schnellen Downstream-Geschwindigkeiten deutlich schneller).

[371] Es ist absehbar, dass sich die Up-/Downstream-Geschwindigkeiten in Zukunft durch die Verbreitung von schnelleren Internetzugängen (wie z. B. VDSL = Very High Speed Digital Subscriber Line) deutlich erhöhen werden. Dann wird es auch häufiger vorkommen, dass Nutzer sich untereinander Musik zusenden.

[372] Am 14.11.2006 brachte die Firma Microsoft den Musikspieler „Zune" auf den amerikanischen Markt. Unter dem Motto „Welcome to the social"/"Verbinde Deinen Zune mit der Welt um Dich herum" verfügt das Gerät über eine Technik die es Nutzern erlaubt, Musikdateien drahtlos untereinander auszutauschen. Bislang können so übertragene Lieder nur dreimal gehört werden - es sei denn sie werden gekauft.

[373] Während z. B. eine CD-Single für 4,- bis 7,-EUR an den Endkunden verkauft wird, liegt der Preis für eine Musikdatei durchschnittlich bei 0,99 EUR. Hiervon müssen 19 % MwSt. (0,16 EUR), 0,175 EUR an die GEMA und ggf. 0,02 EUR an Lizenzgebühren für ein DRM-System abgeführt werden. Von den verbleibenden 0,64 EUR pro Lied muss die Herstellung des Masters, die digitale Aufbereitung der Datei, die Kosten

Zusammenfassend kann festgestellt werden, dass die technische Entwicklung die Möglichkeiten, im privaten Bereich Musik zu kopieren, erheblich steigern wird. Es wird mehr Kopier-Vorlagen geben, der Zugriff auf diese Vorlagen wird von mehr Orten schneller möglich sein und das Kopieren wird schneller und in besserer Qualität möglich sein. Aus diesem Grunde ist es wichtig, dass der Gesetzgeber die digitale Privatkopie angemessen unter Kontrolle bringt.

F. Ergebnis Teil I

Die Untersuchung der Musikbranche und der Auswirkungen der digitalen Privatkopie auf die Akteure der Musikbranche führt zu folgenden Ergebnissen:

1. Das System der Musikbranche in Deutschland ist gekennzeichnet durch das *Nebeneinander von Urheberrechten und Leistungsschutzrechten*. Der Urheber überträgt fast alle seine Rechte an die GEMA und wird in der Verwertung seiner Werke ggf. von einem Musikverlag unterstützt. Der ausübende Künstler hingegen verhandelt mit der Plattenfirma über die Erstverwertung seiner Darbietungen und überträgt nur die Zweitverwertungsrechte an die GVL. Der Tonträgerhersteller organisiert und finanziert die Produktion der Musikaufnahme und lizenziert diese ggf. an eine Plattenfirma weiter. Die Plattenfirma ist verantwortlich für die kommerzielle Auswertung einer konkreten Musik-Aufnahme.

2. Die *Erlöse aus den Pauschalabgaben* auf Vervielfältigungsgeräte und Speichermedien, die nach einem komplizierten Verteilungsschlüssel und diversen Abzügen an die Beteiligten

eines Servers, der Download-Shop, der Bezahl-Service, die Beteiligung des ausübenden Künstlers (ggf. einer Gruppe) und die Plattenfirma finanziert werden. Vorteile bestehen darin, dass keine stückabhängigen Produktionskosten mehr anfallen. Wenn die verkaufsfertige Musikdatei vorliegt, kann diese beliebig vervielfältigt werden. Auch Kosten durch Retouren des Handels fallen bei Musikdateien weg (der Handel hat in der Regel die Möglichkeit, nicht verkaufte Tonträger an die Plattenfirma zurück zu geben).

ausgezahlt werden, sind bislang *sehr gering*.[374] Es ist zu bezweifeln, dass die in Zukunft zwischen den Beteiligten ausgehandelten Vergütungssätze an diesem Umstand etwas ändern werden. Die Rechteinhaber könnten mit einer individuellen Lizenzierung privater Vervielfältigungen höhere Einnahmen erzielen.

3. Für den stetig sinkenden Tonträgerabsatz der vergangenen Jahre gibt es viele Ursachen. Privatkopien sind eine Ursache und daher *mit*verantwortlich dafür, dass weniger Tonträger verkauft werden.

4. Die Akteure der Musikbranche sind unterschiedlich von Privatkopien betroffen:[375] *Am negativsten wirken sich Privatkopien auf die Plattenfirmen aus*, obwohl auch sie von höheren Einnahmen aus der Zweitverwertung profitieren. *Für den ausübenden Künstler lassen sich ähnlich wie für die Plattenfirmen sowohl negative als auch positive Auswirkungen* feststellen, wobei der ausübende Künstler zusätzlich von einer Steigerung seines Bekanntheitsgrades profitiert. *Für den Urheber haben digitale Privatkopien überwiegend positive Auswirkungen*: Der sinkende Tonträgerabsatz und die gleichzeitig steigende Musiknutzung in der Öffentlichkeit führen zu einer Verlagerung der Einnahmen des Urhebers. In den vergangenen Jahren sind die Einnahmen des Urhebers sogar gestiegen.

Als wichtigstes Ergebnis ist festzustellen, dass digitale Privatkopien für die Akteure der Musikbranche sehr unterschiedliche Auswirkungen haben, wobei sich bei allen Beteiligten auch positive Auswirkungen feststellen lassen und vor allem der Urheber von digitalen Privatkopien bislang mehr profitiert als dass sie ihm schaden.

Alle Beteiligten haben ein Interesse an einem möglichst hohen Absatz von kostenpflichtigen Tonträgern und Musikdateien, aber wenn der Absatz sinkt, hat dies nicht für alle Beteiligten die gleichen

---

[374] Siehe ausführlich oben Abb. 13: Verteilung der Pauschalabgaben im Bereich Audio im Jahr 2005 (Schätzung), S. 79.
[375] Siehe ausführlich oben Teil I D.IV, S. 105.

negative Auswirkungen. Insgesamt gesehen verlieren die Rechteinhaber durch mehr Privatkopien teilweise die Kontrolle über die Nutzung von Musik, aber sie gewinnen das Interesse potenzieller Kunden bzw. Konzertbesucher.

Teil II: Die digitale Privatkopie von Musik gem. § 53 Abs. 1 S. 1 UrhG

Der Blick in die Zukunft hat gezeigt, dass die technische Entwicklung das Kopieren von Musik in immer größerem Ausmaß begünstigen wird. Unter dieser Voraussetzung ist es notwendig, zu fragen wie das Gesetz mit Privatkopien umgeht. Welche Fälle, in denen Musik digital kopiert wird, werden gem. § 53 Abs. 1 S. 1 UrhG von einer Lizenz der Rechteinhaber freigestellt? Ist die aktuelle Norm den Herausforderungen der Digitalisierung gewachsen?

Abb. 19: Gang der Darstellung Teil II.

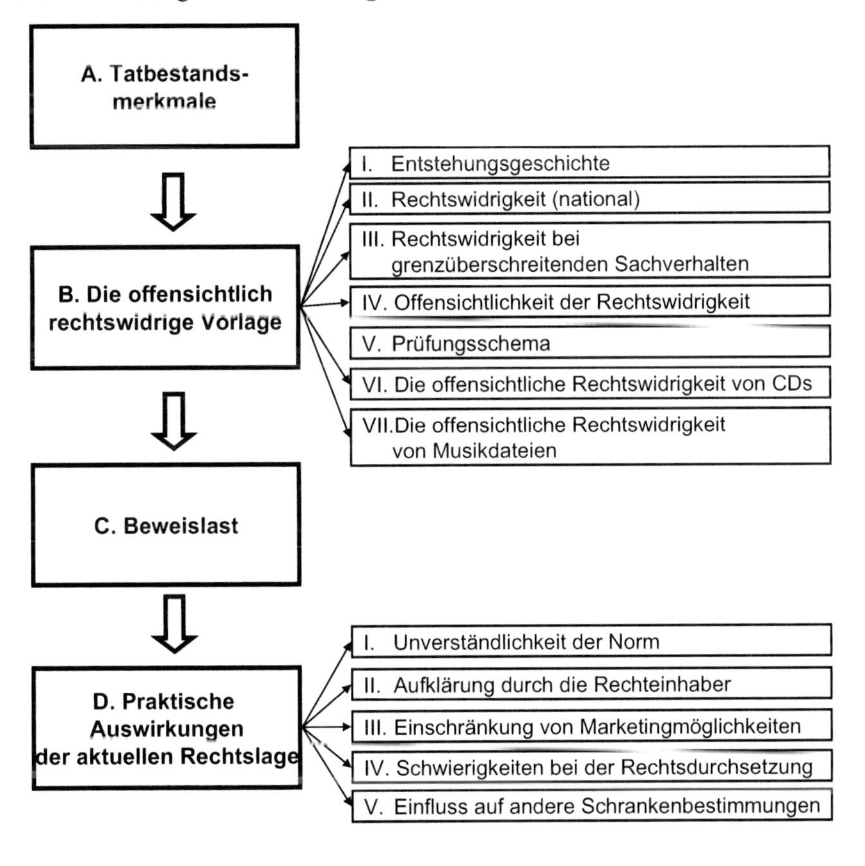

A. Tatbestandsmerkmale des § 53 Abs. 1 S. 1 UrhG

Die folgende Übersicht über die Tatbestandsmerkmale des § 53 Abs. 1 S. 1 UrhG soll verdeutlichen, welche Merkmale durch die beiden Gesetze zur Regelung des Urheberrechts in der Informationsgesellschaft (Erster und Zweiter Korb) neu hinzugekommen sind und welche Merkmale Fragen aufwerfen.

Abb. 20: Tatbestandsmerkmale des § 53 Abs. 1 S. 1 UrhG.

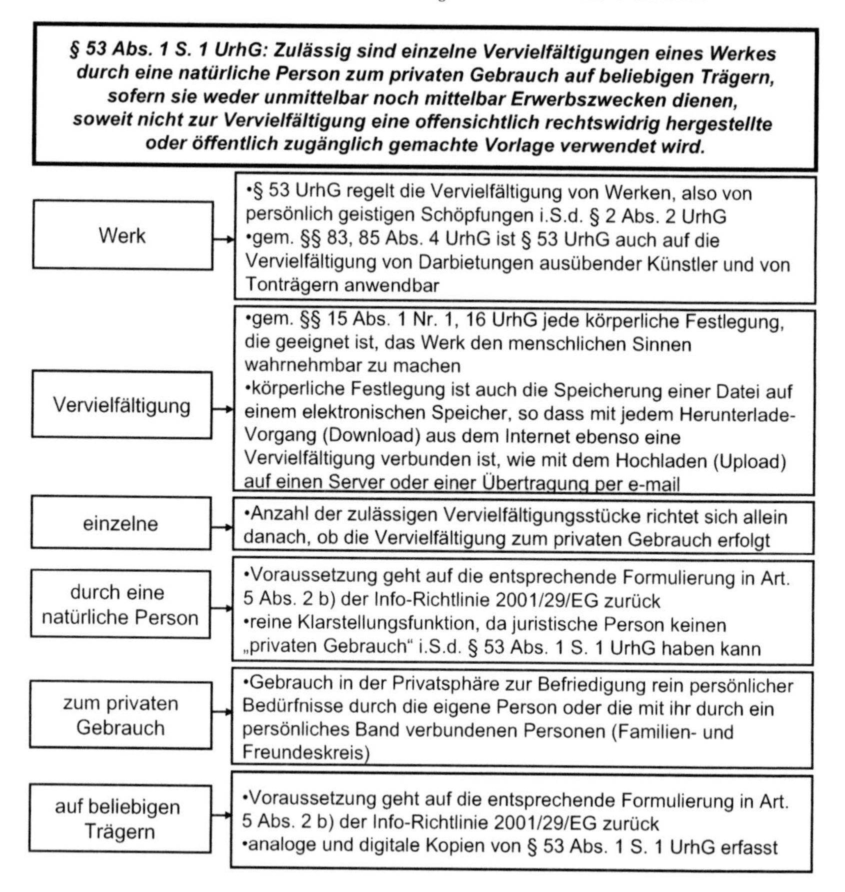

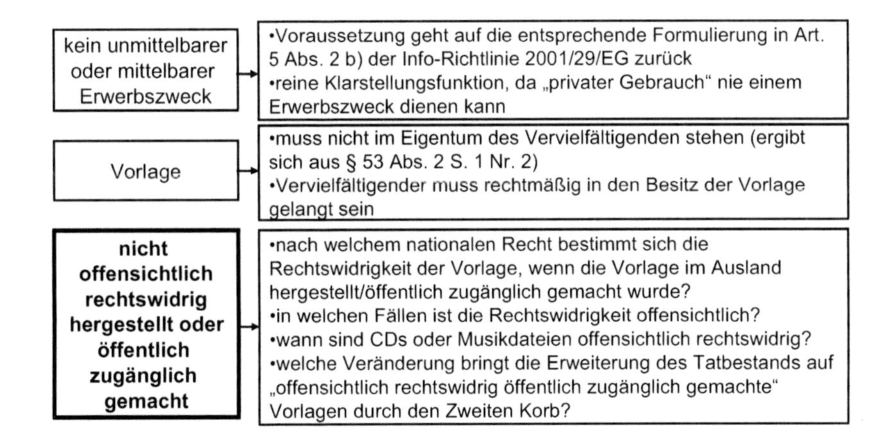

Die Abbildung macht deutlich, dass seit den Neufassungen des Gesetzes vom 13.09.2003 und vom 26.10.2007 vor allem das Merkmal der „offensichtlich rechtswidrigen Vorlage" zahlreiche Fragen aufwirft.[376] In der Praxis wird die Anwendung des § 53 Abs. 1 S. 1 UrhG entscheidend davon abhängen, ob eine „offensichtlich rechtswidrige Vorlage" i. S. d. § 53 Abs. 1 S. 1 UrhG vorliegt. Die Frage, in welchen Fällen eine offensichtlich rechtswidrige Vorlage vorliegt, wurde bislang weder von Gerichten beantwortet, noch findet sich in der Literatur eine umfassende Antwort.[377] Dabei ist die Frage für pri-

[376] Zum Begriff der Vervielfältigung im digitalen Zeitalter vgl. *Loewenheim* in: Schricker, § 16 Rn. 16 ff. Hinsichtlich des Merkmals „einzelne" wird teilweise unter Berufung auf BGH GRUR 1978, 474 ff. = NJW 1978, 2596 ff. - *Vervielfältigungsstücke* eine starre Obergrenze von sieben Vervielfältigungsstücken vertreten. Wie hier BT-Drucks. 15/38, S. 39; *Loewenheim* in: Loewenheim, § 31 Rn. 22; *Loewenheim* in: Schricker, § 53 Rn. 14; *v. Gamm*, § 53 Rn. 7; *Kress*, S. 175; im Ergebnis ebenso *Maus*, S. 89; siehe auch ÖOGH, GRUR Int. 1994, 857 - *Null Nummer II*; dazu *Nippe*, GRUR Int. 1995, 202, 203; ebenso öOGH, ZUM-RD 1999, 170 - *AIDS-Kampagne II*. Zu den beliebigen Trägern vgl. BT-Drucks. 15/38, S. 20. Zur Frage des Eigentums an der Vorlage vgl. BGH NJW 1997, 1363, 1366 - *CB-Infobank I*; *Loewenheim* in: Schricker, § 53 Rn. 11 a. E. Zur Frage der Besitzerlangung der Vorlage vgl. KG GRUR 1992, 168, 169; BGH GRUR 1993, 899, 900 - *Dia-Duplikate*; *Schack*, UrhR, Rn. 495a; *ders.* in: FS Erdmann (2002), S. 165, 167; *Mönkemöller*, GRUR 2000, 663, 664 und 667 a. E.; *Delp*, Rn. 214; *Loewenheim* in: FS A. Dietz (2001), 416 f.

[377] Diese verweist bislang auf eine notwendige Konkretisierung durch die Rechtsprechung, vgl. *Lüft* in: Wandtke/Bullinger, § 53 Rn. 15; *Hohagen*, S. 368; *Brinkel*, S. 145; *Schäfer*, S. 63; *Guntrum*, S. 150.

vate Nutzer von großer Bedeutung: Wer eine Vervielfältigung von einer offensichtlich rechtswidrigen Vorlage vornimmt, macht sich gem. § 106 UrhG i.V.m. § 53 Abs. 1 S. 1 UrhG strafbar.[378]

Es folgt daher eine umfassende Analyse dieses neuen Tatbestandsmerkmals. Die Darstellung soll ermitteln, ob die derzeitige Norm zur privaten Vervielfältigung dem komplexen Problem der digitalen Privatkopie von Musik angemessen ist und eine verständliche, sinnvolle und praxistaugliche Regelung darstellt.

B. Die „offensichtlich rechtswidrige Vorlage"

I. Entstehungsgeschichte

1. Erster Korb

Vor dem Gesetz zur Regelung des Urheberrechts in der Informationsgesellschaft vom 13.09.2003 (Erster Korb)[379] war es insbesondere in der jüngeren[380] Vergangenheit äußerst umstritten, ob eine rechtmäßige Privatkopie nur von einer rechtmäßigen Vorlage möglich ist.[381] Der Streit wurde durch die Frage der rechtlichen Bewertung des Herunterladens geschützter Werke aus dem Internet verursacht.[382] Dem Wortlaut des § 53 Abs. 1 UrhG in der bis zum 13.09.2003 geltenden Fassung ließ sich hierzu nichts entnehmen.

Seitens der Info-Richtlinie 2001/29/EG oder völkerrechtlicher Verträge bestehen hinsichtlich der Rechtmäßigkeit einer Vorlage keine unmittelbaren Vorgaben, so dass der deutsche Gesetzgeber in der

---

[378] Vgl. *Dreier* in: Dreier/Schulze, § 53 Rn. 11.
[379] BGBl. I, 1774.
[380] Die älteren Kommentierungen von *Nordemann* in: Fromm/Nordemann (9. Auflage 1999) oder *Loewenheim* in: Schricker (2. Auflage 1999) befassen sich in ihren Kommentierungen zu § 53 noch gar nicht mit dieser Frage.
[381] Dafür *Loewenheim* in: FS Dietz (2001), S. 415 ff.; *Lüft:* in Wandtke/Bullinger, 1. Auflage 2003 (Hauptband), § 53 Rn. 9; *Decker* in: Möhring/Nicolini, § 53 Rn. 9; *Braun*, GRUR 2001, 1106, 1107 f.; *Schaefer* in: FS Nordemann (1999), S. 191, 196; *Kress*, S. 179 ff. A. A. *Schack* in: FS Erdmann (2002), S. 165 ff.; *Mönkemöller*, GRUR 2000, 663, 667 f.; *Kreutzer*, GRUR 2001, 193, 200; *Rigamonti*, GRUR Int. 2004, 278, 286; *Hohagen*, S. 364; *Freiwald*, S. 148 f.
[382] Vor allem über Kopier-Netzwerke.

Ausgestaltung dieser Voraussetzung ungebunden war.[383] Im deutschen Gesetzgebungsverfahren bildete die Frage, ob eine rechtmäßige Privatkopie eine legale Vorlage erfordere, den Hauptstreitpunkt. Zwar wurde die Frage im ersten Entwurf der Bundesregierung noch nicht thematisiert[384] und auch in der Gesetzesbegründung[385] nicht erwähnt. Der Bundesrat hingegen stellte sich unter Berufung auf Missbrauchsmöglichkeiten und einer „Perpetuierung des Unrechts" auf den Standpunkt, dass eine rechtmäßige Vervielfältigung nur von einer rechtmäßig hergestellten Vorlage zulässig sein sollte und beantragte die Aufnahme eines entsprechenden zusätzlichen Tatbestandsmerkmals in § 53 Abs. 1 UrhG.[386] Ähnlich äußerten sich die damaligen Oppositionsparteien in entsprechenden (abgelehnten) Änderungsanträgen.[387] Die Bundesregierung erkannte das Argument der Perpetuierung grundsätzlich an und sah auch die Gefahr für die Rechteinhaber.[388] Allerdings sei darauf zu achten, dass eine Norm von den Normadressaten auch beachtet werden könne.[389] Dies sei im Falle einer rechtmäßigen Vorlage zweifelhaft, da die Rechtmäßigkeit für die Nutzer nicht erkennbar sei.[390] Die Voraussetzung einer legalen Quelle führe daher in der Praxis zu einem Verbot der Privatkopie. Dieses würde mangels Durchsetzbarkeit die soziale Realität ignorieren und die Glaubwürdigkeit der Rechtsordnung untergraben.[391]

Als Kompromissformel entstand schließlich im Vermittlungsausschuss[392] die Formulierung des § 53 Abs. 1 S. 1 UrhG in der bis zum 31.12.2007 geltenden Fassung, welcher sowohl Bundestag[393] als auch

[383] Den Urhebern, ausübenden Künstlern und Tonträgerherstellern wird zwar ein ausschließliches Vervielfältigungsrecht zugestanden (Art. 2 der Info-Richtlinie 2001/29/EG, Art. 9 Abs. 1 RBÜ (i.V.m. Art. 1 Abs. 4 WCT), Art. 7, 11 WPPT, Art. 7 Rom-Abk.), doch ist nirgendwo festgelegt, ob in der Vervielfältigung einer rechtswidrigen Vorlage eine Verletzung dieses Vervielfältigungsrechts zu sehen ist.

[384] BT-Drucks. 15/38, S. 7.

[385] BT-Drucks. 15/38, S. 20 f.

[386] BT-Drucks. 15/38, S. 35; BR-Drucks. 271/1/03, S. 2 f.; BT-Drucks. 15/1066, S. 2.

[387] BT-Drucks. 15/837, S. 27 (CDU/CSU), S. 30 (FDP).

[388] BT-Drucks. 15/38, S. 39.

[389] BT-Drucks. 15/38, S. 39.

[390] BT-Drucks. 15/38, S. 39.

[391] BT-Drucks. 15/38, S. 39.

[392] BT-Drucks. 15/1353.

[393] BR-Drucks. 445/03.

Bundesrat[394] zustimmten. Der Zwittercharakter des neuen Tatbestandsmerkmals erweitert die Unterscheidung rechtmäßig/rechtswidrig um eine neue Unter-Differenzierung in rechtswidrig/*offensichtlich* rechtswidrig. Nur wenn die Rechtswidrigkeit offensichtlich ist, versagt das Gesetz dem privat Vervielfältigenden die Privilegierung des § 53 Abs. 1 S. 1 UrhG.

Auf Grund des eindeutigen Wortlauts des § 53 Abs. 1 S. 1 UrhG („zulässig sind") wird die *Vervielfältigung rechtswidriger Vorlagen im Falle fehlender Offensichtlichkeit* nicht nur toleriert bzw. nicht sanktioniert, sondern ist ausdrücklich *rechtmäßig.*[395] Der Vervielfältigende ist also bei Privatkopien von rechtswidrigen, aber nicht offensichtlich rechtswidrigen, Vorlagen keinen Ansprüchen der Rechteinhaber ausgesetzt.[396]

2. *Zweiter Korb*

Schon knapp ein Jahr nach in-Kraft-treten des Ersten Korbs stellte die Bundesregierung am 09.09.2004 einen Referentenentwurf für ein „Zweites Gesetz zur Regelung des Urheberrechts in der Informationsgesellschaft" (Zweiter Korb) vor.[397] Mit dem Zweiten Korb sollten die Fragen[398] geregelt werden, die im Herbst 2003 im Rahmen des Ersten Korbs auf Grund des Zeitdrucks bei der Umsetzung der Info-

---

[394] BR Plenarprotokoll 790 v. 11.07.2003, S. 219 A-C.

[395] Es liegt damit ein gesetzlich zugelassener Fall i. S. d. § 106 Abs. 1 UrhG vor, so dass die Privatkopie von einer nicht offensichtlich rechtswidrigen Vorlage auch nicht strafbar ist.

[396] A. A. *Schack*, UrhR, Rn. 495a, der davon ausgeht, dass die Vervielfältigenden bei der Verwendung nicht offensichtlich rechtswidriger Vorlagen „bei fehlendem Verschulden zumindest Beseitigungs- und Bereicherungsansprüchen der Rechteinhaber ausgesetzt" seien. Auch ein Beseitigungsanspruch aus § 97 Abs. 1 S. 1 Alt. 1 UrhG setzt jedoch eine widerrechtliche Verletzung eines geschützten Rechts voraus. Eine solche liegt im Falle der Privatkopie von einer nicht offensichtlich rechtswidrigen Vorlage auf Grund des eindeutigen Gesetzeswortlauts aber gerade nicht vor. Das gleiche gilt für einen Bereicherungsanspruch, der eine unrechtmäßige Vermögensverschiebung voraussetzt.

[397] Der unter http://www.kopien-brauchen-originale.de abrufbare Entwurf datiert vom 27.09.2004, doch wurde der Entwurf am 09.09.2004 der Öffentlichkeit vorgestellt.

[398] Neben Fragen des § 53 UrhG u. a. Fragen hinsichtlich § 31 Abs. 4 UrhG (Rechteeinräumung bzgl. unbekannter Nutzungsarten), §§ 54 ff. UrhG (Höhe der Pauschalabgaben, abgabepflichtige Geräte) und § 49 UrhG (elektronische Pressespiegel).

Richtlinie 2001/29/EG offen bleiben mussten. Hinsichtlich § 53 Abs. 1 S. 1 UrhG wurde bereits in diesem ersten Entwurf vorgeschlagen, Privatkopien nicht nur von offensichtlich rechtswidrig hergestellten, sondern nun auch von offensichtlich rechtswidrig *öffentlich zugänglich gemachten* Vorlagen zu verbieten.[399] Nach In-Kraft-treten des Ersten Korbs hatten Teile der Literatur schon mittels dogmatischer Hilfsmittel versucht, den Tatbestand des § 53 Abs. 1 S. 1 UrhG a. F. entsprechend zu erweitern.[400] Hintergrund ist der Gedanke, dass der Nutzer regelmäßig nicht erkennen kann, wie eine im Internet angebotene Datei hergestellt worden ist. Eine Bewertung des Angebots im Internet soll dem Nutzer hingegen möglich sein. Durch die Neufassung des Gesetzes sollten daher nach Ansicht des Gesetzgebers ausdrücklich Fälle erfasst werden, in denen „Vorlagen offensichtlich rechtswidrig im Internet zum Download angeboten" werden.[401] In der Begründung zu dem Entwurf wurde diese Erweiterung des Tatbestands lediglich als „Klarstellung" angesehen und dementsprechend auch nicht näher begründet.[402]

Durch vorgezogene Bundestagswahlen am 18.09.2005 und dem damit verbundenen Regierungswechsel geriet das Verfahren zunächst ins Stocken.[403] Am 26.01.2006 stellte das Bundesjustizministerium schließlich einen überarbeiteten Referentenentwurf vor, der hinsichtlich der Privatkopie wörtlich dem Entwurf aus dem Jahr 2004 entsprach.[404] Aus diesem entstand der von der Bundesregierung am 22.03.2006 beschlossene „Entwurf für ein Zweites Gesetz zur Regelung des Urheberrechts in der Informationsgesellschaft".[405] Hier führte die Bundesregierung u. a. aus:

---

[399] Vgl. Referentenentwurf v. 27.09.2004, S. 5.

[400] So *Wenzl*, S. 90 f.; *Jani*, ZUM 2003, 842, 847; *Liepe*, S. 118 f.; a. A. *Brinkel*, S. 153 ff; *Frank*, K&R 2004, 576, 579; *Baumgartner*, S. 161; wohl auch *Schäfer*, S. 64.

[401] Vgl. Referentenentwurf v. 27.09.2004, S. 29.

[402] Vgl. Referentenentwurf v. 27.09.2004, S. 29; ähnlich *Zypries*, MMR 2007, 545.

[403] Siehe u. a. den Antrag der FDP-Fraktion v. 14.12.2005, BT-Drucks. 16/262, mit dem Titel: „Die Modernisierung des Urheberrechts muss fortgesetzt werden."

[404] Abrufbar unter: http://www.kopien-brauchen-originale.de/media/archive/138.pdf

[405] Abrufbar unter: http://www.bmj.bund.de/media/archive/1174.pdf. Der Gesetzentwurf der Bundesregierung samt Stellungnahme des Bundesrats und Gegenäußerung der Bundesregierung findet sich als BT-Drucks. 16/1828.

„Allerdings greift die Formulierung in Absatz 1 [gemeint ist § 53 Abs. 1 in der bis zum 31.12.2007 geltenden Fassung]*, die allein darauf abstellt, ob die Vorlage rechtswidrig hergestellt worden ist, beim Download von Werken aus dem Internet zu kurz. Vielfach werden hier - gerade beim Filesharing in Peer-to-Peer-Tauschbörsen - Werke zum Download angeboten, bei denen die entsprechenden Vorlagen als zulässige Privatkopien rechtmäßig hergestellt worden sind. Allerdings erfolgt hier das Angebot zum Download, d. h. die öffentliche Zugänglichmachung, ohne die erforderliche Zustimmung des Urhebers oder Rechtsinhabers. (...) Mit der vorgeschlagenen Ergänzung wird der Intention der letzten Urheberrechtsnovelle* [Erster Korb] *entsprechend die Privatkopie auch in diesen Fällen unzulässig. Damit können Urheber und Rechtsinhaber gegen das Kopieren aus Filesharingsystemen im Internet erfolgreich vorgehen.“*[406]

Der Bundesrat[407] thematisierte die Frage des § 53 Abs. 1 S. 1 UrhG in seiner Stellungnahme ebenso wenig wie der Rechsausschuss des Bundestages.[408] Dementsprechend wurde die Erweiterung des Tatbestands des § 53 Abs. 1 S. 1 UrhG auf „offensichtlich rechtswidrig öffentlich zugänglich gemachte Vorlagen“ im Rahmen des „Zweiten Gesetzes zur Regelung des Urheberrechts in der Informationsgesellschaft“ am 05.07.2007 vom Bundestag beschlossen und nachdem der Bundesrat in der Sitzung am 21.09.2007 keinen Einspruch erhob trat das Gesetz am 01.01.2008 in Kraft.

In der Literatur wird die Neufassung des § 53 Abs. 1 S. 1 UrhG bislang ausnahmslos begrüßt und davon ausgegangen, durch die Neufassung sei eine „Lücke geschlossen“ bzw. eine „Unschärfe beseitigt“ worden.[409] Die Erweiterung des Tatbestands um „offensichtlich rechtswidrig öffentlich zugänglich gemachte Vorlagen“ wird als geeignet angesehen, Privatkopien von im Internet rechtswidrig angebo-

---

[406] BT-Drucks. 16/1828, S. 26.
[407] BR-Drucks. 257/06.
[408] BT-Drucks. 16/5939.
[409] Vgl. *Spindler*, NJW 2008, 9, 11; *Hoeren*, MMR 2007, 615, 620; *Langhoff/Oberndörfer/Jani*, ZUM 2007, 593, 600; *Scheja/Mantz*, CR 2007, 715, 717; *Liepe*, S. 250; wohl auch *Guntrum*, S. 204 f.

tenen Werken zu verhindern.[410] Es wird im Folgenden detailliert analysiert werden, inwiefern das gesetzgeberische Ziel, digitale Privatkopien von im Internet rechtswidrig angebotenen Dateien zu verbieten, durch die Neufassung des § 53 Abs. 1 S. 1 UrhG *tatsächlich* erreicht wurde.

II. Rechtswidrigkeit (national) i. S. d. § 53 Abs. 1 S. 1 UrhG

Zur Klärung der Frage, wann eine offensichtlich rechtswidrige Vorlage vorliegt, soll zunächst geprüft werden, wann eine Vorlage nach deutschem Recht rechtswidrig i. S. d. § 53 Abs. 1 S. 1 UrhG ist.

Rechtswidrig ist allgemein jede Handlung, die der Rechtsordnung widerspricht. Im Rahmen des § 53 Abs. 1 S. 1 UrhG geht es allein um die Beurteilung einer Vorlage nach urheberrechtlichen Maßstäben.[411] Eine Kopier-Vorlage ist mithin rechtswidrig i. S. d. § 53 Abs. 1 S. 1 UrhG, wenn ihre Herstellung *dem Urheberrecht widerspricht*. Eine Vorlage muss zum Zeitpunkt der Vornahme der Privatkopie rechtswidrig sein.[412]

„Hergestellt" i. S. d. § 53 Abs. 1 S. 1 UrhG wird eine Kopiervorlage durch eine Vervielfältigung i. S. d. § 16 UrhG.[413] Diese ist rechtswidrig, wenn der Vervielfältigende sich weder auf ein Nutzungsrecht der Rechteinhaber (also keine Lizenz oder Überschreitung einer bestehenden Lizenz) noch auf eine gesetzliche Lizenz (§§ 45 - 47, 53, 55, 56, 57 UrhG[414]) oder eine Bearbeitung (§ 23 UrhG) berufen kann.

---

[410] Vgl. zum Entwurf des Zweiten Korbs *Wenzl*, S. 89; *Schäfer*, S. 66; *Arlt*, S. 185 (dort Fn. 1160); *Baumgartner*, S. 174; *Liepe*, S. 119; vgl. zur Neufassung *Scheja/Mantz*, CR 2007, 715, 717; *Weiden*, GRUR 2007, 955.

[411] So auch *Dreyer* in: Dreyer/Kotthoff/Meckel, § 53 Rn. 21: „Nur die urheberrechtliche Sachlage ist entscheidend; dass andere Gesetze, etwa Wettbewerbsrecht, bei der Herstellung verletzt wurden, ist ohne Belang." Ebenso für § 96 Abs. 1 UrhG, der die Verbreitung rechtswidrig hergestellter Vervielfältigungsstücke verbietet *Bungeroth*, GRUR 1976, 454, 457.

[412] So auch *Hoffmann*, WRP 2006, 55, 57 f.

[413] So auch *Liepe*, S. 73.

[414] Der hier nicht erwähnte § 51 Nr. 3 UrhG erlaubt zwar ebenfalls die Vervielfältigung von Musik, doch deckt das Zitatrecht nur die Nutzung von Teilen eines Musikstücks. Vorliegend interessiert allein die offensichtliche Rechtswidrigkeit vollständiger Musikstücke.

Eine Vorlage ist z. B. rechtswidrig hergestellt, wenn zu ihrer Ermöglichung technische Maßnahmen i. S. d. § 95a UrhG umgangen werden mussten,[415] oder wenn der Vervielfältigende kommerzielle Zwecke verfolgt hat (also kein privater Gebrauch), ohne eine Lizenz eingeholt zu haben.

Wann eine Vorlage „rechtswidrig öffentlich zugänglich gemacht" ist i. S. d. § 53 Abs. 1 S. 1 UrhG richtet sich nach § 19a UrhG. Eine Zugänglichmachung die öffentlich ist, kann nicht zum privaten Gebrauch erfolgen und ist daher grundsätzlich nur mit Zustimmung der Rechteinhaber zulässig. Allerdings ist auch das Recht der öffentlichen Zugänglichmachung (§ 19a UrhG) Schranken unterworfen (§§ 45, 46, 48 - 51, 52a UrhG). Keine dieser Schrankenbestimmungen

---

[415] So auch *Theiselmann*, S. 94; *Berger*, ZUM 2004, 257, 260; a. A. *Freiwald*, S. 154, der zu dem „kuriosen Ergebnis" kommt, „dass das Vervielfältigungsstück selbst privilegiert, seine Herstellung unter Umgehung technischer Schutzmaßnahmen aber verboten ist." Dieser Ansicht liegt die Vorstellung zu Grunde, dass alle Voraussetzungen zur Vornahme einer rechtmäßigen Privatkopie abschließend in § 53 Abs. 1 S. 1 UrhG geregelt seien. § 53 Abs. 1 S. 1 UrhG darf jedoch nicht derart isoliert betrachtet und aus seiner äußeren Systematik herausgetrennt werden. Zwar ist *Freiwald* beizupflichten, dass § 53 Abs. 1 S. 1 UrhG keine ausdrückliche Einschränkung in Hinblick auf die Umgehung technischer Maßnahmen i. S. d. § 95a UrhG enthält. Ebenso wenig enthält § 53 Abs. 1 S. 1 UrhG jedoch eine ausdrückliche Einschränkung hinsichtlich graphischer Aufzeichnung von Musik (§ 53 Abs. 4 a) UrhG), ganzer Bücher oder Zeitschriften (§ 53 Abs. 4 b) UrhG), Datenbankwerke (§ 53 Abs. 5 UrhG), Computerprogramme (§§ 69c ff. UrhG) oder Datenbanken (§ 87c UrhG). Auch in diesen Fällen ist eine entsprechende Vervielfältigung nicht durch § 53 Abs. 1 S. 1 UrhG privilegiert, obwohl dies nicht ausdrücklich in § 53 Abs. 1 S. 1 UrhG untersagt ist. Im Übrigen ist die Aufspaltung zwischen der Bewertung des Vervielfältigungsvorgangs einerseits und des daraus resultierenden Vervielfältigungsstücks andererseits abzulehnen. Durch einen *rechtswidrigen* Vervielfältigungsvorgang kann kein *rechtmäßig hergestelltes* Vervielfältigungsstück entstehen. Wie *Freiwald* auch *Brinkel*, S. 151 f., der davon ausgeht, § 95a UrhG wolle „nur technische Schutzmaßnahmen, nicht aber deren Objekte, die jeweiligen Werke, absichern; wer eine technische Schutzmaßnahme aushebelt, begeht somit gerade keine Urheberechtsverletzung im materiellen Sinne." Eine Abgrenzung zwischen Urheberrechtsverletzungen im „formellen und materiellen Sinne" gibt *Brinkel* nicht. Auch *Arlt*, MMR 2005, 148, 149; *ders.*, CR 2005, 646; *ders.*, DRM, S. 176 geht davon aus, das materielle Urheberrecht sei „von den Regelungen der §§ 95a ff. UrhG über den rechtlichen Schutz technischer Maßnahmen strikt zu differenzieren". Eine Umgehung wirksamer technischer Maßnahmen i. S. d. § 95a Abs. 2 UrhG stellt auf Grund des § 95a UrhG aber immer eine Urheberrechtsverletzung dar. Damit ist ein entsprechender Vervielfältigungsvorgang auch rechtswidrig i. S. d. § 53 Abs. 1 S. 1 UrhG.

erlaubt indes die öffentliche Zugänglichmachung von Musikdateien für einen nicht abgegrenzten Personenkreis.[416] Eine Rechtmäßigkeit kommt in diesen Fällen nur dann in Betracht, wenn eine entsprechende Lizenz der Rechteinhaber vorliegt. Eine unerlaubtes Anbieten von Musikdateien an die Allgemeinheit über das Internet stellt daher in jedem Fall eine rechtswidrige öffentliche Zugänglichmachung dar.

III. Rechtswidrigkeit bei grenzüberschreitenden Sachverhalten

1. Einführung in die Problematik

Deutschland liegt geographisch im Zentrum von Europa, ist Mitglied der europäischen Union und durch zahlreiche internationale Beziehungen Teil einer globalisierten Welt. Hinzu kommen die Möglichkeiten, über das Internet[417] Musikdateien aus der ganzen Welt in Deutschland auf den heimischen Rechner herunterzuladen. All dies führt dazu, dass viele Vorlagen (Tonträger oder Musikdateien), die in Deutschland für private Vervielfältigungen verwendet werden, aus dem Ausland stammen.

Fraglich ist, nach welchem nationalen Recht sich die von § 53 Abs. 1 S. 1 UrhG geforderte *Rechtmäßigkeit der Vorlage* richtet. Bestimmt sich die Rechtmäßigkeit einer Herstellung bzw. einer öffentlichen Zugänglichmachung auch dann nach deutschem Recht, wenn dieser Vorgang im Ausland stattfindet? Wo lässt sich der Akt der öffentlichen Zugänglichmachung lokalisieren? Ist rechtswidrig i. S. d. § 53 Abs. 1 S. 1 UrhG nur, was dem *deutschen* Urheberrechtsgesetz widerspricht? Dürfen Vorgänge des Herstellens bzw. öffentlich Zugänglichmachens urheberrechtlich geschützter Werke im Ausland anhand des deutschen Urheberrechts beurteilt werden?

[416] § 45 UrhG erlaubt die öffentliche Zugänglichmachung nur zur Verwendung in Verfahren oder zu Zwecken der Rechtspflege; § 46 UrhG ist auf den Unterrichtsgebrauch beschränkt; §§ 48 - 50 UrhG betreffen die Zugänglichmachung von Reden, Rundfunkkommentaren, Zeitungsartikeln, Berichten über Tagesereignisse und Zitaten; § 52a UrhG schließlich erlaubt die öffentliche Zugänglichmachung für Unterricht und Forschung nur für einen abgegrenzten Personenkreis.

[417] Die folgenden Ausführungen konzentrieren sich auf das Internet, sind aber auf andere elektronische Netze, wie z. B. Firmennetzwerke, übertragbar.

Abb. 21: Fragestellung bei Vorlagen aus dem Ausland.

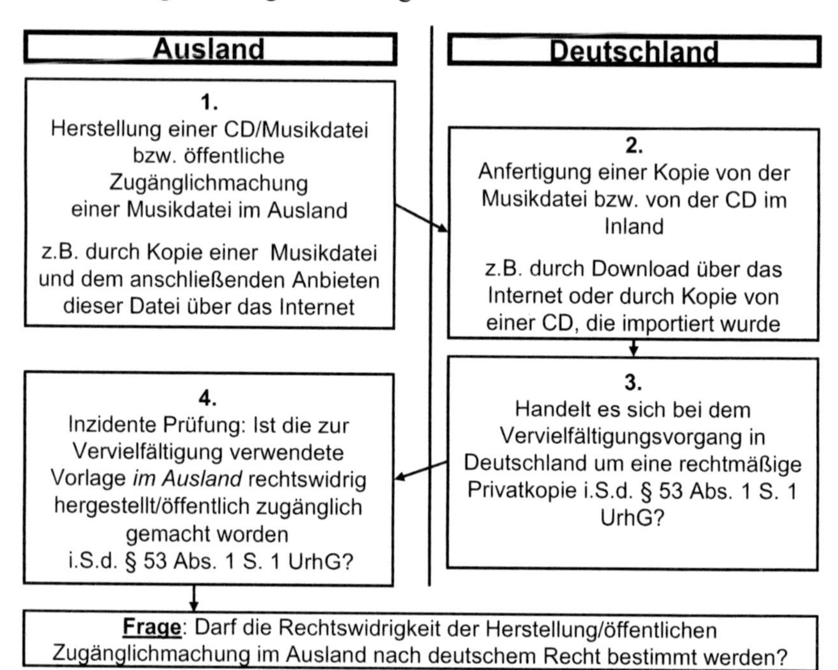

Die Abbildung verdeutlicht, dass zwei Fragenkomplexe zu trennen sind: Zum einen die rechtliche Bewertung der Privatkopie in Deutschland und zum anderen die Bewertung der vorgelagerten Herstellung/öffentlichen Zugänglichmachung der zur Privatkopie verwendeten Vorlage. Die Rechtswidrigkeit der Vorlage muss bei der Bewertung der privaten Vervielfältigung in Deutschland *inzident* geprüft werden.[418]

2. *Territorialitätsprinzip*

Zur Beantwortung der Frage, nach welchem nationalen Recht sich die Rechtswidrigkeit i. S. d. § 53 Abs. 1 S. 1 UrhG bestimmt, wenn die Vorlage im Ausland hergestellt/öffentlich zugänglich gemacht

[418] Ähnlich *Hoffmann*, WRP 2006, 55, 59; siehe zu § 96 UrhG *Hartmann* in: Möhring/Nicolini, Vor §§ 120 ff. Rn. 25.

wurde, sollen zunächst die Grundzüge des internationalen Urheberrechts näher betrachtet werden.

Soweit es um urheberrechtliche Fragestellungen im Bereich des internationalen Privatrechts geht, treffen weder das Urheberrechtsgesetz, noch das EGBGB Regelungen zum anwendbaren Recht.[419] Auch völkerrechtliche Verträge auf dem Gebiet des Urheberrechts enthalten keine kollisionsrechtlichen Vorgaben.[420]

In Deutschland gilt ebenso wie im internationalen Urheberrecht das Territorialitätsprinzip.[421] Völkerrechtlich gesehen besagt das Territorialitätsprinzip, dass die Gesetze eines Staates nur innerhalb seines Hoheitsgebiets Geltung beanspruchen können.[422] Dies ergibt sich aus der Souveränität der Staaten, da kein Staat durch seine Gesetze die Verhältnisse in einem anderen souveränen Staat regeln kann.[423] Im Urheberrecht[424] steht das Territorialitätsprinzip für den Grundsatz, dass es kein supranationales Urheberrecht gibt, sondern ein *Bündel nationaler Urheberrechte, deren Geltung auf das jeweilige Hoheitsgebiet beschränkt ist.*[425]

---

[419] Vgl. *Fezer/Koos* in: Staudinger, IntWirtschR, Rn. 828 und 1003. Die §§ 120 - 123 UrhG haben nur fremdenrechtlichen Gehalt und legen den persönlichen Anwendungsbereich des UrhG fest. Sie sind kein Kollisionsrecht, vgl. a. A.O., Rn. 1004.

[420] Inwiefern die RBÜ in Art. 5 Abs. 2 S. 2 eine kollisionsrechtliche Regelung trifft, ist umstritten; vgl. *Hoeren* in: Handbuch Multimedia-Recht, September 2004, 7.10 Rn. 7; *Katzenberger* in: Schricker, Vor §§ 120 ff. Rn. 125; *Fezer/Koos* in: Staudinger, IntWirtschR, Rn. 1005; *Thum*, GRUR Int. 2001, 9, 20; ausführlich *Bollacher*, S. 11 ff. Zur sog. „Rom II"-Verordnung siehe sogleich.

[421] Vgl. u. a. BGH GRUR Int. 1994, 1044, 1045 - *Folgerecht bei Auslandsbezug*; BGH ZUM 2004, 371, 373 - *Tonträgerpiraterie durch CD-Export*; *Ulmer*, UrhR, S. 80 ff.; *Katzenberger*, GRUR Int. 1993, 640, 652; *ders.* in: Schricker, Vor §§ 120 ff. Rn. 120; *Dreier* in: Dreier/Schulze, Vor §§ 120 ff. Rn. 28; *Kotthoff* in: Dreyer/Kotthoff/Meckel, § 120 Rn. 4; siehe ausführlich zum Territorialitätsprinzip vor allem *Fezer/Koos* in: Staudinger, IntWirtschR, Rn. 839 ff. und 1006 ff.

[422] *Peifer*, ZUM 2006, 1.

[423] Vgl. *Katzenberger* in: Schricker, Vor §§ 120 ff. Rn. 123.

[424] Für eine klare Differenzierung zwischen völkerrechtlichem und urheberrechtlichem Gehalt des Territorialitätsprinzips *Bollacher*, S. 55 ff. Siehe zu den verschiedenen Aspekten des Territorialitätsprinzips auch *Fezer/Koos* in: Staudinger, IntWirtschR, Rn. 839 f.

[425] Vgl. BGH GRUR 2007, 691 - *Staatsgeschenk*; BGHZ 136, 380, 386 - *Spielbankaffaire*; BGH GRUR Int. 2003, 470, 471 - *Sender Feldberg*; *Katzenberger* in: Schricker, Vor §§ 120 ff. Rn. 121; *Dreier* in: Dreier/Schulze, Vor §§ 120 ff. Rn. 28; *Hartmann*

Das Territorialitätsprinzip hat zur Folge, dass jedes Land das Urheberrecht nur innerhalb seines Territoriums regeln kann und dies grundsätzlich auch nur für seine eigenen Staatsangehörigen tut.[426] Um sicherzustellen, dass die Rechte der eigenen Urheber auch im Ausland geschützt werden, sind die Staaten auf ausdrückliche Anerkennung der Urheberrechte im Ausland angewiesen. Dies kann durch den Abschluss bilateraler Verträge geschehen, in denen den Urhebern eines anderen Staates die gleiche Behandlung wie inländischen Urhebern (Inländerbehandlung) zugesagt wird soweit der andere Staat ebenso verfährt.[427] Um eine unüberschaubare Vielzahl verschiedenartiger bilateraler Verträge zu vermeiden, existieren multilaterale völkerrechtliche Verträge, die den Urhebern (und Inhabern verwandter Schutzrechte) aller unterzeichnenden Staaten gewisse rechtliche Mindeststandards zusichern.[428]

Die Besonderheit des Territorialitätsprinzips wird im Vergleich zum Eigentum an körperlichen Gegenständen besonders deutlich:[429] Ein in einem Land erworbenes Eigentum wird auch in einem anderen

---

in: Möhring/Nicolini, Vor §§ 120 ff. Rn. 2; *Peifer*, ZUM 2006, 1; *Gaster*, ZUM 2006, 8. Ob das Territorialitätsprinzip bereits kollisionsrechtlicher Natur ist, also die Frage nach dem anwendbaren Recht beantwortet, ist umstritten.

[426] Siehe in Deutschland die §§ 120 ff. UrhG; beachte § 120 Abs. 2 Nr. 2 UrhG, der Staatsangehörige eines anderen Mitgliedstaates der Europäischen Union deutschen Staatsangehörigen gleichstellt. *Schack*, UrhR, Rn. 797 ist der Ansicht, dass das Urheberrecht „zu den wenigen Gebieten des Privatrechts" gehört, „auf denen heute noch fremdenrechtliche Benachteiligungen bestehen" und spricht von einer „international üblichen Diskriminierung von Ausländern, denen bestimmte subjektive Rechte vorenthalten werden". Durch die Ausländerdiskriminierung sollen ausländische Staaten dazu bewogen werden, völkerrechtliche Verträge zum Schutz der Urheber abzuschließen (Prinzip der Schutzverweigerung), vgl. *Katzenberger* in: Schricker, Vor §§ 120ff. Rn. 11.

[427] Vgl. *Dreier* in: Dreier/Schulze, Vor §§ 120 ff. Rn. 19. Siehe auch *Fezer/Koos* in: Staudinger, IntWirtschR, Rn. 839.

[428] Wichtige Verträge und Abkommen sind insbesondere RBÜ, WUA, Rom-Abkommen, Genfer Tonträgerabkommen, TRIPS, WCT und WPPT; s. o. Fn. 10. Eine ausführliche Darstellung der relevanten Verträge, ihres Inhalts und der Mitglieder findet sich bei *Katzenberger* in: Schricker, Vor §§ 120 ff. Rn. 13 ff.

[429] Die Problematik mit grenzüberschreitenden Sachverhalten stellt sich bei Forderungen nicht in dem Ausmaß, da Forderungen relative Rechte darstellen, die allein zwischen den Vertragsparteien bestehen, vgl. *Schack*, UrhR, Rn. 793. Das Urheberrecht als absolutes Recht richtet sich gegen jedermann.

Land, in den der Gegenstand gebracht wird, anerkannt, ohne dass es einer gesonderten Anerkennung bedarf.[430] Ein im Inland gewährtes Urheberrecht kann im Ausland jedoch keine Wirkung entfalten. Der Unterschied liegt darin, dass sich ein Gegenstand immer nur an einem Ort befinden kann (vgl. Art. 43 EGBGB), während Immaterialgütern eine entsprechende Belegenheit in *einem* bestimmten Land fehlt und damit auch der Anknüpfungsaspekt des Belegenheitsortes.[431] Nutzungen eines urheberrechtlich geschützten Werkes können potenziell überall auf der Welt gleichzeitig vorgenommen werden (sog. *potenzielle Ubiquität*, also zeitliche und örtliche Ungebundenheit der Immaterialgüter[432]). Immaterialgüter „befinden" sind daher überall dort, wo eine Verwertungshandlung vorgenommen wird oder in Frage steht.[433]

Das Territorialitätsprinzip hat zur Folge, dass jede Vervielfältigung von Musik zum privaten Gebrauch in Deutschland nach § 53 Abs. 1 S. 1 UrhG zu bewerten ist - unabhängig davon, woher die Vorlage stammt. Bei Musikdateien aus dem Internet ist mit jedem Herunterlade-Vorgang (Download) zwingend eine Vervielfältigung (§ 16 UrhG) der runtergeladenen Datei auf dem Computer des Herunterladenden verbunden.[434] Die Vorlage kann dabei auf einem Server im Ausland liegen, während die Vervielfältigung an dem Ort stattfindet, an dem das Speichermedium sich bei der Festlegung befindet.[435] Lädt ein Nutzer in Deutschland eine Musikdatei auf die Festplatte seines heimischen Computers, so findet diese Vervielfältigung in Deutschland statt und unterliegt unabhängig von der Herkunft der Datei dem deutschen Urheberrechtsgesetz.[436]

---

[430] Art. 43 Abs. 1 EGBGB: „Rechte an einer Sache unterliegen dem Recht des Staates, in dem sich die Sache befindet." Siehe auch *Peifer*, ZUM 2006, 1; BGH GRUR Int. 1994, 1044, 1045 - *Folgerecht bei Auslandsbezug*; *Ulmer*, UrhR, S. 83; *Schack*, UrhR, Rn. 899.

[431] *Ulmer*, IPR, S. 7; *Fezer/Koos* in: Staudinger, IntWirtschR, Rn. 815.

[432] *Rehbinder*, Rn. 3.

[433] *Ulmer*, IPR, S. 9.

[434] *Hartmann* in: Möhring/Nicolini, Vor §§ 120 ff. Rn. 32; *Spindler*, IPRax 2003, 412, 416.

[435] *Hartmann* in: Möhring/Nicolini, Vor §§ 120 ff. Rn. 32; *Kotthoff* in: Dreyer/Kotthoff/Meckel, § 120 Rn. 15; i.E. ebenso *Spindler*, IPRax 2003, 412, 416.

[436] Vgl. *Spindler*, IPRax 2003, 412, 416; *Fezer/Koos* in: Staudinger, IntWirtschR, Rn. 1059.

3. Schutzlandprinzip

Aus dem Territorialitätsprinzip folgt das Schutzlandprinzip.[437] Wenn nämlich innerhalb eines Staatsgebiets ausschließlich das Urheberrecht dieses Staates Geltung beanspruchen kann, so kann im Falle einer Verletzung des Urheberrechts auch nur das Recht des Staates maßgeblich sein, für dessen Gebiet urheberrechtlicher Schutz beansprucht wird.[438] Dementsprechend besagt das Schutzlandprinzip, dass *bei der Verletzung von Urheberrechten das Recht des Staates zu Grunde gelegt wird, für dessen Gebiet Schutz beansprucht wird (lex loci protectionis)*, bzw. für dessen Territorium das Urheberrecht seine Wirkung entfalten soll.[439] Dieses allein ist für das Entstehen, Inhaberschaft, Inhalt und Umfang des Urheberrechts maßgeblich.[440] Eine Differenzierung nach Handlungs- und Erfolgsort der Verletzungshandlung findet zu Gunsten eines einheitlichen Verletzungsortes nicht statt.[441] Wenn also ein Urheber geltend macht, sein Werk werde in Deutschland rechtswidrig vervielfältigt, so richtet sich die Frage der Rechtmäßigkeit des Vervielfältigungsvorgangs allein nach deutschem Recht.

Da das Schutzlandprinzip bei grenzüberschreitenden Sachverhalten das anwendbare Recht bestimmt, handelt es sich um eine kollisionsrechtliche Regel.[442] Das Schutzlandprinzip ist durch Rechtspre-

---

[437] So *Hartmann* in: Möhring/Nicolini, Vor §§ 120 ff. Rn. 4; *Dreier* in: Dreier/Schulze, Vor §§ 120 ff. Rn. 28; *Ulmer*, IPR, S. 9 und S. 12 f.; *Buchner*, GRUR Int. 2005, 1004, 1005 f.

[438] *Kotthoff* in: Dreyer/Kotthoff/Meckel, § 120 Rn. 5.

[439] BGH GRUR 2007, 691, 692 - *Staatsgeschenk*; BGH ZUM 2004, 371, 373 - *Tonträgerpiraterie durch CD-Export*; siehe auch *Katzenberger*, GRUR Int. 1993, 640, 651 f.; *Hartmann* in: Möhring/Nicolini, Vor §§ 120 ff. Rn. 4; *Spindler*, IPRax 2003, 412, 413. Das Schutzland darf nicht mit dem Forumstaat verwechselt werden, vor dessen Gerichten Rechtsschutz geltend gemacht wird, vgl. *Reber*, ZUM 2005, 194; *Dreier* in: Dreier/Schulze, Vor §§ 120 ff. Rn. 28; *Ulmer*, IPR, S. 12.

[440] Vgl. BGH ZUM 2004, 371, 373 - *Tonträgerpiraterie durch CD-Export*; *Katzenberger*, GRUR Int. 1993, 640, 652; *ders.* in: Schricker, Vor §§ 120 ff. Rn. 127 und 129; *Peifer*, ZUM 2006, 1, 2; *Dreier* in: Dreier/Schulze, Vor §§ 120 ff. Rn. 28.

[441] Vgl. *Reber*, ZUM 2005, 194, 197; *Hartmann* in: Möhring/Nicolini, Vor §§ 120 ff. Rn. 17.

[442] So *Fezer/Koos* in: Staudinger, IntWirtschR, Rn. 839 und 869; *Bollacher*, S. 15.

chung[443] und Literatur[444] anerkannt und wird aktuell durch den europäischen Gesetzgeber im Rahmen der „Rom II"-Verordnung[445] bestätigt.

Das ebenfalls denkbare *Universalitätsprinzip*, wonach der Urheber sein im Ursprungsland erworbenes Urheberrecht in andere Staaten „mitnimmt" (das Urheberrecht also universelle Geltung beansprucht), hat sich (bislang) nicht durchgesetzt.[446]

---

[443] Vgl. BGHZ 136, 380 ff. - *Spielbankaffaire*; BGH GRUR Int. 1994, 1044 ff. - *Folgerecht bei Auslandsbezug*.

[444] Siehe *Katzenberger* in: Schricker, Vor §§ 120 ff. Rn. 124 ff.; *Dreier* in Dreier/Schulze, Vor §§ 120 ff. Rn. 28 ff.; *Kotthoff* in: Dreyer/Kotthoff/Meckel, § 120 Rn. 7 ff.; *Hartmann* in: Möhring/Nicolini, Vor §§ 120 ff. Rn. 4; *Obergfell*, ZUM 2006, 9, 11; zur Kritik am Schutzlandprinzip siehe *Schack*, UrhR, Rn. 888 ff. und 918 ff., der die lex loci protectionis „als eine euphemistische Umschreibung für das Deliktsstatut (lex loci delicti)" ansieht; ebenfalls kritisch *Bollacher*, S. 65 ff. und vor allem S. 110 f.

[445] Vgl. Art. 9 Abs. 1 der Verordnung (EG) Nr. 864/2007 des Europäischen Parlaments und des Rates vom 11. Juli 2007 über das auf außervertragliche Schuldverhältnisse anzuwendende Recht („Rom II"), ABl. EG Nr. L 199 v. 31.07.2007, S. 40 ff.: „Auf außervertragliche Schuldverhältnisse, die aus der Verletzung von Rechten an geistigem Eigentum entstanden sind, ist das Recht des Staates anzuwenden, in dem der Schutz beansprucht wird." Hiermit ist - wie sich aus der Begründung ergibt - nicht das Recht des Staates gemeint, vor dessen Gerichten Schutz beansprucht wird (lex fori), sondern das Recht des Staates, für dessen Gebiet Schutz beansprucht wird (lex loci protectionis); vgl. *Buchner*, GRUR Int. 2005, 1004, 1005; zu „Rom II" und den Auswirkungen auf das Urheberrecht siehe *Obergfell*, ZUM 2005, 9 ff.; *Fezer/Koos* in: Staudinger, IntWirtschR, Rn. 829 ff.; zur Übereinstimmung von „Rom II" mit dem Schutzlandprinzip siehe auch BGH GRUR 2007, 691, 692 - *Staatsgeschenk*; allgemein zu „Rom II" siehe *Symeonides* in: FS Jayme (2004), S. 935; *Wagner*, IPRax 2008, 1 ff.

[446] Für das Universalitätsprinzip in Verbindung mit dem Ursprungs-/Herkunftslandprinzip (Urheberrechtsschutz richtet sich nach dem Recht des Staates, in dem das Werk erschienen ist bzw. in dem der Urheber seinen Sitz hat) plädieren *Schack*, UrhR, Rn. 900 ff.; *Bollacher*, S. 165 ff.; *Intveen*, S. 85 ff. Vgl. allgemein zum Universalitätsprinzip *Ulmer*, UrhR, S. 83; siehe auch die Nachweise bei *Katzenberger* in: Schricker, Vor §§ 120 ff. Rn. 122; *Fezer/Koos* in: Staudinger, IntWirtschR, Rn. 852 und 1010 ff. Aspekte des Herkunftslandprinzips finden sich in der Richtlinie 93/83/EWG des Rates v. 27.09.1993 zur Koordinierung bestimmter urheber- und leistungsschutzrechtlicher Vorschriften betreffend Satellitenrundfunk und Kabelweitersendung (Abl. EG Nr. L 248 v. 06.10.1993, S. 15 ff.), nach der für grenzüberschreitende Programmverbreitung mittels Satellit einheitlich das Recht des Orts der öffentlichen Wiedergabe maßgeblich ist, vgl. *Gaster*, ZUM 2006, 8, 11. Auch die Richtlinie 2000/31/EG des Europäischen Parlaments und des Rates v. 08.06.2000 über bestimmte rechtliche Aspekte der Dienste der Informationsgesellschaft, insbesondere des elektro-

Die Anwendung des Territorialitäts-/Schutzlandprinzips auf die Frage, nach welchem Recht sich die Rechtmäßigkeit einer Kopiervorlage richtet, ist nun für die Herstellung einer Vorlage und deren öffentliche Zugänglichmachung getrennt vorzunehmen.

4. Herstellung im Ausland

Wenn man von dem Fall ausgeht, dass in Deutschland ein Werk, das aus dem Ausland stammt, vervielfältigt wird, so könnte man erwägen, das Schutzlandprinzip wie folgt anzuwenden: Es geht um die Verletzung des inländischen Urheberrechts durch eine private Vervielfältigung im Inland. Die Vervielfältigungshandlung findet in Deutschland statt, für dessen Gebiet auch Schutz beansprucht wird. Schutzland ist Deutschland und damit wäre das deutsche Urheberrechtsgesetz maßgeblich, so dass sich die Rechtswidrigkeit der Herstellung (der Vorlage) im Ausland nach deutschem Recht richten würde.[447] Diese Sichtweise würde jedoch die Frage der Rechtmäßigkeit der privaten Vervielfältigung i. S. d. § 53 Abs. 1 S. 1 UrhG mit der Frage der Rechtmäßigkeit der zu ihrer Herstellung verwendeten Vorlage verwechseln.[448] Die Herstellung und/oder öffentliche Zugänglichmachung einer Vorlage und die Vornahme einer Privatkopie von dieser Vorlage sind zwei voneinander unabhängige Vorgänge.

Nach dem Schutzlandprinzip entscheidet das Recht des Ortes, an dem eine Verletzungshandlung vorgenommen wird, über die Rechtmäßigkeit dieser Handlung. Der Herstellungsvorgang hat in dem genannten Beispiel nicht auf deutschem Territorium stattgefunden, so dass das deutsche Recht grundsätzlich nicht befugt ist, den Vorgang

---

nischen Geschäftsverkehrs, im Binnenmarkt (sog. „e-commerce Richtlinie", ABl EG Nr. L 178 v. 17.07.2000, S. 1 ff.), sieht das Herkunftslandprinzip vor, so dass der freie Dienstleistungsverkehr von Telediensten, die in einem Mitgliedstaat der EU von Diensteanbietern geschäftsmäßig angeboten und erbracht werden, die in einem anderen EU-Staat niedergelassen sind, nicht eingeschränkt werden können. Der Anhang zu Art. 3 nimmt die Urheberrechte aber ausdrücklich von dem Herkunftslandprinzip aus, vgl. *Henning-Bodewig*, GRUR 2004, 822, 823; siehe auch *Spindler*, IPRax 2003, 412, 415. Im Übrigen greifen auch die Anhänger des Universalitätsprinzips hinsichtlich des Inhalts und der Schranken des Urheberrechts weitestgehend auf das Schutzlandprinzip zurück; vgl. *Spindler*, IPRax 2003, 412, 414; *Schack*, UrhR, Rn. 920; *Evert*, S. 247 ff.

[447] So *Berger*, ZUM 2004, 257, 259; *Schäfer*, S. 66; *Jani*, ZUM 2003, 842, 849.

[448] S. o. Abb. 21: Fragestellung bei Vorlagen aus dem Ausland, S. 126.

rechtlich zu bewerten. Fraglich ist jedoch, ob hier etwas anderes gelten soll, da kein Verletzungsanspruch gegen den Hersteller im Ausland geltend gemacht wird, sondern die Rechtmäßigkeit des Vorgangs im Ausland nur inzident geprüft wird, um festzustellen, ob eine Privatkopie im Inland rechtmäßig war.

Zu dieser Frage existieren zwei Entscheidungen des BGH zu § 96 UrhG, der die Verbreitung und öffentliche Wiedergabe „rechtswidrig hergestellter Vervielfältigungsstücke" verbietet. Diese Urteile werden im Folgenden dargestellt um zu prüfen, ob sie eine Antwort auf die hier aufgeworfene Frage im Rahmen des § 53 Abs. 1 S. 1 UrhG geben können.

a) BGH - Konzertveranstalter

In dieser Entscheidung aus dem Jahr 1971 hatte der BGH sich erstmals mit der Frage zu befassen, wann ein Vervielfältigungsstück im Ausland „rechtswidrig hergestellt" ist (i. S. d. § 96 Abs. 1 UrhG).[449] Der Entscheidung lag folgender Sachverhalt zu Grunde: Im Jahr 1967 unternahm das Staatliche Symphonieorchester der UdSSR eine Konzertreise durch die Bundesrepublik. Hierbei verwendeten die Musiker für die öffentliche Aufführung Noten, die nach Auffassung der klagenden GEMA in Russland rechtswidrig hergestellt worden waren.

Der BGH wies die Klage der GEMA zurück und formulierte klar: „Das inländische Vervielfältigungsrecht der Kläger ist nicht verletzt, weil die Vervielfältigung im Ausland durchgeführt wurde. Dies gilt unabhängig davon, ob die Vervielfältigung im Ausland rechtmäßig oder rechtswidrig war."[450]

---

[449] BGH GRUR 1972, 141 ff. - *Konzertveranstalter*.

[450] BGH GRUR 1972, 141 f. - *Konzertveranstalter*. Etwaigem Missbrauch durch Musikveranstalter, die Notenmaterial aus dem urheberrechtsfreien Ausland beschaffen, sollte nach Ansicht des Gerichts notfalls durch eine weite Auslegung des Verbreitungsbegriffs begegnet werden.

b) BGH - The Doors

Im Jahr 1997 musste sich der BGH mit Darbietungen ausübender Künstler befassen, die im schutzrechtsfreien Ausland nach dortigem Recht zulässig vervielfältigt worden waren.[451] Konkret handelte es sich um den Mitschnitt eines Live-Konzerts, welches die Gruppe „The Doors“ 1968 in Stockholm gegeben hatte. Der Mitschnitt wurde ohne Zustimmung der Bandmitglieder vorgenommen, von einer in Luxemburg ansässigen Firma auf Tonträger vervielfältigt und schließlich in Deutschland vertrieben. Nach luxemburgischem Urheberrecht war die Schutzfrist (vgl. in Deutschland §§ 64 ff., 82, 85 Abs. 3 UrhG) abgelaufen, und die Tonträger daher nach dortigem Recht rechtmäßig hergestellt worden.

In diesem Fall urteilte der BGH anders und vertrat die Ansicht, dass sich § 96 Abs. 1 UrhG auch auf im Ausland rechtswidrig hergestellte Vervielfältigungsstücke erstrecke.[452] Die Herstellung in Luxemburg wurde daher als rechtswidrig i. S. d. § 96 UrhG eingestuft, obwohl sie nach dortigem Recht rechtmäßig vorgenommen worden war. Den Widerspruch zu der „Konzertveranstalter“-Entscheidung begründete der BGH damit, dass es sich damals um einen Sonderfall gehandelt habe, bei dem auf Grund einer Interessenabwägung entschieden worden sei.[453] Zudem sei es bei der Konzertveranstalter-Entscheidung um das Recht des Urhebers gegangen und bei der The Doors-Entscheidung um das Recht des ausübenden Künstlers. Ob diese Differenzierung eine unterschiedliche Auslegung des Begriffs „rechtswidrig hergestellt“ rechtfertigt, ließ der BGH indes ausdrücklich offen.[454]

[451] BGHZ 121, 319 ff. = GRUR Int. 1993, 699 ff. - *The Doors*.
[452] BGH GRUR Int. 1993, 699, 700 a. E. - *The Doors*; zustimmend *Katzenberger*, GRUR Int. 1993, 640 ff.
[453] BGH GRUR Int. 1993, 699, 701 - *The Doors*; zustimmend *Lütje* in Möhring/Nicolini, § 96 Rn. 13.
[454] BGH GRUR Int. 1993, 699, 701 - *The Doors*.

c) Anwendbarkeit der The Doors-Entscheidung

Teilweise wird die The Doors-Entscheidung auf die Frage der Rechtswidrigkeit i. S. d. § 53 Abs. 1 S. 1 UrhG übertragen und in allen Fällen deutsches Recht für maßgeblich erachtet.[455]

Bevor man die The Doors-Entscheidung auf andere Sachverhalte überträgt, sind die besonderen Umstände dieses Urteils zu beachten. Das damalige Urheberrechtsgesetz kannte noch kein eigenständiges Verbreitungsrecht für ausübende Künstler, sondern nur das Recht, die Verbreitung rechtswidrig hergestellter Vervielfältigungsstücke zu verbieten.[456] Der BGH wollte den ausübenden Künstler gegenüber dem Import sog. „bootlegs“[457] aus dem Ausland jedoch nicht schutzlos stellen. Aus diesem Grund wurde in dem Urteil die Rechtswidrigkeit der Herstellung bejaht, obwohl diese im Ausland stattgefunden hatte. Das Gericht stützte sich auf den „Sinn und Zweck des Schutzrechts des ausübenden Künstlers“ und den „sich aus der Entstehungsgeschichte“ ergebenden Willen des Gesetzgebers.[458] Die The Doors-Entscheidung wurde demnach allein von der Absicht getragen, den ausübenden Künstler zu schützen, und nicht von der dogmatischen Überzeugung, die Herstellung im Ausland müsse nach deutschem Recht bewertet werden.

Gegen eine Anwendung der The Doors-Entscheidung auf § 53 Abs. 1 S. 1 UrhG spricht zudem, dass im Rahmen des § 53 Abs. 1 S. 1 UrhG keine Schutzlücke besteht, wie sie der damaligen Situation des ausübenden Künstlers entspräche. Die für die The Doors-Entscheidung maßgebliche Gefahrenlage besteht im Rahmen des § 53 Abs. 1 S. 1 UrhG nicht. Eine Anwendbarkeit der The Doors-

---

[455] A. A. *Brinkel*, S. 152.

[456] Heute hat der ausübende Künstler gem. § 77 Abs. 2 S. 1 UrhG ein ausschließliches Verbreitungsrecht. Siehe ausführlich zum Schutz ausübender Künstler durch § 96 Abs. 1 UrhG *Katzenberger*, GRUR Int. 1993, 640 ff.

[457] Bootleg = englisch für „Stiefelschaft“; der Begriff entstand in der amerikanischen Kolonialzeit (18. Jahrhundert), als beim verbotenen Verkauf von Alkohol an die Indianer die Ware in den Stiefelschäften versteckt wurde; Brockhaus Enzyklopädie, 19. Auflage, Mannheim 1987, Band 3, S. 534. Im Musikbereich bezeichnet der Begriff nicht autorisierte Konzertmitschnitte. *Andryk*, S. 274 geht davon aus, der Begriff komme daher, dass Mikrophone und Aufnahmegeräte in Stiefelschäften versteckt worden wären.

[458] GRUR Int. 1993, 699, 701 - *The Doors*.

Entscheidung auf § 53 Abs. 1 S. 1 UrhG ist folglich abzulehnen, da dem dort zu entscheidenden Sachverhalt eine Sonderkonstellation zu Grunde lag, die nicht auf § 53 Abs. 1 S. 1 UrhG übertragen werden kann.

d) Anwendbarkeit der Konzertveranstalter-Entscheidung

Der Konzertveranstalter-Entscheidung liegen keine sachfremden Zweckmäßigkeitserwägungen zu Grunde, sondern die konsequente Anwendung des Territorialitäts- und Schutzlandprinzips. Aus dem Territorialitätsprinzip folgt, dass das deutsche Urheberrecht nur durch Handlungen in Deutschland verletzt werden kann und aus dem Schutzlandprinzip, dass bei Urheberrechtsverletzungen im Inland nur das inländische Recht maßgeblich ist.[459] Es ist dem deutschen Urheberrecht grundsätzlich verwehrt, einen ausländischen Sachverhalt nach deutschem Urheberrecht zu beurteilen.[460] Dies schließt zwar nicht aus, dass ausländische Sachverhalte für das Inland von Bedeutung sein können.[461] Das Territorialitätsprinzip setzt aber einen hinreichenden Inlandsbezug voraus.[462] Liegt ein solcher Inlandsbezug bei einer Herstellung, also einer Vervielfältigungshandlung, im Ausland vor?

Die Herstellung der Vorlage im Ausland ist bereits vollständig abgeschlossen, wenn von dieser Vorlage im Inland eine Privatkopie angefertigt wird. Die Herstellung, die möglicherweise zeitlich lange zurück liegt, wird nur mittelbar, nämlich bei der Prüfung der Rechtmä-

---

[459] Vgl. BGH GRUR Int. 1994, 1044, 1045 - *Folgerecht bei Auslandsbezug:* „Durch eine nur im Ausland erfolgte Verwertungshandlung kann ein inländisches Schutzrecht daher nicht verletzt werden." Ebenso BGH ZUM 2004, 371, 373 - *Tonträgerpiraterie durch CD-Export*; so auch *Hartmann* in: Möhring/Nicolini, Vor §§ 120 ff. Rn. 4; *Fezer/Koos* in: Staudinger, IntWirtschR, Rn. 853; *Spindler*, IPRax 2003, 412, 413 f.; *Katzenberger* in: Schricker, Vor §§ 120 ff. Rn. 130.

[460] Vgl. BGH GRUR 2007, 691, 692 f. - *Staatsgeschenk*.

[461] *Ulmer*, UrhR, S. 81; siehe auch *Katzenberger* in: Schricker, Vor §§ 120 ff. Rn. 123; *Fezer/Koos* in: Staudinger, IntWirtschR, Rn. 854. In den USA wird beispielsweise von einigen Gerichten der sog. „root copy approach" vertreten. Danach werden auch Vorgänge im Ausland nach US-amerikanischem Urheberrecht bewertet, wenn sie sich auf eine erste unzulässige Vervielfältigung auf dem Territorium der USA zurückführen lassen; vgl. *Thum*, GRUR Int. 2001, 9, 20 f.

[462] *Katzenberger* in: Schricker, Vor §§ 120 ff. Rn. 135.

ßigkeit einer nachfolgenden Privatkopie, relevant. Der Inlandsbezug besteht allein darin, dass die im Ausland hergestellte Vorlage auf irgendeinem Weg in Deutschland verfügbar wurde und im Inland für die Vornahme einer Privatkopie verwendet wird. Die Herstellung der Vorlage und die Privatkopie von dieser Vorlage sind jedoch zwei Vorgänge, die unabhängig voneinander zu betrachten sind. Es liegt daher kein hinreichender Inlandsbezug vor, der eine Anwendung deutschen Rechts auf den Vorgang im Ausland rechtfertigen würde.

Dieses Ergebnis wird durch die Tatsache bestätigt, dass ein Urheber in Deutschland gegen eine Person im Ausland, die dort dem deutschen Urheberrecht nicht entsprechende Vervielfältigungen vornimmt, unstreitig keinen Verletzungsanspruch aus § 97 UrhG geltend machen kann. Würde man nun die Maßgeblichkeit deutschen Rechts im Rahmen des § 53 Abs. 1 S. 1 UrhG bejahen, so würde man mittelbar doch eine Bewertung des im Ausland abgeschlossenen Vorgangs vornehmen. Eine solche Durchbrechung des Territorialitätsprinzips ist hier nicht erforderlich und daher abzulehnen.

Die konsequente Wahrung des Territorialitätsprinzips führt zu dem Ergebnis, dass ein Vervielfältigungsvorgang im Ausland, auch im Rahmen der bei § 53 Abs. 1 S. 1 UrhG erforderlichen inzidenten Prüfung, nicht nach deutschem Urheberrecht bewertet werden darf, da der deutsche Gesetzgeber nur die Rechtslage in Deutschland regeln kann.[463]

Es kann also festgehalten werden, dass sich die Rechtswidrigkeit der Herstellung i. S. d. § 53 Abs. 1 S. 1 UrhG immer nach dem *Recht des Herstellungslandes* richtet.

5. *Öffentliche Zugänglichmachung im Ausland*

Eine Musikdatei, die über das Internet abrufbar ist, wird öffentlich zugänglich gemacht i. S. d. § 19a UrhG.[464] Ist jede weltweit abrufbare

[463] So auch *Hoffmann*, WRP 2006, 55, 59 a. E.

[464] *Dreier* in: Dreier/Schulze, § 19a Rn. 6; so auch *Bullinger* in: Wandtke/Bullinger, § 19a Rn. 25. Die Norm geht auf Art. 3 der Info-Richtlinie 2001/29/EG zurück (siehe auch Erwägungsgrund 25), der wiederum auf Art. 8 WCT und Art. 10, 14 WPPT basiert. Im Englischen wird das Recht „right of making available to the public" genannt.

Musikdatei aus deutscher Sicht rechtswidrig öffentlich zugänglich gemacht, wenn das Angebot auch in Deutschland abrufbar ist und die öffentliche Zugänglichmachung nicht dem deutschen Urheberrecht entspricht? Wie bei der Herstellung im Ausland muss auch hier nach einem Inlandsbezug der zu bewertenden Handlung gefragt werden. Dieser könnte im Rahmen des § 19a UrhG leichter bejaht werden, da z. B. eine im Ausland über das Internet öffentlich zugänglich gemachte Datei durch die Zugänglichmachung im Inland abrufbar ist. Es besteht also eine unmittelbare Verbindung zwischen der öffentlichen Zugänglichmachung und dem (möglichen) Abruf in Deutschland.

Problematisch ist, dass eine im Internet öffentlich zugänglich gemachte Datei aus der ganzen Welt abrufbar ist. Welche Rechtsordnung soll für den Akt der Zugänglichmachung maßgeblich sein? Aus dem Territorialitäts- und dem Schutzlandprinzip ergibt sich keine Lokalisierung einer Verletzungshandlung, sondern nur die Notwendigkeit, eine solche vorzunehmen, damit das anwendbare Schutzlandrecht bestimmt werden kann.[465] Die eigentliche Problematik liegt damit in der *Lokalisierung der Verletzungshandlung*.[466] Für § 53 Abs. 1 S. 1 UrhG bedeutet das, dass geklärt werden muss, ob die öffentliche Zugänglichmachung im Ausland als Urheberrechtsverletzung im Inland qualifiziert werden kann.[467] Die Frage trifft auf das Grundproblem des Territorialitätsprinzips in Zeiten des Internet: Die Zuordnung urheber-

---

Zum Recht der öffentlichen Zugänglichmachung in Art. 3 der Info-Richtlinie 2001/29/EG siehe *Spindler*, GRUR 2002, 105, 107 ff.

[465] Vgl. *Luckey*, S. 125.

[466] Vgl. *Buchner*, GRUR Int. 2005, 1004, 1006 f.; *Hoeren* in: Handbuch Multimedia-Recht, September 2004, 7.10 Rn. 12; *Luckey*, S. 92 ff.; *Intveen*, S. 28 f.

[467] Vgl. BGHZ 136, 380, 389 - *Spielbankaffaire*; *Katzenberger* in: Schricker, Vor §§ 120 ff. Rn. 128; siehe auch *Buchner*, GRUR Int. 2005, 1004, 1007. *Hoeren* in: Handbuch Multimedia-Recht, September 2004, 7.10 Rn. 12 ff. stellt zu Recht fest, dass „mit der Frage nach dem Ort der Verletzungshandlung eigentlich eine Frage des materiellen Rechts gestellt wird. Denn bevor man sagen kann, wo etwas geschehen ist, muss man geklärt haben, was geschehen ist. Im Ergebnis würde also das materielle Recht über das anzuwendende Kollisionsrecht entscheiden, wobei doch das anzuwendende materielle Recht gerade erst mit Hilfe des Kollisionsrechts bestimmt werden soll." Als Lösung dieses „circulus vitiosus" schlägt *Hoeren*, a. A.O., Rn. 15 vor, auf den Vortrag des Klägers abzustellen, so dass das am angeblichen Begehungsort geltende Recht zur Anwendung kommt.

rechtlich relevanter Sachverhalte im Internet als „überterritorialem Raum“[468] zu einer territorial begrenzten Rechtsordnung.[469]

Weder das deutsche Urheberrechtsgesetz noch die entsprechenden Normen in internationalen Abkommen treffen hierzu eine Regelung.[470] Zur Lösung sind grundsätzlich zwei Möglichkeiten denkbar: Entweder ist der Ort der „Einspeisung“ in das Netz (Country of Upload[471]) bzw. der Serverstandort entscheidend oder der Ort (bzw. die Orte), an denen die eingespeisten Daten der Öffentlichkeit zugänglich sind (Country of Download).

a) *Meinungsstand*

Die Problematik ist aus dem Bereich grenzüberschreitender Funk-/Satellitensendungen i. S. d. § 20 UrhG bekannt. Hier wird teilweise die Ansicht vertreten, dass allein die Ausstrahlung der Sendung und nicht der tatsächliche Empfang entscheidend sei, so dass für die Funksendung das Recht des Ausstrahlungslandes maßgeblich sei (*Sendelandprinzip*).[472] Andere vertreten die sog. *Bogsch-Theorie*[473], wonach das Senderecht in jedem Land berührt sei, indem eine Sendung bestimmungsgemäß empfangen werden könne.[474]

---

[468] *Fezer/Koos* in: Staudinger, IntWirtschR, Rn. 1049

[469] Vgl. *Theiselmann*, S. 139.

[470] Dies ist bzgl. Art. 8 WCT umstritten, vgl. *Hoeren* in: Handbuch Multimedia-Recht, September 2004, 7.10 Rn. 20 f.

[471] *Kotthoff* in: Dreyer/Kotthoff/Meckel, § 120 Rn. 20.

[472] Siehe die Nachweise bei *Katzenberger* in: Schricker, Vor §§ 120 ff. Rn. 141.

[473] Benannt nach Arpad Bogsch, der von 1973 - 1997 Generaldirektor der WIPO (World Intellectual Property Organisation) war.

[474] Siehe wiederum die Nachweise bei *Katzenberger* in: Schricker, Vor §§ 120 ff. Rn. 141. Auf Grund der sog. Satelliten-Richtlinie der EU (Richtlinie 93/83/EWG des Rates v. 27.09.1993 zur Koordinierung bestimmter urheber- und leistungsschutzrechtlicher Vorschriften betreffend Satellitenrundfunk und Kabelweitersendung (Abl. EG Nr. L 248 v. 06.10.1993, S. 15 ff.) wurde für europäische Satellitensendungen in § 20a UrhG das Sendelandprinzip festgeschrieben. Hiermit sollte jedoch kein neues Kollisionsrecht geschaffen werden, sondern materiellrechtlich bestimmt werden, dass die öffentliche Wiedergabe über Satellit nur in dem Mitgliedstaat stattfindet, in dem die Signale in eine ununterbrochene Kommunikationskette eingegeben werden, vgl. *Hoeren* in: Handbuch Multimedia-Recht, September 2004, 7.10 Rn. 40. Außerhalb des Anwendungsbereichs des § 20a UrhG wird weiterhin überwiegend die Bogsch-Theorie vertreten, vgl. *Katzenberger* in: Schricker, Vor §§ 120 ff. Rn. 143.

Vergleichbar dem Sendelandprinzip kann auch bei der öffentlichen Zugänglichmachung allein auf den Ort abgestellt werden, an dem der technische Vorgang der Zugänglichmachung erfolgt.[475] In diesem Fall treten zusätzliche Probleme bei der Lokalisierung der Einspeisung in das Internet hinzu.[476] Soll der Standort des Servers entscheidend sein? Oder die Schnittstelle zur Öffentlichkeit - also der Übergang zu einem öffentlichen Kommunikationsnetz?[477] Oder der Sitz der Person, welche für die Zugänglichmachung verantwortlich ist?[478]

In Anlehnung an die Bogsch-Theorie wird vertreten, dass das deutsche Recht der öffentlichen Zugänglichmachung „bereits durch den tatbestandsmäßigen Erfolg einer Möglichkeit zum Abruf auch vom Inland aus berührt"[479] sei.[480] Der Akt der öffentlichen Zugänglichmachung wäre damit überall dort erfüllt, wo das Werk abgerufen werden kann und damit im Falle des Internet potenziell weltweit.[481] Auf Grund des Territorialitäts- und Schutzlandprinzips wäre damit das Urheberrecht jedes Staates anwendbar, in dem das Werk abgerufen werden kann.

---

[475] Auch das Sendelandprinzip wird bei der Frage der öffentlichen Zugänglichmachung teilweise abgewandelt. Entweder das Sendelandprinzip soll erweitert werden, so dass neben dem Ort der Einspeisung auch das Recht des Landes maßgeblich sei, in dem das Werk geschaffen wurde, so *Dreyer* in: Dreyer/Kotthoff/Meckel, § 19a Rn. 20. Oder es wird versucht, die Nachteile des Sendelandprinzips (Flucht in „Urheberrechtsoasen") mit den „Regeln der Rechtsumgehung" zu vermeiden, so *Luckey*, S. 150 ff.

[476] *Spindler*, IPRax 2003, 412, 418.

[477] Vgl. *Spindler*, GRUR 2002, 105, 109.

[478] So die EU-Satellitenrichtlinie (s. o. Fn. 446), vgl. *Dreier* in: Dreier/Schulze, Vor §§ 120 ff. Rn. 41.

[479] LG Hamburg GRUR Int. 2004, 148 - *thumbnails*.

[480] Ebenso *Katzenberger* in: Schricker, Vor §§ 120 ff. Rn. 145; *Hertin*, Rn. 186; *Schmid/Wirth*, Vorbem. zu §§ 120 ff. Rn. 10.

[481] Bei der Frage der öffentlichen Zugänglichmachung werden zahlreiche Modifikationen der Bogsch-Theorie vertreten. So wird teilweise gefordert, dass zu der reinen Möglichkeit des Abrufs im Inland zusätzliche Voraussetzungen hinzutreten sollen. Dies kann der „bestimmungsgemäße Abruf" sein (so *Kotthoff* in: Dreyer/Kotthoff/Meckel, § 120 Rn. 20) oder in Anlehnung an das Markenrecht ein „hinreichend wirtschaftlich relevanter Inlandsbezug" (so zu § 14 Abs. 2 Nr. 2 MarkenG BGH GRUR Int. 2005, 433 ff. - *HOTEL MARITIME*) oder in Anlehnung an das Wettbewerbsrecht die Frage danach sein, „auf welche Märkte mit den Verletzungshandlugen eingewirkt werden soll" (so *Spindler*, IPRax 2003, 412, 419). *Hartmann* in: Möhring/Nicolini, Vor §§ 120 ff. Rn. 36 weist jedoch zu Recht darauf hin, dass „das Urheberrecht Schutz auch gegen nichtkommerzielle Verletzungshandlungen bieten muss."

Auf Grund der Schwierigkeiten bei der Anwendung der „herkömmlichen" Lösungsmodelle auf Internet-Sachverhalte, wird teilweise auch auf das Universalitätsprinzip zurückgegriffen, wonach das Recht des Ursprungslands grundsätzlich universelle Anwendung beansprucht.[482]

b) *Diskussion*

Bei der Frage der Lokalisierung der öffentlichen Zugänglichmachung i. S. d. § 19a UrhG muss beachtet werden, dass § 19a UrhG der Umsetzung von Art. 3 der Info-Richtlinie 2001/29/EG dient. Im Rahmen der Begründung des Entwurfs der Richtlinie äußerte die Europäische Kommission die Ansicht, dass sich durch die Möglichkeiten des Internets an den Maßgaben des Territorialitäts- und Schutzlandprinzips nichts geändert habe.[483] Die Kommission wandte sich auch gegen eine Anlehnung an das Sendelandprinzip und eine alleinige Anwendung des Rechts des Serverstandorts.[484] Sie begründete diese Auffassung damit, dass den Rechteinhabern kein angemessener Schutz zukäme, wenn die öffentliche Zugänglichmachung von Drittstaaten aus erfolge, welche keinen bzw. einen geringen rechtlichen Schutz böten (sog. Urheberrechtsoasen[485]).[486] Aber auch innerhalb der Gemein-

---

[482] S. o. Teil II B.III.2 (a. E.), S. 126.

[483] Vgl. „Explanatory memorandum to the Proposal for a European Parliament and Council Directive on the harmonisation of certain aspects of copyright and related rights in the Information Society (presented by the Commission)" v. 10.12.1997, KOM (97) 628 final, Chapter 2 II 8., abrufbar unter: http://www.onnet.es/com97628.pdf: „Rights are granted for a particular country according to the laws of that country. As a general rule, the acts of exploitation of rights including potential infringements are governed by the national laws under which the right has been granted and where protection is sought."

[484] Commission, Explanatory memorandum a. A.O. (siehe vorangehende Fn.): „They [die Mitglieder der Kommission die an einer Beratung zum Grünbuch der Info-Richtlinie 2001/29/EG teilnahmen] were strongly against any harmonisation establishing the country of origin of a digital country as the country where the act of transmission is taking place and its law as the only one applicable."

[485] Auch Haftungsoasen, Urheberrechtsparadiese oder Piratenländer genannt, siehe *Intveen*, S. 26.

[486] Commission, Explanatory memorandum a. A.O. (s. o. Fn. 483): „Secondly, the application of such a 'country of origin' principle bears the risk of leaving right hold-

schaft befürchtete die Kommission, dass das Sendelandprinzip - bis zu einer gemeinschaftsrechtlichen Harmonisierung in diesem Bereich - dazu führen würde, dass zwischen den Mitgliedstaaten ein Wettbewerb um den niedrigsten Schutzstandard entflammen könnte, was letztlich den Rechteinhabern schaden würde.[487]

Ein alleiniges Abstellen auf den Ort der Einspeisung in das Internet, auf den Serverstandort oder auf den Sitz des Verantwortlichen birgt tatsächlich die offensichtliche Gefahr einer Umgehung rechtlicher Schutzstandards.[488] Öffentliche Zugänglichmachungen würden in Staaten mit niedrigen Schutzstandards verlagert werden (sog. race to the bottom[489]), so dass das ausschließliche Nutzungsrecht der öffentlichen Zugänglichmachung für die Rechteinhaber praktisch wertlos wäre.[490] Um dies zu verhindern, ist das Sendelandprinzip abzulehnen.[491] Grundsätzlich müssen die Rechtsordnungen aller Abruforte maßgeblich sein.[492] Die Tatsache, dass ein Anbieter die Gesetze seines Heimatstaates am besten kennt, stellt keinen Grund dar, ihn von der Verbindlichkeit der Gesetze anderer Staaten, in denen sein Angebot genutzt werden kann, freizustellen.[493]

---

ers without adequate protection - in particular when transmissions originate in third countries."

[487] Commission, Explanatory memorandum a. A.O. (s. o. Fn. 483).

[488] So auch *Thum*, GRUR Int. 2001, 9, 22 a. E.

[489] *Spindler*, IPRax 2003, 412, 418.

[490] Gem. *Spindler*, IPRax 2003, 412, 418 wäre in diesem Fall dem „law shopping Tür und Tor geöffnet".

[491] Ebenso *Kotthoff* in: Dreyer/Kotthoff/Meckel, § 120 Rn. 20.

[492] So allgemein *Hoeren* in: Handbuch Multimedia-Recht, September 2004, 7.10 Rn. 23; *Katzenberger* in: Schricker, Vor §§ 120 ff. Rn. 145; *Fezer/Koos* in: Staudinger, IntWirtschR, Rn. 1056 f.; *Bollacher*, S. 37; *Hertin*, Rn. 186; *Evert*, S. 91; *Schmid/Wirth*, Vorbem. zu §§ 120 ff. Rn. 10; a. A. *Dreyer* in: Dreyer/Kotthoff/Meckel, § 19a Rn. 29.

[493] Siehe *Lucas*, Group of Consultants on the Private International Law Aspects of the Protection of Works and Objects of Related Rights transmitted through Global Digital Networks, abrufbar unter:
http://www.wipo.int/documents/en/meetings/1998/gcpic/pdf/gcpic_1.pdf, Nr. 83: „Finally, the idea that the distributor is best placed to know the contents of the law of the country of emission and to adapt his behaviour as a consequence does not justify the claim that he may disregard completely the laws of the countries in which the information is liable to cause a harm."

Problematisch ist bei der Maßgeblichkeit jedes potenziellen Abruforts, dass die Betreiber einer Internetseite technisch nicht die Möglichkeit haben, einen Zugriff aus bestimmten Ländern mit absoluter Sicherheit zu verhindern.[494] Die Anbieter von Inhalten über das Internet müssten ihr Verhalten demnach grundsätzlich nach dem weltweit strengsten Recht ausrichten.[495] Diese Voraussetzung dürfte den überwiegenden Anteil der Anbieter weltweit überfordern. Die Anpassung an das Recht in jedem potenziellen Abrufland behindert zudem die Anbieter, die keinerlei Interesse an einer Nutzung ihres Angebots in bestimmten Ländern haben.[496]

Es ist daher notwendig, die Zahl der Staaten, deren Recht potenziell über die Rechtmäßigkeit der öffentlichen Zugänglichmachung entscheidet, zu begrenzen.[497] Zur Entwicklung von eingrenzenden Kriterien bietet es sich an, außerhalb des Urheberrechts erarbeitete Lösungen einzubeziehen. So fragt beispielsweise Art. 15 Abs. 1 c) EuGVO, der sich mit der gerichtlichen Zuständigkeit in Verbrauchersachen befasst, ob der gewerblich agierende Vertragspartner seine

---

[494] Die IP-Adresse (=Internet Protocol Adresse), die jedem Internet-Nutzer zugewiesen wird, lässt sich nicht eindeutig einem bestimmten Land zuordnen. So hatten z. B. auch Nutzer in Deutschland, die über den Anbieter AOL Zugang zum Internet hatten, zeitweise eine US-amerikanische IP-Adresse. Es existieren lediglich manuell gepflegte Datenbanken (z. B. http://www.hostip.info) oder kommerzielle Dienste (z. B. http://www.maxmind.com), die versuchen, IP-Adressen bestimmten Ländern zuzuordnen. Manche Internet-Dienste (z. B. Google) erkennen die Nationalität des Internet-Nutzers u. a. über die (Sprach-) Einstellungen des Browsers (z. B. Mozilla Firefox/Internet Explorer). Auch dies ist jedoch allenfalls ein Indiz für die Herkunft.

[495] So *Hoeren* in: Handbuch Multimedia-Recht, September 2004, 7.10 Rn. 11; *Hartmann* in: Möhring/Nicolini, Vor §§ 120 ff. Rn. 36; *Luckey*, S. 103.

[496] Als zusätzliches Problem soll die Möglichkeit des sog. „forum shopping" erwähnt werden. Urheberrechtsverletzungen stellen unerlaubte Handlungen dar und unterliegen damit dem besonderen Gerichtsstand der unerlaubten Handlung gem. § 23 ZPO (bzw. Art. 5 Nr. 3 EuGVO [Verordnung (EG) Nr. 44/2001 des Rates über die gerichtliche Zuständigkeit und die Anerkennung und Vollstreckung von Entscheidungen in Zivil- und Handelssachen v. 22.12.2000 (ABl. EG 2001 Nr. L 12, S. 1), abgedruckt bei *Jayme/Hausmann*, Nr. 160. Auch „EuGVVO" abgekürzt]). Sieht man die öffentliche Zugänglichmachung nun überall dort als gegeben an, wo ein Abruf möglich ist, so findet in jedem Abrufland eine unerlaubte Handlung statt und ein Kläger hat damit die Möglichkeit, für eine Klage den für sich günstigsten Gerichtsstand auszuwählen. Vgl. zu diesem Problem *Bollacher*, S. 48 ff. m. w. Nachw.

[497] *Fezer/Koos* in: Staudinger, IntWirtschR, Rn. 1057 sprechen von einer „kollisionsrechtlichen Verhältnismäßigkeit".

Tätigkeit auf einen bestimmten Staat „ausrichtet". Dieses Kriterium scheint auch hier sinnvoll: Zusätzlich zu der tatsächlichen Abruf*möglichkeit* sollte verlangt werden, dass der Zugänglichmachende die öffentliche Zugänglichmachung auch auf einen Abruf im Inland *ausrichtet* oder zumindest in Kauf nimmt.[498] Auf diese Weise können aus deutscher Sicht beispielsweise zahlreiche Seiten ausscheiden, die in Sprachen verfasst sind, die deutschen Nutzern nicht geläufig sind.[499] Zudem muss der ernsthafte Versuch eines Anbieters, ausländische Nutzer von seinem Angebot auszuschließen, berücksichtigt werden, auch wenn die Schutzmaßnahmen in Einzelfällen umgangen werden können.[500]

Damit ist eine Musikdatei im Rahmen der Bewertung einer Kopiervorlage immer dann rechtswidrig öffentlich zugänglich gemacht, wenn die Zugänglichmachung auf einen Abruf in Deutschland ausgerichtet ist oder ein solcher zumindest in Kauf genommen wird und die öffentliche Zugänglichmachung aus deutscher Sicht rechtswidrig ist.

Aus praktischer Sicht befriedigt der hier gefundene Lösungsansatz nicht. Es ist realitätsfremd, jedem Betreiber einer Internetseite weltweit, der urheberrechtlich geschützte Werke für Nutzer im Inland öffentlich zugänglich macht, die Pflicht aufzuerlegen, sein Angebot nach deutschem Urheberrecht auszurichten. Auf der anderen Seite muss den Rechteinhabern die Möglichkeit gegeben werden, gegen unauthorisierte öffentliche Zugänglichmachungen urheberrechtlich geschützter Werke rechtlich vorzugehen, auch wenn die Rechtsdurch-

---

[498] So *Kotthoff* in: Dreyer/Kotthoff/Meckel, § 120 Rn. 20. Die sog. Lehre vom intendierten Abrufgebiet, die eine bestimmte Finalität zwingend voraussetzt, ist zu eng, vgl. *Fezer/Koos* in: Staudinger, IntWirtschR, Rn. 1057. *Dies.*, a. A.O., Rn. 1058 orientieren sich am „marktordnungsrechtlichen Auswirkungsprinzip" und verlangen eine „Spürbarkeit auf dem Abrufterritorium". Dem ist zuzustimmen, doch ist die Auswirkung allein nach hier vertretener Ansicht als rein praktische Folge der Zugänglichmachung nicht ausreichend. Hinzukommen muss stets ein bewußtes Ausrichten des Zugänglichmachenden auf das Inland. Wenn ein Werk entgegen der ehrlichen und ausdrücklichen Bemühungen des Zugänglichmachenden im Inland abgerufen wird, so kann zwar eine „Spürbarkeit" entstehen, doch liegt darin m. E. keine Verletzung des inländischen Rechts der öffentlichen Zugänglichmachung.

[499] Die Ausnahme von der Regel können Seiten sein, die sich gezielt an in Deutschland lebende Angehörige anderer Staaten richten.

[500] Vgl. zu entsprechenden „Disclaimern" (aus wettbewerbsrechtlicher Sicht) BGH GRUR Int. 2006, 605 ff. - *Arzneimittelwerbung im Internet.*

setzung im Ausland oft schwierig ist. Langfristig gesehen wird sich eine Lösung des dargestellten Problems nur auf internationaler Ebene durch Angleichung der Schutzstandards finden lassen, da das Hauptproblem in der Flucht in Urheberrechtsoasen liegt.[501]

6. *Zwischenergebnis (Rechtswidrigkeit in grenzüberschreitenden Sachverhalten)*

Wenn ein Vorgang im Ausland abgeschlossen ist, verbietet das Territorialitätsprinzip die Bewertung dieses Vorgangs nach deutschem Urheberrecht. Die Tatsache, dass von einer im Ausland hergestellten Vorlage im Inland eine Privatkopie vorgenommen wird, rechtfertigt nicht die Bewertung des ausländischen Vorgangs nach deutschem Recht. Die Rechtswidrigkeit der Herstellung i. S. d. § 53 Abs. 1 S. 1 UrhG richtet sich daher nach dem Recht des Landes, in dem die Vorlage hergestellt wurde (Herstellungsland). Die The Doors-Entscheidung des BGH ist nicht auf § 53 Abs. 1 S. 1 UrhG übertragbar.

Die Rechtswidrigkeit einer öffentlichen Zugänglichmachung aus dem Ausland richtet sich immer dann nach deutschem Urheberrecht, wenn die Zugänglichmachung auf einen Abruf in Deutschland ausgerichtet ist oder zumindest von dem Zugänglichmachenden bewusst in Kauf genommen wird.

---

[501] So auch *Hoeren* in: Handbuch Multimedia-Recht, September 2004, 7.10 Rn. 53; *Hertin*, Rn. 596; *Lucas*, Group of Consultants on the Private International Law Aspects of the Protection of Works and Objects of Related Rights transmitted through Global Digital Networks, abrufbar unter: http://www.wipo.int/documents/en/meetings/1998/gcpic/pdf/gcpic_1.pdf, Nr. 100; aus diesem Grund hat sich die WIPO in mehreren Symposien mit dieser Frage auseinandergesetzt, vgl. *Thum*, GRUR Int. 2001, 9 ff., insbes. 20 ff. Siehe auch *Theiselmann*, S. 139, der für ein weltweit geltendes „Cyberlaw" plädiert.
Siehe auch *Nordemann* in: FS A. Dietz (2001), S. 595, 605: „Die Welt wird rascher, als das die Fachwelt ahnt, und sehr viel rascher, als das der Schwerfälligkeit ihrer internationalen Organisationen und nationalen Regierungen verträglich ist, ein einheitliches Welt-Urheberrecht brauchen, das wie die Charta der Vereinten Nationen nach einheitlichem Text gilt und mittels internationaler Sanktionsregelungen überall, nicht nur in den Ländern rechtsstaatlichen Charakters, durchsetzbar ist."

7. *Exkurs: Das Beispiel AllOfMP3*

Um die Aktualität und Bedeutung des Problems mit Vorlagen aus dem Ausland zu verdeutlichen, folgt ein Beispiel aus der Praxis:

a) *Sachverhalt*

Die Firma Mediaservices, Inc. aus Russland[502] betrieb seit dem Jahr 2001 im Internet das Portal „AllOfMP3"[503]. Dort wurden Musikdateien zu sehr günstigen Preisen (ca. 10 % der in Deutschland üblichen Preise) zum Herunterladen angeboten. Die Dateien waren nicht mit technischen Maßnahmen versehen und konnten daher - aus technischer Sicht - beliebig vervielfältigt und verbreitet werden.

In Deutschland erregte das Angebot erstmals Ende des Jahres 2004 für Aufsehen.[504] Nach vorangegangenen polizeilichen Ermittlungen und einer offiziellen Beschwerde der internationalen Vertretung der größten Plattenfirmen (IFPI) prüfte die Moskauer Staatsanwaltschaft Anfang 2005 die Einleitung eines formellen Strafverfahrens gegen AllOfMP3.[505] Die Staatsanwaltschaft kam zu dem Ergebnis, dass die Firma nach russischem Recht eine rechtmäßige Lizenz erworben habe und stellte das Verfahren ein.[506]

Daraufhin erwirkten sechs in der Musikbranche tätige Unternehmen beim Landgericht München I im Mai 2005 eine einstweilige Verfügung gegen den Betreiber von AllOfMP3, die Firma Mediaservices,

[502] Laut einem Bericht von Spiegel Online v. 07.09.2005, abrufbar unter: http://www.spiegel.de/netzwelt/politik/0,1518,373487,00.html, liegt das Angebot von Mediaservices, Inc. auf Servern in der russischen Exklave Kaliningrad.
[503] Abrufbar unter: http://www.allofmp3.com.
[504] Vgl. *Spiesecke*, IFPI-Pressemitteilung v. 08.12.2004, abrufbar unter: http://www.ifpi.de/news/news-553.htm, der im Namen des internationalen Tonträgerverbands IFPI (International Federation of the Phonographic Industry) bekannt gab, AllOfMP3 habe nicht die in Deutschland erforderlichen Online-Verbreitungsrechte erworben und stelle daher ein rechtswidriges Angebot dar. Dieser Meinung schloss sich auch die GEMA an, vgl. GEMA-Pressemitteilung v. 01.04.2005, abrufbar unter: http://www.gema.de/kommunikation/pressemitteilungen/pm20050401.shtml.
[505] Vgl. *Spiesecke*, IFPI-Pressemitteilung v. 22.02.2005, abrufbar unter: http://www.ifpi.de/news/news-569.
[506] Vgl. heise online v. 07.03.2005, abrufbar unter: http://www.heise.de/newsticker/meldung/57157; heise online v. 18.03.2005, abrufbar unter: http://www.heise.de/newsticker/meldung/57691.

Inc., in der dem Unternehmen untersagt wurde, Kunden in Deutschland zu bedienen.[507] In der Folgezeit wurde die Verfügung dazu verwendet, Betreiber von Internetseiten in Deutschland, die einen Link zu AllOfMP3 gesetzt hatten, kostenpflichtig abzumahnen.[508] Das Portal war auch auf Kunden in Deutschland ausgerichtet AllOfMP3.[509]

In der Folgezeit störte AllOfMP3 die Beziehungen Russlands zu den Vereinigten Staaten von Amerika, da die Amerikaner eine Schließung von AllOfMP3 zu den Vorbedingungen eines Beitritts Russlands zur Welthandelsorganisation (WTO) machten.[510] Im Juli 2007 wurde AllOfMP3 geschlossen, doch eröffnete unmittelbar im Anschluss das Portal „Mp3Sparks", dessen Angebot mit dem Angebot von AllOfMP3 praktisch identisch ist und das bis heute in Betrieb ist.[511]

---

[507] Landgericht München I, Verfügung v. 11.05.2005, Az.: 21 O 9161/05, abrufbar unter: http://www.ifpi.de/news/pdf/AllOfMP3.pdf. Gem. dem Tenor der Verfügung wurde es der Firma verboten, „geschützte Aufnahmen aus Tonträgern der Antragsstellerinnen bzw. Vervielfältigungen derartiger Aufnahmen innerhalb des Gebiets der Bundesrepublik Deutschland öffentlich zugänglich zu machen bzw. zugänglich machen zu lassen, insbesondere über die Internetadresse www.AllOfMP3.com zum elektronischen Abruf bereitzuhalten." Als Begründung führte das Gericht knapp aus: „Er [der Antragsgegner] ist für das Gebiet der Bundesrepublik Deutschland nicht im Besitz einer Lizenz. Damit ergibt sich der Anspruch der Klägerinnen aus § 97 Abs. 1 UrhG." Siehe heise online v. 08.07.2005, abrufbar unter: http://www.heise.de/newsticker/meldung/61528; vgl. auch *Dambeck*, Spiegel Online v. 11.07.2005, abrufbar unter: http://www.spiegel.de/netzwelt/politik/0,1518,364709,00.html; *Kreutzer*, iRights.info v. 13.07.2005, abrufbar unter: http://www.irights.info.

[508] Vgl. *Müller* in: F.A.Z. v. 13.07.2005; *Dambeck* in: Spiegel online v. 13.07.2005, abrufbar unter: http://www.spiegel.de/netzwelt/web/0,1518,364983,00.html.

[509] Obwohl der CIO von Mediaservices, Vadim Mamotin, in einem Interview mit TechNewsWorld v. 20.09.2005, abrufbar unter: http://www.technewsworld.com/story/34512.html, behauptete „We work basically for the Russian users.", wurden dem Nutzer beim ersten Aufruf der Seite u. a. direkt Titel deutscher Interpreten angeboten. Des Weiteren wurden schon auf der ersten Seite die deutschen Charts präsentiert.

[510] Vgl. heise online v. 05.04.2007, abrufbar unter: http://www.heise.de/newsticker/meldung/87926.

[511] Stand: 27.02.2008. Vgl. heise online v. 02.07.2007, abrufbar unter: http://www.heise.de/newsticker/meldung/92083, die vermuten, dass die Schließung von AllOfMP3 mit einem Besuch des russischen beim amerikanischen Präsidenten zusammenhing.

b) Verwertungsgesellschaften in Russland

Die Gründung einer Verwertungsgesellschaft ist in Deutschland gem. § 1 UrhWG erlaubnispflichtig. Zudem muss eine Verwertungsgesellschaften in Deutschland, wie oben ausführlich dargestellt wurde, mit den Rechteinhabern Verträge abschließen, in denen die Rechteinhaber den Verwertungsgesellschaften bestimmte Nutzungsrechte übertragen. Erst dann ist die Verwertungsgesellschaft berechtigt, Dritten Nutzungsrechte an bestimmten Werken oder Darbietungen einzuräumen.[512]

In Russland hingegen besteht keine Erlaubnispflicht für Verwertungsgesellschaften, so dass es dort eine Vielzahl von Verwertungsgesellschaften gibt.[513] Entscheidend ist zudem, dass russische Verwertungsgesellschaften die Möglichkeit haben, im Namen aller Rechteinhaber ihres satzungsmäßigen Zuständigkeitsbereichs zu handeln, auch wenn diese der Verwertungsgesellschaft keine Rechte übertragen haben.[514] Eine russische Verwertungsgesellschaft kann daher einem Download-Shop Nutzungsrechte von deutschen Künstlern einzuräumen, auch wenn diese keinen Vertrag mit dieser Verwertungsgesellschaft abgeschlossen haben und auch kein Gegenseitigkeitsvertrag zwischen der „Heimat-Verwertungsgesellschaft" des Künstlers und der russischen Verwertungsgesellschaft besteht. Die Verwertungsgesellschaften in Russland werden durch diese gesetzliche „Blankolizenz" in die Lage versetzt, Nutzern die Rechte aller Rechteinhaber aus dem Weltrepertoire der Musik einzuräumen.[515]

An dieser Stelle soll nicht weiter auf das russische Urheberrecht eingegangen werden. Es wird jedoch deutlich, dass es durchaus möglich ist, dass AllOfMP3/Mp3Sparks nach russischem Recht tatsächlich

[512] S. o. Teil I B.VI.1.c), S. 50.

[513] Gem. *Vakula/Bornhagen*, GRUR Int. 2007, 569, 572, soll eine solche auch durch den am 01.01.2008 in Kraft getretenen Teil IV des Zivilgesetzbuchs der Russischen Föderation vom 18.12.2006 nicht eingeführt werden.

[514] Vgl. Art. 45 Ziff. 3 S. 4 des russischen Urhebergesetzes in der bis zum 01.01.2008 geltenden Fassung. Gem. *Vakula/Bornhagen*, GRUR Int. 2007, 569, 573 sollen besonders akkriditierte Verwertungsgesellschaften auch nach der Gesetzesreform diese Möglichkeit behalten.

[515] Vgl. *Vakula/Bornhagen*, GRUR Int. 2007, 569, 574.

rechtmäßige Lizenzen erworben haben, und zumindest in Russland legale Angebote darstellen.

c) *Rechtliche Bewertung aus deutscher Sicht*

Das Territorialitätsprinzip[516] hat für die Betreiber von Download-Shops im Internet zur Folge, dass für jedes Land, in dem die Musikdateien heruntergeladen werden können, die Rechte entsprechend dem dort geltenden Recht erworben werden müssen. Eine in Russland von einer Verwertungsgesellschaft an einen Download-Shop erteilte Lizenz kann nur das Angebot innerhalb Russlands legalisieren.[517] Für den Abruf in Deutschland und die dort stattfindende Vervielfältigung muss eine Lizenz nach deutschem Urheberrecht erteilt werden.[518] Eine solche Lizenz hat der oben angesprochene AllOfMP3-/Mp3Sparks-Dienst für eine Übermittlung nach Deutschland nach eigenen Angaben nicht erworben.[519] Damit verletzt AllOfMP3/Mp3Sparks durch eine Übermittlung von Musikdateien an Nutzer in Deutschland die Rechte der Urheber, ausübenden Künstler und Tonträgerhersteller. Ein Nutzer, der aus Deutschland eine Musikdatei von den AllOfMP3/Mp3Sparks-Seiten herunterlädt, kann sich trotz eines entrichteten Entgelts nicht auf eine nach deutschem Recht gültige Vervielfältigungs-Lizenz berufen.

Dennoch muss die von einem privaten Nutzer vorgenommene Vervielfältigung von den bei AllOfMP3/Mp3Sparks angebotenen Musikdateien nicht rechtswidrig sein. Nachdem der Nutzer von AllOfMP3/Mp3Sparks keine vertragliche Lizenz erwerben kann, stellt sich nämlich die Frage, ob ein Download von Musikdateien über Al-

---

[516] S. o. Teil I B.VI.2.e), S. 60.

[517] Eine Rechtswahlvereinbarung zwischen den Vertragsparteien (z. B. der russische Anbieter möchte mit seinen Kunden russisches Recht vereinbaren) ist für das Urheberrecht nicht möglich; vgl. *Fezer/Koos* in: Staudinger, IntWirtschR, Rn. 875.

[518] Vgl. *Peifer*, ZUM 2006, 1, 6.

[519] Unter der Überschrift „Is it legal do download music from AllOfMP3.com?", abrufbar unter: http://www.allofmp3.com (dort im "Help Center" unter "Top Questions"), erklärte der Anbieter: „The user bears sole responsibility for any use and distribution of all materials received from AllOfMP3.com. This responsibility is dependent on the national legislation in each user's country of residence. The Administration of AllOfMP3.com does not possess information on the laws of each particular country and is not responsible for the actions of foreign users."

lOfMP3/Mp3Sparks möglicherweise eine rechtmäßige Privatkopie darstellt.

An dieser Stelle soll unterstellt werden, dass die Anbieter sowohl hinsichtlich der Urheberrechte als auch hinsichtlich der Leistungsschutzrechte eine rechtmäßige Lizenz einer russischen Verwertungsgesellschaft erworben haben und die *Herstellung* der bei AllOfMP3 angebotenen Dateien nach russischem Recht (Herstellungsland) rechtmäßig ist. Die Vorlagen sind daher nicht rechtswidrig hergestellt i. S. d. § 53 Abs. 1 S. 1 UrhG.[520] Die *öffentliche Zugänglichmachung* der Musikdateien für Nutzer aus Deutschland ist mangels einer für Deutschland gültigen Lizenz jedoch rechtswidrig. Der Abruf in Deutschland ist von den Betreibern durch zahlreiche Lieder deutscher Interpreten und die Darstellung deutscher Charts auf der Startseite auch auf einen Abruf in Deutschland ausgerichtet. Es liegt daher eine rechtswidrig öffentlich zugänglich gemachte Vorlage vor. Gem. § 53 Abs. 1 S. 1 UrhG müsste diese Rechtswidrigkeit jedoch auch „offensichtlich" sein.

Die Bestimmung der „Offensichtlichkeit" i. S. d. § 53 Abs. 1 S. 1 UrhG, insbesondere bei im Internet angebotenen Musikdateien, wird im Anschluss ausführlich untersucht. Der Fall AllOfMP3/Mp3Sparks kann auf Grund seiner Eindeutigkeit aber bereits an dieser Stelle aufgelöst werden: Die rechtliche Bewertung von AllOfMP3 war in den Medien umstritten. Die vorangegangene Untersuchung hat gezeigt, dass die Bewertung einer öffentlichen Zugänglichmachung aus dem Ausland nach deutschem Recht kompliziert und ebenfalls umstritten ist. Darüber hinaus spricht nach den obigen Ausführungen einiges dafür, dass die entsprechenden Dienste nach russischem Recht eine rechtmäßige Lizenz erworben haben. Hinzu kommt, dass die Nutzer von AllOfMP3/Mp3Sparks ein - wenn auch geringes - Entgelt entrichten. Diese Aspekte führen dazu, dass die Rechtswidrigkeit des Angebots für Nutzer in Deutschland nicht offensichtlich i. S. d. § 53 Abs. 1 S. 1 UrhG ist.

---

[520] So auch *Pittelkow* auf der Internetseite des Südwest-Rundfunks v. 21.03.2005, damals abrufbar unter: http://swr3.de/info/magazin/musikdownload/index2i.html (die Seite wurde mittlerweile entfernt). Ebenfalls auf die fehlende Offensichtlichkeit der Rechtswidrigkeit abstellend *Bäcker/Lausen*, c't 5/2005, S. 156, abrufbar unter: http://www.heise.de/ct/05/05/156/.

Die Formulierung des § 53 Abs. 1 S. 1 UrhG führt dazu, dass *Nutzer in Deutschland rechtmäßige Privatkopien von bei AllOfMP3/Mp3Sparks angebotenen Musikdateien vornehmen dürfen*, da die Rechtswidrigkeit nicht „offensichtlich" i. S. d. Norm ist.

IV. Offensichtlichkeit der Rechtswidrigkeit

Nachdem dargestellt wurde, wann eine Vorlage *rechtswidrig* ist, gilt es nun zu prüfen, wann diese Rechtswidrigkeit „*offensichtlich*" i. S. d. § 53 Abs. 1 S. 1 UrhG ist.

Erforderlich ist zunächst eine „doppelte Offensichtlichkeit"[521]: Zum einen müssen die tatsächlichen Umstände, aus denen sich die Rechtswidrigkeit der Vorlage ergibt, offensichtlich sein.[522] Zum anderen muss die juristische Einordnung dieser Umstände als rechtswidrig offensichtlich sein. Die Rechtswidrigkeit muss zum Zeitpunkt der Vornahme der Vervielfältigung offensichtlich sein. Wird die Rechtswidrigkeit der Vorlage erst nach der Erstellung der Privatkopie offensichtlich, ändert dies nichts an der Rechtmäßigkeit des Vervielfältigungsvorgangs.[523]

1. Meinungsstand

Eine Rechtsprechung zu dem Merkmal der Offensichtlichkeit in § 53 Abs. 1 S. 1 UrhG ist noch nicht erfolgt. In der Literatur finden sich verschiedene Stellungnahmen, doch hat sich bislang keine herrschende Meinung herausgebildet. Auf verschiedene Weise wird versucht, die Offensichtlichkeit zu definieren. Umschreibungen wie „nur in eindeutigen Fällen"[524], wenn „keine ernsthaften Zweifel bestehen"[525],

---

[521] *Hoffmann*, WRP 2006, 55, 57.

[522] A. A. *Brinkel*, S. 145, der die Offensichtlichkeit nur auf rechtliche Wertungen bezieht. Aus den Gesetzesmaterialien ergibt sich hingegen, dass es dem Gesetzgeber gerade um die Schwierigkeiten der Ermittlung der Herkunft einer Vorlage, und damit der tatsächlichen Umstände, ging; vgl. BT-Drucks. 15/38, S. 39.

[523] Allerdings sind weitere Privatkopien von dieser jetzt offensichtlich rechtswidrigen Vorlage nicht mehr zulässig. Siehe hierzu *Hoffmann*, WRP 2006, 55, 58. Es besteht in diesen Fällen keine Pflicht, das Vervielfältigungsstück nachträglich zu vernichten; so auch *Kress*, S. 190.

[524] *Lüft* in: Wandtke/Bullinger, § 53 Rn. 15.

„wenn es sich geradezu aufdrängt, also für jedermann auf der Hand liegt“[526], „von jedermann erkennbar ist“[527], „ohne Schwierigkeiten erkennbar ist“[528], oder, wenn „eine Fehlentscheidung kaum möglich ist“[529], helfen bei einer Konkretisierung allerdings nicht weiter. Einig ist man sich nur insoweit, dass eine eingehende Prüfung durch den Nutzer nicht verlangt wird.[530]

Es wird kaum eine einzelne Formel geben, die eine sichere Bestimmung des Wortes „offensichtlich“ für alle Sachverhalte erlaubt. Die zitierten Formulierungen liefern letztlich nur Umschreibungen ähnlichen Inhalts. Statt eine weitere Formulierung hinzuzufügen soll nun nach grundsätzlichen Auslegungs-Tendenzen und Maßstäben gefragt werden, die für die am häufigsten auftretenden Sachverhalte Anwendung finden können.

2. *Wortlautauslegung*

Es gibt keine Legaldefinition des Wortes „offensichtlich“. Umgangssprachlich bedeutet das Wort „klar [erkennbar], [sehr] deutlich, offenkundig“[531] oder „so, dass man es nicht übersehen kann“[532].

Möglicherweise ergibt sich aus anderen Normen ein spezifischer juristischer Sprachgebrauch des Wortes „offensichtlich“. Der Gesetz-

---

[525] *Dreier* in: Dreier/Schulze, § 53 Rn. 12.

[526] *Dreyer* in: Dreyer/Kotthoff/Meckel, § 53 Rn. 21; ebenso *Liepe*, S. 75; ähnlich *Wenzl*, S. 89.

[527] *Jani,* ZUM 2003, 842, 850 unter Berufung auf BGHSt 8, 80, 87 wo zum damaligen § 6 Nr. 3 des Gesetzes über die Verbreitung jugendgefährdender Schriften v. 09.06.1953 entschieden wurde, dass bei der Auslegung des Tatbestandsmerkmals „offensichtlich“ vom Wortsinn auszugehen sei, „wonach ‚offensichtlich‘ ist, was klar zutage tritt und deshalb von jedermann ohne besondere Mühe erkennbar ist“.

[528] *Loewenheim* in: Schricker, § 53 Rn. 14c.

[529] *Hertin*, Rn. 256; so auch *Schmid/Wirth*, § 53 Rn. 9; beide unter Berufung auf KG GRUR 1997, 129, 130 - *Verhüllter Reichstag II*. Ähnlich *Guntrum*, S. 148.

[530] Vgl. *Loewenheim* in: Schricker, § 53 Rn. 14c; *Freiwald*, S. 150; *Hohagen*, S. 367; *Rigamonti*, GRUR Int. 2004, 278, 288; so auch schon die Gesetzesbegründung der Bundesregierung zu § 53 UrhG, BT-Drucks. 15/38, S. 39.

[531] DUDEN Das große Wörterbuch der deutschen Sprache, 3. Auflage, Mannheim 1999, S. 2786.

[532] DUDEN Das Bedeutungswörterbuch, 2. Auflage, Mannheim 1985, S. 473.

geber verwendet das Wort in zahlreichen Vorschriften.[533] An dieser Stelle wird exemplarisch die Verwendung des Wortes „offensichtlich" in einer Norm aus dem UrhG und einer Norm aus dem Zivilprozessrecht aufgezeigt.

§ 101a Abs. 3 UrhG gibt Rechteinhabern die Möglichkeit, in Fällen „offensichtlicher Rechtsverletzung" einen Auskunftsanspruch gegen den möglichen Verletzer im Wege der einstweiligen Verfügung geltend zu machen. Auf Grund der Endgültigkeit einer einmal erteilten Auskunft soll die Offensichtlichkeit hier den Auskunftsverpflichteten schützen.[534] Im Gegensatz zu § 53 Abs. 1 S. 1 UrhG ist § 101a UrhG jedoch nicht materiell-rechtlicher sondern verfahrensrechtlicher Natur. Zur Konkretisierung des § 101a Abs. 3 UrhG heißt es in der Gesetzesbegründung, der Anspruch bestehe „nur in den Fällen, in denen die Rechtsverletzung so eindeutig ist, dass eine Fehlentscheidung (oder eine andere Beurteilung im Rahmen des richterlichen Ermessens) und damit eine ungerechtfertigte Belastung des Antragsgegners kaum möglich ist"[535]. Die Offensichtlichkeit sei objektiv zu bestimmen, auf ein Erkennenmüssen des Verletzers komme es nicht an.

Außerhalb des UrhG wird das Wort u. a. in § 606a Abs. 1 Nr. 4 ZPO verwendet, wo es (wie § 53 Abs. 1 S. 1 UrhG) eine Kompromissformel darstellt, zwischen einer umfangreichen Pflicht zur Prüfung der

---

[533] Neben den im Folgenden dargestellten Normen findet sich das Wort u. a. in § 111b Abs. 1 UrhG, § 10 Abs. 1 PatG, § 11 Nr. 1 TDG, § 9 Nr. 1 MDStV, Art. 6 EGBGB (siehe hierzu *Jayme*, Methoden der Konkretisierung des ordre public; der ordre public findet sich auch in § 328 Abs. 1 Nr. 4 ZPO und Art. 34 Nr. 1 EuGVO), § 44 Abs. 1 VwVfG und §§ 29, 29 a, 30, 36 AsylVfG.

[534] Vgl. *Wild* in: Schricker, § 101a Rn. 3; *Meckel* in: Dreyer/Kotthoff/Meckel, § 101a Rn. 4; *Lütje* in: Möhring/Nicolini, § 101a Rn. 15.

[535] BT-Drucks., 11/4792, S. 32; dem folgend KG GRUR 1997, 129, 130 - *Verhüllter Reichstag II*; ähnlich OLG Frankfurt, GRUR-RR 2003, 32 - *Offensichtliche Rechtsverletzung* zu § 19 Abs. 3 MarkenG, der auf § 101a Abs. 3 UrhG verweist. Siehe auch *Meckel* in: Dreyer/Kotthoff/Meckel, § 101a Rn. 4; *Lütje* in: Möhring/Nicolini, § 101a Rn. 12. Das OLG Braunschweig, GRUR 1993, 669 - *Stoffmuster* konkretisierte weiter, dass „eine gesetzliche oder tatsächliche Vermutung allein (...) nicht ausreichen" könne, „um auch eine offensichtliche Rechtsverletzung bejahen zu können. Denn eine solche Vermutung kann ausgeräumt werden." Diese Entscheidung erging zum Geschmacksmusterrecht, wo der damalige § 14a Abs. 3 GeschMG auf § 101a Abs. 3 UrhG verwies. Zustimmend hierzu *Bohne* in: Wandtke/Bullinger, § 101a Rn. 12; a. A. *Wild* in: Schricker, § 101a Rn. 3; *Lütje* in: Möhring/Nicolini, § 101a Rn. 12.

Anerkenntnisfähigkeit einer Ehe im Ausland und einem völligen Wegfall einer solchen Pflicht.[536] Das Gericht soll die Anerkennungsfähigkeit nur in Fällen verneinen, in denen dies „ohne intensive Nachforschungen“[537] möglich ist. Andere sehen in der Formulierung eine Vermutung für die Anerkennungsfähigkeit (bzw. für die deutsche internationale Zuständigkeit.[538]

In beiden Normen wird das Wort in seinem umgangssprachlichen Wortsinn verwendet („offenkundig“). Ein spezifischer juristischer Sprachgebrauch ist insoweit erkennbar, als durch das Wort „offensichtlich“ stets ein *Ausnahme-Sachverhalt* geregelt wird. Es ist daher auch im Rahmen des § 53 Abs. 1 S. 1 UrhG darauf zu achten, dass *die offensichtliche Rechtswidrigkeit nur in Ausnahmefällen bejaht* wird. Eine Bejahung der Offensichtlichkeit bei regelmäßig auftretenden Sachverhalten würde dem juristischen Sprachgebrauch widersprechen.

3. *Historische und teleologische Auslegung*

Die Voraussetzung der „offensichtlich rechtwidrigen Vorlage“ wurde im Jahr 2003 durch das Gesetz zur Regelung des Urheberrechts in der Informationsgesellschaft[539] in § 53 Abs. 1 S. 1 UrhG eingefügt. Eine entsprechende Verwendung des Begriffs in einem völkerrechtlichen Vertrag oder der Info-Richtlinie 2001/29/EG ist nicht ersichtlich.

Entstehungsgeschichtlich relevant ist, dass die „offensichtliche Rechtswidrigkeit“ eine Kompromissformel darstellt. Das vom Bundesrat geforderte Tatbestandsmerkmal einer „legalen Quelle“ hielt die

---

[536] Vgl. BT-Drucks. 10/504, S. 16 (Entwurf der Bundesregierung), S. 89 (Begründung der Bundesregierung) und S. 102 (Stellungnahme des Bundesrats, der einen völligen Wegfall des Anerkennungserfodernisses forderte). Die Norm soll sog. „hinkende Ehen“ verhindern, die durch die Nichtanerkennung deutscher Entscheidungen im Ausland drohen. Siehe auch *Jayme*, IPRax 1986, 265, 267.

[537] BT-Drucks. 10/5632, S. 47.

[538] Vgl. *Spellenberg*, IPRax 1988, 1, 7; siehe auch *Albers* in: Baumbach/Lauterbach/Albers/Hartmann, § 606a Rn. 8; *Bernreuther*, Münchener Kommentar, 2. Auflage 2000, Band 2, § 606a Rn. 35; ähnlich *Schlosser* in: Stein/Jonas, Band 5/2, § 606a Rn. 19. Teilweise wird der Formulierung allein verfahrensrechtlicher Gehalt zugesprochen, da sie den Familienrichter von der Einholung entsprechender Gutachten befreie; so *Basedow*, NJW 1986, 2971, 2979; a. A. *Schack*, Int. ZivilverfahrensR, Rn. 373.

[539] BGBl. I, S. 1774.

Bundesregierung mangels Erkennbarkeit für praktisch nicht durchsetzbar und befürchtete zudem ein mittelbares Verbot der Privatkopie.[540] Hier überschneidet sich die historische Auslegung mit der Frage nach dem Sinn und Zweck der Formulierung. Dieser besteht darin, keine Forderung zu stellen, die der Rechtsanwender nicht erfüllen kann und deren Befolgung das Privileg der Privatkopie praktisch wertlos erscheinen ließe.[541]

Eine an der Entstehungsgeschichte und dem Sinn und Zweck der Formulierung orientierte Auslegung gebietet daher, die Offensichtlichkeit der Rechtswidrigkeit eng auszulegen und nur in Ausnahmefällen zu bejahen, damit nicht über eine weite Auslegung der Offensichtlichkeit mittelbar doch das vom Gesetzgeber verworfene Erfordernis einer legalen Quelle aufgestellt wird.

4. *Subjektiver/objektiver Maßstab*

Fraglich ist, ob bei der Bestimmung einer offensichtlich rechtswidrigen Vorlage ein subjektiver oder ein objektiver Beurteilungsmaßstab angelegt werden muss.[542] Für einen Juristen, ggf. mit Spezialkenntnissen, erschließt sich die Rechtswidrigkeit einer Vorlage beispielsweise eher als für einen juristischen Laien.[543]

Die Bundesregierung ging in dem Gesetzgebungsverfahren zum „Zweiten Korb" davon aus, die Norm stelle auf den „jeweiligen Nutzer nach seinem Bildungs- und Kenntnisstand"[544] ab. In der Literatur wird teilweise auf die subjektive Sicht des betroffenen Nutzers abge-

---

[540] Vgl. BT-Drucks. 15/38, S. 39; s. o. unter Teil II B.I, S. 118.

[541] Vgl. BT-Drucks. 15/38, S. 39.

[542] Teilweise wird davon ausgegangen, eine Entscheidung zwischen einem subjektiven und einem objektiven Maßstab sei nicht von Bedeutung, da ein Anspruch auf Schadensersatz gem. § 97 Abs. 1 S. 1 Alt. 3, Abs. 2 UrhG ebenso wie die strafrechtliche Vorschrift des § 106 UrhG in jedem Fall Vorsatz bezüglich aller objektiven Tatbestandsmerkmale erfordere; so *Stickelbrock*, GRUR 2004, 736, 738; a. A. *Schack*, UrhR, Rn. 495a. Der subjektive Tatbestand setzt jedoch nur voraus, dass der Verletzer gewusst haben muss, dass er eine offensichtlich rechtswidrige Vorlage vervielfältigt. Damit ist keine Aussage darüber getroffen, ob die „Offensichtlichkeit", als Teil des objektiven Tatbestands, sich nach einem subjektiven Maßstab richtet.

[543] So möchte *Arlt*, DRM, S. 180 „individuelle Spezialbildung" berücksichtigen.

[544] BT-Drucks. 16/1828, S. 26.

stellt, während andere die Offensichtlichkeit anhand eines durchschnittlichen Nutzers bestimmen wollen.[545]

Die Einschätzung der Bundesregierung findet im Gesetzestext keine Stütze. Der Wortlaut des § 53 Abs. 1 S. 1 UrhG ist rein objektiv formuliert.[546] Wie sich aus anderen Gesetzesformulierungen, wie z. B. § 10 Abs. 1 PatG („wenn der Dritte weiß oder es auf Grund der Umstände offensichtlich ist") oder § 11 Nr. 1 TDG („keine Kenntnis und keine Umstände bekannt aus denen Verletzung offensichtlich wird") ergibt, hätte es dem Gesetzgeber offen gestanden, ausdrücklich auf die Sicht des Vervielfältigenden abzustellen. Im Rahmen des § 101a Abs. 3 UrhG wird die Offensichtlichkeit ebenfalls objektiv bestimmt.[547] Es ist kein Grund ersichtlich, warum die Offensichtlichkeit in § 53 Abs. 1 S. 1 UrhG davon abweichen und subjektiv bestimmt werden sollte. Gegen einen subjektiven Maßstab spricht schließlich, dass ein solcher dem Charakter des Urheberrechts als absolutem Recht widerspricht.[548] Der Umfang eines objektiven Rechts muss objektiv bestimmbar sein und darf nicht vom Kenntnisstand des Vervielfältigenden abhängen.[549]

Die Offensichtlichkeit der Rechtswidrigkeit i. S. d. § 53 Abs. 1 S. 1 UrhG ist demnach objektiv zu bestimmen.Zu beachten ist, dass sich der objektive Maßstab nicht nach dem Durchschnitt aller Bürger (vom

---

[545] Für einen subjektiven Maßstab sprechen sich aus *Lüft* in: Wandtke/Bullinger, § 53 Rn. 15; *Dreyer* in: Dreyer/Kotthoff/Meckel, § 53 Rn. 21 f.; *Poll/Braun*, ZUM 2004, 266, 273; *Schäfer*, S. 63 f.; *Engels*, S. 110. Für eine objektive Sicht hingegen *Loewenheim* in: Schricker, § 53 Rn. 14 c; *Jani*, ZUM 2003, 842, 850; *Lauber/Schwipps*, GRUR 2004, 293, 298; *Stickelbrock*, GRUR 2004, 736, 738; *Hoffmann*, WRP 2006, 55, 57; *Hohagen*, S. 368; *Freiwald*, S. 150; *Guntrum*, S. 148 ff.; *Nordemann/Dustmann*, CR 2004, 380, 381; *Frank*, K&R 2004, 576, 579.

[546] So auch *Hoffmann*, WRP 2006, 55, 57; *Hohagen*, S. 368.

[547] S. o. Teil II B.IV.2, S. 152.

[548] *Loewenheim* in: Schricker, § 53 Rn. 14 c.

[549] *Loewenheim* in: Schricker, § 53 Rn. 14 c. Dies kann im Extremfall dazu führen, dass selbst die sichere Kenntnis des Vervielfältigenden von der Rechtswidrigkeit der Vorlage nicht zum Bejahen einer offensichtlich rechtswidrigen Vorlage führt, solange die Rechtswidrigkeit nicht objektiv offensichtlich ist; so auch *Hoffmann*, WRP 2006, 55, 57; a. A. *Arlt*, DRM, S. 175. Denkbar ist der Fall, dass ein Nutzer bewusst eine Vorlage, deren Rechtswidrigkeit er persönlich erkannt hat, vor der Vervielfältigung so verändert (z. B. durch die Änderung des Dateinamens), dass sie zum Zeitpunkt der Vervielfältigung nicht mehr offensichtlich rechtswidrig ist. Solchen Fällen muss mit dem aus § 242 BGB abgeleiteten Prinzip des Rechtsmissbrauchs (siehe hierzu *Larenz/Canaris*, S. 241) begegnet werden.

Kleinkind bis zum Senioren) richtet. Entscheidend ist eine Durchschnittsperson *in der Situation des Vervielfältigenden.*

5. Zwischenergebnis (Offensichtlichkeit der Rechtswidrigkeit)

Das Wort „offensichtlich" ist in seinem umgangssprachlichen Sinn („offenkundig") anzuwenden. Die Bestimmung der Offensichtlichkeit hat objektiv anhand einer Durchschnittsperson in der Situation des Vervielfältigenden zu erfolgen. Aus der Verwendung des Wortes „offensichtlich" in anderen Normen und auf Grund der Entstehungsgeschichte ergibt sich, dass die offensichtliche Rechtswidrigkeit nur in Ausnahmefällen bejaht werden darf.

V. Prüfungsschema zur Bewertung von Vorlagen

Im Folgenden soll geprüft werden, in welchen Fällen CDs oder Musikdateien offensichtlich rechtswidrig i. S. d. § 53 Abs. 1 S. 1 UrhG sind. Hierbei wird folgendes standardisiertes Prüfungsschema verwendet:

1. Ist die Vorlage aus urheberrechtlicher Sicht rechtswidrig?

2. Besteht anhand des Erscheinungsbilds der Vorlage und der äußeren Umstände im Moment der Vervielfältigung die (rechtliche oder tatsächliche) theoretische Möglichkeit, dass die Vorlage rechtmäßig ist (bei Verneinung liegt immer eine offensichtlich rechtswidrige Vorlage vor)?

3. Ist es für eine Durchschnittsperson in der Situation des Vervielfältigenden offenkundig, dass diese Möglichkeit sicher nicht gegeben ist?

Dieses Vorgehen basiert auf der Überlegung, dass in solchen Fällen, in denen die rechtswidrige Vorlage auch rechtmäßig sein könnte, die Rechtswidrigkeit grundsätzlich nicht offensichtlich i. S. d. § 53 Abs. 1 S. 1 UrhG ist. Eine Bejahung der zweiten Frage impliziert daher in der Regel die Zulässigkeit der Privatkopie.

Umgekehrt liegt dem Prüfungsschema die Prämisse zu Grunde, dass in jenen Fällen in denen eine Vorlage nur rechtswidrig sein kann, dies auch offensichtlich i. S. d. § 53 Abs. 1 S. 1 UrhG ist.[550] Eine fehlende offensichtliche Rechtswidrigkeit setzt immer eine rechtmäßige Alternative voraus. Ein Irrtum des Vervielfältigenden wird durch § 53 Abs. 1 S. 1 UrhG nicht geschützt. Eine Fehleinschätzung ist kein spezifisches Problem privater Nutzer. Es wäre nicht einzusehen, warum der Vervielfältigende sich im Rahmen des § 53 Abs. 1 S. 1 UrhG auf einen „urheberrechtlichen Tatbestands- oder Verbotsirrtum" berufen dürfte, der ihm an anderer Stelle nicht zu Gute kommt.

Die Anwendung des Merkmals der Offensichtlichkeit geriete zudem zur Farce, wenn man dem Vervielfältigenden selbst dann, wenn die Vorlage nur rechtswidrig sein *kann*, die Möglichkeit einräumen würde, sich auf unzutreffende Vorstellungen oder juristische Bewertungen zu berufen.

Abb. 22: Prüfungsschema zur Bewertung von Kopiervorlagen.

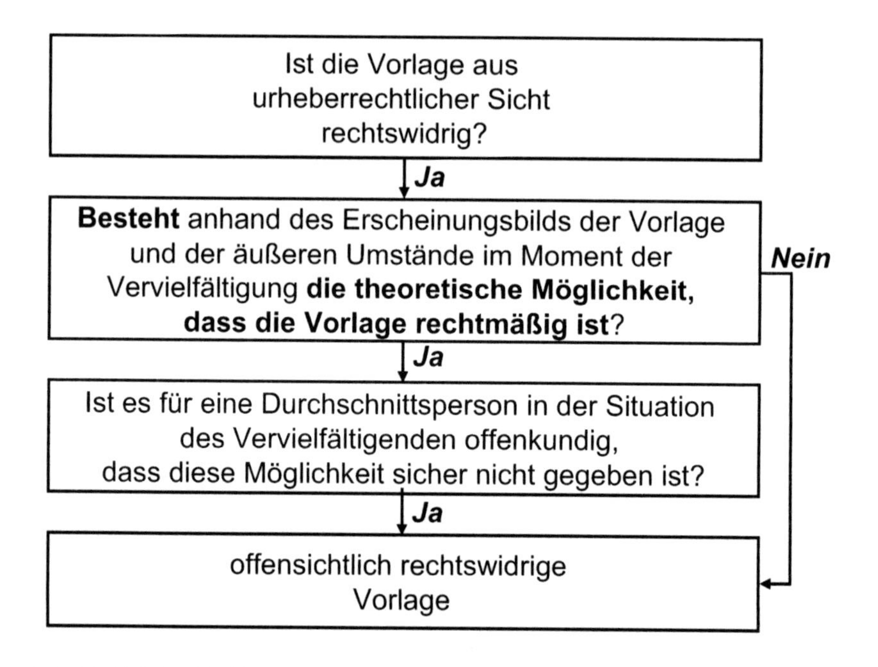

550 A. A. *Arlt*, DRM, S. 179.

VI. Die offensichtliche Rechtswidrigkeit von CDs

Anhand des oben dargestellten Prüfungsschemas soll nun untersucht werden, wann Musik-CDs und Musikdateien offensichtlich rechtswidrig sind und in welchem Ausmaß digitale Kopien durch § 53 Abs. 1 S. 1 UrhG von der Zustimmung der Rechteinhaber freigestellt werden. Eine CD als körperlicher Gegenstand kann nicht öffentlich zugänglich gemacht werden i. S. d. § 19a UrhG, so dass es hier nur auf die Offensichtlichkeit einer rechtswidrigen Herstellung ankommt.

1. Äußere Merkmale einer CD

§ 53 Abs. 1 S. 1 UrhG setzt nicht voraus, dass als Vorlage für eine Privatkopie ein Original[551] verwendet wird. Es ist daher *auch die Privatkopie von einer im Wege der Privatkopie erstellten Vorlage rechtlich zulässig* (Kopie von der Kopie, bzw. Kopie der zweiten Generation).[552] Eine privat gebrannte CD kann in der Praxis also ebenso rechtmäßig als Vorlage für eine Privatkopie dienen wie ein käuflich erworbener Tonträger.

Hinzu kommt, dass auf einer privat gebrannten CD Musikdateien sein können, die zuvor legal in einem Download-Shop erworben wurden. Die bei den entsprechenden Anbietern erworbenen (vertraglichen) Lizenzen umfassen regelmäßig das Recht, eine festgelegte Anzahl von Kopien auf CD zu erstellen. Zwar werden die Allgemeinen Geschäftsbedingungen der Download-Shops eine Weitergabe der so erstellten CDs regelmäßig verbieten. Diese vertragliche Pflicht bindet jedoch nur den Erwerber der Musikdateien. Ein Dritter, der mit dem Downlaod-Shop keine vertraglichen Beziehungen hat, wird hierdurch nicht gebunden. Dementsprechend kann z. B. A von einer CD des B, die Titel enthält, die B zuvor bei einem Download-Shop erworben hat, eine rechtmäßige Privatkopie erstellen. Eine mögliche Vertragsverletzung des B gegenüber dem Download-Shop hat keine Auswirkungen auf die Rechtmäßigkeit der von A vorgenommenen Privatkopie i. S. d. § 53 Abs. 1 S. 1 UrhG.

[551] Original im Sinne eines käuflich erworbenen Vervielfältigungsstücks, s. o. Teil 1 D.I.1.b)i), S. 87.

[552] So ausdrücklich auch *Schäfer*, S. 65. A. A. *Jani*, ZUM 2003, 842, 851.

Beim Vorliegen einer privat kopierten CD besteht daher immer die Möglichkeit, dass diese rechtmäßig erstellt wurde.[553] Auch das Fehlen des Original-Booklets, das Vorliegen einer Kopie desselben, handschriftlich gekennzeichnete CDs oder CD-Oberflächen, die offensichtlich im privaten Bereich bedruckt wurden, sind allesamt auch Merkmale rechtmäßiger Vervielfältigungsstücke und weisen daher nicht zwingend auf eine rechtswidrig hergestellte Vorlage hin.[554] Betrachtet man nur die äußerlichen Merkmale einer CD, ist es für den Vervielfältigenden mithin grundsätzlich nicht erkennbar, ob eine CD rechtmäßig oder rechtswidrig hergestellt wurde.

2. *CDs aus dem Ausland*

Auch CDs aus dem Ausland können als Vorlage für eine Privatkopie dienen. Hier sind vor allem schlecht kopierte Booklets, schwach bedruckte CD-Oberflächen und teilweise mit ausländischen (z. B. asiatischen oder kyrillischen) Schriftzeichen versehene CDs bekannt. Des Weiteren sind aus dem Ausland (insbes. aus Osteuropa) CDs bekannt, die zwar im normalen Fachhandel erhältlich sind, die aber beispielsweise alle Alben eines Künstlers oder einer Gruppe im MP3-Format auf einer einzigen CD-ROM vereinen, wobei der Preis solcher Zusammenstellungen nach hiesigen Maßstäben annähernd dem einer einzelnen CD entspricht. Die Rechtmäßigkeit solcher CDs aus dem Ausland ist fraglich.

Da sich die Rechtmäßigkeit der Herstellung - wie oben festgestellt[555] - jedoch allein nach dem Recht des Herstellungslandes richtet, ist es möglich, dass auch solche Tonträger rechtmäßig erstellt wurden. Auf Grund des Territorialitätsprinzips ist denkbar, dass einzelne Staaten ausländischen (oder sogar allen) Urhebern, ausübenden Künstlern und Tonträgerherstellern keinen rechtlichen Schutz zukommen lassen. Im Übrigen ist es für den juristischen Laien weder erkennbar, welches nationale Recht anwendbar ist, noch ob das ausländische Recht die

---

[553] Vgl. *Dreyer* in: Dreyer/Kotthoff/Meckel, § 53 Rn. 21; *Dreier* in: Dreier/Schulze, § 53 Rn. 12; *Loewenheim* in: Schricker, § 53 Rn. 14c.

[554] A. A. *Baumgartner*, S. 163; *Liepe*, S. 75.

[555] S. o. Teil II B.III, S. 125.

entsprechende Herstellung zulässt. Eine offensichtliche Rechtswidrigkeit muss daher auch bei CDs aus dem Ausland verneint werden.[556]

3. *CDs mit Hinweisen auf technische Maßnahmen*

CDs, die mit technischen Maßnahmen i. S. d. § 95a UrhG versehen sind, müssen gem. § 95d UrhG ausdrücklich gekennzeichnet werden. In der Praxis finden sich entsprechende Hinweise der Plattenfirmen meist auf der Rückseite der CD-Hüllen. Findet sich bei einer Vorlage ein entsprechender Hinweis (z. B. auf der Kopie eines fotokopierten CD-Covers), könnte dies darauf schließen lassen, dass die Herstellung der Vorlage unter Umgehung technischer Maßnahmen vorgenommen wurde und damit rechtswidrig war.[557]

Zu beachten ist, dass § 95d UrhG niemandem verbietet, einen entsprechenden Hinweis auf Tonträgern anzubringen - auch wenn *kein* technischer Schutz verwendet wird. So hat beispielsweise die Firma Universal ab Mitte des Jahres 2003 zu Abschreckungszwecken zahlreiche CDs mit einer Warnung vor Kopierschutz-Sperren versehen - ohne dass diese Tonträger mit irgendeinem technischen Schutz versehen gewesen wären.[558] Die Plattenfirma setzte auf das Abschreckungsmoment eines solchen Hinweises. Das Urheberrechtsgesetz schützt die Rechteinhaber in § 95a UrhG jedoch nur vor der Umgehung wirksamer technischer Maßnahmen und nicht etwa vor der Missachtung eines entsprechenden Hinweises.

Das Beispiel zeigt, dass der Hinweis auf die Verwendung technischer Maßnahmen nicht zwingend zu dem Schluss führt, ein solcher sei auch tatsächlich vorhanden. Dementsprechend muss ein Vervielfältigungsstück mit einem solchen Hinweis auch nicht zwingend unter Umgehung technischer Maßnahmen - und damit rechtswidrig - hergestellt worden sein. Für den Vervielfältigenden ist es nicht erkennbar,

---

[556] Dies bedeutet nicht, dass die Einführung solcher CDs rechtlich zulässig ist. Es geht hier nur darum, ob von solchen CDs in Deutschland rechtmäßige Privatkopien vorgenommen werden dürfen.

[557] So *Arlt*, DRM, S. 182.

[558] Vgl. *Renner*, S. 253, der von 2001 - 2004 Vorstandsvorsitzender der Universal Music Group war. Er geht davon aus, dass zahlreiche Plattenfirmen damals genauso vorgingen.

ob zur Erstellung der Vorlage tatsächlich ein technischer Schutz umgangen wurde oder nicht.

Teilweise wird davon ausgegangen, dass bestimmte CDs „bekanntermaßen" durch technische Maßnahmen geschützt seien, so dass eine Kopie solcher CDs stets offensichtlich rechtswidrig hergestellt worden sei.[559] Es ist aber nicht klar, woraus sich die Kenntnis von dem Einsatz technischer Maßnahmen ergeben soll. Zwar mag es bestimmte Künstler oder Plattenfirmen geben, deren Musik stets mit technischen Maßnahmen versehen wird, doch ist dies nicht in einem Ausmaß bekannt, dass es als objektives Wissen vorausgesetzt werden kann.

Wenn eine privat kopierte CD einen Hinweis auf technische Maßnahmen enthält, besteht die theoretische Möglichkeit, dass die Herstellung der kopierten CD ohne die Umgehung technischer Maßnahmen erfolgt ist. Eine Unterscheidung ist dem Vervielfältigenden nicht möglich, so dass eine offensichtliche Rechtswidrigkeit in diesen Fällen nicht bejaht werden kann.

4. Der niedrige Verkaufspreis einer CD

Eine offensichtlich rechtswidrige Herstellung kann sich nach einigen Stimmen aus der Literatur aus einem besonders niedrigen Preis ergeben.[560] Auf Grund des starken Wettbewerbs in der Musikbranche werden jedoch auch aktuelle Veröffentlichungen zu „Kampfpreisen" bei großen Händlern angeboten. Häufig finden sich ältere Veröffentlichungen auf sog. „Wühltischen" zu sehr günstigen Preisen. Der Musiker Prince legte im Jahr 2007 sein neues Album „Planet Earth" kostenlos einer Zeitung (als sog. Covermount) bei.[561] Ebenso lässt der im Internet derzeit gängige Preis von 0,99 EUR für eine Musikdatei, die aus einem Download-Shop bezogen wird - zumindest hinsichtlich des Verkaufs von Singles und Maxi-CDs - nahezu jede Preisgestaltung möglich erscheinen.

---

[559] So *Dreier* in: Dreier/Schulze, § 53 Rn. 12; *Loewenheim* in: Schricker, § 53 Rn. 14c; *Theiselmann*, S. 95.

[560] So *Jani*, ZUM 2003, 842, 853; *Wenzl*, S. 92; *Kress*, S. 186 und S. 189; *Baumgartner*, S. 163; *Liepe*, S. 75.

[561] Vgl. *Brandl* in: F.A.Z. v. 04.12.2007.

Grundsätzlich lassen sich daher aus dem Preis einer CD keinerlei Rückschlüsse auf eine rechtswidrige Herstellung ziehen, da auf Grund der breiten Gestaltungsmöglichkeiten in den meisten Fällen die theoretische Möglichkeit besteht, dass es sich auch bei besonders preiswerten Angeboten um rechtmäßige CDs handelt, die mit der Einwilligung der Rechteinhaber hergestellt wurden.[562]

5. Rechtswidrige Verbreitung einer CD-Vorlage

Da eine CD keine Informationen über ihre Herstellung liefert, ist möglicherweise die Bewertung äußerer Umstände ergiebiger. Als äußere Umstände sind zum einen die Person zu berücksichtigen, von der eine Vorlage stammt, und zum anderen die Umstände, unter denen die Vorlage erlangt wird. Hinsichtlich der Herstellung der Vorlage (i. S. d. der Erstellung einer Vervielfältigung von dem Original) helfen jedoch auch die äußeren Umstände nicht weiter. Selbst wenn die äußeren Umstände eines Verkaufs fragwürdig erscheinen, ist das kein zwingender Hinweis darauf, dass die ursprüngliche Herstellung rechtswidrig war. So können z. B. Zweifel aufkommen, wenn eine privat gebrannte CD über das Internet verkauft wird. Die Herstellung der CD kann jedoch durch § 53 Abs. 1 S. 1 UrhG privilegiert gewesen sein.

Zu beachten ist, dass im Wege der Privatkopie erstellte Vervielfältigungsstücke nur zum privaten Gebrauch i. S. d. § 53 Abs. 1 S. 1 UrhG genutzt und gem. § 53 Abs. 6 UrhG weder verbreitet (§ 17 UrhG) noch zur öffentlichen Wiedergabe (§ 15 Abs. 2 UrhG) verwendet werden dürfen. Eine privat kopierte CD darf daher z. B. nicht auf einem Flohmarkt oder über das Internet verkauft (=Verbreitung i. S. d. § 17 UrhG) werden. Es gibt neben § 53 UrhG andere urheberrechtliche Schranken, die eine Vervielfältigung ohne Einwilligung der Rechteinhaber erlauben. Auch die nach diesen Vorschriften angefertigten Vervielfältigungsstücke unterliegen engen Nutzungsbeschränkungen, die eine Verbreitung außerhalb des privilegierten Personenkreises verbieten.[563] Wer ein Vervielfältigungsstück über die Grenzen des

---

[562] A. A. *Dreier* in: Dreier/Schulze, § 53 Rn. 12.

[563] Im Rahmen des § 45 UrhG ist die Verwendung der Vervielfältigungsstücke auf Verfahren und zu Zwecken der Rechtspflege beschränkt, § 45a UrhG erlaubt eine Verbreitung nur an behinderte Menschen und die §§ 46, 47 UrhG erlauben eine Ver-

privilegierten Gebrauchs hinaus weitergibt, nimmt eine rechtswidrige Verbreitung (§ 17 UrhG) vor.

Die Rechtswidrigkeit einer Verbreitung von Vervielfältigungsstücken kann ihre Ursache auch in einem Vertragsbruch haben. So verbieten legale Download-Shops grundsätzlich eine Verbreitung der mit den erworbenen Musikdateien gebrannten CDs.[564]

Wenn also jemand *ein Vervielfältigungsstück* (im Gegensatz zu einer käuflich erworbenen CD) von Personen außerhalb seines Familien- und Freundeskreises erhält,[565] liegt in der Regel eine offensichtlich rechtswidrig *verbreitete* (i. S. d. § 17 UrhG) Vorlage vor.[566] Wer eine gebrannte CD über das Internet von einer ihm unbekannten Person bestellt kann zwar nicht wissen, wie diese CD hergestellt wurde, aber er erkennt, dass die Verbreitung des Vervielfältigungsstücks rechtswidrig ist.

Anhand der äußeren Umstände kann also häufig nur beurteilt werden, ob es sich um eine rechtswidrig verbreitete Vorlage handelt. Al-

---

wendung nur im Schulunterricht. Die §§ 23, 55 und 56 UrhG schließen eine Weitergabe ganz aus.

[564] Vgl. z. B. „I.5.3.3." der AGB des deutschen Download-Shops Musicload, abrufbar unter: http://www.musicload.de/agb. Der Käufer eines CD-Albums ist besser gestellt als der Käufer eines Albums in Form von Musikdateien. Das Verbreitungsrecht an dem Tonträger ist mit seinem In-Verkehr-Bringen erschöpft, so dass der Käufer die im Handel erworbene CD rechtmäßig weiterveräußern kann (vgl. § 17 Abs. 2 UrhG). Diese Möglichkeit hat der Erwerber einer Musikdatei nicht. Das Anbieten von Musikdateien im Internet stellt eine öffentliche Zugänglichmachung i. S. d. § 19a UrhG und keine Verbreitung i. S. d. § 17 UrhG dar, so dass durch den Verkauf von Musikdateien im Internet keine Erschöpfungswirkung eintreten kann.

[565] § 53 Abs. 1 S. 1 UrhG erlaubt die Nutzung der Vervielfältigungsstücke zum „privaten Gebrauch", was auch die Weitergabe an Personen innerhalb des Familien- und Freundeskreises umfasst.

[566] Zwar erlaubt die digitale Technik die Erstellung eines Vervielfältigungsstücks, das der Vorlage *klanglich* in nichts nachsteht, doch ist eine privat kopierte CD auf Grund ihres äußerlichen Erscheinungsbilds immer von einem käuflich erworbenen Tonträger zu unterscheiden. Die Unterscheidung ergibt sich insbesondere aus einem kopierten/schwach gedruckten booklet (soweit ein solches überhaupt vorhanden ist) und einer schwach oder schlecht auflösend bedruckten CD-Oberfläche. Vgl. BT-Drucks. 15/38, S. 39: „Bei Offline-Medien, wie etwa CDs, ist in der Regel allein das booklet, nicht aber der Tonträger selbst, geeignet, die Originalität der Vorlage zu belegen. Das ist auch der Grund, weshalb nach den Angaben des Handels bei Tonträgerhändlern eben diese booklets, nicht aber die Tonträger selbst gestohlen werden…".

lerdings schließt § 53 Abs. 1 S. 1 UrhG eine Vervielfältigung nur von offensichtlich rechtswidrig *hergestellten* Vorlagen aus. Fraglich ist, ob die Privatkopie von offensichtlich rechtswidrig *verbreiteten* CDs zulässig ist. Diese Frage wird durch das Gesetz nicht beantwortet.

a) Analogie zur rechtswidrigen Verbreitung

Möglicherweise ist diese Gesetzeslücke im Wege einer Gesetzesanalogie zu schließen. Eine Analogie ist die Übertragung der für einen bestimmten Tatbestand gegebenen Regel auf einen im Gesetz nicht geregelten, ähnlichen Tatbestand.[567] Entscheidend ist, dass der für die gesetzliche Wertung ausschlaggebende Aspekt bei beiden Tatbeständen identisch ist.[568] Es ist daher zu prüfen, ob die beiden Tatbestände, also Privatkopie von einer rechtswidrig hergestellten und Privatkopie von einer rechtswidrig verbreiteten Vorlage „infolge ihrer Ähnlichkeit in den für die gesetzliche Bewertung maßgebenden Hinsichten (...) gleich zu bewerten"[569] sind.

Von einer Unterscheidung zwischen einer rechtswidrigen Herstellung und einer rechtswidrigen Verbreitung war im Rahmen der Gesetzgebungsverfahren zum Ersten und Zweiten Korb bei der Formulierung von § 53 Abs. 1 S. 1 UrhG - soweit ersichtlich - keine Rede, so dass davon ausgegangen wird, dass der Gesetzgeber sich nicht bewusst gegen eine Aufnahme des Merkmals der rechtswidrigen Verbreitung entschieden hat. Andererseits könnte man im Verhalten des Gesetzgebers, erst die rechtswidrig hergestellte und anschließend die rechtswidrig öffentlich zugänglich gemachte Vorlage in den Tatbestand aufzunehmen, eine bewusste Entscheidung gegen die Aufnahme des Merkmals der rechtswidrig verbreiteten Vorlage sehen. Hiergegen spricht jedoch die Tatsache, dass sich der Gesetzgeber des Problems der rechtswidrig verbreiteten Vorlage anscheinend nicht bewusst war. Es liegt daher eine planwidrige Gesetzeslücke vor.

Der Formulierung des § 53 Abs. 1 S. 1 UrhG liegt die Wertung zugrunde, dass die durch eine rechtswidrige Herstellung verursachte Urheberrechtsverletzung in den Fällen, in denen diese Rechtswidrig-

[567] Larenz/Canaris, S. 202.
[568] Vgl. *Larenz/Canaris*, S. 202 ff.
[569] Larenz/Canaris, S. 202.

keit für den Nutzer erkennbar ist, nicht dadurch perpetuiert werden darf, dass darauf aufbauende Privatkopien durch § 53 Abs. 1 S. 1 UrhG legalisiert werden.[570]

Es macht unter Wertungsgesichtpunkten keinen Unterschied, ob das Urheberrecht durch eine Vervielfältigung, eine öffentliche Zugänglichmachung oder eine Verbreitung verletzt wurde - in allen drei Fällen liegt eine rechtswidrige Vorlage vor und in allen drei Fällen wird durch Privatkopien von solchen Vorlagen das Unrecht „vertieft". Die rechtswidrige Verbreitung stellt sogar einen gravierenderen Eingriff als die rechtswidrige Herstellung dar, da das Werk erst durch die Verbreitung (meist zu kommerziellen Zwecken) der Öffentlichkeit angeboten wird. Es liegt sicher nicht im Sinne des Gesetzgebers, diesen stärkeren Eingriff durch die Möglichkeit der Erstellung legaler Privatkopien von so vertriebenen Vorlagen zu belohnen. Ebenso wenig kann es Absicht des Gesetzgebers gewesen sein, durch die Erwähnung nur der rechtswidrig hergestellten oder öffentlich zugänglich gemachten Vorlage im Umkehrschluss eine Privatkopie von rechtswidrig verbreiteten Vorlagen zu legalisieren.

Der Sinn und Zweck spricht daher dafür, § 53 Abs. 1 S. 1 UrhG im Wege der Gesetzesanalogie so anzuwenden, dass auch Privatkopien von rechtswidrig verbreiteten Vorlagen verboten sind.

b) Analogieverbot?

Gegen eine Analogie könnte sprechen, dass teilweise vertreten wird, § 53 UrhG sei als Schrankenbestimmung grundsätzlich eng auszulegen sei[571] und zudem als Ausnahmevorschrift einer Analogie nur

---

[570] Vgl. BT-Drucks. 15/38, S. 39; siehe auch *Berger*, ZUM 2004, 259.

[571] BGH NJW 1997, 1363, 1367 = BGHZ 134, 250 - *CB-Infobank I*; BGH NJW 1994, 2891, 2892 = BGHZ 126, 313 - *Museumskatalog*; in BGH MMR 2002, 739, 740 = NJW 2002, 3393 = BGHZ 151, 300 - *Elektronische Pressespiegel*, spricht sich der BGH zwar für eine *extensive* Auslegung des § 49 UrhG aus, bekräftigt durch die Betonung des Ausnahmecharakters der Entscheidung aber gleichzeitig den Grundsatz der einschränkenden Auslegung von Schrankenbestimmungen; für eine restriktive Auslegung auch *Melichar* in Schricker, Vor §§ 44aff. Rn. 15; *Götting* in: Loewenheim, § 30 Rn. 4; *Dreyer* in: Dreyer/Kotthoff/Meckel, Vor §§ 44a ff. Rn. 19; *Nicolini* in: Möhring/Nicolini, § 45 Rn. *Lüft* in: Wandtke/Bullinger, Hauptband, Vor §§ 44a ff. Rn. 1; *Nordemann* in: Fromm/Nordemann, Vor § 45 Rn. 3; *Ulmer-Eilfort* in: FS Nordemann

schwer zugänglich. Diese Annahme beruht auf der Überlegung, dass die §§ 44a ff. UrhG eine Ausnahme von den grundsätzlich umfassenden Verwertungsrechten des Urhebers (§§ 15 ff. UrhG) darstellen. Durch eine enge Auslegung soll verhindert werden, dass in die Rechte des Urhebers über das gesetzlich festgeschriebene Maß hinaus eingegriffen wird. Die Richtigkeit dieser Ansicht muss hier nicht diskutiert werden. Durch die vorliegend diskutierte Analogie würde der Tatbestand des § 53 Abs. 1 S. 1 UrhG nämlich nicht ausgeweitet, sondern *eingeschränkt*. Das Verbietungsrecht des Urhebers bliebe nicht nur bei rechtswidrig hergestellten/öffentlich zugänglich gemachten Vorlagen sondern auch bei rechtswidrig verbreiteten Vorlagen erhalten. Es wird also nicht die durch § 53 UrhG begründete Ausnahme erweitert, sondern den Rechten des Urhebers in Fällen rechtswidriger Verbreitung zur Durchsetzung verholfen. Der Ausnahmecharakter des § 53 UrhG spricht daher in diesem Fall nicht gegen eine Analogie.

Gegen eine Analogie könnte weiter das aus Art. 103 Abs. 2 GG begründete strafrechtliche Analogieverbot sprechen. § 106 UrhG bestimmt, dass sich strafbar macht, wer in anderen als den gesetzlich zugelassenen Fällen ohne Einwilligung des Berechtigten ein Werk vervielfältigt. Diese Strafvorschrift ist zivilrechtsakzessorisch ausgestaltet, so dass sich in Fällen privater Vervielfältigung die Strafbarkeit danach richtet, ob die Vorgaben des § 53 Abs. 1 S. 1 UrhG gewahrt wurden.[572] Mit anderen Worten: Wer eine Privatkopie von einer offensichtlich rechtswidrigen Vorlage vornimmt, setzt sich nicht nur zivilrechtlichen Ansprüchen der Rechteinhaber aus § 97 UrhG aus, sondern macht sich zudem gem. § 106 UrhG strafbar.

Art. 103 Abs. 2 GG bestimmt, dass eine Tat nur dann *bestraft* werden kann, wenn die Strafbarkeit gesetzlich bestimmt war, bevor die Tat begangen wurde. Der Gesetzgeber ist also verpflichtet, „die Voraussetzungen strafbaren Handelns so konkret zu umschreiben, dass der Adressat der Strafvorschrift anhand des Gesetzeswortlauts

---

(1999), S. 285, 288; *Flechsig*, GRUR 1993, 532, 536; Delp, Rn. 214. A. A.: *Hoeren*, GRUR 2002, 1022, 1026; *Wild* in: Schricker, § 97 Rn. 22 ff.; *Hilty* in: FS Schricker (2005), S. 325, 327 m. w. Nachw.

[572] Vgl. ausführlich *Hohagen*, S. 368 f.; *Hildebrandt* in: Wandtke/Bullinger, § 106 Rn. 6; *Hoffmann*, WRP 2006, 55, 56 ff.

(...) erkennen kann, welches Verhalten unter Strafe steht."[573] Diese Erkennbarkeit und Vorhersehbarkeit der Strafandrohung könnte durch eine analoge Anwendung des § 53 Abs. 1 S. 1 UrhG verletzt werden.

Für die analoge Anwendung spricht, dass auch sachlich missglückte Strafnormen nach Ansicht des Bundesverfassungsgerichts verfassungsgemäß sein können, wenn sich ihr Inhalt mit Hilfe der gängigen juristischen Auslegungsmethoden bestimmen lassen.[574] Wegen der Abstraktheit von Normen sei es unvermeidlich, dass die Strafbarkeit in Grenzfällen zweifelhaft sei.[575] Der Analogieschluss gehört zu den gängigen juristischen Auslegungsmethoden, so dass argumentiert werden kann, mit der Ausweitung des Tatbestands des § 53 Abs. 1 S. 1 UrhG auf rechtswidrig verbreitete Vorlagen werde dem ursprünglichen Regelungsgehalt des Gesetzes entsprochen.

Gegen die Analogie spricht, dass der Wortlaut des § 53 Abs. 1 S. 1 UrhG nur rechtswidrig hergestellte oder öffentlich zugänglich gemachte und eben nicht auch rechtswidrig verbreitete Vorlagen erwähnt. Maßgebend ist nach Ansicht des Bundesverfassungsgerichts „in erster Linie der für den Adressaten erkennbare und verstehbare Wortlaut" wobei der mögliche Wortsinn des Gesetzes die äußerste Grenze zulässiger richterlicher Interpretation darstellen soll.[576] Der Wortsinn des Wortes „herstellen" und „öffentlich zugänglich machen" wird überschritten, wenn auch der Akt des „Verbreitens" hierunter gefasst wird. Durch die Analogie würde daher im vorliegenden Fall über den Wortsinn des § 53 Abs. 1 S. 1 UrhG hinaus der Bereich strafbaren Verhaltens zu Lasten der Nutzer erweitert.[577] Eine Analogie ist daher wegen Art. 103 Abs. 2 GG unzulässig.

c) *Unterschiedliche Auslegung*

Das Analogieverbot des Art. 103 Abs. 2 GG gilt nur für das Strafrecht. *Im Zivilrecht gibt es kein Analogieverbot.*

---

[573] BVerfG NJW-RR 2006, 1627 f. m. w. Nachw.; siehe auch BVerfG, NJW 2006, 2684 ff.

[574] BVerfG NJW-RR 2006, 1627.

[575] BVerfG, NJW 1986, 1671, 1672.

[576] BVerfG, NJW 1986, 1671, 1672.

[577] Vgl. BVerfG NJW-RR 2006, 1627, 1628.

§ 53 UrhG ist eine zivilrechtliche Norm. Die Tatsache, dass das Urheberstrafrecht zivilrechtsakzessorisch ausgestaltet ist, kann nicht zu einem generellen Analogieverbot für das gesamte Urheberrecht führen. Vielmehr ist eine Analogie auf Grund des Gleichbehandlungsgrundsatzes oftmals dringend geboten, um zwei Tatbestände, die rechtlich gleich zu bewerten sind, auch gleich zu behandeln.[578]

Der verfassungsrechtliche Grundsatz des Art. 103 Abs. 2 GG soll vor allem den Bürger schützen, der bei strafrechtlichen Sanktionen des Staates besonders schwer betroffen ist. Eine solche Schutzbedürftigkeit besteht im Zivilrecht jedoch nicht. Die zivilrechtsakzessorische Ausgestaltung stellt nur eine Form der Gesetzestechnik dar, die nicht dem Zweck dient, strafrechtliche Grundsätze auf die zivilrechtliche Seite des Urheberrechts zu übertragen.

Man darf den besonderen verfassungsrechtlichen Schutz für das Strafrecht daher nicht zwingend auf die zivilrechtliche Seite des Urheberrechts übertragen. Das Analogieverbot kann nur in einem strafrechtlichen Kontext eine ansonsten gebotene Auslegung des § 53 UrhG beschränken. Es spricht nichts dagegen, den Tatbestand des § 53 Abs. 1 S. 1 UrhG *im zivilrechtlichen und im strafrechtlichen Kontext unterschiedlich auszulegen.*[579]

Soweit es um die zivilrechtliche Bewertung der privaten Vervielfältigung geht, ist die oben beschriebene Analogie mithin zu bejahen. Damit sind auch Privatkopien von offensichtlich rechtswidrig verbreiteten Vorlagen unzulässig. Soweit es um die Strafbarkeit des Vervielfältigenden geht, § 53 UrhG also im Rahmen des § 106 UrhG angewandt wird, verbietet Art. 103 Abs. 2 GG diese Analogie, so dass sich nur strafbar macht, wer Privatkopien von offensichtlich rechtswidrig hergestellten oder öffentlich zugänglich gemachten Vorlagen vornimmt.

---

[578] Vgl. *Larenz/Canaris*, S. 202.

[579] Eine unterschiedliche Auslegung im Rahmen des Straf- und des Zivilrechts erwägen auch *Frank*, K&R 2004, 576, 580; *Hoffmann*, WRP 2006, 55, 57 und 60.

d) *Folgerung für das Zivilrecht*

Wenn offensichtlich ist, dass eine Vorlage rechtswidrig verbreitet wurde, so darf von dieser Vorlage keine Privatkopie vorgenommen werden. Die rechtswidrige Verbreitung ist insbesondere dann offensichtlich, wenn eine äußerlich als Kopie erkennbare CD von Personen außerhalb ihres engsten Familien- und Freundeskreises[580] verbreitet wird. In diesen Fällen ist eine rechtmäßige Verbreitung der Vervielfältigungsstücke ausgeschlossen und damit die Rechtswidrigkeit offensichtlich.[581] Es ist darauf hinzuweisen, dass § 53 Abs. 1 S. 1 UrhG nicht den *Erwerb* solcher Vervielfältigungsstücke verbietet, sondern die Nutzung solcher Vervielfältigungsstücke zur Vornahme von Privatkopien.

Die Umstände des Verkaufs (z. B. über das Internet, Hinterhof-, Lager-, Bauchladenverkauf, Person des Verkäufers, die Art und Weise der Werbung[582]) spielen nur eine untergeordnete Rolle. Zwar können diese ein weiteres Indiz für die Rechtswidrigkeit sein, doch werden auch Original-CDs z. B. aus Restbeständen, Insolvenzverkäufen oder Importen verkauft, so dass in diesen Fällen die theoretische Möglichkeit einer rechtmäßigen Herstellung besteht. Entscheidend ist, dass es sich erkennbar um ein Vervielfältigungsstück (im Gegensatz zu einem im Handel erworbenen Original) handelt.

VII. Die offensichtliche Rechtswidrigkeit von Musikdateien

1. *Mögliche Herkunft von Musikdateien*

Musikdateien, die als Vorlagen für Privatkopien verwendet werden, können verschiedene Ursprünge haben, die sich grundsätzlich in Offline- und Online-Quellen differenzieren lassen.

Im Offline-Bereich können z. B. die auf einer CD gespeicherten Audio-Daten mit Hilfe geeigneter Software eingelesen und als Musik-

---

[580] Bzw. außerhalb eines Verfahrens, an Menschen ohne Behinderung und außerhalb eines Schulunterrichts; vgl. §§ 45, 45 a, 46, 47 UrhG.

[581] So für den Fall einer gebrannten CD, die „auf dem Flohmarkt oder bei einer Online-Auktion von einem Unbekannten gekauft“ wird, auch *Freiwald*, S. 151.

[582] Vgl. *Dreier* in: Dreier/Schulze, § 53 Rn. 12; *Loewenheim* in: Schricker, § 53 Rn. 14c.

dateien auf der Festplatte eines Computers gespeichert werden. Weiterhin kann Musik im Dateiformat auf anderen Speichermedien wie CD-ROMs/DVDs, (mobilen) Festplatten, Speichersticks/-Karten und MP3-Playern enthalten sein. Auch auf vielen Mobiltelefonen können Daten und damit auch Musikdateien (zum Anhören oder als Klingelton) gespeichert und von diesen aus übertragen (und damit kopiert) werden. Schließlich können auch von analogen Quellen (z. B. Schallplatten, Kassetten) Musikdateien erstellt werden.

Online können Musikdateien über lokale (LAN, Intranet) oder globale (Internet/WAN/Usenets) Netzwerke übertragen werden.[583] Im Internet finden sich Musikdateien sowohl in kostenpflichtigen Download-Shops wie auch auf Internetseiten oder in Kopier-Netzwerken[584]. Die Diskussion über rechtswidrige Vorlagen aus dem Internet hat sich vor allem an solchen Kopier-Netzwerken entflammt. Zu beachten ist, dass Kopier-Netzwerke heute bei weitem nicht mehr die einzige Quelle für rechtswidrige Musikdateien aus dem Internet darstellen. Durch medienwirksame Strafanzeigen gegen Nutzer von Kopier-Netzwerken, Klagen gegen Entwickler der entsprechenden Software[585] und durch die Verbreitung von Viren geraten Kopier-Netzwerke verstärkt in Verruf. Gleichzeitig nimmt die Zahl der Internetseiten zu, die Musikdateien (rechtmäßig und rechtswidrig) kostenlos zur Verfügung stellen.[586] Anbieter können Privatpersonen sein, die anderen ihre

---

[583] LAN = local area network, ist ein Netzwerk, das sich über einen geographisch kleinen Bereich erstreckt. Der Gegensatz hierzu ist das WAN = wide area network, ein Netzwerk, das sich theoretisch über die ganze Welt erstrecken kann. Ein Intranet ist ein Netzwerk, das nur von bestimmten Personen genutzt werden kann z. B. innerhalb eines Unternehmens, einer Behörde oder einer Universität. Ein Usenet (=User Network) ist ein elektronisches Netzwerk, das aus zahlreichen Diskussionsforen (Newsgroups) besteht. Solche Netzwerke können auch zur Datenübertragung verwendet werden. So existieren Newsgroups, die das kostenlose Herunterladen urheberrechtlich geschützter Musik ermöglichen.

[584] Zu diesem Begriff s. o. Fn. 87.

[585] Große Aufmerksamkeit erregte vor allem die Entscheidung des Supreme Court of the United States v. 27.06.2005, GRUR Int. 2005, 859 ff. - *Metro-Goldwyn-Mayer Studios Inc. et al. v. Grokster, Ltd. et al.* Siehe hierzu *Spindler/Leistner*, GRUR Int. 2005, 773, 774 ff.

[586] Siehe hierzu die ausführliche Liste im Anhang.

„Lieblingslieder“ zur Verfügung stellen, Musik-Blogs[587], Podcasts[588], Web-Communities[589] oder Seiten, die Musikern ein Forum für ihre Musik bieten.

Zahlreiche auf Musik spezialisierte Suchmaschinen helfen den Nutzern, solche Musikdateien im Internet aufzuspüren, so dass eine zusätzliche Software nicht benötigt wird.[590] Zudem kann Musik mittels spezieller Software von Internetradiosendern aufgenommen und in Form von Musikdateien gespeichert werden.[591]

---

[587] Auch Audioblogs genannt. Blogs sind allgemein eine Art Tagebuch, in der ein Verfasser seine Meinung zu beliebigen Themen äußert. Im Musikbereich gibt es Musik-Blogs, in denen Musik vorgestellt und kommentiert wird. Teilweise bietet der Verfasser solcher Musik-Blogs die kommentierte Musik zum Download an oder verweist auf entsprechende Angebote im Internet.

[588] Das Wort setzt sich aus dem Namen des MP3-Players „iPod“ und dem englischen Wort „broadcast“ (senden) zusammen. Podcasts sind Audio-Dateien, die vorgelesene Tagebücher, dokumentarische Beiträge oder Radiosendungen enthalten. Soweit ein Podcast ein Musikstück enthält, kommt es bei der Erstellung und beim Herunterladen des Podcasts auch zu Kopien von Musik. Wie *Baumgartner*, S. 202, richtig anmerkt, kann ein Podcast in der Regel jedoch nicht offensichtlich rechtswidrig sein, da man vor dem Download nicht im Detail weiß, welche Musikstücke enthalten sind.

[589] Community = engl. für Gemeinschaft/Gemeinde/Gesellschaft. Prominentestes Beispiel ist die im Jahr 2003 gegründete Internetseite „MySpace - A Place For Friends“, abrufbar unter: http://www.myspace.com. Jeder Nutzer kann eine persönliche MySpace-Seite einrichten, dort ein Online-Tagebuch (Blog) führen, Nachrichten mit anderen Mitgliedern austauschen und eigene Inhalte (Fotos und insbesondere Musik) auf die Seite laden. MySpace hatte im Jahr 2006 rund 100 Mio. Mitglieder und konnte in Amerika mehr Seitenaufrufe verzeichnen als die Internet-Suchmaschine Google, bei der MySpace im Jahr 2005 auch der meistgesuchte Begriff war, vgl. *Lindner*, F.A.Z. v. 04.03.2006; *Staun*, F.A.S. v. 08.01.2006. In Deutschland startete MySpace ein lokales Angebot im September 2006 und hatte im Juli 2007 bereits 4 Millionen Nutzer, vgl. F.A.Z. v. 09.07.2007. Für Musiker gehört es in den U.S.A. bereits zum Standard, eine MySpace-Seite einzurichten und auch in Deutschland setzt sich die Seite immer mehr durch.

[590] Siehe die ausführliche Liste im Anhang B.

[591] Vgl. *Mainzer*, F.A.Z. vom 23.01.2007, der auf teilweise kostenlose Software im Internet hinweist, wie z. B. das Programm „Clipinc“ der Firma „Tobit Software“, erhältlich unter: http://www.clipinc.de. Solche Programme schneiden das laufende Radioprogramm eines frei auswählbaren Internet-Radiosenders mit und speichern es im MP3-Format. Die Software kann dabei mehrere Radiosender gleichzeitig aufnehmen und „schneidet“ die Musik selbständig in einzelne Stücke. Privatkopien von Internet-Radiosendern sind jedoch nicht Gegenstand der vorliegenden Untersuchung.

Wie bereits erwähnt, ist mit jedem Übertragungs- (Upload/Download) und Speicherungsvorgang einer Datei, die ein urheberrechtlich geschütztes Werk enthält, eine Vervielfältigung der betroffenen Datei i. S. d. § 16 UrhG verbunden. In jeder „Zurverfügungstellung" im Internet (zum Download) liegt eine öffentliche Zugänglichmachung der i. S. d. § 19a UrhG.

2. *Beurteilung einer Musikdatei*

a) Äußere Merkmale

Eine Musikdatei lässt sich nur anhand ihres Dateinamens identifizieren. Dieser enthält in der Regel Angaben zum Titel des Musikstücks und zum Namen des Interpreten. Hieraus lassen sich keinerlei Rückschlüsse auf die Herkunft der Datei ziehen.[592] Anders als bei Tonträgern, kann bei Musikdateien nicht zwischen Originalen - also z. B. von einem Download-Shop käuflich erworbenen - und kopierten Dateien unterschieden werden.[593]

Eine Musikdatei kann zusätzlich zu dem Musikstück weitere Informationen enthalten. Das MP3-Format[594] beispielsweise enthält neben Dateinamen und Audio-Daten (also dem Musikstück) auch Zusatzinformationen („Metadaten"). Diese Informationen werden bei MP3-Dateien in Form eines sog. ID3-Tags[595] gespeichert und können von dem Nutzer eingegeben und/oder verändert werden.[596]

---

[592] Es besteht die Möglichkeit, auch in den Dateinamen Angaben über die Herkunft (z. B. bestimmte Internetseite) oder Eigenschaften des Musikstücks (z. B. „bislang unveröffentlicht") einzufügen. Das geschieht in der Praxis indes nur selten.

[593] Sobald eine Datei vollständig auf der Festplatte eines Nutzers gespeichert ist, kann dieser sich anzeigen lassen, ob die Datei mit technischen Maßnahmen versehen ist. Dies ist ein Hinweis auf eine rechtmäßig lizenzierte Datei, deren öffentliche Zugänglichmachung in der Regel rechtswidrig ist. So wird z. B. bei dem WMA-Format (Windows Media-Audiodatei) angezeigt: „Geschützt: Ja" oder „Geschützt: Nein". Anhand des zunächst allein sichtbaren Dateinamens ist eine solche Feststellung nicht möglich.

[594] S. o. Einführung C.II, S. 21.

[595] ID3 steht für *Id*entify an MP*3*; Tag = engl. für Etikett/Kennzeichen.

[596] Als mögliche Zusatzinformationen geben die ID3-Tags Felder für Interpret, Songtitel, Albumtitel, Genre, Comment etc. vor.

Je nach Inhalt dieser Tags kann man daraus die Rechtswidrigkeit der entsprechenden Musikdatei erkennen.[597] Allerdings sind diese Informationen erst sichtbar, wenn die Datei vollständig auf dem Computer des Nutzers gespeichert ist.[598] Bei Privatkopien von Musikdateien, die im Internet verfügbar sind, helfen die Zusatzinformationen daher nicht weiter.

b) Musik vor offizieller Veröffentlichung

In der Literatur werden als Beispiel für offensichtlich rechtswidrige Vorlagen Werke angeführt, die vor ihrer offiziellen Veröffentlichung im Internet verfügbar sind.[599] Das Beispiel bezieht sich in der Regel auf Kinofilme, doch kommt es auch im Musikbereich zur Anwendung. Veröffentlichungstermine von Musik-Alben/Singles sind jedoch keine Daten, die als allgemein bekannt vorausgesetzt werden können. Erschwerend hinzu kommt, dass die Veröffentlichungsdaten von neuen Musikstücken nicht immer weltweit einheitlich sind. Die Termine sind oft versetzt, damit die Künstler die Möglichkeit haben, die Veröffentlichung in jedem Land mit Werbemaßnahmen zu begleiten. Veröffentlichungstermine werden von den Plattenfirmen zudem oft (auch kurzfristig) verschoben, so dass es den Konsumenten kaum möglich ist, den genauen Zeitpunkt der Veröffentlichung eines Albums/einer Single zu bestimmen. Es gibt auch Künstler, die ihre Musik zu Werbezwecken bereits vor dem offiziellen Veröffentlichungstermin auf ausgesuchten Internetseiten zum (Vorab-) Download zur Verfügung stellen. Es besteht also auch bei Musik, die vor einem Veröffentlichungstermin verfügbar ist, stets die Möglichkeit, dass es sich um ein bereits offiziell veröffentlichtes Musikstück handelt.

---

[597] Die Metadaten werden in der Praxis von den Erstellern einer Audio-Datei teilweise dazu verwendet, sich mit dem Umgehen eines Kopierschutzes zu brüsten (z. B. „cracked by…“) oder um Werbung für die eigene Internetpräsenz zu machen (z. B. „go to www…“).

[598] Selbst dann müssen die Metadaten gesondert abgerufen werden und sind nicht automatisch sichtbar.

[599] So *Jani*, ZUM 2003, 842, 852; *Loewenheim* in: Schricker, § 53 Rn. 14c; *Dreier* in: Dreier/Schulze, § 53 Rn. 12 a. E.; *Hohagen*, S. 368; *Wenzl*, S. 92; *Kress*, S. 190; *Brinkel*, S. 150.

Schließlich werden nur wenige Fans alle bisherigen Veröffentlichungen eines Künstlers kennen. Nur in diesem Fall könnten sie beurteilen, ob es sich bei dem vorliegenden neuen Werk um ein unveröffentlichtes oder möglicherweise ein bereits veröffentlichtes Stück handelt. Eine rechtswidrige Vorabveröffentlichung (bootleg)[600] ist daher auch für über das Musikgeschehen informierte Personen nicht immer zweifelsfrei erkennbar, so dass keine *offensichtliche* Rechtswidrigkeit gegeben ist.[601]

3. *Kopier-Netzwerke (Filesharing-/P2P-Netze/Tauschbörsen)*

Wie oben dargestellt, gibt es heute im Internet zahlreiche Quellen, die Musikdateien zur Verfügung stellen. Kopier-Netzwerke[602] haben keine „Monopol-Stellung" mehr inne,[603] doch ist ihre Bedeutung noch immer groß.[604] Deshalb soll an dieser Stelle auf die Funktion von Kopier-Netzwerken eingegangen werden.[605] Das Problem der offensichtlich rechtswidrigen Musikdateien stellt sich in Kopier-Netzwerken und an anderen Orten im Internet jedoch überwiegend gleich. Deshalb wird an dieser Stelle nur auf die Besonderheiten der Kopier-Netzwerke eingegangen und anschließend eine allgemeine rechtliche

[600] Ursprünglich wurden als bootleg nur Konzertmitschnitte bezeichnet, die ohne Einwilligung der Rechteinhaber vorgenommen werden (s. o. Fn. 457). Heutzutage wird der Begriff, ähnlich dem Wort „Raubkopie", allgemein für nicht autorisierte Vervielfältigungsstücke verwendet.

[601] A. A. wohl *Brinkel*, S. 150.

[602] S. o. Fn. 87.

[603] S. o. Teil II B.VII, S. 170.

[604] Nach Angaben der NPD Group v. 26.02.2008, abrufbar unter: http://www.npd.com/press/releases/press_080226a.html haben im Jahr 2007 in den U.S.A. 19 % der Internet-Nutzer ein Kopier-Netzwerk benutzt. Im Jahr 2005 wurde die Anzahl der Musikdateien, die rechtswidrig in Kopier-Netzwerken zur Verfügung gestellt werden, weltweit auf 870 Millionen geschätzt, vgl. Marktforschungsunternehmen BigChampagne, zitiert bei musikwoche.de v. 06.04.2005.

[605] Zu einer ausführlichen Darstellung von Kopier-Netzwerken siehe die speziell zu diesem Thema verfassten Arbeiten von *Freiwald*, Die private Vervielfältigung im digitalen Kontext am Beispiel des Filesharing; *Wenzl*, Musiktauschbörsen im Internet; *Brinkel*, Filesharing; *Mayer*, Urheber- und haftungsrechtliche Fragestellungen bei peer-to-peer-Tauschbörsen; *Huber*, Internet-Tauschbörsen - Piraterie oder freie Werknutzung; *v. Delden*, Peer-to-Peer-Konzepte als innovativer Absatzkanal in der Musikindustrie - Herausforderungen und Gestaltungsansätze.

Bewertung des Anbietens/Herunterladens von Musikdateien im Internet vorgenommen.

a) Funktion

Die seit 1999 aufgekommenen Kopier-Netzwerke basieren auf Computerprogrammen (Software), die verschiedene Computer über das Internet zu einem - innerhalb des Internet virtuell abgegrenzten - Netzwerk verbinden.[606] Jedes Mitglied dieses Netzwerks kann dabei als Anbieter (Server) von Dateien und als Nutzer (Client) fungieren.[607] Die Dateien werden nicht von einem zentralen Server bezogen, sondern werden von einer Vielzahl von Mitgliedern des Netzwerks (Peers) heruntergeladen (daher auch Peer-to-Peer/P-2-P-System genannt).[608] Kopier-Netzwerke organisieren mithin den Datenaustausch, indem sie die Suche nach bestimmten Dateien (z. B. nach Musikdateien) ermöglichen und für den Datentransfer (Kopiervorgang) zwischen Server und Client sorgen.[609] Wer also eine Musikdatei über ein Kopier-Netzwerk bezieht greift gleichzeitig auf die Dateien verschiedener anderer Nutzer zurück.

Für den Client (herunterladenden Nutzer) ist die Identität der Server (anbietenden Nutzer), von denen er die entsprechende Datei bezieht, in der Regel nicht erkennbar. In Einzelfällen ist der Benutzername/bzw. die Benutzernamen der Server sichtbar, doch sagen diese

---

[606] Vgl. ausführlich zu den technischen Grundlagen der Kopier-Netzwerke *v. Delden*, S. 4 f.; *Freiwald*, S. 22 ff.; *Wenzl*, S. 24 ff.; *Brinkel*, S. 18 ff. Siehe hinsichtlich neuer Entwicklungen bzgl. geschlossener Tauschnetze („Foldershare-Netzwerke“), die eine ständige Synchronisierung der vernetzten Rechner vornehmen *Baumgartner*, S. 12.

[607] *Sieber* in: Handbuch Multimediarecht, Dezember 2000, 1 Rn. 127. Jeder Computer eines solchen Netzwerks wird auch als „Knotenpunkt“ (engl. „node“) bezeichnet, vgl. *Mittenzwei*, S. 14.

[608] Manche Dienste verfügen über zentrale Server, die Verzeichnisse der verfügbaren Dateien enthalten. Die Server fungieren hier als Vermittler zwischen den Mitgliedern des Netzwerks, vgl. *Sieber* in: Handbuch Multimediarecht, Dezember 2000, 1 Rn. 128. Andere Systeme kommen gänzlich ohne ein zentrales Verzeichnis aus (dezentrale Systeme). Hier wird die Anfrage eines Mitglieds (z. B. die Suche nach einem Musiktitel) direkt an andere Mitglieder übermittelt, die selbst wiederum die Anfrage weiterleiten, vgl. *Sieber*, a. A.O., Rn. 129.

[609] Vgl. *Beck/Kreißig*, NStZ 2007, 304.

weder etwas über die wahre Identität der Server aus, noch lässt sich hieraus erkennen, an welchem Ort diese sich befinden.

Die Nutzung eines klassischen Kopier-Netzwerks ist ebenso kostenlos wie die hierzu erforderliche Software. Kopier-Netzwerke können zum Austausch verschiedenster Dateien verwendet werden und sind nicht auf den hier interessierenden Bereich des Austauschs von Musikdateien beschränkt. So kann sich z. B. auch ein Unternehmen der Peer-to-Peer-Technik bedienen, um den Austausch von Daten zwischen Mitarbeitern zu erleichtern.

b) Zugänglichmachung während des Downloads

Jedes Mitglied eines Kopier-Netzwerks kann selbst bestimmen, welche Dateien es anderen Mitgliedern zur Verfügung stellt bzw. ob es überhaupt Dateien zum Download durch andere freigibt und damit öffentlich zugänglich macht i. S. d. § 19a UrhG.[610] Es gibt jedoch Systeme, bei denen ein Nutzer keine Möglichkeit hat zu verhindern, dass ein anderer Nutzer die - auch noch unvollständige - Datei, die er gerade herunterlädt, gleichzeitig wiederum von ihm herunterlädt.[611] Wer eine Datei über ein solches Kopier-Netzwerk bezieht, ist für den Zeitraum des Herunterladens zwingend gleichzeitig sowohl Client als auch Server. Dementsprechend könnte argumentiert werden, dass ein Herunterladen (und damit eine Kopie) zum privaten Gebrauch als Nutzer eines Kopier-Netzwerks nicht möglich sei, da mit dem Herunterladen - wenigstens für einige Sekunden - eine öffentliche Zugänglichmachung i. S. d. § 19a UrhG verbunden sei, die niemals einen privaten Gebrauch i. S. d. § 53 Abs. 1 S. 1 UrhG darstelle.[612]

Geht man von dem Fall aus, dass der Herunterladende die Datei unmittelbar nach Abschluss des Herunterladens dem Zugriff anderer

[610] Der Nutzer muss einen bestimmten Ordner auf seiner Festplatte angeben, in dem die heruntergeladenen Dateien gespeichert werden sollen. Dateien, die sich in diesem Ordner befinden stehen den übrigen Nutzern zur Verfügung. Es ist daher möglich, jede Datei direkt nach ihrem vollständigen Download in einen anderen Ordner zu verschieben, so dass sie anderen Nutzern nicht zugänglich ist. Vereinzelt kann die Funktionsweise von dem hier beschriebenen Regelfall abweichen.

[611] Vgl. *Brinkel*, S. 21, 85 und 96 ff.

[612] So *Nordemann/Dustmann*, CR 2004, 380, 381. Diese Problematik spricht auch *Hoffmann*, WRP 2006, 55, 58 an, der die Frage offen lässt.

Nutzer entzieht,[613] so gibt es nur ein sehr kurzes Zeitfenster (nämlich während des Herunterlade-Vorgangs und in der Zeit bevor die Datei in einen anderen Ordner verschoben wird), in dem die Datei anderen zugänglich ist.

§ 19a UrhG setzt nach seinem Wortlaut voraus, dass das Werk Mitgliedern der Öffentlichkeit *zu Zeiten ihrer Wahl* zugänglich ist. Diese Zeitspanne kann auch begrenzt sein, doch muss immer eine „Wahl" i. S. d. § 19a UrhG bestehen.[614] Vorliegend muss die Datei (zwingend) nur für einen sehr kurzen Zeitraum verfügbar gemacht werden. Diese kurzzeitige Möglichkeit des „Anzapfens" einer Datei (die gerade heruntergeladen wird) stellt keine öffentliche Zugänglichmachung i. S. d. § 19a UrhG dar.[615] Demnach ist die Nutzung eines Kopier-Netzwerks *nicht zwingend* mit einer öffentlichen Zugänglichmachung i. S. d. § 19a UrhG verbunden und kann daher auch allein zum privaten Gebrauch i. S. d. § 53 Abs. 1 S. 1 UrhG erfolgen.

Die verbleibenden rechtlichen Fragen im Zusammenhang mit Kopier-Netzwerken stellen sich ebenso bei Musikdateien, die auf Internetseiten angeboten werden, so dass diese Fragen gemeinsam geklärt werden.

4. *Rechtliche Bewertung des Anbietens von Musikdateien im Internet*

Durch das Anbieten im Internet - sei es auf einer Internetseite oder in einem Kopier-Netzwerk - wird eine Musikdatei einer unbestimmten Anzahl von Personen öffentlich zugänglich gemacht i. S. d. § 19a UrhG.[616] Dies bedarf gem. §§ 19a, 78 Abs. 1 Nr. 2, 85 Abs. 1 S. 1 UrhG der Zustimmung der Rechteinhaber. Musikdateien im Internet, die außerhalb von Download-Shops oder auf offiziellen Seiten der

---

[613] In dem er die Datei in einen anderen Ordner verschiebt, der anderen Nutzern des Kopier-Netzwerks nicht freigegeben ist; s. o. Fn. 610.

[614] Vgl. *Bullinger* in: Wandtke/Bullinger, § 19a Rn. 20; *v. Ungern-Sternberg* in: Schricker, § 19a Rn. 52: „Entscheidend ist, dass Ort und Zeit des einzelnen Abrufs nicht unausweichlich von dem, der das Werk zugänglich macht, festgelegt werden."

[615] Dies übersieht *Brinkel*, S. 96 ff. (insbes. S. 98) und S. 107 ff. (insbes. S. 109).

[616] Eine Verbreitung i. S. d. § 17 UrhG setzt die Verbreitung in körperlicher Form voraus. Eine Verbreitung von Musikdateien über das Internet stellt daher keine Verbreitung i. S. d. § 17 UrhG sondern nur eine öffentliche Zugänglichmachung i. S. d. § 19a UrhG dar; vgl. *Schulze* in: Dreier/Schulze, § 17 Rn. 6.

Künstler/Plattenfirmen zur Verfügung gestellt werden, sind daher grundsätzlich rechtswidrig öffentlich zugänglich gemacht i. S. d. § 19a UrhG, soweit die Rechteinhaber nicht ausdrücklich oder konkludent zugestimmt haben.[617]

Wird eine Musikdatei öffentlich zugänglich gemacht, die zuvor im Wege der Privatkopie erstellt wurde, ergibt sich die Rechtswidrigkeit zudem aus § 53 Abs. 6 UrhG.

5. *Rechtliche Bewertung des Herunterladens von Musikdateien aus dem Internet*

Das Herunterladen von Musikdateien aus dem Internet (Kopier-Netzwerk/Internetseite) auf die Festplatte des heimischen Computers ist stets mit einer Vervielfältigung der Datei i. S. d. § 16 UrhG verbunden. Soweit keine Lizenz der Rechteinhaber vorliegt, stellt sich die Frage, ob eine zulässige Privatkopie vorliegt.

Eine Nutzung zum privaten Gebrauch i. S. d. § 53 Abs. 1 S. 1 UrhG ist grundsätzlich auch bei einer Privatkopie möglich, die von einer Vorlage aus dem Internet (z. B. aus einem Kopier-Netzwerk) angefertigt wird.[618] Wie sich schon aus der Existenz des § 53 Abs. 1 S. 2 UrhG ergibt, kommt es nicht auf die Privatheit des Kopiervorgangs an, sondern darauf, dass das Vervielfältigungsstück zum privaten Gebrauch verwendet wird.[619]

---

[617] Vgl. hierzu LG Hamburg, ZUM 2006, 661 (nicht rechtskräftig); *Dreier* in: Dreier/Schulze, § 53 Rn. 53; *Wenzl*, S. 73 f.

[618] Die Teilnahme an einem Kopier-Netzwerk widerspricht weder generell dem privaten Gebrauch, noch liegt hierin auf Grund möglicher Ersparnisse ein mittelbarer Erwerbszweck, vgl. *Brinkel*, S. 102 ff. A. A. *Theiselmann*, S. 95 f., der eine Privilegierung gem. § 53 Abs. 1 S. 1 UrhG ablehnen will, da die öffentliche Zugänglichmachung der Quell-Datei keinen privaten Gebrauch darstelle. Es muss jedoch zwingend differenziert werden zwischen der Rechtmäßigkeit der öffentlichen Zugänglichmachung einer Vorlage und der Frage, ob die nachfolgende Privatkopie zum privaten Gebrauch vorgenommen wird. Der von *Theiselmann*, S. 96 erwähnte „private Charakter des Zugänglichmachens von Werken in Internet-Tauschbörsen“ ist für die Frage, ob der Vervielfältigende die kopierte Datei zum privaten Gebrauch nutzen will, ohne Bedeutung. Im Übrigen wäre eine öffentliche Zugänglichmachung auch zu privaten Zwecken rechtswidrig.

[619] Dies verwechseln *Köhler/Arndt*, S. 186.

Entscheidend ist, dass die Vorlage (die Quell-Datei) keine offensichtlich rechtswidrige Vorlage darstellt. Die Zulässigkeit von Privatkopien von Vorlagen aus dem Internet hängt daher regelmäßig davon ab, ob die Quell-Datei eine offensichtlich rechtswidrige Vorlage darstellt.

a) Rechtswidrigkeit

Liegt das Musikstück auf einem Tonträger vor und muss die Musik erst in einen Computer eingelesen werden, so ist hierzu eine Vervielfältigung i. S. d. § 16 UrhG erforderlich. Diese Vervielfältigung kann eine zulässige Privatkopie i. S. d. § 53 Abs. 1 S. 1 UrhG darstellen.[620] Ist zum Zeitpunkt dieser Vervielfältigung (=der Herstellung) die rechtswidrige öffentliche Zugänglichmachung schon geplant, so ist die Herstellung rechtswidrig.

Wird eine Musikdatei, die bereits von Anfang an in digitaler Form vorlag,[621] unmittelbar in einem Kopier-Netzwerk oder im Internet öffentlich zugänglich gemacht, so entfällt der vorgelagerte Herstellungsvorgang.[622] In diesen Fällen kommt es allein auf die Bewertung der öffentlichen Zugänglichmachung an. Die öffentliche Zugänglichmachung von Musikdateien an einen unbestimmten Personenkreis ist ohne Einwilligung der Rechteinhaber stets rechtswidrig.[623] Aus die-

[620] So auch die Bundesregierung im Rahmen des Gesetzgebungsverfahrens zum Zweiten Korb, BT-Drucks. 16/1828, S. 29.

[621] Das ist z. B. in den Fällen denkbar, in denen eine legal heruntergeladene Musikdatei (aus einem Download-Shop) öffentlich zugänglich gemacht wird. Diese Möglichkeit übersieht *Theiselmann*, S. 94.

[622] Da bei dezentralen Kopier-Netzwerken (s. o. Fn. 608) von den einzelnen Nutzern (Clients) direkt auf die Dateien anderer Nutzer (Server) zugegriffen wird, findet keine weitere Vervielfältigung - weder auf dem Computer des Anbieters noch auf einen zentralen Server - statt, vgl. *Hoffmann*, WRP 2006, 55, 58; *Hohagen*, S. 366.

[623] S. o. Teil II B.II, S. 123. Handelt es sich um eine Musikdatei, die von einem legalen Download-Shop bezogen wurde, wird in der Regel zusätzlich ein Verstoß gegen den Vertrag mit dem Anbieter der Musikdatei (bzw. des Nutzungsrechts an der Musikdatei) vorliegen, da die AGBs der Download-Shops die öffentliche Zugänglichmachung der erworbenen Musikdateien ausdrücklich untersagen, siehe z. B. § 7 Abs. 2 der Allgemeinen Geschäftsbedingungen für den Musikdownload-Shop von „MediaOnline", abrufbar unter: http://download.mediamarkt.de/ (unter „AGB"): „Dem Kunden ist es nicht gestattet, (…), die Musiktitel für Dritte zu kopieren, zugänglich zu machen bzw. weiterzuleiten, nachzuahmen, weiterzuverkaufen oder für kommerzielle Zwecke zu

sem Grund kann eine Prüfung der Herstellung in diesen Fällen regelmäßig entfallen, da die sich anschließende öffentliche Zugänglichmachung in jedem Fall rechtswidrig ist.

b) Offensichtlichkeit

Teilweise wird davon ausgegangen, dass durch die Neufassung des § 53 Abs. 1 S. 1 UrhG „die auffällig ‚verdächtigen' und öffentlich als illegal gebrandmarkten Internet-Portalseiten, Filesharing-Netze und Tauschbörsen von einer Legalisierung nach § 53 Abs. 1 abgeschnitten"[624] seien. Bei Dateien in Kopier-Netzwerken soll es teilweise gar nicht mehr auf die Offensichtlichkeit ankommen, da allein die Verfügbarkeit in solchen Netzen schon für ihre Rechtswidrigkeit spreche.[625] Es ist zweifelhaft, ob eine solche „Vermutung der Rechtswidrigkeit" mit dem Gesetzeswortlaut („offensichtlich") in Einklang zu bringen ist.

Der Nutzer sieht im Internet in der Regel nur den jeweiligen Dateinamen der angebotenen Musikdatei. Der Nutzer weiß nicht, aus welchem Land eine im Internet angebotene Datei stammt, die ihren Ursprung weltweit haben kann.[626] Zur Bewertung des Herstellungs-

---

nutzen. Eine Weiterübertragung der Rechte an Dritte ist ausdrücklich ausgeschlossen." Ähnlich die AGBs von „Musicload", abrufbar unter http://www.musicload.de/agb, dort unter B.I.5.1 und 5.3.

[624] *Hertin*, Rn. 256.

[625] So *Jani*, ZUM 2003, 842, 852 f.; ähnlich *Kress*, S. 189; *Berger*, ZUM 2004, 257, 259; *Theiselmann*, S. 93 ff.; *Scheja/Mantz*, CR 2007, 715, 717; *Liepe*, S. 119; *Braun*, GRUR 2001, 1106, 1108; *Gutmann*, MMR 2003, 706, 708; *Arlt*, DRM, S. 187 f. geht von einem entsprechenden Anscheinsbeweis aus, wenn die Internetseite „üblicherweise urheberechtswidrige Inhalte zum Download anbietet". A. A. *Freiwald*, S. 151 ff.; *Wenzl*, S. 89; *Schäfer*, S. 64; *Mayer*, S. 69; *Brinkel*, S. 148; *Frank*, K&R 2004, 576, 579.

[626] Bei Kopier-Netzwerken wird die Musikdatei gleichzeitig von mehreren Nutzern (Servern) bezogen, die sich potenziell auf der ganzen Welt befinden können. Handelt es sich um Musikdateien auf Internetseiten, so kann weder die auf der Seite verwendete Sprache noch die sog. Top Level Domain (also die Endung „.de" für Deutschland, „.fr" für Frankreich, „.at" für Österreich…) eine sichere Auskunft liefern. Insbesondere die Registrierung einer Top Level Domain ist nicht daran gebunden, dass die unter dem registrierten Namen betriebenen Internetseiten auch aus dem Inland/mit einem inländischen Server betrieben werden (vgl. die Richtlinien der Deutschen Vergabestelle DENIC, abrufbar unter: http://www.denic.de/de/richtlinien.html). Es ist also durch-

vorgangs müsste der Nutzer teilweise ausländisches Urheberrecht anwenden.[627] Im Falle von Kopier-Netzwerken kommt erschwerend hinzu, dass hier die Kopien nicht von einer sondern gleichzeitig von *zahlreichen Dateien* vorgenommen werden.

Die öffentliche Zugänglichmachung, die auf einen Abruf in Deutschland ausgerichtet ist, richtet sich zwar nach deutschem Recht,[628] doch ist dem Laien diese juristisch nur schwer zu erschließende Tatsache regelmäßig nicht bekannt. Zu erwähnen ist an dieser Stelle, dass der Federal Court of Canada in einer Entscheidung aus dem Jahr 2004 das Herunterladen und das Zurverfügungstellen von Dateien im Internet für zulässig erachtete.[629] Diese Entscheidung wurde auch von deutschen Medien aufgegriffen.[630] Die Entscheidung aus Kanada zeigt, dass es für deutsche Nutzer keineswegs offensichtlich ist, dass Dateien im Internet - die potenziell aus der ganzen Welt stammen können - rechtswidrig hergestellt oder öffentlich zugänglich gemacht wurden. Solange der Gesetzgeber keine kollisionsrechtlich eindeutige Anweisung zum anwendbaren Recht bei Vorlagen aus dem Ausland macht, wird das anwendbare Recht bei Internet-Sachverhalten für den privaten Nutzer grundsätzlich nicht offensichtlich i. S. d. § 53 Abs. 1 S. 1 UrhG sein. Damit ist gleichzeitig eine offensichtliche Rechtswidrigkeit in den meisten Fällen ausgeschlossen.

Die rechtliche Bewertung von Vorlagen im Internet wird den Nutzern aber noch durch zahlreiche weitere Faktoren erschwert: Zunächst haben sich in der Vergangenheit weltweit bekannte Künstler für einen Download ihrer Lieder ausgesprochen.[631] Darüber hinaus ist die Art

---

aus möglich, dass eine Internetseite mit der Endung „.de" von einem Unternehmen mit Sitz in Kanada betrieben wird, dessen Server in Kasachstan liegen.

[627] S. o. Teil II B.III.4.d), S. 136; siehe auch *Freiwald*, S. 152 ff.

[628] S. o. Teil II B.III.5.b), S. 141.

[629] Federal Court of Canada, Urt. v. 31.03.2004, 2004 FC 488, siehe insbesondere unter [25] - [28], abrufbar unter: http://decisions.fct-cf.gc.ca/en/2004/2004fc488/2004fc488.html.

[630] Siehe heise online v. 01.04.2004, abrufbar unter: http://www.heise.de/newsticker/meldung/46193.

[631] Gem. heise online v. 19.01.2003, abrufbar unter http://www.heise.de/newsticker/meldung/33792, sprach sich *Robbie Williams* im Rahmen der Musikmesse Midem im Jahr 2003 ausdrücklich für Downloads aus dem

der Angebote im Internet sehr vielfältig geworden. Die Tatsache, dass in Kopier-Netzwerken überwiegend rechtswidrig Dateien angeboten werden, hat sich in den letzten Jahren auch außerhalb juristischer Kreise verbreitet. Bei zahlreichen anderen Angeboten im Internet ist die rechtliche Bewertung jedoch auch für gut gewillte Nutzer schwierig.[632] Insbesondere ist es für Nutzer schwer verständlich, dass offizielle Download-Shops aus dem Ausland, die in ihrem jeweiligen Herkunftsland legal operieren, für den Abruf in Deutschland eine gesonderte Lizenz benötigen und daher die öffentliche Zugänglichmachung an Nutzer in Deutschland nach deutschem Recht rechtswidrig ist.[633]

Internet aus und sagte: „Mein Album 'Escapology' hat sich bisher fünf Millionen Mal verkauft, jetzt könnt Ihr es Euch gern umsonst holen." *Chuck D*, Mitglied der Gruppe „Public Enemy", machte eine Stellungnahme im Rahmen einer Klage gegen das US-amerikanische Kopier-Netzwerk Napster am 26.07.2000 vor dem United States District Court, Northern District of California, San Francisco Division, Case No. C 99-5183 MHP, *A&M Records, Inc. v. Napster, Inc.*, abrufbar unter: http://news.findlaw.com/hdocs/docs/napster/napster/dec_chuckd.pdf. Hinsichtlich des Herunterladens seiner Musik aus dem Internet äußerte er sich wie folgt: „I have absolutely no objection to having any of my music shared on Napster."

[632] Als Beispiel soll die Internet-Community MySpace dienen (s. o. Fn. 589). Dort können u. a. Künstler ihre Musik zum kostenlosen Download anbieten. In Amerika verfügt ein Großteil der Musiker über eine entsprechende MySpace-Seite. Es gibt nun zahlreiche Seiten, die zwar scheinbar offizielle Künstler-Profile darstellen, in Wirklichkeit jedoch ohne die Zustimmung des entsprechenden Künstler erstellt wurden. Auch stellen Privatpersonen in ihren Profilen vereinzelt Musikdateien zur Verfügung, ohne entsprechende Lizenzen erworben zu haben. Der Betreiber verbietet solches Vorgehen zwar (vgl. die Nutzungsbedingungen v. 07.01.2007, abrufbar unter: http://www.myspace.com/Modules/Common/Pages/TermsConditions.aspx), doch nimmt er keine Kontrolle der hochgeladenen Inhalte vor. Aus diesem Grund hat Universal Music im November 2006 beim U.S. District Court in Kalifornien eine Klage gegen MySpace eingereicht, vgl. F.A.Z. v. 20.11.2006. Die Seite findet bislang allgemeine Beachtung in der Tagespresse, wobei mögliche Urheberrechtsverletzungen nur am Rande Erwähnung finden. Im Vordergrund steht der Erfolg der Seite, die im Sommer 2005 von einem namenhaften Finanzinvestor für 580 Millionen Dollar gekauft wurde. Für die Nutzer ist keineswegs offensichtlich, dass auch auf den MySpace-Seiten zahlreiche Musikdateien rechtswidrig angeboten werden.

[633] Hinzu kommt, dass die jeweiligen Internetseiten sich nicht anstrengen, ausländische Nutzer von ihrem Angebot auszuschließen. So schreibt z. B. der Londoner Download-Shop für klassische Musik „Classical.com" in seinen AGBs, abrufbar unter http://www.classical.com/help/index.php?id=113: „5. Applicable Laws. This web site (excluding linked sites) is controlled by Classical International from its head office in

Unabhängig von den Schwierigkeiten, die Herkunft festzustellen oder eine rechtliche Bewertung von Musikdateien im Internet vorzunehmen, gibt es einen weiteren entscheidenden Punkt, der die offensichtliche Rechtswidrigkeit von Musikdateien im Internet entfallen lassen könnte: kostenlose legale Musikdateien.

6. Kostenlose legale Musikdateien

Als Hauptkriterien bei der Feststellung der Rechtmäßigkeit einer Musikdateien wird meist die Unentgeltlichkeit und ihre Herkunft angesehen.[634] Kostenpflichtige Musikdateien in Download-Shops sind rechtmäßig hergestellt und werden rechtmäßig öffentlich zugänglich gemacht. Kostenlose Musikdateien in Kopier-Netzwerken und Internetseiten sind häufig rechtswidrig. Doch reichen diese Kriterien aus, um Musikdateien außerhalb kostenpflichtiger Download-Shops als offensichtlich rechtswidrig i. S. d. § 53 Abs. 1 S. 1 UrhG einzuordnen?

a) Gemeinfreie Werke

Zunächst darf nicht vergessen werden, dass das Urheberrecht und die verwandten Schutzrechte vom Gesetzgeber nur für einen beschränkten Zeitraum gewährt werden.[635] Musikstücke, deren Schutz-

---

the UK. It can be accessed from any country around the world and so, as each of these places has laws that may differ from those in the UK, by accessing this web site both you and Classical International agree that UK law, without regard to the conflicts of laws principles thereof, will apply to all matters relating to use of this web site. Classical International makes no representation that materials on this web site are appropriate or available for use in other locations, and accessing them from territories where their contents are illegal is prohibited. Those who choose to access this site from other locations do so on their own initiative and are responsible for compliance with local laws." Zu beachten ist, dass aus deutscher Sicht eine vertragliche Wahl des anwendbaren Urheberrechts nicht möglich ist, vgl. *Fezer/Koos* in: Staudinger, IntWirtschR, Rn. 875.

[634] Vgl. u. a. *Jani*, ZUM 2003, 842, 853; *Wenzl*, S. 92; *Kress*, S. 186 und S. 189.

[635] Das Urheberrecht erlischt gem. § 64 UrhG 70 Jahre nach dem Tod des Urhebers. Das Recht des ausübenden Künstlers erlischt gem. § 82 S. 1 UrhG in den Fällen in denen die Darbietung auf einen Tonträger aufgenommen wurde 50 Jahre nach dessen Erscheinen. Auch das Leistungsschutzrecht des Tonträgerherstellers erlischt gem. § 85 Abs. 3 S. 1 UrhG 50 Jahre nach Erscheinen des Tonträgers. Zu beachten ist, dass auf

fristen abgelaufen sind, sind gemeinfrei, d. h. es besteht kein urheberrechtlicher Schutz mehr. Solche Werke sind derzeit noch selten doch wird ihre Anzahl in Zukunft stark ansteigen.[636] Es gibt also gemeinfreie Musikstücke, die von jedermann rechtmäßig im Internet angeboten werden können.

b) Kostenlose legale Musikdateien zu Werbezwecken

Es ist von großer Bedeutung für die Beurteilung der Rechtswidrigkeit einer Musikdatei im Internet, dass das Internet von den Rechteinhabern heute verstärkt zu Werbezwecken eingesetzt wird.[637] Am häufigsten stellen unbekannte Künstler ihre Musik im Internet kostenlos zur Verfügung, um Aufmerksamkeit zu erlangen. Aber auch erfolgreiche Künstler haben das Internet als Marketinginstrument entdeckt: Einzelne Lieder eines Albums oder sogar ganze Alben sind teilweise schon vor der offiziellen Veröffentlichung im Internet verfügbar und helfen so, die anstehende Veröffentlichung zu bewerben.[638] Hierbei kann es sich zwar auch um rechtswidrig veröffentlichte bootlegs[639] handeln, doch häufig handelt es sich um Musikstücke, die von den Rechteinhabern bewusst in Verkehr gebracht werden (Teaser-Songs). Ebenso werden, begleitend zu aktuellen Veröffentlichungen, neue Stücke (Bonus-Tracks) oder Bearbeitungen bekannter Stücke (Remixe) im Internet kostenlos zur Verfügung gestellt.[640] Teilweise werden - unabhängig von bevorstehenden Veröffentlichungen - Lieder zum kostenlosen Download angeboten, um einen Künstler bei den

---

Grund der mehrfachen Veränderung der gesetzlichen Schutzfristen bei älteren Werken teilweise abweichende Berechnungen vorgenommen werden müssen.

[636] Dies hängt damit zusammen, dass sich professionelle Aufnahmetechniken erst im 20. Jahrhundert entwickelt haben. Bislang existieren daher noch nicht viele Aufnahmen, die älter als 50 Jahre sind und bei denen die Urheber der aufgenommenen Lieder seit 70 Jahren verstorben sind. In Zukunft werden zahlreiche interessante Aufnahmen gemeinfrei werden.

[637] Siehe zu dem Problem kostenloser Downloads im Zusammenhang mit der „offensichtlichen Rechtswidrigkeit" i. S. d. § 53 Abs. 1 S. 1 UrhG auch *Rigamonti*, GRUR Int. 2004, 278, 288; *Freiwald*, S. 152; *Hohagen*, S. 367; *Gercke*, ZUM 2007, 791, 798.

[638] Prominenteste Beispiele hierfür sind „Radiohead", „Arctic Monkeys" und „Talib Kweli". Siehe ausfürlich die Liste im Anhang B.

[639] S. o. Fn. 457 und Fn. 600.

[640] Siehe ausführlich die Liste im Anhang B.

Konsumenten im Gespräch zu halten. Es existieren mittlerweile sogar zahlreiche „Netlabels“, also Plattenlabels, die ihre Musik fast ausschließlich im Internet veröffentlichen und diese häufig kostenlos zur Verfügung stellen.[641]

c) Kostenlose legale Musikdateien zur Bewerbung fremder Produkte

Musikdateien werden oft nicht nur von den Rechteinhabern selbst kostenlos verteilt, sondern auch kostenpflichtig an Unternehmen lizenziert, die die Musik dann ihrerseits kostenlos den Endverbrauchern anbieten. Die Musik soll hier nicht „sich selbst“ bewerben, sondern als Werbung oder Zugabe für ein fremdes Produkt oder eine Dienstleistung dienen.

Ein ähnliches Konzept verfolgen Internetseiten, die kostenlos und legal Musikdateien anbieten, die durch Werbung finanziert werden.[642] Auch hier steht nicht die Werbung für die Musik im Vordergrund, sondern die Werbung für andere Produkte. Die Vergütung der Rechteinhaber wird nicht unmittelbar durch Zahlungen der Konsumenten eingenommen sondern mittelbar durch Werbeeinnahmen.

d) Neue Lizenzmodelle

Der Trend zum Verteilen von kostenlosen Musikdateien wird durch „Open-Content“-Lizenzmodelle gefördert. Hierbei handelt es sich um standardisierte Lizenzen, wie z. B. die verschiedenen Versionen der Creative Commons-Lizenz, deren Verwendung die Rechteinhaber durch bestimmte Logos auf ihren Internetseiten und ggf. im

[641] Eine Übersicht solcher Netlabels (=Internet-Plattenfirmen) findet sich im Anhang B.

[642] Werbefinanzierte kostenlose Downloads bieten „We7“ (siehe Anhang B.) und „Spiral Frog“, abrufbar unter http://www.spiralfrog.com. Angekündigt ist zudem der Dienst „Qtrax“, abrufbar unter http://www.qtrax.com. Vgl. zum Ganzen Spiegel online v. 28.01.2008, abrufbar unter: http://www.spiegel.de/netzwelt/web/0,1518,531418,00.html. Teilweise ist die Werbung nur auf der Internetseite präsent, auf der die Dateien bezogen werden können. Teilweise wird an den Anfang jedes Liedes eine bis zu 10 Sekunden lange Werbebotschaft eingefügt.

Dateinamen kennzeichnen.[643] Musikdateien, die unter einer solchen Lizenz angeboten werden, können für nicht-kommerzielle Zwecke beliebig heruntergeladen und weiterverbreitet werden. Gleichzeitig behält sich der Urheber und/oder ausübende Künstler das Recht vor, stets als Urheber/Künstler genannt zu werden und kommerzielle Nutzungen zu verbieten. Vor allem unbekannte Musiker haben so die Möglichkeit, ihre Musik im Internet frei kursieren zu lassen, ohne alle Rechte aus der Hand geben zu müssen.[644]

Dies alles hat zur Folge, dass **im Internet eine unüberschaubare Anzahl von Musikdateien kostenlos und legal verfügbar** ist.[645] Um zu verdeutlichen, welche Masse an Musikdateien im Internet kostenlos und legal zur Verfügung steht, vgl. die beispielhafte Aufzählung solcher Angebote im Anhang.[646]

7. *Rechteerwerb beim Bezug kostenloser legaler Musikdateien*

Die kostenlosen legalen Angebote werfen die Frage auf, welche Rechte diejenigen Personen erwerben, die eine entsprechende Musikdatei durch einen Download beziehen. In jedem Fall erwerben sie ein Nutzungsrecht zur Vervielfältigung (§ 16 UrhG), denn in der Vornahme einer Vervielfältigung (durch das Herunterladen) liegt der Zweck des Angebots. Erwerben sie aber auch das Recht, die Musikdatei über das Internet wiederum anderen zur Verfügung zu stellen (Recht der öffentlichen Zugänglichmachung i. S. d. § 19a UrhG)?

---

[643] Eine umfangreiche Liste von Open Content-Lizenzmodellen findet sich auf der Internetseite des Instituts für Rechtsfragen der Freien und Open Source Software (ifrOSS), abrufbar unter: http://www.ifross.de/ (dort bei „Lizenzen" unter „C"). Siehe ausführlich zu den „Creative Commons"-Lizenzen unter http://creativecommons.org/. Siehe auch *Dreier* in: Dreier/Schulze, § 69c Rn. 39.

[644] Für Urheber, die Mitglied der GEMA sind, ist eine Verwendung solcher Lizenzen nicht zulässig. Im Berechtigungsvertrag werden der GEMA von den Urhebern die meisten relevanten Nutzungsrechte übertragen, so dass die Urheber diese nicht ein zweites Mal im Rahmen einer Open-Content-Lizenz übertragen können. Zum GEMA-Berechtigungsvertrag s. o. Teil I B.VI.2.a), S. 52.

[645] Vgl. die ausführliche Liste von Beispielen kostenloser und legaler Internetangebote im Anhang B.

[646] Anhang B., S. XXV.

Die Internetseiten, auf denen entsprechende Gratis-Dateien zur Verfügung gestellt werden, schließen ein solches Recht teilweise ausdrücklich aus.[647] Soweit die Musikdateien unter einer Open Content-Lizenz zur Verfügung gestellt werden, wird hingegen die nichtkommerzielle Weiterverbreitung über das Internet ausdrücklich gestattet. In den meisten Fällen machen die entsprechenden Seiten zu den übertragenen Rechten jedoch keine Angaben.[648] In diesen Fällen ist die Rechteeinräumung durch Auslegung zu ermitteln.

§ 31 Abs. 5 S. 1 UrhG legt fest, dass sich der Umfang der Rechtseinräumung im Zweifel nach dem von beiden Partnern zu Grunde gelegten Vertragszweck richtet (sog. Zweckübertragungsregel).[649] Werden dem Konsumenten Lieder kostenlos zur Verfügung gestellt, so können hiermit drei verschiedene Zwecke verfolgt werden.

a) Rechteerwerb bei Musikdateien zu Werbezwecken

Bei Musikdateien, die von den Rechteinhabern zu Werbezwecken eingesetzt werden, ist zwischen „Bonus-Tracks“ und sonstigen kostenlosen Angeboten zu unterscheiden. Bonus-Tracks sind eine Art Belohnung (Zugabe) für den käuflichen Erwerb einer CD. Dem Konsumenten wird über ein Passwort im Booklet der CD oder durch eine auf der CD enthaltene Software Zugang zu Musikdateien im Internet gewährt, die nur Käufer der entsprechenden CD erhalten. Der Zweck erschöpft sich nicht in der Zuwendung an die Käufer, vielmehr sollen durch die Inaussichtstellung dieses Mehrwerts neue Käufer zum Erwerb der CD bewogen werden (incentive-Funktion). In diesem Fall entspricht die Gewährung eines Rechts der öffentlichen Zugänglich-

---

[647] So z. B. „MP3.de“, unter http://www.mp3.de/agb (dort unter 2.); „ELIXIC“, unter http://www.elixic.de/index.php?id=17 (dort § 6); „Antenne Bayern Soundgarage“ unter http://www.antenne.de/antenne/html/impr.html (dort unter „Nutzungsbedingungen“).

[648] Als Ausnahme forderte die Gruppe „Metallica“ im Rahmen ihrer Gratis-Angebote, damals abrufbar unter: http://www.livemetallica.com/vault/, ausdrücklich auf: „Download - Burn - Share - Kick Ass!“ Durch die Erwähnung des „share“ (engl. = teilen) erklärte sich die Gruppe wohl auch mit einer Weitergabe der Lieder an Dritte einverstanden.

[649] § 31 Abs. 5 UrhG ist auch auf verwandte Schutzrechte anwendbar, vgl. *Schricker* in: Schricker, § 31 Rn. 36 m. w. Nachw.

machung an den Bonus-Tracks gerade nicht dem von den Rechteinhabern verfolgten Zweck. Die Musikdateien sollen nur diejenigen erlangen, die bereits einen Kauf getätigt haben. Wird eine solche Datei auf einer privaten Internetseite oder in einem Kopier-Netzwerk von einem Nutzer öffentlich zugänglich gemacht, so geschieht dies rechtswidrig.

Anders zu beurteilen ist die Situation bei Musikdateien zu Werbezwecken.[650] In diesem Fall könnte die Übertragung eines Rechts der öffentlichen Zugänglichmachung mit dem Hinweis darauf verneint werden, dass die Rechteinhaber ein Interesse daran hätten, die Weitergabe des Musikstücks zu kontrollieren. Der Hauptzweck liegt aber vielmehr darin, dass die Datei von möglichst vielen Personen heruntergeladen werden soll, um eine große Anzahl von potenziellen Käufern bzw. Interessenten an der Musik zu erreichen. Der Werbeeffekt tritt auch dann ein, wenn die Datei nicht von einer Internetseite der Rechteinhaber (Künstler- oder Plattenfirmen-Homepage), sondern von einer anderen Internetseite oder einem Kopier-Netzwerk bezogen wird. Maßgeblich ist allein, dass möglichst viele Konsumenten sich mit der Musik auseinandersetzen und sich für weitere (ggf. kostenpflichtige) Veröffentlichungen interessieren. Woher die kostenlose Musikdatei stammt, ist nebensächlich. In diesem Fall entspricht es daher dem Sinn und Zweck der Zurverfügungstellung der Musikdatei, dass diese von den Nutzern öffentlich zugänglich gemacht wird. Eine öffentliche Zugänglichmachung solcher Dateien ist daher rechtmäßig.

Zu beachten ist, dass die Urheber in Deutschland das Recht der öffentlichen Zugänglichmachung häufig an eine Verwertungsgesellschaft übertragen haben.[651] Wird eine entsprechende Werbeaktion geplant, müssen sie daher in der Regel zunächst selbst die von der Verwertungsgesellschaft treuhänderisch verwalteten Rechte erwerben, um diese weiter übertragen zu können.

---

[650] Der Begriff „Werbezwecke“ soll hier weit verstanden werden. Es muss nicht eine konkrete Veröffentlichung beworben werden. In jedem Fall soll die Musik möglichst vielen Nutzern zugänglich gemacht werden und hierdurch der Bekanntheitsgrad des Künstlers gesteigert oder schlicht die Musik einem breiten Publikum vorgestellt werden.

[651] S. o. Teil I B.VI, S. 47. Vgl. z. B. § 1 lit g und h des GEMA-Berechtigungsvertrages (Stand: 26./27. Juni 2007), abrufbar unter: http://www.gema.de/urheber/mitglied-werden/aufnahmeantraege/.

b) Rechteerwerb bei Musikdateien als Werbung für fremde Produkte

Werden Musikdateien als Werbung für „Nicht-Musik-Produkte" eingesetzt, ist offensichtlich, dass die Musik nicht deshalb kostenlos abgegeben wird, damit das entsprechende Lied beworben wird. Die Rechtseinräumung erstreckt sich nur auf ein einmaliges Vervielfältigungsrecht und beinhaltet nicht das Recht, die kostenlos erhaltene Musikdatei öffentlich zugänglich zu machen. Wenn die Musikdatei von einer fremden Internetseite bezogen wird, entfällt der beabsichtigte Werbeeffekt.

c) Folgerungen

Auch wenn eine Musikdatei kostenlos angeboten wird - sei es auf einer Internetseite oder in einem Kopier-Netzwerk - besteht die Möglichkeit, dass die Musik gemeinfrei ist oder die Datei von den Rechteinhabern zu Werbezwecken rechtmäßig hergestellt und öffentlich zugänglich gemacht wurde. Entscheidend ist daher die Frage, ob privaten Nutzern eine Unterscheidung zwischen diesen rechtswidrigen und rechtmäßigen Musikdateien möglich ist.

Trotz der Vielzahl[652] kostenloser und legaler Angebote ist der Anteil der im Internet verfügbaren Musikdateien, die rechtmäßig zur Verfügung gestellt werden, verhältnismäßig gering.

Es ist schwierig, Merkmale für die Erkennbarkeit rechtswidrig öffentlich zugänglich gemachter Dateien zu erarbeiten: So ist z. B. die Wahrscheinlichkeit höher, dass Dateien eines kommerziell erfolgreichen Musikers rechtswidrig zugänglich gemacht wurden als die eines unbekannten Musikers, der sich zunächst durch die kostenlose Zugänglichmachung seiner Lieder bei den Konsumenten bekannt machen will. Wie soll indessen die Grenze zwischen erfolgreichen und unbekannten Künstlern gezogen werden? Dessen ungeachtet würde eine solche Unterscheidung zu einem *Zwei-Klassen-Vervielfältigungsrecht* führen. Erfolgreiche Künstler hätten die Möglichkeit, gegen Vervielfältigungen ihrer Lieder vorzugehen, während unbekannte Künstler mangels offensichtlicher Rechtswidrigkeit Pri-

[652] Siehe die ausführliche Liste von Internetseiten, die kostenlose und legale Musikdateien anbieten, im Anhang B., S. XXV.

vatkopien auch von rechtswidrigen Vorlagen ihrer Lieder dulden müssten. Der unbekannte Künstler darf hinsichtlich digitaler Privatkopien nicht rechtlos gestellt werden, indem ihm grundsätzlich unterstellt wird, er habe einer Zugänglichmachung seiner Musik im Internet zugestimmt. Diese Unterscheidung ist daher abzulehnen.

Als weiteres Unterscheidungsmerkmal könnte die Tatsache dienen, dass Musikdateien, die auf privaten Internetseiten und in Kopier-Netzwerken zugänglich sind, eher rechtswidrig sind als Dateien, die auf den offiziellen Internetseiten eines Künstlers oder Labels angeboten werden. Auch dieses Merkmal hat hingegen nur Indizwirkung und würde in der praktischen Anwendung zu Problemen führen. Woran erkennt der Nutzer eine „offizielle" Internetseite?

Die Möglichkeit, dass es sich um eine Musikdatei handelt, die ein gemeinfreies Werk enthält, oder die mit Zustimmung der Rechteinhaber im Internet zugänglich gemacht wurde, und deren Weitergabe durch weitere öffentliche Zugänglichmachungen der Nutzer zu Werbezwecken sogar erwünscht ist, bleibt immer bestehen. Keinem Nutzer kann eine so umfangreiche Kenntnis der Musikszene unterstellt werden, dass er wissen müsste, dass genau dieses von ihm vervielfältigte Lied nicht mit Zustimmung der Rechteinhaber verfügbar gemacht wurde. Andernfalls würde man den Nutzern eine Prüfungspflicht aufbürden, die der Gesetzgeber durch die Einführung des Wortes „offensichtlich" gerade verhindert wollte.

Der Vervielfältigende wird sich daher bei der Vervielfältigung einzelner Lieder von Vorlagen aus dem Internet stets darauf berufen können, dass es für den Durchschnittsbürger nicht erkennbar war, ob es sich um ein „Werbe-Lied" handelte oder um eine reguläre (kostenpflichtige) Veröffentlichung.

Würde man die „Offensichtlichkeit" in diesen Fällen weit auslegen und eine Vermutung ausreichen lassen, liefe dies auf ein Verbot aller Kopier-Netzwerke und sonstiger Internetseiten hinaus, die Musikdateien kostenlos zur Verfügung stellen. Aus juristischer Sicht widerspräche dies der gebotenen engen Auslegung, die auf die Entstehungsgeschichte der Norm und den Vergleich mit dem juristischen Sprachgebrauch des Wortes „offensichtlich" in anderen Vorschriften zurückzuführen ist.[653] Das Wort offensichtlich wird vom Gesetzgeber nur zur Regelung von Ausnahmesachverhalten verwendet.[654] Eine Bejahung der Offensichtlichkeit bei sämtlichen kostenlosen Angeboten im Internet würde die Offensichtlichkeit jedoch zum Regelfall machen.

Aus praktischer Sicht würden die bedeutenden Möglichkeiten, die das Internet und auch Kopier-Netzwerke Musikern bieten, unberücksichtigt bleiben. Insbesondere aufstrebenden Künstlern müssen die Möglichkeiten der Selbstvermarktung und Präsentation über das Internet erhalten bleiben.

Kostenlose Musikdateien im Internet und in Kopier-Netzwerken stellen daher grundsätzlich keine *offensichtlich* rechtswidrigen Vorlagen i. S. d. § 53 Abs. 1 S. 1 UrhG dar.

Beispiel:

Ein Nutzer N möchte sich ein Lied des Künstlers K aus dem Internet herunterladen. K hat in den Anfängen seiner Karriere einige Lieder kostenlos über das Internet verteilt und die Nutzer zur werbewirksamen Verteilung seiner Lieder ermutigt. Dies verhalf ihm zu einer gewissen Popularität und verschaffte ihm schließlich die Aufmerksamkeit einer Plattenfirma.

Mittlerweile ist K kommerziell erfolgreich und bietet seine Musik ausschließlich kostenpflichtig an. N werden nun über ein Kopier-Netzwerk zahlreiche Titel des K zum Download angeboten. N hat sich bislang nicht näher mit der Musik des K auseinandergesetzt und kennt nur wenig von dessen Veröffentlichungen. N kann nicht erkennen, welche der ihm angebotenen Musikdateien mit Ks Willen über das Internet verbreitet wurden und welches aktuelle Titel sind, die rechtswidrig öffentlich zugänglich gemacht wurden. Dem für N allein sichtbaren Dateinamen lässt sich diese Information nicht entnehmen.

---

[653] S. o. Teil II B.IV.3, S. 154.
[654] S. o. Teil II B.IV.2, S. 152.

Eine „offensichtliche Rechtswidrigkeit“ i. S. d. § 53 Abs. 1 S. 1 UrhG ist daher bei keiner der Dateien gegeben. N darf nach der derzeitigen Rechtslage von allen ihm angebotenen Dateien rechtmäßige digitale Privatkopien vornehmen.

Abschließend sei erwähnt, dass hier der bedeutendste Unterschied zur Rechtslage bei Spielfilmen im Internet besteht. Es gibt sowohl aus Kostengründen als auch auf Grund des hohen Datenaufkommens, bislang keine aktuellen Spielfilme, die im Internet zu Werbezwecken kostenlos zum Download zur Verfügung stehen (wohl aber bieten einzelne Sender Serien oder Dokumentationen kostenlos auf ihren Internetseiten an). Ein aktueller Spielfilm, der über eine private Internetseite oder ein Kopier-Netzwerk kostenlos zum Download angeboten wird, stellt daher in der Regel eine offensichtlich rechtswidrige Vorlage dar.[655]

VIII. Zwischenergebnis (offensichtlich rechtswidrige Vorlage)

Hinsichtlich der Kompromissformel der „offensichtlich rechtswidrigen Vorlage“ muss nach eingehender Prüfung anhand der digitalen Privatkopie von Musik an dieser Stelle eine *vernichtende Bewertung* erfolgen:

Das Merkmal der „offensichtlich rechtswidrigen Vorlage“ in § 53 Abs. 1 S. 1 UrhG ist gesetzestechnisch offensichtlich unzweckmäßig. **Das vom Gesetzgeber im Rahmen des Gesetzgebungsverfahrens zum Zweiten Korb bekräftigte Ziel,[656] Kopien von illegalen Vorlagen - insbesondere aus dem Internet - vom Anwendungsbereich der Privatkopie auszuschließen, wurde verfehlt.** In der Praxis wird sich fast nie die offensichtliche Rechtswidrigkeit einer Vorlage bejahen lassen.

---

[655] Auch sind bei Filmen die Veröffentlichungs-Daten aussagekräftiger als bei Musik (s. o. Teil II B.VII.2.b), S. 174). Kino-Veröffentlichungsdaten werden oft Monate im Voraus beworben und in der Regel exakt eingehalten.

[656] Siehe die oben zitierte Aussage der Bundesregierung Teil II B.I.2, S. 120; siehe auch *Zypries*, MMR 2007, 545.

Soweit der Gesetzgeber als auch große Teile der Literatur die Ansicht vertreten, dass durch die im Rahmen des Zweiten Korbs in Kraft getretene Erweiterung des Tatbestands auf „offensichtlich rechtswidrig *öffentlich zugänglich gemachte* Vorlagen" der Legalisierung von Privatkopien aus Kopier-Netzwerken (Filesharing-/P2P-Netzen/Tauschbörsen) und Internetseiten ein Riegel vorgeschoben wäre, ist dem nicht zu folgen. Es konnte nachgewiesen werden, dass die Erweiterung des Tatbestands nicht verhindern kann, dass digitale Privatkopien von rechtswidrigen Vorlagen im Internet grundsätzlich zulässig sind.

Bei der Feststellung, ob eine offensichtlich rechtswidrige Vorlage vorliegt, kommt es auf folgende Punkte an:

1. Wurde ein Tonträger/eine Musikdatei im Ausland hergestellt, so richtet sich die Rechtswidrigkeit der Herstellung nach dem Recht des Landes in dem die Herstellung erfolgt ist. Die Rechtswidrigkeit der öffentlichen Zugänglichmachung einer in Deutschland über das Internet abrufbaren Musikdatei richtet sich aber nach deutschem Recht, vorausgesetzt die Zugänglichmachung ist auf einen Abruf in Deutschland ausgerichtet oder ein solcher zumindest in Kauf genommen worden.

2. Das Merkmal der „Offensichtlichkeit" ist eng auszulegen und seine Anwendung auf Ausnahmefälle begrenzt.

3. Die „Offensichtlichkeit" der Rechtswidrigkeit ist aus der objektiven Sicht einer Durchschnittsperson in der Situation des Vervielfältigenden zu bestimmen.

4. Bei der Feststellung, ob eine Vorlage offensichtlich rechtswidrig i. S. d. § 53 Abs. 1 S. 1 UrhG ist, empfiehlt sich folgende Prüfung:

   a. Ist die Vorlage aus urheberrechtlicher Sicht rechtswidrig?

   b. Besteht anhand des Erscheinungsbilds der Vorlage und der äußeren Umstände im Moment der Vervielfältigung die (rechtliche oder tatsächliche) Möglichkeit, dass die Vorlage rechtmäßig ist (bei Verneinung liegt immer eine offensichtlich rechtswidrige Vorlage vor)?

c. Ist es für eine Durchschnittsperson in der Situation des Vervielfältigenden erkennbar, dass diese Möglichkeit sicher nicht gegeben ist?

5. Die Formulierung „rechtswidrig hergestellt oder öffentlich zugänglich gemacht" ist im Rahmen der *zivilrechtlichen* Anwendung des § 53 UrhG analog auf rechtswidrig verbreitete (§ 17 UrhG) Vorlagen anzuwenden. Erhält der Vervielfältigende eine CD, bei der es sich um ein Vervielfältigungsstück (also keine im Handel erworbene CD) handelt, von Personen außerhalb seines engsten Familien- und Freundeskreis, so liegt daher stets eine offensichtlich rechtswidrige Vorlage vor.

6. Das Äußere einer CD alleine lässt keine Rückschlüsse auf eine rechtswidrige Herstellung zu. Weder durch die Unterscheidung Kopie/Original, noch durch den Preis, noch durch einen Hinweis auf technische Maßnahmen kann ausgeschlossen werden, dass die CD rechtmäßig hergestellt wurde.

7. Das äußere Erscheinungsbild einer Musikdatei lässt ebenfalls keine Rückschlüsse auf eine mögliche Rechtswidrigkeit zu. Auch hier helfen weder die Unterscheidung Kopie/Original, noch der Preis, noch der Zeitpunkt der Veröffentlichung weiter.

8. Das Erstellen von Privatkopien auch von rechtswidrigen Musikdateien aus dem Internet wird von § 53 Abs. 1 S. 1 UrhG grundsätzlich privilegiert, da eine mögliche Rechtswidrigkeit der Musikdateien fast nie offensichtlich ist.

   a. Die Herstellung der Vorlage ist für die Nutzer nicht nachvollziehbar. Die Nutzer wissen zudem nicht, in welchem Land die Datei hergestellt wurde, welches nationale Recht für die Beurteilung der Rechtswidrigkeit maßgeblich ist oder wie das Recht des Herstellungslandes den Vorgang bewertet.

   b. Die Nutzer können nicht erkennen, aus welchem Land eine Datei im Internet öffentlich zugänglich gemacht wurde.

Ebenso wenig ist die juristisch umstrittene Bewertung von öffentlichen Zugänglichmachungen aus dem Ausland nach deutschem Recht für die Nutzer offensichtlich.

c. Bei Musikdateien, die im Internet zur Verfügung stehen, kann nie mit Sicherheit ausgeschlossen werden, dass es sich um Dateien handelt, die gemeinfrei sind oder die mit Zustimmung der Rechteinhaber zu Werbezwecken rechtmäßig öffentlich zugänglich gemacht wurden.

Als wichtigster Aspekt dieser Untersuchung muss festgehalten werden, dass drei Faktoren, nämlich Schwierigkeiten bei der Bestimmung des anwendbaren Rechts, die gebotene enge Auslegung des Wortes „offensichtlich" und die Vielzahl kostenloser *legaler* Musikdateien im Internet, zu folgendem Ergebnis führen: Musikdateien, die im Internet rechtswidrig öffentlich zugänglich gemacht werden, sind in der Regel nicht sicher als solche identifizierbar, so dass die Rechtswidrigkeit nicht offensichtlich i. S. d. § 53 Abs. 1 S. 1 UrhG ist. Dies bedeutet, dass **§ 53 Abs. 1 S. 1 UrhG digitale Privatkopien von rechtswidrigen Musikdateien aus dem Internet grundsätzlich legalisiert**.

Zu betonen ist, dass sich die hier dargestellten Ergebnisse ausschließlich auf die *digitale Privatkopie von Musik* beziehen.

C. Beweislast

Da sich die vorliegende Arbeit an der praktischen Anwendung des § 53 Abs. 1 S. 1 UrhG orientiert, soll auch die in der Praxis oft entscheidende Frage untersucht werden, wer in einem zivilrechtlichen Verletzungsprozess die Beweislast dafür trägt, ob eine Vorlage offensichtlich rechtswidrig i. S. d. § 53 Abs. 1 S. 1 UrhG ist.

Grundsätzlich muss derjenige, der eine Rechtsverletzung geltend macht, das Vorliegen der tatsächlichen Voraussetzungen der Rechtsverletzung beweisen.[657] Diese prozessuale Grundregel kann im Rahmen der Privatkopie in zwei Richtungen interpretiert werden: Zum

[657] Vgl. *Wild* in: Schricker, § 97 Rn. 103; *Rojahn* in: Loewenheim, § 94 Rn. 57; *Flechsig*, GRUR 1993, 532, 535 a. E.

einen könnte man § 53 Abs. 1 S. 1 UrhG rechtfertigenden Charakter beimessen. Dementsprechend läge die Beweislast beim Nutzer, da dieser auf § 53 Abs. 1 S. 1 UrhG zur Rechtfertigung seines Handelns berufen müsste.[658] Zum anderen könnte man darauf abstellen, dass die Reichweite des Urheberrechtsschutzes nur insoweit besteht, als keine Schrankenbestimmung (§§ 44a ff. UrhG) greift. In diesem Fall müssten die Rechteinhaber beweisen, dass die Voraussetzungen des § 53 UrhG nicht gegeben sind, und die streitgegenständliche Vervielfältigung in ihr ausschließliches Vervielfältigungsrecht eingreift.[659]

Entgegen der erstgenannten Ansicht stellen die Schranken des Urheberrechts, und damit auch § 53 Abs. 1 S. 1 UrhG, keine Rechtfertigungsgründe im Sinne zivilprozessualer Beweisregeln dar.[660] Der Inhalt des Urheberrechtes und der verwandten Schutzrechte ergibt sich erst aus einer Gesamtschau mit den Schrankenbestimmungen der §§ 44a ff. UrhG. Auch wenn das Vervielfältigungsrecht als ausschließliches Recht ausgestaltet ist, genügt es nicht, wenn die Inhaberschaft des Rechts geltend gemacht und ein Eingriff behauptet wird. Vielmehr müssen die Rechteinhaber darlegen, dass die gerügte Handlung überhaupt von ihrem Vervielfältigungsrecht umfasst ist. Macht der Vervielfältigende also geltend, die vorgenommene Handlung sei durch § 53 Abs. 1 S. 1 UrhG privilegiert, so müssen die Rechteinhaber, die einen Verletzungsanspruch (§ 97 UrhG) geltend machen, das Gegenteil beweisen.[661]

[658] So *Nordemann* in: Fromm/Nordemann, Vor § 45 Rn. 3 a. E.; *Flechsig*, GRUR 1993, 532, 535 a. E.; *Freiwald*, S. 139 (dort Fn. 672); *Brinkel*, S. 106.

[659] So wohl auch *Schack*, UrhR, Rn. 495a; *Schmid/Wirth*, § 53 Rn. 9; *Jani*, ZUM 2003, 842, 854; *Rigamonti*, GRUR Int. 2004, 278, 287; *Hohagen*, S. 365, 368; *Schäfer*, S. 66.

[660] A. A. *Flechsig*, GRUR 1993, 532, 536

[661] Vgl. BT-Drucks. 16/1828, S. 26: „Es obliegt dem Rechtsinhaber zu beweisen, dass die vervielfältigte Vorlage offensichtlich rechtswidrig hergestellt oder unerlaubt öffentlich zugänglich gemacht worden ist.“ So auch *Guntrum*, S. 145.

Denkbar wäre, über den Beweis des ersten Anscheins[662] eine Umkehrung der Beweislast zu bewirken, indem man annimmt, Musikdateien aus Kopier-Netzwerken oder von privaten Internetseiten seien regelmäßig rechtswidrig. Hierbei ist zu bedenken, dass diese Dateien zwar oftmals rechtswidrige Vorlagen darstellen - es sich jedoch nicht regelmäßig um *offensichtlich* rechtswidrige Vorlagen handelt. Die prozessualen Regeln dürfen nicht die materielle Rechtslage in ihr Gegenteil verkehren. Der Beweis des ersten Anscheins hilft den Urhebern nicht über ihre - äußerst schwierige - Beweissituation hinweg.

D. Praktische Auswirkungen der aktuellen Rechtslage

I. Unverständlichkeit der Norm

§ 53 Abs. 1 S. 1 UrhG führt zu großer Rechtsunsicherheit und Verunsicherung der Nutzer.[663] Die obigen Ausführungen zur „offensichtlich rechtswidrigen Vorlage" machen deutlich, dass der aktuelle Gesetzeswortlaut auf Grund seiner Komplexität extrem schwer verständlich ist.[664] Dieser Eindruck wird durch Presse-Artikel bestätigt, die seit der Gesetzesnovelle im Jahr 2003 (Erster Korb) versuchen,

---

[662] Auch Anscheinsbeweis oder Prima-facie-Beweis genannt, vgl. *Hartmann* in: Baumbach/Lauterbach/Albers/Hartmann, Anh § 286 Rn. 15; *Reichold* in: Thomas/Putzo, § 286 Rn. 12. Siehe BGH NJW 2004, 3623 - *PIN-geschützter EC-Karten Missbrauch*: „Es handelt sich um Fälle, in denen ein bestimmter Sachverhalt feststeht, der nach allgemeiner Lebenserfahrung auf eine bestimmte Ursache oder auf einen bestimmten Ablauf als maßgeblich für den Eintritt eines bestimmten Erfolges hinweist." Der Beweispflichtige muss in diesen Fällen nur den typischen Tatbestand dartun. Derjenige, der einen vom gewöhnlichen Verlauf abweichenden Gang des Geschehens behauptet, hat hingegen die ernstliche und nicht nur vage Möglichkeit eines solchen durch konkrete Tatsachen darzulegen, vgl. *Hartmann* a. A.O., Anh. § 286 Rn. 18; *Reichold* a. A.O., § 286 Rn. 13.

[663] So auch *Hohagen*, S. 370.

[664] So auch *Berger*, ZUM 2004, 261: „Der Gesetzgeber verlangt in § 307 Abs. 1 BGB, dass Klauseln in Allgemeinen Geschäftsbedingungen ‚klar und verständlich' sein müssen. Wenn man sich die heutige Fassung des § 53 UrhG anschaut muss man feststellen, dass der Gesetzgeber an den Verwender allgemeiner Geschäftsbedingungen Anforderungen stellt, die er selbst nicht einzuhalten vermag."

privaten Nutzern den komplexen Inhalt der gesetzlichen Regelung zu erklären.[665]

Während § 53 Abs. 1 S. 1 UrhG sich an einen sehr großen Adressatenkreis richtet, nämlich an jeden, der private Vervielfältigungen vornimmt, ist die dort enthaltene Anweisung selbst für Fachleute schwer zu erkennen.

Es ist keine Seltenheit, dass abstrakt formulierte Gesetze für den juristischen Laien unverständlich sind (so insbesondere auch im Steuerrecht). Private Nutzer werden ohnehin in den seltensten Fällen in das Gesetzbuch schauen. Entscheidend für sie ist die öffentliche Wahrnehmung. Doch auch hier herrscht Verunsicherung. Ist die Nutzung von Kopier-Netzwerken verboten? Was ist mit Musik aus ausländischen legalen Download-Shops? Dürfen noch CDs gebrannt werden?

Die Verwerter versuchen die Unsicherheit der privaten Nutzer mit aufwendigen Kampagnen, wie „Copy Kills Music"[666], „Raubkopierer sind Verbrecher"[667] oder „Nur Original ist legal"[668], zu ihren Gunsten zu nutzen. Das dabei verfolgte Ziel, die Wertschätzung der Öffent-

---

[665] Siehe z. B. *Goldmann* in: F.A.Z. v. 28.08.2004: „Strenge Regeln für Vervielfältigungen - Wann sind private Vervielfältigungen erlaubt?" *Himmelein/Heidrich* in: c't 5/2006, S. 110: „Kopieren erlaubt! Ihr gutes Recht und seine Grenzen." *Patalong* in: Spiegel online v. 23.03.2006, abrufbar unter http://www.spiegel.de/netzwelt/politik/0,1518,407467,00.html: „Was ist erlaubt? Was ist verboten?" *Baur* in: F.A.Z. (Sonntagszeitung) v. 28.05.2006: „Download ohne Reue"; Stiftung Warentest 2/2007, S. 60: „Was geht". Hierbei kommt es auch zu Fehlinformationen, wenn z. B. die F.A.Z. unter dem Titel „Riskante Downloads" am 01.01.2008, 21:18, abrufbar unter: http://www.faz.net, schreibt: „Wer aus zweifelhaften Internetquellen Musik oder Filme herunterlädt, macht sich strafbar." Es wurde dargestellt, dass Privatkopien von „zweifelhaften" Angeboten zulässig sind, weil diese nicht offensichtlich rechtswidrig i. S. d. § 53 Abs. 1 S. 1 UrhG sind.

[666] Eine Initiative des Bundesverbands der phonographischen Wirtschaft e.V. (seit 01.11.2007 umbenannt in Bundesverband Musikindustrie e. V.) zusammen mit der GEMA und dem deutschen Musikrat.

[667] Hierbei handelt es sich um eine Kampagne der Zukunft Kino Marketing GmbH, einer Tochtergesellschaft des HDF Kino e.V., des Multiplexverbandes Cineropa und des Verbandes der Filmverleiher (VdF), vgl. http://www.hartabergerecht.de.

[668] Dies ist eine Kampagne des Börsenverein des Deutschen Buchhandels und der Gesellschaft zur Förderung audiovisueller Medien, abrufbar unter: http://www.boersenverein.de/de/93988/.

lichkeit für geistiges Eigentum[669] zu fördern, ist zu befürworten. Problematisch ist, dass den Nutzern nicht gesagt wird, dass die digitale Privatkopie vom Gesetz grundsätzlich gestattet ist.

Der Gesetzgeber macht sich im Gesetzgebungsverfahren Sorgen um seine Autorität und die Frage, ob die Bürger sich an das Gesetz halten werden.[670] Gleichzeitig schafft er eine Norm, deren Auslegung und Verständnis nur Fachleuten zugänglich ist.

Die Verständlichkeit der Norm ist im Rahmen der Privatkopie jedoch von überragender Bedeutung, da das Gesetz auf eine Selbstbeschränkung der Nutzer angewiesen ist. Wo früher die analoge Technik Grenzen gesetzt hat, sind digitale Privatkopien heute in nahezu unbegrenzter Menge und gleich bleibender Qualität möglich, so dass die Nutzer sich selbst beschränken müssen. Dies ist nur dann möglich, wenn sie den rechtlichen Rahmen kennen, in dem sie sich bewegen dürfen.

II. Aufklärung durch die Rechteinhaber?

Eine weitere praktische Auswirkung von § 53 Abs. 1 S. 1 UrhG könnte darin liegen, dass die Rechteinhaber ein Interesse daran haben müssten, die Nutzer umfassend über die Rechtslage aufzuklären.

Möglicherweise können die Rechteinhaber die zukünftige Verfolgung von Urheberrechtsverletzungen erleichtern, indem sie den Nutzern in Aufklärungskampagnen verdeutlichen, wann Vorlagen rechtswidrig sind.[671] Auf diese Weise könnte dazu beigetragen werden, die Rechtswidrigkeit bestimmter Vorlagen „offensichtlicher" i. S. d. § 53 Abs. 1 S. 1 UrhG erscheinen zu lassen.

Die Aufklärung wird aber nie so umfassend sein können, dass sie eine Verwechslung von rechtmäßigen und rechtswidrigen Musikdateien im Internet beseitigen kann.[672]

---

[669] Vgl. ausführlich zu dem Begriff des „geistigen Eigentums" *Leinemann*, S. 18 ff. und S. 24 ff.; *Götting*, GRUR 2006, 353 ff.; gegen die Verwendung des Begriffs spricht sich *Rehbinder*, Rn. 79 aus.

[670] Vgl. BT-Drucks. 15/38, S. 39.

[671] Ähnlich *Stickelbrock*, GRUR 2004, 736, 738.

[672] So auch *Hohagen*, S. 368.

III. Einschränkung von Marketingmöglichkeiten

Die Digitalisierung von Musikstücken und insbesondere die Möglichkeit der Verbreitung über das Internet, werden auch von Seiten der Rechteinhaber zunehmend als Chance angesehen. Wie bereits dargestellt, ermöglicht die neue Technik, einzelne Lieder eines Künstlers zu Werbezwecken kostenlos über das Internet zu vertreiben, um so dessen Bekanntheitsgrad zu steigern.[673]

Wie oben ausgeführt, findet vor allem im Internet eine Vermengung solcher „Werbelieder“ mit rechtswidrigen Musikdateien statt. Die offensichtliche Rechtswidrigkeit von Musikdateien könnte bei Angeboten im Internet nur dann bejaht werden, wenn die Rechteinhaber selbst keine Musikdateien kostenlos zum Download und zur Weitergabe freigeben würden. In diesem Fall wären alle Musikdateien im Internet offensichtlich rechtswidrig, die außerhalb offizieller Download-Shops angeboten werden. Künstler, die Musikdateien kostenlos im Internet zur Verfügung stellen und die Nutzer zu einer Streuung der Dateien ermutigen, fördern damit indirekt (und ungewollt) die Legalisierung von Privatkopien rechtswidriger Vorlagen, da rechtswidrige nicht mehr von rechtmäßigen Vorlagen unterschieden werden können.

Durch das Merkmal der „offensichtlich rechtswidrigen Vorlage“ in § 53 Abs. 1 S. 1 UrhG werden mithin die Rechteinhaber für solche Werbemaßnahmen „bestraft“ und der Einsatz eines sinnvollen Marketinginstruments, welches den Nutzern zugute kommt, wird so indirekt durch § 53 Abs. 1 S. 1 UrhG gestört.

IV. Schwierigkeiten bei der Rechtsdurchsetzung

In der Praxis gehen die Rechteinhaber sowohl straf- als auch zivilrechtlich gegen Personen vor, die in Kopier-Netzwerken Urheberrechtsverletzungen vornehmen.[674] In Deutschland gingen im Jahr 2007

[673] Eine ausführliche Liste von kostenlosen und legalen Angeboten findet sich im Anhang B.

[674] Siehe z. B. LG Hamburg, MMR 2007, 131 f. - *Prüfpflichten bei Überlassung eines Internetzugangs an eigene minderjährige Kinder*; LG Hamburg, MMR 2006, 763 ff. - *Störerhaftung bei ungesichertem Funknetz* (nicht rechtskräftig). Soweit die Identität der Verletzer bekannt ist, erhalten diese eine kostenpflichtige Abmahnung, in der sie aufgefordert werden, eine strafbewehrte Unterlassungserklärung zu unterzeichnen und

pro Monat mehrere tausend Strafanzeigen bei den Staatsanwaltschaften ein.[675] Dieses Vorgehen wird zu Abschreckungszwecken teilweise von einer breiten medialen Berichterstattung begleitet.

Wegen der Formulierung des § 53 Abs. 1 S. 1 UrhG sind die Rechteinhaber jedoch darauf beschränkt, gegen solche Personen vorzugehen, die Dateien *anbieten*, da hierdurch immer eine Verletzung des Rechts der öffentlichen Zugänglichmachung (§ 19a UrhG) vorliegt.[676] Nutzer von Kopier-Netzwerken, die heruntergeladene Dateien nicht wieder für andere verfügbar machen, können jedoch in der Regel nicht belangt werden. Die herunterladenden Nutzer können sich auf Grund der oben beschriebenen Probleme stets darauf berufen, dass die Rechtswidrigkeit der Vorlage nicht offensichtlich gewesen sei und daher eine rechtmäßige Privatkopie vorliege.

§ 53 Abs. 1 S. 1 UrhG nimmt den Rechteinhabern mithin die Möglichkeit, gegen Personen vorzugehen, die Musikdateien von rechtswidrigen Vorlagen herunterladen, da es hier nach den obigen Feststellungen regelmäßig nicht nachweisbar ist, dass die entsprechenden Vorlagen offensichtlich rechtswidrig i. S. d. § 53 Abs. 1 S. 1 UrhG waren.

V. Einfluss auf andere Schrankenbestimmungen?

Der Rechtsanwender kann grundsätzlich von einer einheitlichen Systematik des Gesetzes ausgehen. In den Tatbeständen anderer Schranken der §§ 44a ff. UrhG, insbesondere beim sonstigen eigenen Gebrauch (§ 53 Abs. 2 - 4 UrhG) ist die Voraussetzung einer offensichtlich rechtmäßigen Vorlage nicht enthalten.

Darf im Wege eines Umkehrschlusses davon ausgegangen werden, dass in diesen Fällen eine entsprechende Beschränkung nicht

---

Schadensersatz zu leisten. Ist die Identität der Verletzer nicht bekannt, so sind die Rechteinhaber derzeit noch auf eine Strafanzeige angewiesen. Die Staatsanwaltschaft kann über die Internet-Service-Provider die Identität der Internet-Nutzer ermitteln. Die Rechteinhaber beantragen anschließend Akteneinsicht und erfahren so die Identität der Verletzer, um diese zivilrechtlich zu belangen. Siehe ausführlich *Beck/Kreißig*, NStZ 2007, 304 ff.

[675] Vgl. *Brandl* in: F.A.Z. v. 04.12.2007.

[676] Vgl. *Beck/Kreißig*, NStZ 2007, 304, 305.

besteht? Darf zur Vornahme einer Vervielfältigung für den sonstigen eigenen Gebrauch auch eine offensichtlich rechtswidrige Vorlage verwendet werden?

Diese Folge der Neufassung des § 53 Abs. 1 S. 1 UrhG wurde vom Gesetzgeber anscheinend nicht bedacht. Es wird sich zeigen, wie die Rechtspraxis mit dieser Frage umgeht.

E. Ergebnis Teil II

Im Teil II wurde der Frage nachgegangen, wie § 53 Abs. 1 S. 1 UrhG hinsichtlich der digitalen Privatkopie von Musik zu bewerten ist.

Es wurde festgestellt, dass die Voraussetzung, Privatkopien dürfen nicht von offensichtlich rechtswidrigen Vorlagen angefertigt werden, die große „Schwachstelle" des § 53 Abs. 1 S. 1 UrhG darstellt.[677] Dies liegt nicht daran, dass nicht festgestellt werden könnte, ob die Vorlage rechtswidrig hergestellt, öffentlich zugänglich gemacht oder verbreitet wurde. Problematisch ist allein die *Offensichtlichkeit* der Rechtswidrigkeit. Schwierigkeiten bei der Bestimmung des anwendbaren Rechts, die gebotene enge Auslegung des Wortes „offensichtlich" und die Vielzahl kostenloser *legaler* Musikdateien im Internet führen dazu, dass sich sowohl bei CDs als auch bei Musikdateien **eine offensichtliche Rechtswidrigkeit fast nie bejahen lässt**.

Das Tatbestandsmerkmal führt damit trotz der im Rahmen des Zweiten Korbs vorgenommenen Ergänzung des Tatbestands auf „offensichtlich rechtswidrig öffentlich zugänglich gemachte" Vorlagen regelmäßig zu einer Legalisierung von digitalen Privatkopien rechtswidriger Musikdateien, die über das Internet angeboten werden.

Das Tatbestandsmerkmal stellt ein Lippenbekenntnis des Gesetzgebers an die Rechteinhaber dar, mit dem diese in der Praxis nichts anfangen können.

In der Praxis führt die Norm auf Grund ihrer Unverständlichkeit überwiegend zu Verunsicherung und behindert die Rechteinhaber, die

[677] Siehe ausführlich oben Teil II B.VIII, S. 193.

die Möglichkeiten des Internets zu Werbezwecken für ihre Musik sinnvoll nutzen möchten.

Als Ergebnis der Untersuchung in Teil II wird daher festgestellt, dass § 53 Abs. 1 S. 1 UrhG in seiner geltenden Fassung nicht dazu geeignet ist, die Frage der digitalen Privatkopie von Musik angemessen zu regeln.

Teil III: Neuregelung der digitalen Privatkopie von Musik

Abb. 23: Gang der Darstellung Teil III.

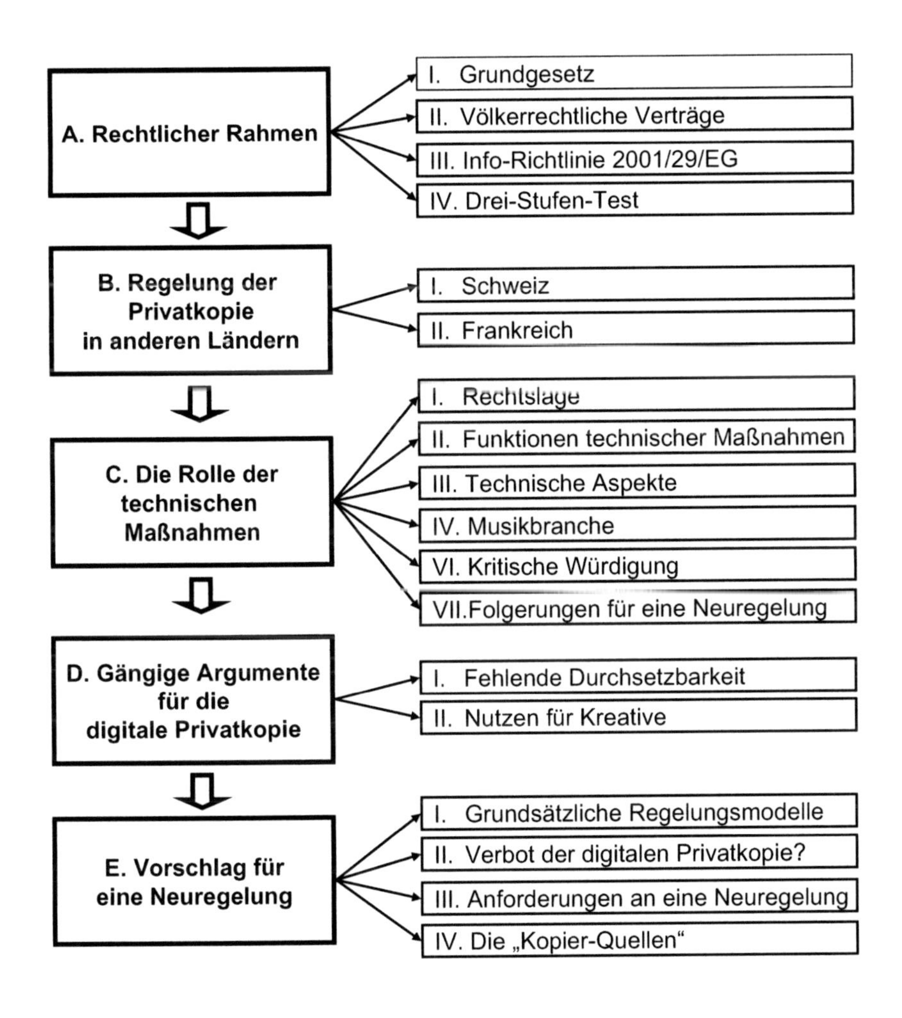

A. Rechtlicher Rahmen

Der Gestaltungsspielraum des deutschen Gesetzgebers bei einer Neuregelung der privaten Vervielfältigung ist durch die Vorgaben der Verfassung, völkerrechtlicher Verträge und des Europarechts begrenzt. Das Abstecken des rechtlichen Rahmens dient zugleich der Überprüfung, ob die geltende Fassung des § 53 Abs. 1 S. 1 UrhG diesen rechtlichen Rahmen wahrt.

I. Grundgesetz

Aus Art. 1 Abs. 3 und Art. 20 Abs. 3 GG ergibt sich die Bindung des Gesetzgebers an die Verfassung. Bei der Normierung der Privatkopie muss der Gesetzgeber daher vor allem die Grundrechte der Urheber und der Nutzer beachten.[678]

Das Urheberrecht ist verfassungsrechtlich als Eigentum i. S. d. Art. 14 GG anerkannt.[679] Die Zuordnung des Urheberrechts an seinen Schöpfer und die freie Verfügungsbefugnis hierüber wird durch Art. 14 GG garantiert.[680] Ein völliger Entzug des Vervielfältigungsrechts im privaten Bereich, ohne eine angemessene Kompensation, würde daher gegen Art. 14 GG verstoßen.[681]

Art. 14 GG gebietet nicht, dem Urheber jede nur denkbare Verwertungsmöglichkeit zu sichern.[682] Als geistiges *Eigentum* unterliegt das Urheberrecht wie das Sacheigentum der Sozialpflichtigkeit des Art. 14 Abs. 2 GG.[683] Die Sozialpflichtigkeit des geistigen Eigentums

---

678 Vgl. ausführlich *Prechtl*, S. 30 ff.; *Geerlings*, GRUR 2004, 207, 208 ff.; *Liepe*, S. 56 ff.

679 Vgl. BVerfGE 31, 229, 239 - *Kirchen- und Schulgebrauch*; BVerfGE 49, 382, 393 - *Kirchenmusik*; *Schricker* in: Schricker, Einleitung Rn. 11; *Loewenheim* in: Loewenheim, § 1 Rn. 2 und § 3 Rn. 1 ff. Ebenso für das Recht des ausübenden Künstlers BVerfG GRUR 1990, 438 ff. - *Bob Dylan*. Siehe ausführlich zu den verfassungsrechtlichen Grundlagen der Privatkopie *Engels*, S. 44 ff.

680 BVerfGE 31, 229 ff. - *Kirchen- und Schulgebrauch*. Siehe auch *Prechtl*, S. 76.

681 So auch *Prechtl*, S. 76 ff.; *Hohagen*, S. 280.

682 BVerfGE 31, 229 ff. - Kirchen- und Schulgebrauch.

683 So bereits RGZ 140, 264, 270: „(...) äußert sich der auf das Urheberrecht angewandte Gedanke der ‚sozial gebundenen Befugnis'. Wie er für das Sacheigentum anerkannt ist, muss er auch für das Recht an Geisteswerken, unbeschadet des Persönlichkeitsrechts ihres Schöpfers, berücksichtigt werden." Ebenso BVerfGE 31, 229 =

berechtigt den Gesetzgeber, durch Inhalt- und Schrankenbestimmungen die Reichweite des Urheberrechts im Interesse der Allgemeinheit festzulegen. Die Einschränkung des ausschließlichen Urheberrechts durch die Gewährung der Privatkopie stellt verfassungsrechtlich eine Inhalts- und Schrankenbestimmung i. S. d. Art. 14 Abs. 1 S. 2 GG dar.

Bei der Ausgestaltung der Inhalts- und Schrankenbestimmung muss der Gesetzgeber die Interessen des (geistigen) Eigentümers und der Allgemeinheit in einen angemessenen Ausgleich bringen. Während der Urheber ein möglichst weitgehendes Eigentumsrecht anstrebt,[684] sind auf Seiten der Allgemeinheit vor allem die Informationsfreiheit des Art. 5 Abs. 1 S. 1 2. HS GG und die Unverletzlichkeit der Wohnung gem. Art. 13 GG zu beachten. Zu prüfen ist, ob sich aus diesen Verfassungsrechten zwingende Vorgaben für eine Neuregelung der Privatkopie ergeben.

1. *Informationsfreiheit Art. 5 GG*

In der Diskussion um die Privatkopie wird häufig die Informationsfreiheit des Art. 5 GG angeführt, um die Privilegierung der Privatkopie als verfassungsrechtlich zwingend zu rechtfertigen.[685] Der Allgemeinheit müsse ein unkomplizierter Zugang zu vorhandenen Informationen und Dokumentationen ermöglicht werden. Diese Argumentation ist umstritten. Es konnte bislang nicht schlüssig dargelegt werden, warum der *Zugang* zu Informationen mit einer Kopie dieser Informationen verbunden sein muss.[686]

GRUR 1972, 481, 483 - *Kirchen- und Schulgebrauch*; BVerfGE 49, 382, 393 - *Kirchenmusik*; BGHZ 134, 250 = NJW 1997, 1363, 1367 - *CB-Infobank I*; ausführlich zur Sozialbindung des Urheberrechts *Leinemann*, S. 35 ff.; vgl. auch *Loewenheim* in: Schricker, § 53 Rn. 1; *Dreier* in: Dreier/Schulze, § 53 Rn. 1; *Hohagen* in: FS Schricker (2005), S. 353, 357; *Melichar* in: Schricker, Vor §§ 44a ff. Rn. 1.

[684] Der Schutzbereich des allgemeinen Persönlichkeitsrechts (Art. 2 Abs. 1 i.V.m. Art. 1 Abs. 1 GG) und der Kunstfreiheit (Art. 5 Abs. 3 GG) werden durch private Vervielfältigungen nicht berührt; vgl. hierzu ausführlich *Prechtl*, S. 53 f. und 59 f.; siehe auch *Hohagen*, S. 268 ff.

[685] Vgl. *Lüft* in: Wandtke/Bullinger, § 53 Rn. 1; ähnlich *Loewenheim* in: Schricker, § 53 Rn. 1; *Engels*, S. 4 f.; *Guntrum*, S. 173 ff.; siehe auch BT-Drucks. 16/1828, S. 18; a. A. *Ulmer-Eilfort* in: FS Nordemann (1999), S. 285, 286.

[686] So aber ohne Erklärung *Stickelbrock*, GRUR 2004, 736, 741; *Noogie/Kaufmann*, MMR 2005, 753, 754 gehen davon aus, die fehlende Möglichkeit, eine Sicherungsko-

„Die Informationsfreiheit umfasst nicht das Recht, allgemein zugängliche Quellen zu vervielfältigen."[687] Träger des Grundrechts ist nur die Person, die *sich* informieren will.[688] Der Vervielfältigende ist bereits „informiert". Die Informationsfreiheit schützt nicht denjenigen, der *einem anderem* seine Informationen zugänglich machen will.

Zudem ist der grundsätzlichen Gleichstellung von Informationen und urheberrechtlich geschützten Werken (gerade im Musikbereich) zu widersprechen.[689]

Art. 5 Abs. 1 S. 1 2. HS GG schützt als staatliches Abwehrrecht des Bürgers nur die Unterrichtung aus „allgemein zugänglichen Quellen". Soweit ein ausschließliches Vervielfältigungsrecht besteht, ist ein urheberrechtlich geschütztes Werk nicht „allgemein zugänglich" i. S. d. Art. 5 GG.[690] Die Informationsfreiheit dient nicht dazu, Informationen, die durch einen Kauf erlangt werden können, durch eine Vervielfältigung zu erhalten.[691]

Art. 5 Abs. 1 GG würde einem Verbot der Privatkopie daher nicht entgegenstehen.

---

pie anzufertigen, nehme dem Nutzer die Möglichkeit, sich die Information dauerhaft zu verschaffen und greife so in die Informationsfreiheit ein. Eine Sicherungskopie kann jedoch in keinem Fall mit dem Zugang zu Informationen gleichgestellt werden. Art. 5 GG schützt den Zugang zu Informationen, damit der mündige Bürger sich zur Bildung einer qualifizierten Meinung unterrichten kann und nicht, damit er sich durch Verdoppelung von Informationen ein Sicherungs-Archiv aufbauen kann.

[687] *Starck* in: v. Mangoldt/Klein/Starck, Art. 5 Rn. 37; a. A. *Engels*, S. 94 f.

[688] *Jarass/Pieroth*, Art. 5 Rn. 18.

[689] So auch *Berger*, ZUM 2004, 257, 264. A. A. wohl *Engels*, S. 91, der eine Unterscheidung nach Qualität der Information ablehnt. Die Informationsfreiheit wurde auf Grund der Erfahrungen mit den nationalsozialistischen Informationshinderungen, vor allem dem Verbot, ausländische Sender abzuhören, eingeführt; vgl. *Jarass/Pieroth*, Art. 5 Rn. 14; *Leibholz/Rinck*, Art. 5 Rn. 2. Siehe auch *Starck* in: v. Mangoldt/Klein/Starck, Art. 5 Rn. 28, die den Zugang zu Informationsträgern (wie Tonträgern) nur dann durch Art. 5 GG geschützt sehen, soweit Meinungen oder Nachrichten zu öffentlichen oder privaten Angelegenheiten zum Ausdruck kommen. Siehe vor allem auch *Starck*, a. A.O., Rn. 33: „Die Informationsfreiheit des Art. 5 Abs. 1 S. 1 gibt nicht das Recht, in Rechtspositionen anderer einzudringen."

[690] *Berger*, ZUM 2004, 257, 264.

[691] Vgl. *Kress*, S. 186; *Schäfer*, S. 83; siehe auch *Berger*, ZUM 2004, 257, 264: „Ein Buchhändler würde es auch als anmaßend empfinden, wenn der Kunde ein ausliegendes Buch unter Hinweis auf die verfassungsrechtlich geschützte Informationsfreiheit ohne Bezahlung mitnehmen wollte."

2. *Unverletzlichkeit der Wohnung Art. 13 GG*

Das Grundrecht auf Unverletzlichkeit der Wohnung, Art. 13 GG, könnte zwingend gegen ein Verbot der Privatkopie sprechen. So machte der Gesetzgeber bei der Entstehung des Urheberrechts 1965 folgende Aussage:

> *„Ein Verbot der privaten Vervielfältigung kann in der Praxis nicht durchgesetzt werden. Eine wirksame Überprüfung könnte nur dann durchgeführt werden, wenn den Kontrolleuren der privaten Verwertungsgesellschaften gestattet werden würde, die Wohnung jedes einzelnen Staatsbürgers daraufhin zu überprüfen, ob er ein Magnettongerät besitzt, (...). Eine solche Kontrolle würde jedoch dem in Artikel 13 des Grundgesetzes ausgesprochenen Grundsatz der Unverletzlichkeit der Wohnung widersprechen. Übertretungen eines solchen Verbots könnten daher nur durch Zufall oder durch Denunziation bekannt werden. Es erscheint aber rechtspolitische bedenklich, unter diesen Umständen ein gesetzliches Verbot auszusprechen."*[692]

Die Argumentation macht deutlich, dass es *nicht um das Verbot an sich* geht, sondern um dessen *Durchsetzung*. Die Kontrolle eines Verbots der Privatkopie wäre mit einem Eingriff in den Schutzbereich des Art. 13 GG verbunden, da Privatkopien häufig im häuslichen Bereich angefertigt werden.[693] Die Zulässigkeit solcher Eingriffe würde sich nach Art. 13 Abs. 2 GG richten, der Durchsuchungen von Wohnungen unter einen Richtervorbehalt stellt. Zur Verfolgung von Verstößen gegen das Urheberrecht sind unter dieser Voraussetzung Durchsuchungen wie bei jedem anderen Gesetzesverstoß möglich.[694]

---

[692] BT-Drucks. IV/270, S. 27 ff.; abgedruckt in UFITA 1965 (45), S. 240 (287); *Schulze*, Band 1, Nr. 21 (S. 394, 492 f.). Diese Passage der Gesetzesmaterialien wird auch heute noch viel zitiert. Die einen sehen in ihr den Grund für die Notwendigkeit der Zulässigkeit von Privatkopien, die anderen begründen hieraus ihre Forderung nach einem Verbot der Privatkopie, da durch Digital Rights Management-Systeme eine Kontrolle privater Vervielfältigungen ohne Eingriff in die durch Art. 13 GG geschützte Wohnung möglich sei.

[693] Vgl. *Engels*, S. 84.

[694] *Engels*, S. 86.

Art. 13 GG würde nur die Durchsetzung eines Verbots der Privatkopie einschränken. Einem urheberrechtlichen Verbot der Privatkopie steht Art. 13 GG nicht entgegen.

3. *Zwischenergebnis (Grundgesetz)*

Das Grundgesetz lässt dem Gesetzgeber einen weiten Gestaltungsspielraum. Sowohl die rechtliche Privilegierung der Privatkopie als auch ein mögliches Verbot wären verfassungsrechtlich zulässig.[695]

II. Völkerrechtliche Verträge

Im Bereich des Urheberrechts und der verwandten Schutzrechte hat Deutschland zahlreiche völkerrechtliche Verträge abgeschlossen. Diese garantieren den Schutz deutscher Urheber im Ausland aber verpflichten den deutschen Gesetzgeber gleichzeitig, bei der Ausgestaltung des nationalen Rechts gewisse Mindeststandards einzuhalten.[696] Es stellt sich die Frage, welche zwingenden Vorgaben sich aus den völkerrechtlichen Verträgen für eine Neuregelung der Privatkopie ergeben.

Gem. Art. 9 Abs. 1 RBÜ (hierauf Bezug nehmend Art. 9 Abs. 1 TRIPS und Art. 1 Abs. 4 WCT) und Art. IVbis Nr. 1 WUA muss dem *Urheber* ein ausschließliches Vervielfältigungsrecht an seinem Werk gewährt werden.[697] Das Vervielfältigungsrecht darf nach Maßgabe des Art. 9 Abs. 2 RBÜ eingeschränkt werden. Dieser lautet:

> *Der Gesetzgebung der Verbandsländer bleibt vorbehalten, die Vervielfältigung in gewissen Sonderfällen unter der Voraussetzung zu gestatten, daß eine solche Vervielfältigung weder die*

---

[695] A. A. wohl *Hohagen* in: FS Schricker (2005), S. 353, 360 f., der einen „verfassungsrechtlich geschützten Kernbestand" der Kopierfreiheit für verfassungsrechtlich geboten hält, jedoch unbeantwortet lässt wie dieser konkret ausgestaltet sein soll.

[696] S. o. Teil II B.III.2, S. 126; vgl. ausführlich *Prechtl*, S. 80 ff.; *Baumgartner*, S. 101 ff.

[697] RBÜ = (Revidierte) Berner Übereinkunft zum Schutz von Werken der Literatur und Kunst; TRIPS = WTO Treaty on Trade Related Aspects of Intellectual Property Rights; WCT = World Copyright Treaty; WUA = Welturheberrechtsabkommen.

normale Auswertung des Werkes beeinträchtigt noch die berechtigten Interessen des Urhebers unzumutbar verletzt.

Dieser sog. Drei-Stufen-Test findet sich in leicht abgewandelter Form auch in Art. 13 TRIPS und Art. 10 Abs. 1 WCT. Der Drei-Stufen-Test setzt den Schranken der nationalen Gesetze (vgl. in Deutschland die §§ 44a ff. UrhG) wiederum Schranken in der Ausgestaltung. Auch eine Neuregelung der Privatkopie muss daher die Vorgaben des Drei-Stufen-Tests wahren. Der Drei-Stufen-Test wird unten gesondert dargestellt.[698]

Eine weitere Einschränkung enthält Art. IVbis Nr. 2 WUA, doch lässt sich dem keine konkrete Vorgabe für eine Neuregelung entnehmen.[699]

Gem. Art. 7, 10 Rom-Abkommen, Art. 14 TRIPS, Art. 2 GTA und Art. 7, 11 WPPT müssen dem *ausübenden Künstler* und dem *Tonträgerhersteller* ein ausschließliches Vervielfältigungsrecht an ihren Darbietungen bzw. Tonträgern zugestanden werden.[700] Art. 15 Rom-Abkommen lässt eine Ausnahme für die Fälle der „privaten Benützung" ausdrücklich zu. Art. 7 GTA gewährt die Möglichkeit von Beschränkungen und Art. 13 TRIPS enthält wie Art. 16 Abs. 2 WPPT den Drei-Stufen-Test.

Art. 11 WCT und Art. 18 WPPT schreiben den Vertragsparteien zudem einen „hinreichenden Rechtsschutz und wirksame Rechtsbehelfe gegen die Umgehung wirksamer technischer Vorkehrungen" vor. Dieser Schutz muss nur für rechtswidrige Handlungen gewährt werden. Wenn ein Gesetz die Privatkopie gestattet, können die Vertragsparteien eine Umgehung der technischen Maßnahmen zulassen.

---

[698] S. u. Teil III A.IV, S. 218.

[699] Art. IVbis Nr. 2 WUA lautet: Jeder Vertragsstaat kann in seiner innerstaatlichen Gesetzgebung für die in Absatz 1 bezeichneten Rechte Ausnahmen vorsehen, die dem Geist und den Bestimmungen dieses Abkommens nicht widersprechen.

[700] Rom-Abkommen = Internationales Abkommen über den Schutz der ausübenden Künstler, der Hersteller von Tonträgern und der Sendeunternehmen; GTA = Genfer Übereinkommen zum Schutz der Hersteller von Tonträgern gegen die unerlaubte Vervielfältigung ihrer Tonträger; WPPT = WIPO Performances and Phonograms Treaty. Zu beachten ist, dass der Schutz des GTA sich gem. Art. 2 GTA auf Tonträgerhersteller anderer Verbandsstaaten beschränkt. Gegenüber *deutschen* Tonträgerherstellern ist der deutsche Gesetzgeber daher nach dem GTA nicht verpflichtet.

Die völkerrechtlichen Verträge geben zusammenfassend folgendes vor: Dem Urheber, dem ausübenden Künstler und dem Tonträgerhersteller müssen ein ausschließliches Vervielfältigungsrecht gewährt werden. Einschränkungen dieses Rechts zum privaten Gebrauch sind zulässig, soweit die Vorgaben des Drei-Stufen-Tests gewahrt werden (hierzu sogleich unter IV.). Technische Maßnahmen müssen gegen Umgehung geschützt werden, aber nur in den Fällen in denen die Umgehung eine rechtswidrige Nutzung ermöglichen soll.

III. Info-Richtlinie 2001/29/EG

1. *Entstehungsgeschichte*

Die Europäische Union hat keine eigenständige Gesetzgebungskompetenz zum Erlass eines einheitlichen Urheberrechts. Auf der Grundlage des Art. 95 (i.V.m. Art. 14) EGV, der der Schaffung eines gemeinsamen Marktes dient, hat die Europäische Union auf dem Gebiet des Urheberrechts jedoch zahlreiche Richtlinien[701] erlassen, die stets Spezialfragen betrafen.[702] Statt eines einheitlichen europäischen Urheberrechts existieren bislang punktuelle Harmonisierungen. Die Info-Richtlinie 2001/29/EG, die für die Privatkopie relevant ist, ist deutlich breiter gefächert als die vorangegangenen Richtlinien. Doch

---

[701] U. a. Richtlinie 91/250/EWG des Rates vom 14.05.1991 über den Rechtsschutz von Computerprogrammen (ABl. L 122 v. 17.05.1991, S. 44 ff.); Richtlinie 92/100/EWG des Rates vom 19.11.1992 zum Vermietrecht und Verleihrecht sowie zu bestimmten dem Urheberrecht verwandten Schutzrechten im Bereich des geistigen Eigentums (ABl. L 346 v. 27.11.1992, S. 61 ff.); Richtlinie 93/83/EWG vom 27.09.1993 des Rates zur Koordinierung bestimmter urheber- und leistungsschutzrechtlicher Vorschriften betreffend Satellitenrundfunk und Kabelweiterverbreitung (ABl. L 248 v. 06.10.1993, S. 15 ff.); Richtlinie 93/98/EWG des Rates vom 29.10.1993 zur Harmonisierung der Schutzdauer des Urheberrechts und bestimmter verwandter Schutzrechte (ABl. L 290 v. 24.11.1993, S. 12 ff.) geändert durch die Info-Richtlinie 2001/29/EG; Richtlinie 96/9/EG des Europäischen Parlaments und des Rates vom 11.03.1996 über den rechtlichen Schutz von Datenbanken (ABl. L 77 v. 27.03.1996, S. 20 ff.). Nach dem Erlass der Info-Richtlinie 2001/29/EG folgten: Richtlinie 2001/84/EG des Europäischen Parlaments und des Rates vom 27.09.2001 über das Folgerecht des Urhebers des Originals eines Kunstwerks (Abl. L 272 v. 13.10.2001, S. 32 ff.); Richtlinie 2004/48/EG des Europäischen Parlaments und des Rates vom 29.04.2004 zur Durchsetzung der Rechte des geistigen Eigentums (ABl. L 195 v. 30.04.2004, S. 16 ff.).

[702] *Dreier* in: Dreier/Schulze, Einl. Rn. 48.

wurde auch durch sie kein europäisches Urheberrechtsgesetz geschaffen.[703]

Ein Jahr nach Unterzeichnung der WIPO-Verträge (WCT und WPPT) legte die Europäische Kommission am 10.12.1997 den „Vorschlag für eine Richtlinie des Europäischen Parlaments und des Rates zur Harmonisierung bestimmter Aspekte des Urheberrechts und der verwandten Schutzrechte in der Informationsgesellschaft“[704] vor. Hieraus entstand in einem langen Prozess[705] die Info-Richtlinie 2001/29/EG, die am 22.05.2001 im Amtsblatt der EG veröffentlicht

---

[703] Teilweise gehen die Regelungen der Info-Richtlinie 2001/29/EG auf Vorgaben der oben erwähnten WIPO-Verträge zurück, welche selbst wiederum von Vorschlägen der Europäischen Kommission beeinflusst waren; vgl. Erwägungsgrund Nr. 15 der Info-Richtlinie 2001/29/EG der sich ausdrücklich auf den WIPO-Urheberrechtsvertrag und den WIPO-Vertrag über Darbietungen und Tonträger bezieht; vgl. auch Erwägungsgrund Nr. 61 der Info-Richtlinie 2001/29/EG. Aus diesem Grund wurde der Werdegang der Richtlinie von den Regelungen der urheberrechtlichen Ausnahmen und Beschränkungen (zur Unterscheidung der Begriffe „Ausnahme“ und „Beschränkung“ vgl. *Geiger*, GRUR 2004, 815, 818; *ders.* in: Hilty/Peukert, S. 143, 150 f.) charakterisiert, welche in den WIPO-Verträgen nicht geregelt sind; *Spindler*, GRUR 2002, 105, 106.

[704] KOM(97) 628 endg. = ABl. C 108 v. 07.04.1998, S. 6 ff.

[705] Zu diesem Vorschlag nahm am 28.12.1998 zuerst der Wirtschafts- und Sozialausschuss Stellung, ABl. C 407 v. 28.12.1998, S. 30 ff. Der Ausschuss billigte den Vorschlag der Kommission und sprach sich ausdrücklich gegen Einschränkungen bei rein privaten Tätigkeiten aus. Am 10.02.1999 billigte das Europäische Parlament den Vorschlag mit 58 Änderungen, ABl. C 150 v. 10.02.1999, S. 171 ff. Das Parlament sprach sich für eine Trennung von analoger und digitaler Vervielfältigung, der Beschränkung auf den „persönlichen“ Gebrauch, der Einschränkung zu Gunsten technischer Schutzmaßnahmen und der Verpflichtung für eine angemessene Vergütung aus. Zur legislativen Entschließung mit der Stellungnahme des Europäischen Parlaments siehe a. A.O., S. 183 f. Am 25.05.1999 legte die Kommission den geänderten Vorschlag vor, der die vom Parlament angeregten Änderungen übernahm, ABl. C 180, S. 6 ff. Am 28.09.2000 legte der Rat seinen gemeinsamen Standpunkt Nr. 48/2000 vor, in dem - abgesehen von der Differenzierung in direkte und indirekte kommerzielle Zwecke - bereits die später in der Richtlinie beschlossene Fassung des Art. 5 Abs. 2 b) zur Privatkopie enthalten war, ABl. C 344, S. 1 ff. A. A.O., S. 16, wehrte sich der Rat gegen die vom Parlament vorgeschlagene Unterscheidung zwischen analoger und digitaler privater Vervielfältigung. Nach einer weiteren legislativen Entschließung des Europäischen Parlaments v. 14.02.2001, A5-0043/2001, einer Stellungnahme der Kommission, KOM(2001) 170 endg. v. 29.03.2001, 1997/0359 (COD), kam es schließlich zur Zustimmung des Ministerrats am 09.04.2001.

wurde.[706] Die Richtlinie ist für den deutschen Gesetzgeber gem. Art. 249 Abs. 3 EGV hinsichtlich ihres Ziels verbindlich.[707]

2. *Vorgaben hinsichtlich der Privatkopie*

Obwohl die europäischen Organe schon früh die Bedeutung der Privatkopie erkannt hatten,[708] konnten sie sich nicht auf eine Regelung verständigen.[709] Die Info-Richtlinie 2001/29/EG überlässt daher die Frage, ob vom ausschließlichen Vervielfältigungsrecht (Art. 2 der Info-Richtlinie 2001/29/EG) eine Ausnahme für den privaten Gebrauch gemacht wird grundsätzlich den Mitgliedstaaten. Die der Richtlinie vorangestellten Erwägungsgründe (insbes. Nr. 38 und 39) legen zwar eine Differenzierung zwischen analogen und digitalen Privatkopien nahe,[710] doch kann aus den Erwägungsgründen keine zwingende Verpflichtung der Mitgliedstaaten abgeleitet werden. Dies bedeutet, dass auch ein vollständiges Verbot der Privatkopie im Einklang mit der Info-Richtlinie 2001/29/EG stünde.[711] Bis heute haben

---

[706] Abl. L 167 v. 22.06.2001, S. 10 ff. Vgl. ausführlich zur Entstehung der Info-Richtlinie 2001/29/EG *v. Lewinski* in: Walter, S. 1019 ff.; *Spindler*, GRUR 2002, 105, 106; *Reinbothe*, GRUR Int. 2001, 733, 734 ff.; speziell zur Entwicklung hinsichtlich des eigenen Gebrauchs *Hohagen*, S. 194 ff.; zu den Vorarbeiten seit 1988 *Kreile* in: FS Vieregge (1995), S. 459, 467 ff.

[707] Siehe ausführlich zu den Vorgaben der Info-Richtlinie 2001/29/EG, der EU Grundrechtecharta und der Rechtssprechung des EuGH *Aschenbrenner*, ZUM 2005, 145 ff.

[708] Vgl. das Grünbuch Urheberrecht und verwandte Schutzrechte in der Informationsgesellschaft aus dem Jahr 1995, KOM(95) 382 endg., S. 49; Initiativen zum Grünbuch über Urheberrecht und verwandte Schutzrechte in der Informationsgesellschaft, KOM(96) 568 endg. v. 20.11.1996. Die Kommission erkannte, a. A.O., S. 9, dass digitalisierte Werke sowohl in qualitativer als auch in quantitativer Hinsicht viel einfacher vervielfältigt werden können und daher eine Neubewertung des Vervielfältigungsrechts erforderlich sei, „um ein eindeutiges und angemessenes Schutzniveau" sicherzustellen.

[709] Vgl. *Spindler*, GRUR 2002, 105, 112; siehe hierzu auch *Freiwald*, S. 96.

[710] Erwägungsgrund Nr. 38 legt auf Grund der „weiteren Verbreitung" und größeren „wirtschaftlichen Bedeutung" der digitalen Privatkopie, eine entsprechende Differenzierung zur analogen Privatkopie nahe. Gem. Erwägungsgrund Nr. 39 „sollten die Mitgliedstaaten die technologischen und wirtschaftlichen Entwicklungen, insbesondere in Bezug auf die digitale Privatkopie und auf Vergütungssysteme gebührend berücksichtigen, wenn wirksame technische Maßnahmen verfügbar sind."

[711] So auch *Aschenbrenner*, ZUM 2005, 145, 150.

außer Irland und England alle Mitgliedstaaten der EU eine Schranke für Kopien zum privaten Gebrauch eingeführt.[712]

Für den Fall der gesetzlichen Privilegierung von Privatkopien durch die Mitgliedstaaten gibt die Richtlinie detaillierte Voraussetzungen vor. Zum einen muss die nationale Regelung mit dem in Art. 5 Abs. 5 der Info-Richtlinie 2001/29/EG enthaltenen Drei-Stufen-Test in Einklang stehen. Zum anderen müssen die Rechteinhaber gem. Art. 5 Abs. 2 b) der Richtlinie einen „gerechten Ausgleich“ für Privatkopien erhalten.

3. „Gerechter Ausgleich“ i. S. d. Art. 5 Abs. 2 b) der Richtlinie

Es ist ungeklärt, ob den Rechteinhabern nach der derzeitigen Rechtslage in Deutschland ein „gerechter Ausgleich“ dafür zusteht, dass das Gesetz Nutzern für Kopien zum privaten Gebrauch eine gesetzliche Lizenz einräumt. Zur Klärung hat ein Vergleich des Anwendungsbereichs des § 53 Abs. 1 S. 1 UrhG mit den Einnahmen aus pauschalen Vergütungsansprüchen des § 54 UrhG zu erfolgen, um festzustellen, ob die Pauschalabgaben zu einem „gerechten Ausgleich“ für Privatkopien führen. Wie ein Ausgleich ausgestaltet sein muss, damit er „gerecht“ i. S. d. der Richtlinie ist, wird im verfügenden Teil der Richtlinie nicht definiert.[713] Gem. Erwägungsgrund Nr. 35 der Richtlinie könnte jedoch „der sich aus der betreffenden Handlung für die Rechtsinhaber ergebende etwaige Schaden als brauchbares Kriterium herangezogen werden“. Weiter ergibt sich aus Erwägungsgrund Nr. 35, dass durch den gerechten Ausgleich die Nutzung „angemessen vergütet“ werden soll.

---

[712] Vgl. Europäische Kommission in: Commission Staff Working Document, Report to the Council, the European Parliament and the Economic and Social Committee on the application of Directive 2001/29/EC on the harmonisation of certain aspects of copyright and related rights in the information society, SEC(2007) 1556 v. 30.11.2007, S. 4, abrufbar unter: http://ec.europa.eu/internal_market/copyright/copyright-infso/copyright-infso_de.htm. In Irland und England sind Privatkopien auf Kopien von Rundfunksendungen (in Irland auch von Aufführungen) beschränkt, die für „time shifting“-Zwecke notwendig sind.

[713] Siehe ausführlich zur Definition des „gerechten Ausgleichs“ *Prechtl*, S. 106 ff.; *Baumgartner*, S. 145 f.; *Hohagen*, S. 220 ff.

Die pauschalen gesetzlichen Vergütungsansprüche des § 54 UrhG sollen private Vervielfältigungen, die nach § 53 Abs. 1 S. 1 UrhG rechtmäßig vorgenommen werden dürfen, ausgleichen. Liegt eine rechtswidrige Vervielfältigung vor, so besteht das Verbotsrecht der Rechteinhaber fort und ein gesetzlicher Ausgleich ist nicht erforderlich. Auf Grund der aktuellen Formulierung des § 53 Abs. 1 S. 1 UrhG sind Vervielfältigungen auch von rechtswidrigen Vorlagen rechtmäßig, wenn die Rechtswidrigkeit nicht offensichtlich ist. Wie oben erarbeitet wurde,[714] führt dies in der Praxis dazu, dass Privatkopien von rechtswidrigen Vorlagen aus dem Internet grundsätzlich zulässig sind. Die Pauschalabgaben müssen daher als eine Art pauschalierter Schadensersatzanspruch für alle Rechtsverletzungen im privaten Bereich dienen, die mangels offensichtlicher Rechtswidrigkeit von § 53 Abs. 1 S. 1 UrhG erfasst werden.[715]

Der Gesetzgeber ging bei der Neufassung des § 53 Abs. 1 S. 1 UrhG davon aus, dass Vervielfältigungen von rechtswidrigen Vorlagen aus dem Internet aus dem Anwendungsbereich des § 53 Abs. 1 S. 1 UrhG herausgenommen seien.[716] Folglich sind entsprechende Vervielfältigungen nicht in den Vergütungsregeln der §§ 54 ff. UrhG berücksichtigt.[717] Dies widerspricht dem Grundsatz, dass der Urheber an jeder Nutzung seiner Werke zu beteiligen ist.[718] Dies gilt unabhängig von der Höhe der Vergütungssätze, die gem. §§ 54a UrhG, 13a UrhWG zukünftig von den Beteiligten ausgehandelt werden sollen. Oben wurde festgestellt, wie gering die Einnahmen aus Pauschalabgaben derzeit sind.[719] Sollte es zu einer Erhöhung kommen, so wäre diese mit Sicherheit nicht so hoch, dass sie dazu geeignet wäre, das gewaltige Ausmaß von Kopien zu kompensieren, die durch § 53 Abs. 1 S. 1 UrhG zulässig sind.

---

[714] S. o. Teil II B.VIII, S. 193.
[715] Vgl. *Krüger*, GRUR 2004, 204, 206.
[716] Siehe die oben zitierte Aussage der Bundesregierung Teil II B.I.2, S. 120.
[717] So i.E. auch *Hohagen*, S. 370, der dies damit begründet, dass eine Vervielfältigung von einer nicht offensichtlich rechtswidrigen Vorlage eine rechtswidrige Nutzungshandlung darstelle.
[718] Vgl. u. a. BGH GRUR 1995, 673, 675 - *Mauer-Bilder* m. w. Nachw.
[719] S. o. Teil I C.V, S. 80.

Die pauschalen Vergütungsansprüche sind daher nicht dazu geeignet, für Privatkopien von nicht offensichtlich rechtswidrigen Vorlagen einen „gerechten Ausgleich“ i. S. d. § 53 Abs. 1 S. 1 UrhG zu gewähren. *§ 53 Abs. 1 S. 1 UrhG* verstößt aus diesem Grund gegen Art. 5 Abs. 2 b) der Info-Richtlinie 2001/29/EG und *ist europarechtswidrig*.

4. *Richtlinienkonforme Auslegung?*

Wenn ein nationales Gesetz gegen die Vorgaben einer EU-Richtlinie verstößt, muss versucht werden, durch eine richtlinienkonforme Auslegung einen europarechtskonformen Zustand herzustellen. Eine solche Auslegung kann jedoch nur dort erfolgen, wo ein entsprechender Auslegungsspielraum besteht und die Auslegung nicht dem klaren Wortlaut und erkennbaren Willen des Gesetzgebers widerspricht (keine Auslegung contra legem).[720]

Die einzige Möglichkeit, die geltenden Normen so auszulegen, dass die Rechteinhaber einen „gerechten Ausgleich“ i. S. d. Richtlinie erhalten, bestünde darin, Privatkopien von nicht offensichtlich rechtswidrigen Vorlagen aus dem Anwendungsbereich des § 53 Abs. 1 S. 1 UrhG herauszunehmen. Hierzu müsste das Wort „offensichtlich“ bei der Anwendung des § 53 Abs. 1 S. 1 UrhG ignoriert oder, entgegen der gebotenen engen Auslegung,[721] weit ausgelegt werden.[722] Wie oben ausgeführt, stellt jedoch gerade dieses Tatbestandsmerkmal ein essentielles Element der aktuellen Fassung des § 53 Abs. 1 S. 1 UrhG dar, die einen politischen Kompromiss zwischen Bundestag und Bundesrat darstellt.[723] Ein Ignorieren des Wortes würde daher sowohl dem ausdrücklichen Wortlaut als auch dem Willen des deutschen Gesetzgebers widersprechen. Eine europarechtskonforme Auslegung von § 53 Abs. 1 S. 1 UrhG ist daher nicht möglich.

Hinzu kommt, dass eine europarechtskonforme Auslegung nicht dazu führen darf, dass ein nach nationalem Recht zulässiges Verhalten durch Anwendung einer Richtlinie als strafbar bewertet werden

[720] Vgl. u. a. EuGH, Rs. C-397/01 bis C-403/01, Slg. 2004, I-8835, Rn. 108 - *Pfeiffer*.
[721] S. o. Teil II B.IV.2, S. 152 und B.IV.3, S. 154.
[722] Dies scheint *Arlt*, DRM, S. 183, zu erwägen.
[723] S. o. Teil II B.I, S. 118.

kann.[724] Die Strafvorschrift des § 106 UrhG ist zivilrechtsakzessorisch ausgestaltet, so dass sich in Fällen privater Vervielfältigung die Strafbarkeit danach richtet, ob die Vorgaben des § 53 Abs. 1 S. 1 UrhG gewahrt wurden.[725] Würde man nun auf Grund einer europarechtskonformen Auslegung das Wort „offensichtlich" weit auslegen, so würde der strafrechtliche Anwendungsbereich zu Lasten der Nutzer ausgeweitet. Eine weite Auslegung des Wortes „offensichtlich" ist daher auch aus diesem Grund nicht möglich.

Es bleibt daher bei der Feststellung, dass § 53 Abs. 1 S. 1 UrhG in seiner geltenden Fassung europarechtswidrig ist. Dies verstärkt die Notwendigkeit einer Neuregelung.

5. *Vorgaben hinsichtlich technischer Maßnahmen*

Neben den Vorgaben hinsichtlich der Privatkopie sind die Mitgliedstaaten gem. Art. 6 der Richtlinie dazu verpflichtet, einen Rechtsschutz gegen die Umgehung wirksamer technischer Maßnahmen vorzusehen. Anders als in WCT und WPPT handelt es sich hier um einen absoluten Schutz technischer Maßnahmen, die auch für rechtmäßige Handlungen nicht umgangen werden dürfen.[726] Art. 6 Abs. 4 der Richtlinie sieht daher zwingende Ansprüche für bestimmte Schrankenbegünstigte auf Durchsetzung ihrer Schranke vor. Ob die Mitgliedstaaten auch den Begünstigten der Privatkopie einen Durchsetzungsanspruch gegen technische Maßnahmen gewähren, wird von der Richtlinie nicht vorgegeben.

IV. Der Drei-Stufen-Test

In den obigen Ausführungen wurde festgestellt, dass sich der deutsche Gesetzgeber bei einer Neuregelung der Privatkopie auf Grund von Verpflichtungen aus völkerrechtlichen Verträgen und der Info-Richtlinie 2001/29/EG an die Vorgaben des sog. Drei-Stufen-Tests halten muss. Es ist daher zu untersuchen, worum es sich bei dem

---

[724] Vgl. EuGH, Rs. 80/86, Slg. 1987, 3969, Rn. 13 - *Kolpinghuis Nijmegen*.

[725] S. o. Teil II B.VI.5.b), S. 166. Siehe auch *Hohagen*, S. 368 f.; *Hoffmann*, WRP 2006, 55, 56 ff.

[726] Vgl. *Baumgartner*, S. 155.

Drei-Stufen-Test handelt, ob die aktuelle Fassung des § 53 Abs. 1 S. 1 UrhG die Vorgaben des Tests wahrt und welchen Spielraum der Test bei einer Neuregelung lässt.

1. Entwicklung des Drei-Stufen-Tests

a) Von der RBÜ über TRIPS zum WPPT/WCT

Die revidierte Berner Übereinkunft aus dem Jahre 1886 ist der älteste völkerrechtliche Vertrag auf dem Gebiet des Urheberrechts.[727] 1967 wurde im Rahmen der Stockholm Konferenz in Art. 9 RBÜ ein ausschließliches Vervielfältigungsrecht eingeführt. In den Urheberrechtsgesetzen der unterzeichnenden Staaten existierten zum damaligen Zeitpunkt bereits ausschließliche Vervielfältigungsrechte, aber dementsprechend auch zahlreiche Schrankenbestimmungen (z. B. für den Schulgebrauch, den wissenschaftlichen oder den privaten Gebrauch). Diese bestehenden Bestimmungen sollten durch die RBÜ nicht beeinträchtigt werden. Gleichzeitig sollte zum Schutz der Urheber sichergestellt werden, dass die Mitgliedsaaten der Übereinkunft das Vervielfältigungsrecht in Zukunft nicht durch zu weitgehende Schranken aushöhlen können.[728] Den Schranken der nationalen Urheberrechtsgesetze (in Deutschland Abschnitt 6, §§ 44a ff. UrhG) sollte durch die RBÜ eine Schranke in der Ausgestaltung gesetzt werden (eine „Schranken-Schranke“[729]). Zu diesem Zweck wurde auf Vorschlag der englischen Delegation Art. 9 Abs. 2 RBÜ[730] eingefügt.[731] Aus dieser Formulierung werden die drei Voraussetzungen des Drei-Stufen-Tests gewonnen, wonach Beschränkungen und Ausnahmen des Vervielfältigungsrechts nur in bestimmten Sonderfällen zulässig sind

---

[727] *Katzenberger* in: Schricker, Vor §§ 120 ff. Rn. 41.
[728] *Senftleben*, S. 81 f.
[729] Vgl. *Schricker* in: Schricker, Einl. Rn. 15; *Senftleben*, GRUR Int. 2004, 200 und 201 a. E.
[730] Wortlaut des Art. 9 Abs. 2 RBÜ s. o. Teil III A.II, S. 210.
[731] Vgl. *Ginsburg*, RIDA 2001, 3, 35; *Senftleben*, GRUR Int. 2004, 200, 201 und 203. Die Konzeption des Tests als flexible Schranke gleicht daher nicht zufällig der aus dem angloamerikanischen Rechtskreis bekannten „fair-use-doctrine“, wobei diese - im Gegensatz zum Drei-Stufen-Test - ausdrücklich auf den Gebrauch des Nutzers abstellt, während der Wortlaut des Drei-Stufen-Tests überwiegend auf die Interessen der Urheber (bzw. der Rechteinhaber) abstellt; vgl. *Bornkamm* in: FS Erdmann (2002), S. 29, 31; *Senftleben*, GRUR Int. 2004, 200, 201 und 203.

(*erste Stufe*), in denen die normale Verwertung des Werks oder sonstigen Schutzgegenstands nicht beeinträchtigt wird (*zweite Stufe*), und die berechtigten Interessen des Rechtsinhabers nicht ungebührlich verletzt werden (*dritte Stufe*)

Art. 9 Abs. 2 RBÜ stellt eine Kompromissformel dar, die alle bestehenden Schranken der einzelnen Staaten erfassen sollte. Bei nachfolgenden völkerrechtlichen Verträgen stellte sich erneut die Frage, wie den unterzeichnenden Staaten auf der einen Seite berechtigte Einschränkungen der durch den Vertrag gewährten Rechte gestattet werden konnte, auf der anderen Seite eine Aushöhlung dieser Rechte verhindert werden sollte. Der Kompromissfähigkeit des Drei-Stufen-Tests ist es geschuldet, dass die Formulierung des Art. 9 Abs. 2 RBÜ nahezu wörtlich in nachfolgende völkerrechtliche Verträge übernommen wurde.[732] So fand der Drei-Stufen-Test im Jahr 1994 Eingang in Art. 13 TRIPS und im Jahr 1996 in beide WIPO-Verträge (Art. 10 Abs. 1 WCT und Art. 16 Abs. 2 WPPT).[733]

b) Art. 5 Abs. 5 der Info-Richtlinie 2001/29/EG

Besondere Bedeutung hat die Aufnahme des Drei-Stufen-Tests in Art. 5 Abs. 5 der Info-Richtlinie 2001/29/EG.[734] Wie die völkerrecht-

---

[732] Siehe ausführlich zur „Karriere“ des Drei-Stufen-Tests *Bornkamm* in: FS Erdmann (2002), S. 29 ff.; *Senftleben*, S. 43 ff.; *ders.* GRUR Int. 2004, 200 ff. Allgemein zur RBÜ: *Masouyé*, S. 5 ff.

[733] Seitdem gilt der Drei-Stufen-Test nicht nur für Schranken des urheberrechtlichen Vervielfältigungsrechts (so noch in Art. 9 Abs. 2 RBÜ), sondern für alle in diesen Verträgen geregelten verwandten Schutzrechte - insbesondere des ausübenden Künstlers und des Tonträgerherstellers. Zu beachten ist, dass der Wortlaut des Tests abweichend von der ursprünglichen Fassung (Art. 9 Abs. 2 RBÜ) in Art. 13 TRIPS und der Richtlinie nicht mehr nur auf die Interessen des Urhebers abstellt, sondern auf die Interessen der „Rechtsinhaber“. Art. 16 Abs. 2 WPPT stellt seinem Schutzzweck entsprechend auf die Interessen der ausübenden Künstler und Tonträgerhersteller ab. Der Drei-Stufen-Test findet sich in leicht abgewandelter Form auch in Art. 26 TRIPS für gewerbliche Muster und Modelle und in Art. 30 TRIPS für Patente. An diesen Stellen ist die dritte Teststufe dahingehend erweitert, dass auch die berechtigten Interessen Dritter zu berücksichtigen sind.

[734] Die Aufnahme des Tests in die Richtlinie entspricht dem Anliegen des europäischen Gesetzgebers, mit der Info-Richtlinie 2001/29/EG auch die Vorgaben der internationalen Verträge zu erfüllen. Vgl. Erwägungsgrund Nr. 15 der Info-Richtlinie 2001/29/EG in dem explizit auf die Verpflichtungen aus dem WCT und dem WPPT

lichen Verträge richtet sich die EG-Richtlinie allein an die nationalen Gesetzgeber.[735] Übernimmt ein Mitgliedstaat den Test in nationales Recht, muss aber auch ein nationaler Richter den Test anwenden.[736] Wird der Test, wie in Deutschland, nicht in nationales Recht übernommen, ist ein Richter dennoch dazu verpflichtet, das nationale Recht im Lichte der Richtlinie, und damit auch im Lichte des in Drei-Stufen-Tests auszulegen.[737] Zudem ist der Test „mit der Richtlinie Teil des urheberrechtlichen acquis communautaire"[738] geworden, so dass seine Beachtung von der Europäischen Kommission und vom Europäischen Gerichtshof überwacht werden kann.[739]

Die gesteigerte Bedeutung des Drei-Stufen-Tests wurde vom europäischen Gesetzgeber dadurch unterstrichen, dass Art. 5 Abs. 5 der Info-Richtlinie 2001/29/EG abweichend von Art. 9 Abs. 2 RBÜ formuliert, Ausnahmen und Beschränkungen dürften nur in bestimmten

---

hingewiesen wird. In abgewandelter Form findet sich der Drei-Stufen-Test bereits in der Computerschutz-Richtlinie (91/250/EWG) und der Datenbank Richtlinie (96/9/EG), vgl. hierzu: *Bornkamm* in: FS Erdmann (2002), S. 29, 42.

[735] Vgl. Art. 249 Abs. 3 EGV: „Die Richtlinie ist für jeden Mitgliedstaat, an den sie gerichtet wird, hinsichtlich des zu erreichenden Ziels verbindlich, überlässt jedoch den innerstaatlichen Stellen die Wahl der Form und Mittel." Die internationalen Verträge regeln zudem allein internationale Sachverhalte, so dass sich ein deutscher Urheber vor einem deutschen Gericht bei einem nationalen Sachverhalt nicht auf Art. 9 Abs. 2 RBÜ, Art. 10 Abs. 1 WCT oder Art. 16 Abs. 2 WPPT berufen könnte, vgl. *Katzenberger* in: Schricker, Vor §§ 120 ff. Rn. 119; *Dreier* in: Dreier/Schulze, Vor §§ 120 ff. Rn. 25.

[736] Für eine Anwendung durch Richter auch *Geiger*, IIC 2006, 683, 690; *ders.* CRi 2005, 7, 11.

[737] Der BGH leitet in GRUR 1999, 707, 713 - *Kopienversanddienst* die direkte Anwendbarkeit des Drei-Stufen-Tests bereits aus Art. 9 Abs. 2 RBÜ ab, da das inländische Urheberrecht konventionsfreundlich auszulegen sei. Dem entsprechend stellt der BGH a. A.O. fest, „dass Art. 9 Abs. 2 RBÜ der entscheidende Maßstab für die Anwendung der einschlägigen Vorschriften des Urheberrechtsgesetzes zu entnehmen ist." Die Anwendung des Drei-Stufen-Tests, darf jedoch nicht dazu führen, dass das Gericht in einem Rechtsstreit die Rechtslage anhand der abstrakten Auswirkungen einer Norm bewertet, anstatt auf den streitgegenständlichen Sachverhalt abzustellen. So aber der französische Cour de Cassation in seinem Urteil v. 28.02.2006 - *DVD Copy III*, in englisch abgedruckt in IIC 2006, 760 ff.; siehe dazu *Geiger*, IIC 2006, 683 ff.

[738] *Reinbothe*, GRUR Int. 2004, 733, 740. Insbesondere die Auslegungskompetenz des EuGH könnte in Zukunft für eine europaweit einheitliche Konkretisierung des Drei-Stufen-Tests sorgen, vgl. *Schack*, UrhR, Rn. 481 a. E.; *Geiger*, IIC 2006, 683, 699.

[739] Vgl. *Bornkamm* in: FS Erdmann (2002), S. 29, 44 f.

Sonderfällen „angewandt" werden (vgl. auch Erwägungsgrund Nr. 44 der Richtlinie).[740] Das Wort „angewandt" macht deutlich, dass der Drei-Stufen-Test nicht allein für die nationalen Gesetzgeber von großer Bedeutung ist, sondern auch bei der Anwendung der nationalen Gesetze.

c) *Keine Übernahme in deutsches Urheberrechtsgesetz*

Der deutsche Gesetzgeber hat bei der Umsetzung der Info-Richtlinie 2001/29/EG in deutsches Recht - entgegen entsprechender Forderungen des Bundesrats[741], des Rechtsausschusses[742] und dem Vorbild anderer Länder[743] - darauf verzichtet, den Test in das deutsche Urheberrechtsgesetz zu übernehmen. Der Inhalt von EU-Richtlinien ist gem. Art. 249 Abs. 3 EGV nur hinsichtlich seines Ziels für die Mitgliedstaaten verbindlich, so dass eine wörtliche Übernahme für den deutschen Gesetzgeber nicht zwingend war. Der Drei-Stufen-Test stellt nach Ansicht des deutschen Gesetzgebers nur eine „Gestaltungsanordnung gegenüber dem nationalen Gesetzgeber" dar und würde bei einer Umsetzung in nationales Recht die Schrankenvorschriften für den Rechtsunterworfenen unberechenbar machen.[744] Diese Meinung hat die Bundesregierung im Rahmen des Gesetzgebungsverfahrens zum „Zweiten Korb" jüngst bekräftigt.[745]

---

[740] Siehe *Geiger*, CRi 2005, 7, 11; *ders.*, IIC 2006, 683, 689.
[741] BT-Drucks. 15/38, S. 35.
[742] BT-Drucks. 15/837, S. 31.
[743] Den Drei-Stufen-Test haben in nationale Gesetze übernommen: z. B. Frankreich, Griechenland, Italien und Spanien (bereits 1998; allerdings ohne die erste Stufe); vgl. *Geiger*, IIC 2006, 683, 690. In Belgien, England und den Niederlanden wurde der Test nicht in nationales Recht übernommen.
[744] BT-Drucks. 15/38, S. 15 und S. 40. Ob die aktuelle Formulierung des § 53 Abs. 1 S. 1 UrhG angesichts zahlreicher Streitfragen zu mehr Rechtssicherheit führt, darf bezweifelt werden.
[745] Siehe BT-Drucks. 16/1828, S. 21.

2. Funktion und Systematik des Drei-Stufen-Tests

Zur Systematik und Auslegung des Tests wird meist auf zwei Panel Reports[746] der WTO[747] zurückgegriffen.[748] Diese zeigten im Jahr 2000 zum ersten Mal auf, dass der Test nicht nur eine leere Kompromissformel darstellt, sondern auch tatsächlich zu Einschränkungen nationaler Gesetze führen kann. Die Panels vertraten eine Auslegung, nach der ein nationales Gesetz alle drei Voraussetzungen des Drei-Stufen-Tests kumulativ erfüllen müsse.[749] Ein Verstoß auf einer der ersten beiden Stufen macht nach dieser Lesart eine Prüfung der dritten Stufe überflüssig.[750]

Besonderes Charakteristikum dieser Auslegung des Drei-Stufen-Tests ist, dass ausschließlich auf die Interessen der Rechteinhaber abgestellt wird. Dies entspricht in gewisser Weise der dargestellten Entstehungsgeschichte des Art. 9 Abs. 2 RBÜ, der dazu dienen sollte, die Urheber vor einer Aushöhlung ihrer Rechte durch nationale Gesetzgeber zu schützen.

Anders als 1967 geht es heute nicht mehr allein darum, die Rechteinhaber vor einem zu starken Eingriff durch den nationalen Gesetzgeber zu schützen. Die WTO-Panels sind vor dem Hintergrund zu sehen, dass der von diesen angewendete TRIPS-Vertrag das Ziel hat,

---

[746] *Canada - Patent Protection of Pharmaceutical Products*, WT/DS114/R (00-1012) v. 17.03.2000, abrufbar unter: http://www.wto.org/english/tratop_e/dispu_e/7428d.pdf. Dieser Report betrifft Art. 30 TRIPS, der den Drei-Stufen-Test in leicht abgewandelter Form für das Patentrecht enthält. *United States - Section 110(5) of the US Copyright Act*, WT/DS160/R (00-2284) v. 15.06.2000, abrufbar unter http://www.worldtradelaw.net/reports/213(c)awards/us-copyright(213(c)).pdf. Dieser Report betrifft Art. 13 TRIPS, dessen Wortlaut mit Art. 5 Abs. 5 der Info-Richtlinie 2001/29/EG nahezu übereinstimmt.

[747] WTO = World Trade Organisation = Welthandelsorganisation.

[748] Zur Bedeutung der Panels vgl. *Ginsburg*, RIDA 2001, 3, 5: „The WTO panel decision marks the first time an international adjudicative body has interpreted either art. 13 of TRIPs, or art. 9.2 of the Berne Convention, …"; siehe auch a. A.O., S. 37.

[749] Vgl. *Canada - Patent Protection of Pharmaceutical Products*, WT/DS114/R (00-1012) v. 17.03.2000, S. 152; *United States - Section 110(5) of the US Copyright Act*, WT/DS160/R (00-2284) v. 15.06.2000, S. 31; so auch: *Gervais*, S. 146; *Bornkamm* in: FS Erdmann (2002), S. 29, 45.

[750] Vgl. *Canada - Patent Protection of Pharmaceutical Products*, WT/DS114/R (00-1012) v. 17.03.2000, S. 152: „Failure to comply with any one of the three conditions results in the Article 30 exception being disallowed."

Verzerrungen des internationalen Handels zu verhindern.[751] Die Auslegung des Drei-Stufen-Tests in der Richtlinie hingegen kann unabhängig von ökonomischen Überlegungen und anderen Auslegungen erfolgen. Die WTO-Panels sind für die Auslegung von Art. 5 Abs. 5 der Info-Richtlinie 2001/29/EG nicht bindend. Einzig der Europäische Gerichtshof kann in Fragen der Auslegung einer Richtlinie Urteile sprechen, die für die Mitgliedstaaten bindend sind.

Bei genauer Betrachtung wird deutlich, dass der Wortlaut des Art. 5 Abs. 5 der Info-Richtlinie 2001/29/EG das Wort „Stufen" nicht erwähnt. Auch eine kumulative Prüfung von der ersten bis zur letzten Voraussetzung wird durch den Test nicht vorgegeben.[752] Entscheidende Bedeutung kommt den Wörtern „berechtigt" und „ungebührlich" zu („die berechtigten Interessen des Rechtsinhabers [dürfen] nicht ungebührlich verletzt werden"). Eine Verletzung von Interessen ist nur dann nicht ungebührlich, und Interessen sind nur dann nicht berechtigt, wenn gegensätzliche Interessen bestehen, welche die Interessen der Rechteinhaber überwiegen. Die Formulierung deutet darauf hin, dass neben den Interessen der Rechteinhaber auch andere Interessen zu berücksichtigen sind.

Der Test muss daher von einer einseitig orientierten und starren Prüfung einzelner Test-„Stufen" gelöst werden und dazu benutzt werden, einen sachgerechten Interessenausgleich zwischen Rechteinhabern und Nutzern zu erzielen.[753] Der Drei-Stufen-Test ist als Drei-*Elemente*-Test zu verstehen, wobei die einzelnen Voraussetzungen nicht abstrakt nebeneinander stehen, sondern sich gegenseitig beein-

[751] Vgl. *Baumgartner*, S. 116. Kritisch zur Heranziehung der Panels bei der Auslegung von Art. 5 Abs. 5 der Info-Richtlinie 2001/29/EG auch *Geiger*, IIC 2006, 683, 692; zur Kritik an den Panels vgl. *Gervais*, S. 150.

[752] Vgl. *Geiger*, CRi 2005, 7, 12; *ders.*, IIC 2006, 683, 696 f. plädiert dafür, mit der dritten Stufe des Tests (keine ungebührliche Verletzung berechtigter Interessen des Rechtsinhabers) zu beginnen und so den Drei-Stufen-Test rückwärts zu prüfen. Eine Nichtbeachtung der dritten Stufe bei der Anwendung des Drei-Stufen-Tests in der üblichen Reihenfolge führe (im Falle eines Scheitern auf der zweiten Stufe) zu einer unangemessenen Bevorzugung des Rechtsinhabers gegenüber der Allgemeinheit. Auch *Senftleben*, GRUR Int. 2004, 200, 204 f., tendiert dazu, die zweite und dritte Teststufe zu vertauschen. Er weist darauf hin, dass bei der Entstehung des Drei-Stufen-Tests zunächst die Reihenfolge der zweiten und dritten Prüfungsfolge vertauscht gewesen sei.

[753] So schon *Senftleben*, GRUR Int. 2004, 200, 205.

flussen und letztlich einem sachgerechten Interessenausgleich dienen sollen.[754] Besondere Bedeutung kommt dabei der dritten Voraussetzung zu, da hier die entscheidende Interessenabwägung stattfindet.[755] Für die Prüfung bedeutet das, dass immer alle drei Elemente geprüft werden müssen, so dass auch bei einem möglichen Verstoß gegen das erste oder zweite Element in jedem Fall die abschließende Abwägung vorzunehmen ist.

Abb. 24: Der Drei-Stufen-Test als Instrument zum Interessenausgleich (Drei-Elemente-Test).

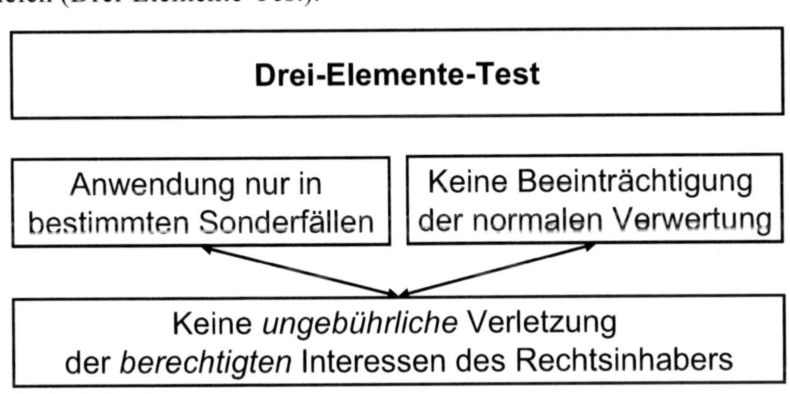

3. Tatbestand

a) Bestimmter Sonderfall

i) Bedeutung der ersten Teststufe

Das Kriterium des bestimmten Sonderfalls gilt allgemein als niedrigste Hürde des Tests.[756] Insbesondere im Rahmen des Art. 5 der Info-Richtlinie 2001/29/EG wird vertreten, die Anwendungsbereiche der

[754] Hinsichtlich des Drei-Stufen-Test als Instrument zu Erzielung eines sachgerechten Interessenausgleichs siehe *Senftleben*, GRUR Int. 2004, 200, 205; *ders*. S. 290.

[755] So *Geiger*, IIC 2006, 683, 696 ff.; *ders*. CRi 2005, 7, 12.

[756] Vgl. *Hilty* in: FS Schricker (2005), S. 325, 343; *Masouyé*, S. 55 ff., *Bornkamm* in: FS Erdmann (2002), S. 29, 45 spricht sogar davon, die erste Stufe sei bislang „sträflich vernachlässigt“ worden.

dort aufgezählten Schranken (Art. 5 Abs. 1 - 4) seien sehr detailliert, so dass sich - zumindest im Rahmen der Richtlinie - die Prüfung auf einen Zwei-Stufen-Test reduziere.[757]

Diese Ansicht übersieht, dass Art. 5 Abs. 5 Info-Richtlinie 2001/29/EG von der „Anwendung" der Schranken spricht. Die Tatsache, dass die in Art. 5 Abs. 1 - 4 der Info-Richtlinie 2001/29/EG (abschließend) aufgezählten Schranken allesamt bestimmte Sonderfälle enthalten, schließt nicht aus, dass ein Mitgliedstaat *bei der Umsetzung in nationales* Recht eine Schranke einführt, die über bestimmte Sonderfälle hinausgeht.[758] Die Prüfung der ersten Stufe hat folglich auch im Rahmen des § 53 Abs. 1 S. 1 UrhG der der Umsetzung von Art. 5 Abs. 2 b) der Richtlinie dient, seine Berechtigung.

ii) Auslegung

Bei der ersten Stufe muss gefragt werden, ob die Schrankenregelung sich auf einen spezifischen Nutzungszweck beschränkt.[759]

Der Anwendungsbereich des § 53 Abs. 1 S. 1 UrhG ist sowohl von dem Kreis der Schrankenberechtigten als auch von seinen Voraussetzungen her hinreichend bestimmt, nämlich durch die Beschränkung auf natürliche Personen, die eine Vervielfältigung zum privaten Gebrauch (spezifischer Nutzungszweck) vornehmen und hierbei keine offensichtlich rechtswidrige Vorlage verwenden.[760]

---

[757] So u. a. *Freiwald*, S. 90 f.; *Senftleben*, GRUR Int. 2004, S. 200, 206; *Schäfer*, S. 171.

[758] Dies gilt vor allem deshalb, da einige Schranken - insbesondere auch Art. 5 Abs. 2 b) der Info-Richtlinie 2001/29/EG - den Mitgliedstaaten Spielraum bei der Umsetzung lassen.

[759] So auch *Bornkamm* in: FS Erdmann (2002), S. 29, 45 f.; siehe *United States - Section 110(5) of the US Copyright Act*, WT/DS160/R (00-2284) v. 15.06.2000, S. 34: „In our view, the first condition of Article 13 requires that a limitation or exception in national legislation should be clearly defined and should be narrow in its scope and reach."

[760] I.E. ebenso *Bornkamm* in: FS Erdmann (2002), S. 29, 46, der sich auf die Entstehungsgeschichte des Art. 9 Abs. 2 RBÜ beruft. A. A. *Poll/Braun*, ZUM 2004, 266, 272, die einen „gegenständlich abgrenzbaren" Sonderfall deshalb verneinen, da der Tatbestand des § 53 Abs. 1 S. 1 UrhG auf die subjektive Zwecksetzung des Vervielfältigenden (privater Gebrauch) abstelle. Hierbei übersehen sie, dass sich diese Zwecksetzung im Rahmen des „privaten Gebrauchs" halten muss, so dass eine Abgrenzbar-

Fraglich ist, ob es sich um einen *Sonder*fall handelt, wenn § 53 Abs. 1 S. 1 UrhG Vervielfältigungshandlungen in großem Ausmaß privilegiert. Dies wirft die Frage auf, ob sich der Sonderfall auf die Art des Sachverhalts bezieht, der unter die Schranke summiert werden kann (also rein qualitativ), oder (auch) auf das Ausmaß, in welchem es im Rahmen dieses Sachverhalts zu Nutzungshandlungen kommt (quantitativ).

Zur Beantwortung dieser Frage hilft die oben gewonnene Erkenntnis, dass der Drei-Stufen-Test alle bestehenden Schranken der einzelnen Staaten erfassen sollte.[761] Hierzu gehörten auch damals schon Schranken zu Gunsten von Privatkopien.[762] Bei Privatkopien macht ein quantitativer Ansatz keinen Sinn, da potenziell jeder eine Privatkopie vornehmen kann. Richtigerweise beschränkt sich die Frage nach dem bestimmten Sonderfall daher auf qualitative Aspekte.[763] § 53 Abs. 1 S. 1 UrhG steht daher mit dem ersten Element des Tests in Einklang. Eine Neuregelung müsste beachten, dass der Anwendungsbereich auf einen spezifischen Nutzungszweck beschränkt ist.

b) *Keine Beeinträchtigung der normalen Verwertung*

Dieses Element wirft die meisten Fragen auf, da theoretisch jede Schranke in ihrem Anwendungsbereich die Verwertung eines Werks oder sonstigen Schutzgegenstands beeinträchtigt.

---

keit sehr wohl vorliegt. Die subjektive Zwecksetzung des Vervielfältigenden definiert nicht die Reichweite des Tatbestands. Vielmehr dient sie der Überprüfung, ob der Vervielfältigenden den vorgegebenen Rahmen gewahrt hat.

[761] S. o. Teil III A.IV.1.a), S. 219.

[762] So u. a. in Deutschland der damalige § 53 Abs. 1; vgl. BGBl. I, S. 1273 ff., abgedruckt in UFITA 1965 (45), 100 ff.; *Schulze*, Band 1, Nr. 22 (S. 605 ff.).

[763] So *Senftleben*, GRUR Int. 2004, 200, 207; i.E. ebenso *Hilty* in: FS Schricker (2005), 325, 343 f.

i) *Auslegung*

Die Verwertung eines musikalischen Werkes wird mit einer Aktivität betrieben, die es dem Rechtsinhaber erlaubt, einen wirtschaftlichen Nutzen aus seinem Recht zu ziehen.[764]

Eine Beeinträchtigung der normalen Verwertung ist nach Ansicht des WTO-Panels dann gegeben, wenn die durch die Schranke privilegierte Nutzungshandlung in ökonomischen *Wettbewerb* zu einer aktuellen oder potenziellen Verwertung steht, und dem Rechtsinhaber dadurch wirtschaftliche Vorteile entgehen.[765] Diese Aussage zeigt den ökonomischen Blickwinkel der WTO-Panels. Richtigerweise müssen auch normative Gesichtspunkte berücksichtigt werden, da andernfalls jede Verwertungsform, die den Rechteinhabern Einkommen beschert (oder bescheren kann), zur normalen Verwertung gezählt würde. So sind z. B. gem. § 51 UrhG Zitate ohne Einwilligung der Rechteinhaber zulässig. Fänden die Rechteinhaber einen Weg, die Nutzung von Zitaten kommerziell nutzbar zu machen, so würde auch das Zitat die normale Verwertung beeinträchtigen.[766] Die Verwertung von Zitaten gehört daher aus normativer Sicht von Anfang an nicht zur normalen Verwertung.

ii) *Beeinträchtigung der normalen Verwertung durch § 53 UrhG*

Eine Beeinträchtigung der normalen Verwertung durch § 53 Abs. 1 S. 1 UrhG kommt vor allem deshalb in Betracht, da durch die geltende Rechtslage Privatkopien von rechtswidrigen Musikdateien im

---

[764] So auch *United States - Section 110(5) of the US Copyright Act*, WT/DS160/R (00-2284) v. 15.06.2000, S. 44: „We believe that ‚exploitation' of musical works thus refers to the activity by which copyright owners employ the exclusive rights conferred on them to extract economic value from their rights to those works."

[765] Allerdings dürfe die Beeinträchtigung nicht schon dann bejaht werden, wenn der Rechtsinhaber ohne die Schranke einen größeren wirtschaftlichen Nutzen aus seinem Recht ziehen könnte. Dies würde, wie das WTO-Panel richtig feststellt, dazu führen, dass die normale Verwertung mit einem uneingeschränkten Ausschließlichkeitsrecht gleichgesetzt würde, vgl. *United States - Section 110(5) of the US Copyright Act*, WT/DS160/R (00-2284) v. 15.06.2000, S. 48; ebenso *Bornkamm* in: FS Erdmann (2002), S. 29, 46, der sich jedoch auf die Konkurrenz zu herkömmlichen Verwertungsformen beschränkt.

[766] So *Ginsburg*, RIDA 2001, 3, 49 ff.; kritisch auch *Geiger*, CRi 2005, 7, 12.

Internet überwiegend zulässig sind.[767] Die normale Verwertung von Musik liegt in dem Verkauf von Tonträgern und in den letzten Jahren (vor allem im Single-Bereich) verstärkt in der Lizenzierung von Nutzungsrechten an Musikdateien.[768] In der Zukunft wird der kostenpflichtige Vertrieb von Musikdateien zum bestimmenden Element der Verwertung von Musik werden.[769]

In der Praxis hat ein Konsument, der ein bestimmtes Lied sucht, nach der momentanen Rechtslage die Wahl, ob er kostenlos eine Privatkopie von einer (nicht offensichtlich rechtswidrigen) Quelle im Internet anfertigt oder ob er die Datei kostenpflichtig von einem offiziellen Download-Shop erwirbt. Die Musikdatei ist in beiden Fällen identisch. Anreize, die Datei kostenpflichtig zu erwerben, bestehen nur in der gleich bleibenden klanglichen Qualität (die sonst stark variieren kann), der Sicherheit vor Computer-Viren und dem Gefühl, den Urheber und Künstler unterstützt zu haben. Ob diese Anreize jedoch einen Verkaufspreis von ca. 0,99 EUR pro Lied und die Verzögerung durch den notwendigen Zahlungsprozess rechtfertigen, ist zu bezweifeln. Hinzu kommen Probleme der Verfügbarkeit legaler Downloads, da nicht jeder Download-Shop mit jeder Plattenfirma einen Lizenzvertrag hat.

Es soll nicht unterstellt werden, jede Privatkopie ersetze den kostenpflichtigen Erwerb eines Musikstücks. Wie bereits festgestellt wurde, sind Privatkopien aber mitverantwortlich dafür, dass der Absatz an kostenpflichtigen Angeboten sinkt.[770] Die durch § 53 Abs. 1 S. 1 UrhG geschaffene Möglichkeit, auf legalem Weg rechtswidrige Musikdateien kostenlos über das Internet zu beziehen, steht in direktem Wettbewerb zu der normalen Verwertung und stellt daher eine Beeinträchtigung der normalen Verwertung dar.[771]

---

[767] S. o. Teil II B.VIII, S. 193.

[768] S. o. Teil I D.I.1.a)ii), S. 85. So wurde dem Autor in einem Interview berichtet: „Früher hatten manche Künstler Angst vor einem digitalen Vertrieb. Heute werden wir angerufen und gefragt: ‚Warum ist meine Musik nicht bei i-Tunes?'".

[769] S. o. Teil I E.I, S. 106.

[770] S. o. Teil I D.I.1.b), S. 86.

[771] So mit unterschiedlichen Begründungen auch *Aschenbrenner*, ZUM 2005, 145, 152; *Poll/Braun*, ZUM 2004, 266, 274 ff.; *Guntrum*, S. 167 ff. fordert die Streichung des Wortes „offensichtlich", um eine Vereinbarkeit mit dem Drei-Stufen-Test zu erreichen; *Ulmer-Eilfort* in: FS Nordemann (1999), 285, 287 sagte einen entsprechenden

iii) Privatkopien als Teil der „normalen Verwertung"?

Teilweise wird bezweifelt, ob die sich aus der Zweitverwertung (z. B. öffentliche Wiedergabe, Sendung, Privatkopien[772]) ergebenen Gewinnmöglichkeiten noch zur „normalen" Verwertung i. S. d. Drei-Stufen-Tests gehören, obwohl die Rechteinhaber zu den entsprechenden Vervielfältigungs- und Verbreitungsmöglichkeiten „nichts beigetragen" hätten.[773]

Es ist richtig, dass das Urheberrecht den Rechteinhabern die kommerzielle Verwertung des Werks (bzw. der Darbietung oder des Tonträgers) sichern soll, während die Privatkopie privat und damit gerade nicht kommerziell ist. Diese Unterscheidung kann aber nur solange aufrecht erhalten werden, wie sich beide Bereiche strikt trennen lassen. Dies ist nicht (mehr) der Fall. Die Möglichkeiten, die sich durch die Digitalisierung und das Internet eröffnet haben, stellen die digitale Privatkopie in direkte Konkurrenz zur Auswertung von Musik. Es geht nicht mehr nur darum, *wie* ein käuflich erworbener Tonträger oder eine Musikdatei im privaten Bereich genutzt werden, sondern darum, *ob überhaupt* noch Tonträger oder Musikdateien erworben werden. Privatkopien haben daher einen großen Einfluss auf die normale Verwertung, auch wenn sie selbst möglicherweise nicht zur normalen Verwertung gehören.

iv) Bedeutung technischer Maßnahmen

Teilweise wird davon ausgegangen, eine Beeinträchtigung der normalen Verwertung durch § 53 Abs. 1 S. 1 UrhG müsse verneint werden, da es den Rechteinhabern offen stehe, eine solche Beeinträchtigung durch den Einsatz von - durch § 95a UrhG rechtlich geschützten - technischen Maßnahmen zu verhindern.[774]

Verstoß der digitalen Privatkopie gegen den Drei-Stufen-Test im Jahr 1999 für die Zukunft voraus. Siehe auch *Ginsburg*, RIDA 2001, 3, 55: „Indeed, an exception for large-scale ‚private' copying of the ‚sharing' type might well conflict with a normal exploitation (…)."

[772] S. o. Abb. 9: Erst- und Zweitverwertung, S. 63.

[773] Vgl. allgemeiner in diese Richtung *Hilty* in: FS Schricker (2005), S. 325, 345; siehe auch *Geiger*, CRi 2005, 7, 12.

[774] So *Senftleben*, CR 2003, 914, 918; ihm folgend *Schäfer*, S. 78 f.

Die Tragfähigkeit dieser Argumentation würde voraussetzen, dass technische Maßnahmen tatsächlich dazu geeignet sind, das Angebot kostenloser Musikdateien im Internet, und damit eine Beeinträchtigung der normalen Verwertung, einzudämmen. Dies ist jedoch bislang nicht der Fall, da Kopier-Netze trotz des intensiven Einsatzes technischer Maßnahmen weiterhin intensiv genutzt werden.[775] Folglich kann die Möglichkeit, technische Maßnahmen einzusetzen, eine Beeinträchtigung der normalen Verwertung nur begrenzt verhindern.

c) *Keine ungebührliche Verletzung berechtigter Interessen*

Jede urheberrechtliche Schranke verletzt in einem gewissen Maß die Interessen der Rechteinhaber.[776] Dass die Rechteinhaber[777] ein berechtigtes Interesse daran haben, die oben bejahte Beeinträchtigung der normalen Verwertung zu verhindern, und dass dieses Interesse durch § 53 Abs. 1 S. 1 UrhG verletzt wird, muss nicht weiter geprüft werden. Bei der Prüfung des dritten Elements kommt es daher allein darauf an, ob die Verletzung „ungebührlich" i. S. d. Drei-Stufen-Tests ist.[778]

Entsprechend ihrer rein ökonomischen Sicht gehen die WTO-Panels davon aus, die Frage entscheide sich allein danach, ob die

---

[775] Gem. einer Analyse des amerikanischen Marktorschungsunternehmens „BigChampagne" waren im Mai 2006 knapp 10 Millionen Nutzer weltweit durchschnittlich zu jedem beliebigen Zeitpunkt in den diversen Kopier-Netzwerken aktiv, was gegenüber dem Vorjahr eine Steigerung um 12,4 % darstellte; vgl. musikwoche.de v. 09.06.2006.

[776] Vgl. *Ginsburg*, RIDA 2001, 3, 53: „...*some* prejudice will flow from any exception."; ebenso: *Masouyé*, S. 56: „all copying is damaging in some degree".

[777] Art. 5 Abs. 5 der Info-Richtlinie 2001/29/EG gibt vor, die Interessen des „Rechtsinhabers" dürften nicht ungebührlich verletzt werden. „Rechtsinhaber" ist der Inhaber des in Art. 2 der Richtlinie gewährten Vervielfältigungsrechts und damit im Falle der hier zu untersuchenden Vervielfältigung von Musik, der Urheber, Art. 2 a), der ausübende Künstler, Art. 2 b), und der Tonträgerhersteller, Art. 2 c).

[778] Auch für *United States - Section 110(5) of the US Copyright Act*, WT/DS160/R (00-2284) v. 15.06.2000, S. 59 ist die Frage der Ungebührlichkeit entscheidend: „The crucial question is which degreee or level of ‚prejudice' may be considered ‚unreasonable', given that, under the third condition, a certain amount of ‚prejudice' has to be presumed justified as ‚not unreasonable'." Wohl gegen eine Beschränkung der dritten Teststufe auf diese Frage jedoch *Canada - Patent Protection of Pharmaceutical Products*, WT/DS114/R (00-1012) v. 17.03.2000, S. 164. Siehe auch *Senftleben*, GRUR Int. 2004, 200, 211.

Schranke zu einem ungebührlichen Verlust von Einnahmen führt oder führen kann.[779] Nach hier vertretener Ansicht dient die Frage nach der „Ungebührlichkeit“ der Vornahme einer Abwägung.[780] Konkret muss geprüft werden, ob auf Seiten der Nutzer Interessen an einem Erhalt der Privatkopie in dem betroffenen Bereich bestehen, die eine Verletzung der Interessen der Rechtsinhaber als nicht *ungebührlich* erscheinen lassen.

Ob private Nutzer ein schützenswertes Interesse an Privatkopien haben ist umstritten. Teilweise wird die Existenz der Privatkopie nur auf ein Marktversagen zurück geführt,[781] da es aus praktischen (Masse der Vervielfältigungen) und verfassungsrechtlichen Gründen (Unverletzlichkeit der privaten Wohnung gem. Art. 13 GG[782]) nicht möglich sei, Vervielfältigungen im privaten Bereich individuell zu lizenzieren.[783] Andere betonen die Sozialbindung (Art. 14 Abs. 2 GG) des Urheberrechts und die daraus resultierende Pflicht des Urhebers, Einschränkungen zu Gunsten der Allgemeinheit hinzunehmen.[784] Die gesetzliche Systematik von umfassenden Ausschließlichkeitsrechten der Urheber und einzeln geregelten Schrankenbestimmungen sei nur eine Frage der Gesetzestechnik und keine Vorentscheidung zu Guns-

---

[779] Vgl. *United States - Section 110(5) of the US Copyright Act*, WT/DS160/R (00-2284) v. 15.06.2000, S. 59: „In our view, prejudice to the legitimate interests of right holders reaches an unreasonable level if an exception or limitation causes or has the potential to cause an unreasonable loss of income to the right owner.“

[780] S. o. Teil III A.IV.2, S. 223. So auch *Ginsburg*, RIDA 2001, 3, 57; *Hilty* in: FS Schricker (2005), S. 325, 345; *Bornkamm* in: FS Erdmann (2002), 29, 47.

[781] Vgl. *Arnold*, S. 154; ähnlich *Dreier* in: Dreier/Schulze, § 53 Rn. 1, der die Funktion des § 53 UrhG allerdings nicht auf diesen Aspekt beschränkt.

[782] So bereits die Begründung zum Urheberrechtsgesetz 1965, BT-Drucks. IV/270, S. 27 ff., abgedruckt in UFITA 1965 (45), S. 240 (287) und bei *Schulze*, Band 1, Nr. 21 (S. 394, 492 f.); vgl. hierzu *Ulmer*, UrhR, S. 296; a. A. *Ulmer-Eilfort* in: FS Nordemann (1999), 285, 287.

[783] Siehe BGHZ 134, 250 = BGH NJW 1997, 1363, 1367 - *CB-Infobank I*: „Diese Vorschrift [§ 53 Abs. 1 UrhG] trägt zunächst der Tatsache Rechnung, dass ein Verbot von Vervielfältigungen im privaten Bereich praktisch kaum durchsetzbar ist. Zudem berücksichtigt sie, dass der Urheber mit seinem immateriellen geistigen Eigentum in die Sozialpflichtigkeit der Eigentumsordnung gem. Art. 14 Abs. 1 GG eingebunden ist“; ähnlich *Lüft* in: Wandtke/Bullinger, § 53 Rn. 1; *Dreier* in: Dreier/Schulze, § 53 Rn. 1.

[784] S. o. Teil III A.I, S. 206.

ten der Urheber.[785] Demzufolge stelle die Möglichkeit der privaten Vervielfältigung soweit sie der Wahrung verfassungsrechtlich gebotener Interessen dient - eine verfassungsrechtlich zwingende Freiheit dar.[786]

Der Standpunkt des Gesetzgebers wird seit dem Jahr 2003 durch § 95b UrhG deutlich.[787] Aus § 95b UrhG ergibt sich, dass digitale Privatkopien nicht gegen den Einsatz technischer Maßnahmen durchgesetzt werden können. Der Gesetzgeber stellt das Interesse der Rechteinhaber an einem Schutz ihrer Werke oder sonstigen Schutzgegenstände über das Interesse privater Nutzer an der Vornahmen von Privatkopien.

Ebenso gehen die Europäische Kommission[788] und das Europäische Parlament[789] davon aus, dass die Zulässigkeit der Privatkopie und

---

[785] *Hohagen* in: FS Schricker (2005), S. 353, 359 ff.; ähnlich *Geiger*, GRUR Int. 2004, 815, 818.

[786] So *Hohagen* in: FS Schricker (2005), S. 353, 360 f., der zwar stets einen „verfassungsrechtlich geschützten Kernbestand" der Kopierfreiheit anführt, jedoch unbeantwortet lässt wie dieser konkret ausgestaltet sein soll.

[787] Vgl. sehr deutlich hierzu BT-Drucks. 16/1828, S. 20: „Sinn und Zweck der damaligen Regelung von 1965 und der nachfolgenden Ergänzung des Jahres 1985 war dabei ausschließlich der Schutz des geistigen Eigentums. Die Interessen der Verbraucher waren kein Beweggrund für die Ausgestaltung dieser Regelung. Vielmehr war es nur ein Reflex des Schutzgesetzes für den geistigen Eigentümer, dass die Vervielfältigung für den privaten Gebrauch zugelassen wurde." Ebenso ging der damalige Bundeswirtschaftsminister *Clement* bei der Eröffnung der Musikmesse Popkomm im Jahr 2005, abrufbar unter http://www.heise.de/newsticker/meldung/63902, davon aus, sobald Digital Rights Management einwandfrei funktioniere, könne man die Privatkopie ganz streichen.

[788] Vgl. Explanatory Memorandum, Proposal for a European Parliament and Council Directive on the harmonisation of certain aspects of copyright and related rights in the Information Society, COM(97) 628 final. v. 10.12.1997: „The major reason for this exception [from the exclusive right of reproduction] has been the non enforceability of the exclusive right in this area in practice as well as the thought that it was not even desirable to try to enforce an exclusive right in this area of private use for reasons of privacy."

[789] Im Rahmen des Vorschlags für eine Richtlinie des Europäischen Parlaments und des Rates zur Harmonisierung bestimmter Aspekte des Urheberrechts und der verwandten Schutzrechte in der Informationsgesellschaft, ABl. C 150 v. 28.05.1999, S. 171, 179 schlug das Parlament unter anderem vor, die digitale Privatkopie ausdrücklich nur zuzulassen, „soweit keine verläßlichen und wirksamen technischen Mittel zum Schutz der Interessen der Rechtsinhaber zur Verfügung stehen."

die damit verbundene pauschale Vergütung ihre Berechtigung verloren habe, sobald eine individuelle Lizenzierung von Kopien für private Zwecke technisch möglich sei (vgl. Art. 6 Abs. 4 der Info-Richtlinie 2001/29/EG und Erwägungsgrund Nr. 39).[790]

Aus rechtlicher Sicht lässt sich daher kein Interesse der Nutzer feststellen, das so stark wäre, dass es das Interesse der Nutzer an einer Verhinderung der Beeinträchtigung der normalen Verwertung überwiegen würde. Bei der Prüfung des § 53 Abs. 1 S. 1 UrhG geht es im Kern um die Frage, ob die Möglichkeit, im Internet (nicht offensichtlich) rechtswidrig verfügbare Musikdateien zustimmungsfrei kopieren zu dürfen, ein legitimes Anliegen darstellt. § 53 Abs. 1 S. 1 UrhG führt in vielen Fällen zu einer Perpetuierung bzw. Legalisierung rechtswidriger Handlungen. Ein Interesse an der Beibehaltung dieser Regelung ist nicht schützenswert. Die Möglichkeit der Privatkopie mag daher in einigen Bereichen die Vorgaben des Drei-Stufen-Tests wahren. Soweit es um massenhafte digitale Privatkopien von Musikdateien geht, ist die Verletzung der Interessen der Rechteinhaber jedoch ungebührlich. § 53 Abs. 1 S. 1 UrhG verstößt damit gegen den Drei-Stufen-Test.

V. Zwischenergebnis (rechtlicher Rahmen)

Die Analyse der Vorgaben des Grundgesetzes, völkerrechtlicher Verträge und der Info-Richtlinie 2001/29/EG hat folgendes ergeben:

1. Die derzeitige Fassung des § 53 Abs. 1 S. 1 UrhG, der Privatkopien von im Internet (nicht offensichtlich) rechtswidrigen Musikdateien erlaubt, *verstößt gegen den Drei-Stufen-Test* (Drei-Elemente-Test) des Art. 5 Abs. 5 der Info-Richtlinie 2001/29/EG und ist damit **europarechtswidrig**. Damit liegt

[790] Einen ungewöhnlichen Ansatz verfolgte bei der Entstehung der Info-Richtlinie 2001/29/EG der Wirtschafts- und Sozialausschuss, der in seiner Stellungnahme zu dem Vorschlag für eine Richtlinie des Europäischen Parlaments und des Rates zur Harmonisierung bestimmter Aspekte des Urheberrechts und der verwandten Schutzrechte in der Informationsgesellschaft, ABl. C 407 v. 28.12.1998, S. 30, 32 f., angab, die private Vervielfältigung diene auch dem Schutz von Kindern, nämlich „wenn Eltern Programme aufzeichnen, damit sie diese in Abwesenheit der Kinder sehen können."

gleichzeitig ein Verstoß gegen Art. 9 Abs. 2 RBÜ, Art. 13 TRIPS, Art. 10 Abs. 1 WCT und Art. 16 Abs. 2 WPPT vor.

2. Des Weiteren verstößt § 53 Abs. 1 S. 1 UrhG gegen Art. 5 Abs. 2 b) der Info-Richtlinie 2001/29/EG, da den Rechteinhabern kein „gerechter Ausgleich" für Privatkopien gewährt wird.

3. Eine Neuregelung der Privatkopie muss grundsätzlich dem Urheber, ausübenden Künstler und Tonträgerhersteller ein ausschließliches Vervielfältigungsrecht gewähren. Die Neuregelung muss europarechts- und völkerrechtskonform ausgestaltet werden. Privatkopien dürfen daher nicht im bisherigen Ausmaß zulässig sein und es muss sichergestellt werden, dass die Rechteinhaber einen gerechten Ausgleich erhalten. Der Tatbestand des Drei-Stufen-Tests ist so weit formuliert, dass sich ihm nur schwierig konkrete Grenzen in der Ausgestaltung der Privatkopie entnehmen lassen.[791]

4. Technische Maßnahmen müssen grundsätzlich rechtlich gegen Umgehung geschützt werden; für die Begünstigten einer Regelung zur Privatkopie kann ein Anspruch auf Durchsetzung der Privatkopie trotz technischer Maßnahmen vorgesehen werden.

B. Privatkopie in anderen Ländern

Das Problem der Privatkopie urheberrechtlich geschützter Werke stellt sich in jedem Land und wird international intensiv diskutiert. An dieser Stelle wird *exemplarisch* die Rechtslage in der Schweiz als Nicht-EU-Mitglied und in Frankreich als EU-Mitglied dargestellt. Möglicherweise lassen sich diesen Regelungen Anregungen für eine Neuregelung in Deutschland entnehmen.

[791] So auch *Prechtl*, S. 92. Siehe aber *Hohagen*, S. 115 ff.

I. Schweiz

In der Schweiz stellt Art. 19 Abs. 1 URG[792] den „Eigengebrauch" von der Zustimmung der Rechteinhaber frei.[793] Hierzu zählt gem. Art. 19 Abs. 1 a „jede Werkverwendung im persönlichen Bereich und im Kreis von Personen, die unter sich eng verbunden sind, wie Verwandte oder Freunde". Gem. Art. 20 Abs. 3 URG hat „der Urheber oder die Urheberin" gegen den Hersteller/Importeur von Leermedien als Ausgleich für die Werkverwendungen nach Art. 19 URG Anspruch auf eine Vergütung.[794] Auf Geräte wird hingegen keine Vergütung erhoben.[795]

Die Schweiz ist nicht Mitglied der Europäischen Union und daher nicht an die Vorgaben der Info-Richtlinie 2001/29/EG gebunden. Dementsprechend kennt das Schweizer Recht bislang kein Verbot der Umgehung technischer Maßnahmen (Art. 6 der Info-Richtlinie 2001/29/EG).

Die Schweiz ist aber auch Mitglied der WIPO und setzt derzeit die Vorgaben der WIPO-Verträge (WCT und WPPT) in nationales Recht um.[796] Der Wortlaut des Art. 19 Abs. 1 URG wird hierbei nicht verändert werden. Hinsichtlich der Rechtmäßigkeit einer Kopier-Vorlage wird ausdrücklich darauf hingewiesen, dass „nicht zwischen legalen und illegalen Quellen unterschieden werden" muss, da eine solche

---

[792] Schweizer Bundesgesetz über das Urheberrecht und verwandte Schutzrechte v. 09.10.1992, Stand: 13.06.2006.

[793] Siehe hierzu ausführlich *Baumgartner*, S. 83 ff.

[794] Der Vergütungssatz beträgt gem. dem gemeinsamen Tarif 4a für Tonträger CHF 0,33 pro Stunde Aufnahmedauer; vgl. *Baumgartner*, S. 93. Zum Vergleich: In Deutschland beträgt die Vergütung für Tonträger nur 0,0614 EUR pro Stunde Aufnahmedauer. Dafür wird in Deutschland eine zusätzliche Vergütung auf Vervielfältigungsgeräte erhoben; s. o. Teil I C, S. 70.

[795] Eine solche Vergütung soll auch zukünftig nicht eingeführt werden, kritisch hierzu *Baumgartner*, S. 185 f.

[796] Am 05.10.2007 haben die eidgenössischen Räte den Bundesbeschluss über die Genehmigung von zwei Abkommen der Weltorganisation für geistiges Eigentum (BBl 2007, 7149) und die Änderung des Urheberrechtsgesetzes (BBl 2007, 7201) angenommen. Die Referendumsfrist ist am 24.01.2008 abgelaufen. Das In-Kraft-treten des Bundesbeschlusses über die Genehmigung der zwei WIPO-Abkommen ist zum 01.07.2008 geplant. Der aktuelle Stand der Gesetzgebund kann beim Eidgenössischen Institut für Geistiges Eigentum unter http://www.ige.ch/D/jurinfo/j103.shtm abgefragt werden.

Differenzierung den Nutzern nicht möglich sei.[797] Nach Schweizer Recht ist eine Privatkopie daher von rechtswidrigen Vorlagen zulässig, unabhängig davon, ob diese Rechtswidrigkeit offensichtlich ist oder nicht.[798]

Den Vorgaben der WIPO-Verträge entsprechend, wird in der Schweiz ein Schutz technischer Maßnahmen in Art. 39a URG ff. eingeführt. Anders als Art. 6 der Info-Richtlinie 2001/29/EG sieht die Schweiz jedoch keinen absoluten Schutz technischer Maßnahmen vor, sondern koppelt diesen an das materielle Recht.[799] So bestimmt Art. 39a Abs. 4 URG zukünftig:

> „*Das Umgehungsverbot* [gemeint ist das Verbot, technische Massnahmen zu umgehen] *kann gegenüber denjenigen Personen nicht geltend gemacht werden, welche Umgehungen ausschließlich zum Zweck einer gesetzlich erlaubten Verwendung vornehmen.*"

In der Schweiz dürfen daher technische Maßnahmen umgangen werden, um eine nach Art. 19 URG rechtmäßige Privatkopie anzufertigen.[800] Zudem soll eine Beobachtungsstelle für technische Maßnahmen geschaffen werden, die beobachten soll, ob technische Maßnahmen mißbräuchlich angewendet werden.[801]

---

[797] Vgl. Botschaft v. 10.03.2006, BBl. 2006, 3389, 3430.

[798] So auch *Baumgartner*, S. 184 f.; so schon vor der zitierten Aussage in dem Gesetzgebungsverfahren *Rigamonti*, GRUR Int. 2004, 278, 281 ff.

[799] Vgl. *Baumgartner*, S. 181.

[800] Eingeschränkt wird diese Möglichkeit dadurch, dass Umgehungsmittel und Dienstleistungen auch zu rechtmäßigen Zwecken verboten sind; vgl. *Baumgartner*, S. 186 f.

[801] Vgl. Art. 16e des Entwurfs der Verordnung über das Urheberrecht und verwandte Schutzrechte (Urheberrechtsverordnung, URV). Die Fachstelle soll den Einsatz technischer Maßnahmen beobachten, dem Bundesrat Bericht erstatten und „als Verbindungsstelle zwischen den Nutzer- und Konsumentenkreisen und den Anwendern und Anwenderinnen technischer Massnahmen partnerschaftliche Lösungen fördern.", vgl. Erläuterungen zu den Änderungen der Urheberrechtsverordnung (SR 231.11)

II. Frankreich

In Frankreich kann der Urheber gem. Art. L. 122-5 CPI[802] Kopien zum privaten Gebrauch von veröffentlichten Werken nicht verhindern.[803] Ob eine Privatkopie nur für den eigenen Gebrauch des Vervielfältigenden vorgenommen werden darf, oder - wie in Deutschland - auch für Familienmitglieder und Freunde, ist in Frankreich umstritten.[804] Ebenso unklar ist, ob zur Vervielfältigung eine rechtswidrige Vorlage verwendet werden darf.[805]

Als finanzieller Ausgleich wird gem. Art. L. 311-1 ff. CPI eine Pauschalabgabe auf Leermedien erhoben.[806] Anders als in Deutschland gibt das französische Gesetz in Art. L. 311-7 Abs. 1 die Verteilung der Erlöse aus den Pauschalabgaben vor: 50 % gehen an die Urheber, 25 % an die ausübenden Künstler und 25 % an die Tonträgerhersteller.[807]

Frankreich hat mit dem „loi relative au Droit D'Auteur et aux Droits Voisins dans la Société de l'Information" vom 01.08.2006 als einer der letzten Mitgliedstaaten der EU die Vorgaben der Info-Richtlinie 2001/29/EG in nationales Recht umgesetzt.[808] Hierbei wurde weder die Zulässigkeit der Privatkopie verändert noch eine aus-

[802] Code de la propriété intellectuelle (CPI), Stand: 01.08.2006.
[803] Art. L. 122-5 CPI: „Lorsque l'oeuvre a été divulguée, l'auteur ne peut interdire: (...) 2° Les copies ou reproductions strictement réservées à l'usage privé du copiste et non destinées à une utilisation collective, (...)." Deutsch: Sobald ein Werk veröffentlicht wurde, kann der Urheber nicht verbieten: 2° Kopien und Vervielfältigungen die ausschließlich für den privaten Gebrauch des Vervielfältigenden bestimmt sind und nicht gemeinschaftlich genutzt werden sollen, (...). Vgl. ausführlich zur Regelung der Privatkopie in Frankreich *Hölscher*, S. 89 ff., 114 ff., 142 ff., 154 ff. und 167 ff.; *Hohagen*, S. 371 ff. Zu den urheberrechtlichen Schranken in Deutschland und Frankreich allgemein siehe *Geiger/Engelhardt/Hansen/Markowski*, GRUR Int. 2006, 475, 482 ff.
[804] Vgl. *Hohagen*, S. 371 f.; *Hölscher*, S. 144 ff.
[805] Vgl. die Nachweise bei *Geiger*, IIC 2007, S. 401, 425 ff. ; *Lucas-Schloetter*, GRUR Int. 2007, 658, 669; siehe auch *Hohagen*, S. 374.
[806] Dafür ist die Vergütung für Leermedien in Frankreich fast vier mal höher als in Deutschland, so dass die Erlöse in Frankreich insgesamt höher sind, obwohl keine Vergütung auf Geräte erhoben wird; vgl. ausführlich *Hölscher*, S. 132.
[807] Zur Verteilung in Deutschland s. o. unter Teil I C, S. 70.
[808] Deutsch: Gesetz über das Urheberrecht und verwandte Rechte in der Informationsgesellschaft; Gesetz Nr. 2006-961 v. 01.08.2006, veröffentlicht im Journal Officiel v. 03.08.2006.

drückliche Aussage dahingehend getroffen, ob die Privatkopie nur von rechtmäßigen Vorlagen erlaubt ist.[809] Dennoch wurden andere Änderungen vorgenommen, die Auswirkungen auf die gesetzliche Regelung der Privatkopie haben:

Anders als Deutschland hat Frankreich teilweise den Drei-Stufen-Test des Art. 5 Abs. 5 der Info-Richtlinie 2001/29/EG in Art. L. 122-5 CPI übernommen, so dass jede Anwendung der Privatkopie-Schranke nun direkt von Richtern in Frankreich an den Vorgaben des Tests gemessen werden muss.[810]

Des Weiteren hat Frankreich einen Schutz technischer Maßnahmen eingeführt. Im Gegensatz zu Deutschland hat sich der französische Gesetzgeber sich bei der Umsetzung des Art. 6 Abs. 4 der Info-Richtlinie 2001/29/EG dafür entschieden, den Berechtigten der digitalen Privatkopie die Möglichkeit zu geben, die Privatkopie gegen den Einsatz technischer Maßnahmen durchzusetzen.[811] Das bedeutet nicht, dass die Umgehung technischer Maßnahmen zur Vornahme einer Privatkopie gestattet ist. Stattdessen wurde zur Durchsetzung von Ansprüchen der Schranken-Begünstigten gegen die Rechteinhaber (auf Durchsetzung einer Schranke) eine unabhängige Behörde geschaffen.[812] Wer durch technische Maßnahmen daran gehindert wird, Ver-

---

[809] Vgl. *Lucas-Schloetter*, GRUR Int. 2007, 658, 669.

[810] Die erste Stufe (Ausnahme nur in bestimmten Sonderfällen) wurde nicht in das Gesetz aufgenommen, vgl. *Lucas-Schloetter*, GRUR Int. 2007, 658, 665; siehe auch *Geiger*, IIC 2007, S. 401, 418 ff.

[811] Vgl. Art. L. 331-8 CPI: „Le bénéfice de l'exception pour copie privée et des exceptions mentionnées au présent article est garanti par les dispositions du présent article et des articles L. 331-9 à L. 331-16.“ Deutsch: Der Vorteil der Ausnahme zum privaten Gebrauch und der in diesem Artikel zitierten Ausnahmen werden durch diesen Artikel und die Artikel L. 331-9 bis L.331-16 garantiert. Siehe zu dem Verhältnis der Privatkopie zu technischen Maßnahmen in Frankreich (vor der Gesetzesnovelle) die Entscheidung des Cour de Cassation, IIC 2006, 760 ff. - *DVD Copy III*; Vorinstanz Cour d'appel, IIC 2006, 112 ff. - *DVD Copy II* und Tribunal de grande instance, IIC 2005, 148 ff. - *DVD Copy*.

[812] Die Autorité de régulation des mesures techniques ARMT; Deutsch: Behörde zur Regulierung der technischen Maßnahmen. Die Behörde macht zunächst einen Schlichtungsvorschlag. Wird die Schlichtung von den Parteien nicht angenommen ergeht eine Entscheidung oder eine Verfügung, gegen die Berufung bei einem Gericht eingelegt werden kann; vgl. *Geiger*, IIC 2007, S. 401, 409 und 422.

vielfältigungen zum privaten Gebrauch vorzunehmen, kann bei dieser Behörde einen entsprechenden Antrag stellen.

III. Zwischenergebnis (Privatkopie in anderen Ländern)

Sowohl die Schweiz als auch Frankreich regeln die Privatkopie also ähnlich wie Deutschland, indem sie Privatkopien zulassen und die Rechteinhaber über einen pauschalen Anspruch befriedigen.

Interessant ist, dass weder das schweizer noch das französische Recht eine rechtmäßige Vorlage fordern. In der Schweiz wurde die Einführung einer solchen Voraussetzung im aktuellen Gesetzgebungsverfahren sogar ausdrücklich abgelehnt. Vorteilhaft für die Begünstigten der Privatkopie ist der von der Schweiz geplante Schutz technischer Maßnahmen, der eine Umgehung zwecks Vornahme einer Privatkopie zulässt. Eine solche Lösung wäre in Deutschland wegen den Vorgaben der Info-Richtlinie 2001/29/EG jedoch nicht möglich.

Die Lösung in Frankreich, nach der private Nutzer bei einer unabhängigen Behörde ihren Anspruch auf Durchsetzung der Privatkopie gegen den Einsatz technischer Maßnahmen geltend machen können, wäre hingegen auch in Deutschland denkbar.

C. Die Rolle der technischen Maßnahmen

Eine Neuregelung der digitalen Privatkopie muss das Verhältnis zu den „wirksamen technischen Maßnahmen“[813] einbeziehen.

I. Rechtslage

Schon lange vor dem digitalen Zeitalter haben Rechteinhaber versucht, durch den Einsatz von Technik die Nutzung urheberrechtlich geschützter Werke zu beschränken.[814] Neu ist seit dem Jahr 2003, dass

---

[813] Zu dem Begriff s. o. Fn. 26. Zur Frage der „Wirksamkeit“ siehe LG Frankfurt, ZUM 2006, 881; zu diesem Urteil *Schippan*, ZUM 2006, 853. Ausführlich zu einer Definition der technischen Maßnahmen *Liepe*, S. 85 ff.

[814] Vgl. *Peukert* in: Loewenheim, § 33 Rn. 1, der auf BGH NJW 1981, 2684 f. - *Programmsperren* hinweist und exemplarisch Kopierschutz von Videokassetten und Verschlüsselung von Pay-TV-Programmen nennt.

diese Technik durch die §§ 95a - 95d UrhG von einem rechtlichen Schutz flankiert wird.[815] Wer technische Maßnahmen (z. B. den Kopierschutz einer CD) umgeht begeht eine Gesetzesverletzung, die gem. § 108b UrhG strafbar ist.

Der Schutz technischer Maßnahmen ist dem deutschen Gesetzgeber durch Art. 11 WCT, Art. 18 WPPT und Art. 6 der Info-Richtlinie 2001/29/EG vorgegeben. Nicht vorgegeben ist hingegen das Verhältnis von technischen Maßnahmen zu digitalen Privatkopien.[816] Erwägungsgrund Nr. 52 der Richtlinie räumt den Mitgliedstaaten ausdrücklich die Möglichkeit ein, Vervielfältigungen zum privaten Gebrauch beim Einsatz technischer Maßnahmen zu ermöglichen. Wie sich aus § 95b UrhG ergibt, hat sich der deutsche Gesetzgeber allerdings dazu entschieden, die digitale Privatkopie nicht „durchsetzungsstark" gegen technische Maßnahmen auszugestalten.[817] Diese Entscheidung hat der Gesetzgeber im Rahmen des Gesetzgebungsverfahrens zum Zweiten Korb bekräftigt.[818] Selbsthilfemaßnahmen zur Umgehung technischer Maßnahmen sind demnach auch dann rechtswidrig aber nicht straf-

[815] Siehe *Peukert* in: Loewenheim, § 33 Rn. 1, der diesen zusätzlichen rechtlichen Schutz eine „Metaschutzebene" nennt. In den USA wurde der rechtliche Schutz technischer Maßnahmen bereits 1998 im Rahmen des „Digital Millennium Copyright Act" eingeführt, vgl. *Rigamonti*, GRUR Int. 2005, 1.

[816] In Art. 6 Abs. 4 der Richtlinie werden die Mitgliedstaaten dazu verpflichtet, bestimmten Begünstigten die Durchsetzung von Schranken auch beim Einsatz technischer Maßnahmen zu ermöglichen. Art. 6 Abs. 4 der Richtlinie nimmt jedoch Art. 5 Abs. 2 b) von dieser Verpflichtung aus, so dass es den Mitgliedstaaten frei steht, digitale Privatkopien beim Einsatz technischer Maßnahmen zu verbieten.

[817] Nach der in einem Vorabbeschluss geäußerten Ansicht des Bundesverfassungsgerichts, MMR 2005, 751 ff. mit Anm. *Kaufmann/Köcher*, spricht vieles dafür, dass es sich hierbei um eine verfassungsgemäße Inhalts- und Schrankenbestimmung i. S. d. Art. 14 Abs. 1 S. 2 GG handelt. Gegen ein verfassungsrechtlich begründetes Recht auf Durchsetzung der Privatkopie gegen technische Maßnahmen auch *Götting* in: Schricker, Vor §§ 95a ff. Rn. 19; *Arlt*, CR 2005, 646 ff.; *ders.*, DRM, S. 192 ff. *Engels*, S. 107 hingegen sieht in dem Verbot der Umgehung technischer Maßnahmen für die Anfertigung von digitalen Privatkopien einen Verstoß gegen die Informationsfreiheit des Art. 5 GG.

[818] Vgl. BT-Drucks. 16/1828, S. 1.

bar[819] - wenn sie eine durch § 53 UrhG grundsätzlich erlaubte Privatkopie ermöglichen sollen.[820]

Die Rechteinhaber setzen große Hoffnungen auf technische Maßnahmen.[821] Sie hoffen, hierdurch langfristig das System pauschaler Vergütungen durch ein System individueller Vergütungen ersetzen zu können. Die individuelle Lizenzierung von Vervielfältigungen im privaten Bereich soll durch technische Maßnahmen ermöglicht werden. Hierin werden sie vom deutschen Gesetzgeber unterstützt, der nach eigenen Angaben Anreize zur Entwicklung von Digital Rights Management-Systemen schaffen möchte.[822] Auch die EU setzt sich für eine Nutzung technischer Maßnahmen zur individuellen Lizenzierung ein, vgl. Art. 6 Abs. 6 der Info-Richtlinie 2001/29/EG und Erwägungsgrund Nr. 39.[823]

II. Funktionen technischer Maßnahmen

Digital Rights Management (DRM) ist eine Form des Einsatzes technischer Maßnahmen.[824] DRM-Systeme sollen den Zugang und die Nutzung eines bestimmten Werks kontrollieren, um unrechtmäßige Vervielfältigungen zu verhindern und unter Umständen eine individu-

---

[819] § 108b Abs. 1 a. E. UrhG nimmt Umgehungen technischer Maßnahmen zum eigenen privaten Gebrauch ausdrücklich von strafrechtlichen Sanktionen aus.

[820] Vgl. BVerfG, MMR 2005, 751, 752.

[821] Auch *Schäfer*, S. 163 ff. steht einer individuellen Lizenzierung durch technische Maßnahmen positiv gegenüber.

[822] Vgl. BT-Drucks. 15/38, S. 42 (Erster Korb); BT-Drucks. 16/1828, S. 15 (Zweiter Korb). Siehe zur rechtshistorischen Entwicklung *Peukert* in: Loewenheim, § 33 Rn. 12 ff.

[823] So auch *Baumgartner*, S. 126.

[824] Vgl. *Arlt*, GRUR 2004, 548: „Enger begriffen bezeichnet der Begriff DRM hingegen lediglich den Einsatz technischer Schutzmaßnahmen zur faktischen Sicherung einer der materiellen (Urheber-) Rechtslage entsprechenden Verwertung.“ Ihm folgend *Schulz*, GRUR 2006, 470, 471; richtig wohl auch *Götting* in: Schricker, Vor §§ 95a ff., Rn. 3, der davon ausgeht, dass der Einsatz technischer Maßnahmen die Grundlage für das DRM schaffe; weitere Definitionsvorschläge für den Begriff des „Digital Rights Management“ und von „Digital Rights Management-Systemen“ liefern *Enders*, ZUM 2004, 593; *Schippan*, ZUM 2004, 188, 190; *Pfennig*, ZUM 2004, 198; *Arlt*, DRM, S. 9 ff.; *Niehüser*, S. 165 ff.; *Arnold*, S. 11.

elle Abrechenbarkeit zu ermöglichen.[825] Diese Umschreibung nennt die zwei Hauptziele technischer Maßnahmen: Zugangs- und Nutzungskontrolle.[826] So handelt es sich z. B. bei Tonträgern, die mit einem Kopierschutz versehen werden, um eine Form der Nutzungskontrolle, während Musikdateien, die erst nach dem Erwerb einer individuellen Lizenz abgespielt werden können, mit einer Zugangskontrolle versehen sind.[827] Eine Nutzungskontrolle dient nicht zwangsläufig der Abwehr rechtswidriger Nutzungen, sondern ermöglicht im digitalen Umfeld auch eine Produktdiversifizierung durch abgestufte Nutzungsberechtigungen.[828] So kann eine Musikdatei vertrieben werden, deren technische Maßnahmen Vervielfältigungen verhindern, während eine - möglicherweise teurere Version - solche Vervielfältigungen zulässt.

Technische Maßnahmen können auch Identitätskontrollen sein, die z. B. mittels sog. „digitaler Wasserzeichen“ Musikdateien mit Informationen über den Nutzer versehen. Dies ist für die Beschränkung von Privatkopien jedoch nicht relevant, da hierdurch nur eine *nachträgliche* Verfolgung rechtswidriger Nutzungen ermöglicht werden soll.[829]

Problematisch ist, dass Gerätehersteller, Rechteinhaber und Content-Anbieter sich bislang nicht auf Standards für technische Maßnahmen einigen konnten.[830] So kommt es in der Praxis z. B. häufig

---

[825] Diese Funktionen können auch als „content management“ bezeichnet werden, vgl. *Pfennig*, ZUM 2004, 198. Als „content“ wird in der Musikbranche immer die Musik selbst, der Inhalt (englisch: content), bezeichnet.

[826] Vgl. hierzu *Becker*, ZUM 2004, 182; *Guggemos*, ZUM 2004, 183, 184.

[827] *Arlt*, GRUR 2004, 548, 549 deutet darauf hin, dass eine scharfe Differenzierung zwischen diesen Funktionen schwer möglich ist, „da der kontrollierte Zugang denknotwendig auf die nachfolgende Nutzung ausstrahlt“. Es handelt es sich wohl bei der Zugangskontrolle regelmäßig um den erstmaligen Zugang, während die Nutzungskontrolle die Nutzung eines Werkes betrifft, zudem der Nutzer bereits Zugang erhalten hat.

[828] Vgl. *Dreier* in: Dreier/Schulze, § 95a Rn. 2.

[829] Vgl. *Enders*, ZUM 2004, 593, 597. Technische Maßnahmen ermöglichen zudem Integritätskontrollen, die Änderungen an Werken verhindern sollen; vgl. *Schulz*, GRUR 2004, 470, 472

[830] Für eine sog. Interoperabilität der verschiedenen Systeme spricht sich Erwägungsgrund Nr. 54 der Info-Richtlinie 2001/29/EG aus. Siehe auch *Mittenzwei*, S. 12 ff. Gem. heise online v. 10.12.2005, abrufbar unter: www.heise.de/newsticker/meldung/67231, plant die Copyright Protection Technical

vor, dass eine von einem Anbieter im Internet legal erworbene Musikdatei von diesem zwar zur Übertragung auf mobile Abspielgeräte (MP3-Player) freigegeben ist, diese Übertragung jedoch nur bei Geräten ausgewählter Hersteller möglich ist.[831]

Die Regelung des § 95a UrhG (gesetzliches Verbot der Umgehung technischer Maßnahmen) wäre überflüssig, wenn technische Maßnahmen in der Praxis lückenlos funktionieren würden, denn wenn keine Umgehung technischer Maßnahmen möglich wäre, müsste die Umgehung auch nicht rechtlich sanktioniert werden.[832] Tatsächlich kann bislang jeder Kopierschutz von den Nutzern umgangen („geknackt") werden.[833] Die Unterschiede liegen allein in dem Aufwand, der zur Umgehung betrieben werden muss.[834]

Working Group (CPTWG) als Standardisierungsgremium einen Content Protection Copyright Management (CPCM) Standard, der dem European Telecommunications Standards Institute (ETSI) zur Verabschiedung vorgelegt werden soll. Geschützt werden sollen vor allem Audio- und Videodaten. Für eine Kompatibilität der verschiedenen Systeme plädieren auch *Peukert* in: Loewenheim, § 33 Rn. 2 a. E.; *Schulz*, GRUR 2006, 470, 473.

[831] Insbesondere Musikdateien des „iTunes Music Stores" (AAC-Format) können nur auf Geräte der Firma Apple übertragen werden. Umgekehrt lassen sich Dateien anderer Anbieter (meist im WMA-Format) nicht auf Geräte der Firma Apple übertragen. Einzig das MP3-Format ist mit allen Geräten kompatibel. Dennoch bieten nur wenige legale Download-Shops, wie z. B. „MP3.de", Dateien in diesem Format an.

[832] Vgl. zur Funktionsweise technischer Maßnahmen *Stickelbrock*, GRUR 2004, 736, 739 f.; *Enders*, ZUM 2004, 593, 596 f.; *Schulz*, GRUR 2006, 470, 471 ff.; *Peukert* in: Loewenheim, § 33 Rn. 2 f.; *Arlt*, DRM, S. 23 ff.; ausführlich *Lahmann*, S. 90 ff.; *Niehüser*, S. 168 ff.; speziell zur Verschlüsselung in DRM-Systemen *Mittenzwei*, S. 67 ff.

[833] Vgl. *Peukert* in: Loewenheim, § 33 Rn. 1, der richtig feststellt, dass keine von Menschen geschaffene Technik existiert, „die nicht auch von Menschen überwunden werden könnte".

[834] Manche technischen Maßnahmen stellen selbst für Laien kein Hindernis dar, während andere nur mit vertieften Kenntnissen bzw. einer besonderen Software umgangen werden können. So kann der Kopierschutz mancher Audio-CDs schlicht dadurch verhindert werden, dass man die „Autorun-Funktion", die dem automatischen Starten von CDs in Computer-Laufwerken dient, deaktiviert, vgl. *Stickelbrock*, GRUR 2004, 736, 739. Wie die Computer Bild 9/2006, S. 54, 56 entdeckte, lassen sich viele Musik-CDs, die mit technischen Maßnahmen versehen sind, mit handelsüblichen CD-Brennern problemlos kopieren. Völlige Sicherheit vor ungewollten Vervielfältigungen kann bislang keine technische Maßnahme bieten und es ist zweifelhaft, ob dies je möglich sein wird. So können derzeit z. B. die meisten technischen Maßnahmen von Musikdateien beseitigt werden, indem die Datei im Audio-Format auf eine CD gebrannt wird.

Dieses Problem hängt mit der „paradoxen Aufgabe" technischer Maßnahmen zusammen, „die Nutzung digitaler Werke durch Kunden zu ermöglichen und gleichzeitig eine unbefugte Nutzung zu verhindern"[835]. Selbst der wirksamsten technischen Verschlüsselung muss gleichzeitig der entsprechende Schlüssel beigefügt werden, um erlaubte Nutzungen zu ermöglichen.[836] Dies macht jedes DRM-System von Beginn an anfällig für Umgehungen.

III. Technische Aspekte

Der Einsatz technischer Maßnahmen im Musikbereich ist bei CDs und Musikdateien unterschiedlich.

1. Technische Maßnahmen bei CDs

Neuerscheinungen auf CDs werden seit dem Jahr 2000 teilweise mit technischen Maßnahmen versehen.[837] Soweit CDs mit technischen Maßnahmen geschützt werden, handelt es sich in der Regel um neue Veröffentlichungen von Künstlern, die bei großen Plattenfirmen (Ma-

---

Wird diese CD nun wieder neu in einen Computer eingelesen (sog. „Re-ripping") erhält der Nutzer eine MP3-Datei ohne jegliche technische Beschränkungen. Es sind allerdings auch schon Systeme, wie z. B. das „Cactus Data Shield CDS-300" bekannt. Dieses wird bei Musik-CDs eingesetzt und belegt auch gebrannte CDs wiederum mit einem Kopierschutz, vgl. heise online v. 31.03.2006, abrufbar unter: http://www.heise.de/newsticker/meldung/71552.

[835] *Mittenzwei*, S. 21.

[836] Siehe *Mittenzwei*, S. 21: „Eine DRM-Plattform enthält somit stets die Mittel für ihre eigene Umgehung." So auch *Renner*, S. 255.

[837] Gem. *Renner*, S. 252 waren die im Januar 2000 erschienenen CDs „My Private War" von Phillip Boa und „Razorblade Romance" der Gruppe HIM die ersten CDs mit Kopierschutz auf dem deutschen Markt. Gem. c't 7/2003, S. 136, abrufbar unter: http://www.heise.de/ct/03/07/136, waren bei den deutschen Album-Top-Ten v. 10.03.2003 nur drei der zehn Alben „ungeschützt". Im April 2006 waren nach einer Untersuchung der Computer Bild 9/2006, S. 54 nur noch 20 Prozent der deutschen Top 100-Album-Charts mit technischen Maßnahmen versehen. Teilweise enthielten die CDs eine eigene Abspielsoftware, so dass die Musik auf Computern zumindest wiedergegeben werden konnte. Ein Einlesen der CD und die Erstellung von Musikdateien waren hingegen nicht möglich.

jor) unter Vertrag stehen, während kleinere Plattenfirmen (Independents) regelmäßig auf technische Maßnahmen verzichten.[838]

Technisch gesehen besteht eine Musik-/Audio-CD (CD-DA) aus zwei Ebenen: die erste Ebene enthält die Musikdaten und die zweite Ebene enthält Informationen zur Steuerung des Abspielgeräts (eine Art Inhaltsverzeichnis, sog. Table of Content = TOC).[839] Während ein herkömmlicher CD-Player nur auf die erste Ebene zurückgreift, sind CD-Laufwerke in Computern auf die zweite Ebene angewiesen. Diese zweite Ebene wird beim Einsatz technischer Maßnahmen auf verschiedenste Weise manipuliert, um eine Lesbarkeit durch Computer-Laufwerke zu verhindern.[840] Allerdings lesen auch manche neue CD-Player die zweite Ebene, ebenso wie viele CD-Player in Autos, die meist auch Navigations-CDs lesen können müssen.

Technische Maßnahmen auf Audio-CDs haben in der Vergangenheit dazu geführt, dass CDs auf vielen regulären Abspielgeräten (also nicht nur in Computer-Laufwerken) nicht funktionierten oder sogar zu einer Beschädigung der Computer der Nutzer führten.[841] Soweit CDs mit technischen Maßnahmen versehen sind, soll die Abspielbarkeit in Computer-Laufwerken verhindert werden. Teilweise wird ein Abspielen am Computer trotzdem ermöglicht, aber nur durch Einsatz einer bestimmten Wiedergabe-Software, die sich ebenfalls auf den CDs

---

[838] Siehe hierzu vor allem die Kampagne „Respect The Music - Copy Protection Free" des Verbandes unabhängiger Tonträgerunternehmen (VUT). In einem Positionspapier, abrufbar unter: http://www.respect-the-music.com, heißt es: „Der Einsatz von Kopierschutzsystemen bestraft den ehrlichen Fan statt ihn zu belohnen, daher verzichten weltweit fast alle Indies [Independents = konzernunabhängige Plattenfirmen] auf einen Kopierschutz."

[839] Vgl. *Renner*, S. 252; *Engels*, S. 7 ff. Siehe ausführlich zur Funktionsweise technischer Maßnahmen bei Audio-CDs *Liepe*, S. 129 ff.

[840] Siehe ausführlich *Arnold*, S. 13.

[841] So stellte sich im November 2005 heraus, dass eine von der Firma Sony BMG in Amerika verwendete technische Maßnahme (der Kopierschutz „XCP Extended Copy Protection") unbemerkt einen sog. „Rootkit" auf dem Computer der CD-Käufer installierte. Dieses Programm sollte überwachen wie oft eine CD kopiert wird. Gleichzeitig machte es die Computer jedoch anfällig für Eingriffe Dritter auf die Computer der Nutzer. Sony BMG war gezwungen, den Käufern ein Programm zur Entfernung der Software zur Verfügung zu stellen und nach einer Sammelklage zudem Entschädigungen zu leisten, vgl. Spiegel online v. 30.01.2007, abrufbar unter: http://www.spiegel.de/netzwelt/tech/0,1518,463332,00.html, m. w. Nachw.

befindet. In jedem Fall sollen die technischen Maßnahmen einen Zugriff der Nutzer auf die auf der CD befindlichen Dateien verhindern. Gerade dies wird jedoch von den Käufern der CDs gewünscht, da nur so eine Übertragung auf mobile Abspielgeräte (insbesondere MP3-Player) möglich ist. Diesem Wunsch der Konsumenten entsprechend und vor dem Hintergrund der zahlreichen Probleme mit technischen Maßnahmen ist die Mehrzahl der Audio-CDs heute „ungeschützt“ (also nicht mit technischen Maßnahmen versehen).

2. *Technische Maßnahmen bei Musikdateien*

Musikdateien, die über Download-Shops legal erworben werden, sind bislang in der Mehrzahl der Fälle mit technischen Maßnahmen versehen.[842] Auf Grund der Unzufriedenheit der Konsumenten zeichnet sich seit dem Jahr 2007 jedoch eine Trendwende ab.

Technisch gesehen werden den „Werkdaten“, welche die Musik enthalten, sog. Metadaten hinzugefügt, die für den Nutzer nicht sichtbare Informationen enthalten.[843] Die technischen Maßnahmen legen sich dabei „wie eine Kapsel“[844] um die Musikdatei. Je nach Ausgestaltung enthalten sie eine Identifikation des Nutzers, einen Kopierschutz und eine Festlegung dahingehend, wie oft die Datei gebrannt bzw. auf mobile Abspielgeräte übertragen werden kann.

---

[842] Zu beachten ist, dass auch die „ungeschützten“ MP3-Dateien oft mit einem sog. Wasserzeichen versehen sind. So erklärt der Anbieter „Toni.de“ in seinen AGBs, abrufbar unter: http://www.toni.de/audioportal/home.html, unter „§ 11 Rechterwerb, Urheberrechte, DRM und Wasserzeichen“ ausdrücklich: „Um die über toni.de angebotenen Titel im MP3-Format im Falle von Missbrauch identifizier- und verfolgbar zu machen, werden während des Downloads in jede Datei mehrmals unhörbare digitale Wasserzeichen eingepflegt, mit dem jeder Download-Vorgang individuell festgehalten wird und nachzuvollziehen ist. (…) Um die Rechte der Urheber angemessen zu schützen, wird Super RTL anhand daraus und zusätzlich zu gewinnenden Informationen mit allen uns zur Verfügung stehenden Mitteln bei unerlaubter Vervielfältigung entschieden gegen entsprechenden Missbrauch vorgehen und nach Möglichkeit Anzeige erstatten.“

[843] Vgl. *Pfennig*, ZUM 2004, 198. Siehe ausführlich zu den musikalischen Identifizierungsstandards, die in den Metadaten enthalten sind *Baierle*, S. 188 ff.

[844] *Renner*, S. 254.

IV. Technische Maßnahmen in der Musikbranche

In der Musikbranche ist der Einsatz technischer Maßnahmen umstritten. Kleinere Plattenfirmen haben von Anfang an überwiegend auf den Einsatz technischer Maßnahmen verzichtet. In einer vom Verband unabhängiger Tonträgerunternehmen (VUT) initiierten Kampagne mit dem Titel „respect the music - copy protection free" heißt es ausdrücklich: „DRM und Kopierschutz sind nicht die Lösung des Problems der Musikbranche."[845] Große Plattenfirmen hatten zunächst verstärkt auf technische Maßnahmen gesetzt. Im April 2007 kündigte erstmals eine große Plattenfirma an, zukünftig gegen Zahlung eines Preisaufschlags von etwa 30 % beim Vertrieb von Musikdateien auf technische Maßnahmen verzichten zu wollen.[846] Bis Januar 2008 zogen die übrigen großen Plattenfirmen nach und bieten nun Musikdateien teilweise auch ohne technische Maßnahmen an.[847] Ob hiermit das „Ende des Kopierschutzes"[848] eingeleitet wurde bleibt abzuwarten.

Hier zeigt sich jedoch, dass die gesetzliche Regelung der Privatkopie für manche Akteure der Musikbranche keine Rolle spielt. Sie haben es durch technische Maßnahmen in der Hand, Privatkopien zu unterbinden oder gegen eine Vergütung zu erlauben. Der Entscheidung liegen überwiegend wirtschaftliche Erwägungen zu Grunde. So ist die momentane Abwendung von technischen Maßnahmen allein auf mangelnde Akzeptanz bei den Konsumenten zurück zu führen.

---

[845] Vgl. die Internetseite der VUT-Kampagne, abrufbar unter: http:www.//respect-the-music.com. Siehe auch Fn. 838.

[846] Vgl. F.A.Z. v. 02.04.2007.

[847] Vgl. *Patalong* in: Spiegel online v. 11.01.2008, abrufbar unter: http://www.spiegel.de/netzwelt/web/0,1518,527992,00: „Kopierschutz ist tot.". Siehe auch heise online v. 04.01.2008, abrufbar unter: http://www.heise.de/newsticker/meldung/101276.

[848] So *Schmidt* in F.A.Z. v. 03.03.2008: „Das Ende des Kopierschutzes für Musikstücke, die aus dem Internet geladen werden, ist nicht mehr fern."

V. Kritische Würdigung

Für die vorliegende Arbeit kommt es darauf an festzustellen, welche Auswirkungen der Schutz technischer Maßnahmen in § 95a UrhG für die digitale Privatkopie hat.[849]

1. Entscheidung des Gesetzgebers

Liest man die Neuregelung des § 53 Abs. 1 S. 1 UrhG zusammen mit dem Verbot der Umgehung technischer Schutzmaßnahmen in § 95a UrhG, und berücksichtigt die Tatsache, dass die Begünstigten der digitalen Privatkopie - im Gegensatz zu anderen Schrankenbegünstigten - gem. § 95b UrhG keinen Anspruch auf Durchsetzung der digitalen Privatkopie gegen technische Maßnahmen durchgesetzt haben, so ergibt sich eine *langfristige* Auswirkung des Gesetzes, die man bei der Lektüre des § 53 Abs. 1 S. 1 UrhG nicht vermuten würde: Das Gesetz hat die Entscheidung über die Zulässigkeit digitaler Privatkopien in die Hände derer gelegt, die über den Einsatz technischer Maßnahmen entscheiden.

Die durch § 53 Abs. 1 S. 1 UrhG suggerierte umfassende Zulässigkeit der digitalen Privatkopie ist nur ein Eingeständnis an die derzeit (noch) beschränkten Möglichkeiten, Privatkopien technisch zu verhindern. Mit dieser Linie befindet sich der deutsche Gesetzgeber in Einklang mit der Info-Richtlinie 2001/29/EG, die in Erwägungsgrund Nr. 39 ein solches Vorgehen nahe legt.

In der Zukunft wird Musik verstärkt in Form von Musikdateien genutzt werden,[850] bei denen der Einsatz technischer Maßnahmen in Form von DRM-Systemen begünstigt wird. Es besteht die Gefahr, dass eine digitale Privatkopie in der überwiegenden Zahl der Fälle nicht mehr möglich sein wird. Je mehr der Einsatz technischer Maßnahmen zunimmt, desto mehr *nähert sich das gesetzliche Verbot der Umgehung technischer Maßnahmen mithin einem Verbot der digitalen Privatkopie.*

---

[849] Zu einer ausführlichen Bewertung technischer Maßnahmen siehe *Peukert*, UFITA 2002/III, S. 689 ff.; *Arlt*, S. 169 ff.; zu verfassungsrechtlichen Problemen von technischen Maßnahmen *Engels*, S. 143 ff.

[850] S. o. Teil I E.I, S. 106.

2. *Schaffung eines „parallelen Urheberrechts"*

Die derzeitige Gesetzeslage nimmt in Kauf, dass die Entscheidung über die digitale Privatkopie von Musik in vielen Fällen nicht mehr vom Gesetzgeber getroffen wird, sondern von den Rechteinhabern.[851] Der Gesetzgeber kann zwar im Urheberrechtsgesetz die Möglichkeit digitaler Privatkopien schaffen und die Voraussetzungen hierfür definieren. Durch den Einsatz von technischen Maßnahmen und hier insbesondere von Digital Rights Management-Systemen entsteht jedoch ein „eigenes Urheberrecht" der Rechteinhaber, in dessen Rahmen sie unabhängig von der Gesetzeslage den Zugang und die Nutzung der Musik kontrollieren.[852] Diese Parallelentwicklung führt schließlich zu einem Bedeutungsverlust des Urheberrechts, welches nur noch als „Auffangtatbestand und Sicherheitsnetz"[853] dient.[854]

3. *Gefahr eines „Zwei-Klassen-Vervielfältigungsrechts"*

Es ist ein zentrales Element des kontinentaleuropäischen Urheberrechts, dass die Gewährung rechtlichen Schutzes an einem Werk (i. S. d. § 2 UrhG) an keinerlei Bedingungen geknüpft ist. Mit der Schaffung der persönlich geistigen Schöpfung erwirbt der Urheber originär die in den §§ 15 ff. UrhG näher beschriebenen ausschließlichen Verwertungsrechte. Die geltende Rechtslage führt dazu, dass der Rechteinhaber im privaten Bereich sein Vervielfältigungsrecht verliert, wenn er keine technischen Maßnahmen einsetzt. Die Qualität des rechtli-

---

[851] So allgemeiner auch *Peukert* in: Loewenheim, § 33 Rn. 6; siehe auch *Arnold*, S. 141 ff.

[852] Bezeichnend hierfür sind die „Dienstleistungsbedingungen" des „iTunes Music Store" unter „9. Erwerb von iTunes-Inhalten", abrufbar unter: http://www.apple.com/legal/itunes/de/service.html: „Bei der Einräumung der Möglichkeit zum Brennen (gegebenenfalls) oder zum Export handelt es sich um eine Gefälligkeit."

[853] *Schulz*, GRUR 2006, 470, 475.

[854] Dies äußert sich nicht nur bei der digitalen Privatkopie. So kann durch technische Maßnahmen u. a. auch die Vervielfältigung von Werken verhindert werden, deren Schutzfristen gem. §§ 64 ff., 82, 85 Abs. 3 UrhG bereits abgelaufen sind; vgl. *Schippan*, ZUM 2004, 188, 194. In diesen Fällen sind die technischen Maßnahmen allerdings nicht mehr durch § 95a UrhG rechtlich gegen eine Umgehung geschützt. § 95a Abs. 1 formuliert ausdrücklich, dass die technischen Maßnahmen zum Schutz „eines nach diesem Gesetz geschützten Werkes" eingesetzt werden müssen.

chen Schutzes urheberrechtsschutzfähiger Werke hängt damit von einer eigenen Initiative der Rechteinhaber ab.[855] Der Gesetzgeber gibt die private Vervielfältigung „frei" und verweist die Rechteinhaber auf „eine Privatisierung des Rechtsschutzes".[856]

Teilweise wird angeführt, es mache keinen Unterschied, ob ein Hauseigentümer sein Haus mit einem Zaun schütze oder ein Rechteinhaber einen Kopierschutz einsetze.[857] Diese Argumentation übersieht jedoch einen elementaren Unterschied: Wenn der Hauseigentümer keinen Zaun errichtet, besteht sein Eigentum an dem Haus unbeschränkt fort und er kann weiterhin jedem den Zutritt zu seinem Grundstück verweigern. Wenn jedoch der Rechteinhaber keine technischen Maßnahmen einsetzt, steht ihm bei privaten Vervielfältigungen kein Verbotsrecht zu. Auf das Beispiel mit dem Hauseigentümer übertragen würde das bedeuten: Wer keinen Zaun errichtet, den zwingt der Gesetzgeber dazu, private Spaziergänger auf seinem Grundstück zu tolerieren.

Die neue „Freiheit", über die Möglichkeit der Privatkopie zu entscheiden, kann von den Rechteinhabern aber nur dann wahrgenommen werden, wenn sie die *tatsächliche Möglichkeit* haben, ihre Werke oder sonstigen Schutzgegenstände durch technische Maßnahmen vor digitalen Privatkopien zu schützen.

Der Einsatz technischer Maßnahmen erfordert indes finanzielle Mittel und den durch die individuelle Lizenzierung erforderlichen Verwaltungsaufwand. Eine Kosten-Nutzen-Abwägung zwischen den für eine individuelle Lizenzierung erforderlichen Mitteln und den durch Privatkopien erlittenen Verlusten könnte diese Ausgaben möglicherweise relativieren. In jedem Fall benötigen die Rechteinhaber finanzielle Mittel für erste Investitionen und vor allem Zugang zu entsprechenden Technologien.

---

[855] Vgl. *Berger*, ZUM 2004, 257, 261: „Ausschließlichkeitsrechte ordnen Güter einem Subjekt exklusiv zu. Subjektive Rechte unterwerfen das Gut der Willkür des Berechtigten. Die faktische Durchsetzung - wohlgemerkt: durch staatliche Organe - folgt der rechtlichen Zuordnung nach, nicht umgekehrt."

[856] *Schulz*, GRUR 2006, 470, 474, die dies jedoch positiv zu bewerten scheint.

[857] So der Bundestagsabgeordnete *Krings* im Rahmen der ersten Beratung des „Zweiten Gesetz zur Regelung des Urheberrechts in der Informationsgesellschaft" v. 29.06.2006, Plenarprotokoll 16/43, S. 4137, 4140.

Mittellose Urheber, die sich nicht einem finanzstarken Verwerter anschließen, sind häufig der Gesetzeslage „ausgeliefert“, während andere selbst über die Nutzung ihrer Werke entscheiden können.[858] Selbst wenn technische Maßnahmen auf Grund größerer Verbreitung kostengünstiger werden sollten, darf nicht vergessen werden, dass der Einsatz technischer Maßnahmen einen ständigen Wettlauf mit der Entwicklung von Umgehungsmaßnahmen darstellt. Auch hier sind stets die Rechteinhaber im Vorteil, die eine ständige Weiterentwicklung der technischen Maßnahmen organisieren und finanzieren können.

Letztlich führt die Konzeption des deutschen Gesetzgebers, nach der digitale Privatkopien erlaubt sind, solange die Rechteinhaber keine technischen Maßnahmen einsetzen, zu einem *„Zwei-Klassen-Vervielfältigungsrecht“*.[859] Die Konstruktion beruht auf der falschen Annahme, dass der Einsatz technischer Maßnahmen jedem Rechteinhaber frei zugänglich sei.[860] Dies ist auf Grund der anspruchsvollen Technik und den damit verbundenen Kosten jedoch nicht der Fall.

---

[858] Vgl. *Berger*, ZUM 2004, 257, 261: „Die jetzige Regelung nimmt Schutzdefizite für denjenigen in Kauf, der sich technische Schutzmaßnahmen nicht leisten kann: Er wird auf ein Urheberrecht ‚zweiter Klasse' verwiesen.“ *Stickelbrock*, GRUR 2004, 736, 742 f. weist darauf hin, dass es nicht nur um die Kosten für die Entwicklung einer wirksamen technischen Maßnahme geht. Hinzu kommen die Kosten die anfallen, um dem § 95b UrhG entsprechend gewissen Schrankenberechtigten den Gebrauch des Werks trotz technischer Maßnahmen zu ermöglichen. Zweifelnd, ob kleinere Verwerter digitaler Inhalte technische Maßnahmen finanzieren können auch *Schulz*, GRUR 2006, 470, 475; *Freiwald*, S. 179.

[859] Ähnlich *Berger*, ZUM 2004, 257, 261.

[860] Bezeichnend hierfür ist die Aussage des Abgeordneten *Krings* im Rahmen der ersten Beratung des „Zweiten Gesetz zur Regelung des Urheberrechts in der Informationsgesellschaft“ v. 29.06.2006, Plenarprotokoll 16/43, S. 4140: „Daher ist es auch richtig, dass der Regierungsentwurf an dem Verbot der Umgehung technischer Schutzmaßnahmen festhält. Jedes Unternehmen kann selbst über deren Einsatz entscheiden…“ Es wird wie selbstverständlich davon ausgegangen, dass jeder Urheber die Verwertung einem Unternehmen überträgt. Zahlreiche Kreative sind auf andere Wege der Rechteverwertung angewiesen. So auch BT-Drucks. 16/1828, S. 20: „Das geistige Eigentum im Online-Bereich ist hier [bei legalen Download-Angeboten] hinreichend dadurch geschützt, dass die technischen Schutzmaßnahmen, die Grundlage der individuellen Lizenzierung sind, nicht umgangen werden können. (…) Die Rechtsinhaber können heute - anders als 1965 und 1985 - ihr geistiges Eigentum durch technische Sperren selber schützen.“ Auch hier wird selbstverständlich davon ausgegan-

4. Entscheidung über Einsatz technischer Maßnahmen in der Musikbranche

Mit der Bedeutung der technischen Maßnahmen wächst die Bedeutung der Frage, wer über den Einsatz und die Ausgestaltung von technischen Maßnahmen entscheidet. Derjenige, der die Entscheidungsmacht über den Einsatz technischer Maßnahmen hat, hat nach geltendem Recht die Entscheidungsmacht darüber, ob Privatkopien möglich sind oder nicht.

Die Urheber können in der Praxis nur über die erste Veröffentlichung ihrer Werke entscheiden (§ 12 UrhG). Sobald ein Werk in das Repertoire der GEMA aufgenommen ist, führt der Kontrahierungszwang der GEMA dazu, dass jeder gegen Zahlung einer Vergütung Nutzungsrechte an dem Werk erwerben kann.[861] Weder der Urheber noch die GEMA haben einen Einfluss darauf, ob derjenige, der ein Werk interpretiert, auf einen Tonträger aufnimmt und vertreibt hierbei einen technischen Schutz einsetzt.

In den für diese Arbeit geführten Interviews[862] wurde berichtet, dass in der Praxis der Musikbranche grundsätzlich die Plattenfirmen über den Einsatz technischer Maßnahmen entscheiden.[863] Wenn eine große Plattenfirma einen Katalog von mehreren 100.000 Liedern an einen Download-Shop lizenziert, so kann nicht bei jedem Lied individuell geprüft werden, was mit dem Künstler hinsichtlich technischer Maßnahmen vereinbart wurde. Die Plattenfirmen sind darauf angewiesen, den Einsatz technischer Maßnahmen einheitlich vornehmen zu können.

Teilweise wird ein technischer Schutz auch durch denjenigen eingesetzt, der dem Konsumenten die Musikdatei vermittelt, also durch den Download-Shop.

Das Gesetz geht jedoch davon aus, der Rechteinhaber könne selbst entscheiden, ob er einen technischen Schutz einsetzt und so

---

gen, jeder Rechteinhaber habe die technische und finanzielle Möglichkeit, technische Maßnahmen einzusetzen.

[861] S. o. Teil I B.VI.1.b), S. 49

[862] Verzeichnis der Interviewpartner siehe Anhang.

[863] Nur in Ausnahmefällen hätte ein sehr erfolgreicher Künstler die Möglichkeit, in einem Künstlervertrag über den Einsatz technischer Maßnahmen zu verhandeln.

Privatkopien seiner Werke verhindert. Tatsächlich haben in der Musikbranche jedoch weder der Urheber noch der ausübende Künstler Einfluss darauf, ob ihre Werke/Darbietungen mit technischen Maßnahmen versehen werden. Ein verstärkter Einsatz technischer Maßnahmen überträgt die Entscheidung über die Privatkopie daher nicht vom Gesetzgeber auf die Urheber und ausübenden Künstler - sondern auf die Plattenfirmen.

5. Datenschutz

Der Einsatz technischer Maßnahmen kann auch zu datenschutzrechtlichen Problemen führen. Dies gilt weniger für die personenbezogenen Daten, die beispielsweise ein Download-Shop zur Abwicklung des Lizenzvertrags erhebt. Problematisch sind DRM-Systeme die so ausgestaltet sind, dass sie „innerhalb" der Musikdateien Daten über das Nutzerverhalten sammeln und diese an den Anbieter zurückmelden.[864] Solche Rückmeldungen ermöglichen das sog. „Pay-per-Use" bei dem jede Nutzung einzeln abgerechnet werden kann.[865] Datenschutzrechtlich sind die Rückmeldungen deshalb problematisch, da sie dem Anbieter Rückschlüsse über das Konsumverhalten des Nutzers in seiner Privat-/Intimsphäre erlauben.[866] DRM-Systeme können daher zu einem virtuellen Eingriff in die Privatsphäre führen.[867]

VI. Folgerungen für eine Neuregelung

Durch den Einsatz technischer Maßnahmen wird die Vornahme digitaler Privatkopien verhindert oder zumindest rechtswidrig. Die Frage der digitalen Privatkopie kann daher nicht von der Frage der technischen Maßnahmen gelöst werden. Dass technische Maßnahmen vom deutschen Gesetzgeber gegen Umgehungen geschützt werden müssen, ist durch die WIPO-Verträge und die Info-Richtlinie 2001/29/EG zwingend vorgegeben. Es bleibt jedoch einer Neuregelung überlassen, ob der Gesetzgeber digitale Privatkopien gegen tech-

---

[864] *Mittenzwei*, S. 30 bezeichnet dies als „Rückkopplung".
[865] *Mittenzwei*, S. 30.
[866] So *Mittenzwei*, S. 30 f. und S. 176 ff.
[867] *Mittenzwei*, S. 178.

nische Maßnahmen ermöglicht, wie dies z. B. in Frankreich geschehen ist.

Der vom Gesetzgeber eingeschlagene Weg weg von einem rechtlichen Schutz der Werke und hin zu einem rechtlichen Schutz technischer Maßnahmen ist abzulehnen.[868] Das Ausmaß, in dem digitale Privatkopien möglich sind, wird nicht mehr vom Gesetzgeber festgelegt, sondern von den Rechteinhabern. Hierbei besteht die Gefahr, dass ein Teil der Rechteinhaber aus finanziellen oder organisatorischen Gründen keinen technischen Schutz einsetzen kann und dadurch gegenüber anderen auf ein Vervielfältigungsrecht zweiter Klasse verwiesen wird.

In der Musikbranche kommt ein weiteres entscheidendes Kriterium hinzu: Der Urheber als Schöpfer der Musik und der ausübende Künstler als Interpret haben im Regelfall keine Möglichkeit, über einen Einsatz technischer Maßnahmen zu entscheiden.

Aus den genannten Gründen sollte eine Neuregelung die digitale Privatkopie auch im Falle technischer Maßnahmen ermöglichen.[869] Nur so kann gewährleistet werden, dass die im Rahmen des § 53 Abs. 1 S. 1 UrhG getroffene Entscheidung des Gesetzgebers nicht durch technische Maßnahmen unterlaufen wird.

Dies kann durch die Aufnahme der digitalen Privatkopie in den Katalog des § 95b Abs. 1 S. 1 UrhG geschehen. Zu erwägen wäre auch die Schaffung einer gesonderten Behörde wie in Frankreich, die sich um die Durchsetzung urheberrechtlicher Schranken gegen technische Maßnahmen kümmert.

---

[868] Vgl. *Berger*, ZUM 2004, 257, 261: „Das Gesetz wendet sich damit von dem eigentlichen Rechtsgut - dem urheberrechtlichen Werk - ab. Es verschafft technischen Schutzmaßnahmen eine Bedeutung, die ihnen nicht zukommen darf, und führt damit letztlich zu einem Funktionsverlust des Urheberrechts. Tatsächliche Maßnahmen mögen den rechtlichen Schutz verstärken (…) nicht aber dürfen sie die rechtliche Reichweite des Urheberschutzes bestimmen."

[869] So auch *Freiwald*, S. 203.

D. Gängige Argumente für die digitale Privatkopie

Nachdem der rechtliche Rahmen abgesteckt wurde stellt sich die Frage, ob es neben den rechtlichen Vorgaben andere Gründe gibt, die zwingend für oder gegen die Zulässigkeit der digitalen Privatkopie sprechen. Im Folgenden werden zwei der - neben der bereits diskutierten Informationsfreiheit (Art. 5 GG)[870] und der Unverletzlichkeit der Wohnung (Art. 13 GG)[871] - am häufigsten verwendeten Argumente geprüft.

I. Das Argument der fehlenden Durchsetzbarkeit

Als das entscheidende Argument, das sich gegen ein Verbot der Privatkopie richtet, wird - unter Hinweis auf die Gesetzesbegründung bei Einführung der Geräteabgabe 1965[872] - immer wieder vorgetragen, ein Verbot der Privatkopie sei faktisch nicht durchsetzbar und daher sinnlos.[873] Es soll nun geprüft werden, ob mögliche Schwierigkeiten bei der Durchsetzung eines Verbots der Privatkopie von vornherein gegen ein solches Verbot sprechen.

Zunächst ist zu bedenken, dass eine digitale Vervielfältigung von Software, Noten, ganzen Büchern und Datenbanken auch zum privaten Gebrauch gesetzlich verboten ist (§§ 69a ff., 53 Abs. 4, 87b UrhG). Dennoch wird insbesondere Software in großem Ausmaß kopiert. Trotz fehlender Durchsetzbarkeit, hiergegen vorzugehen, besteht der gesetzliche Schutz für Computerprogramme (§§ 69a ff. UrhG) unbestritten fort. Gem. § 95a UrhG ist die Umgehung technischer Maßnahmen untersagt - auch wenn die Umgehung im privaten Bereich stattfindet. Warum sollte dieses Umgehungsverbot im privaten Bereich besser durchsetzbar sein als ein Verbot der Privatkopie? Die Argumentation steht mithin im Widerspruch zu anderen gesetzlichen Regelungen.

---

[870] S. o. Teil III A.I.1, S. 207.
[871] S. o. Teil III A.I.2, S. 209.
[872] UFITA 1965 (45), 240, 287; s. o. Teil III A.I.2, S. 209.
[873] So u. a. auch die Bundesregierung im Rahmen des Gesetzgebungsverfahrens zum „Ersten Korb“, BT-Drucks. 15/38, S. 39; siehe auch *Schack*, ZUM 2002, 497, 499 ff.; *ders.*, UrhR, Rn. 494; *Kröber*, ZUM 2006, 89, 90; *Hohagen*, S. 423; *Freiwald*, S. 176.

Wer das Setzen rechtlicher Grenzen von ihrer Durchsetzbarkeit abhängig macht, für den muss jede Bedingung, die an die Rechtmäßigkeit einer Privatkopie geknüpft wird, sinnlos sein: Warum soll die Einhaltung von schwer zu definierenden Tatbestandsmerkmalen besser durchsetzbar sein als ein generelles Verbot?

Die Widersprüchlichkeit der Argumentation zeigt, dass eine fehlende Durchsetzbarkeit die Gestaltungsmöglichkeiten des Gesetzgebers nicht einschränkt. Der Gesetzgeber muss mit dem rechtstreuen Bürger rechnen. Nicht jedes Gesetz wird dadurch sinnlos, dass der Staat seine Einhaltung nicht lückenlos überwachen kann. Niemand würde Jugendlichen unter 16 Jahren das Rauchen oder den Diebstahl von Schokoladenriegeln in Supermärkten erlauben, weil eine breite Durchsetzung dieser Verbote praktisch nicht möglich ist. Einzig im Steuerrecht spielt die Frage der Durchsetzbarkeit einer Regelung für den Gesetzgeber eine Rolle, da hier bei fehlender Durchsetzung gleichheitswidrige Belastungen der Bürger entstehen können.[874]

Die Bundesregierung hat die Befürchtung geäußert, ein Verbot der Privatkopie würde „die Autorität und Glaubwürdigkeit der Rechtsordnung untergraben".[875] Untergräbt es die Autorität der Rechtsordnung aber nicht mehr, wenn sie sich einem befürchteten Ungehorsam beugt, als wenn sie ihre Vorstellung von Gerechtigkeit durchsetzt? Die praktische Umsetzung muss der Vorstellung des Gesetzgebers von Gerechtigkeit nachfolgen - und nicht umgekehrt.

Die Tatsache, dass es grundsätzlich möglich ist, auch für Handlungen im privaten Bereich eine Vergütung zu erheben, beweist die Gebühreneinzugszentrale (GEZ), die Rundfunkgebühren für die öffentlich-rechtlichen Rundfunkanstalten auch bei Privatpersonen einzieht.[876]

Das Argument der fehlenden Durchsetzbarkeit wurde schon 1901 bei der Einführung des Aufführungsrechts (vgl. § 19 Abs. 2 UrhG) vorgetragen und hat sich bereits dort als falsch erwiesen.[877] Es bleibt

---

[874] Vgl. BVerfG, NJW 2004, 1022.
[875] BT-Drucks. 15/38, S. 39.
[876] Zum Vergleich von Rundfunkgebühren mit Pauschalabgaben auf Magnettongeräte siehe schon *de Boor*, GRUR 1954, 440, 444.
[877] Vgl. *de Boor*, GRUR 1954, 440, 445.

festzuhalten, dass mögliche Schwierigkeiten bei der Durchsetzung nicht zwingend gegen ein Verbot der Privatkopie sprechen. Es gibt keinen Grundsatz der Urheberrechtsfreiheit in der privaten Sphäre.[878]

„Wo ein Wille ist, da ist ein Weg, und man darf den Urheber nicht deshalb entrechten, weil man die Mühe des Weges scheut.“[879]

II. Das Argument des Nutzens für Kreative

Als Argument für die Privatkopie wird vorgetragen, die Möglichkeit der Privatkopie diene in besonderem Maße dem kreativen Schaffen.[880] Ein Gesetzentwurf aus dem Jahr 1983 führt die Eingebundenheit der Urheber in ihr kulturelles Umfeld an.[881] Jeder Urheber greife bei seiner Schöpfung auf das Kulturschaffen vorangegangener Generationen zurück und sei zudem auf die Annahme und Aufnahme seines Werkes durch seine Zeitgenossen angewiesen.[882] Demnach diene § 53 Abs. 1 UrhG der Allgemeinheit auch insofern, als er die kulturelle Entwicklung fördere und einen Ausgleich zwischen den verschiedenen Generationen der Kreativen schaffe.

---

[878] BGH GRUR 1955, 492, 497 - *Grundig Reporter*: „Wäre es richtig, dass nach dem Grundgedanken des Urheberrechts die private Sphäre eine unüberschreitbare Schranke für die Nutzungsrechte des Urhebers und damit praktisch für seinen Vergütungsanspruch bildete, so würde der Urheber aus allen Werken, die vorwiegend für den Werkgenuss im privaten Bereich geschaffen werden, wie dies vor allem für die Werke der Literatur zutrifft, kaum noch wirtschaftliche Früchte aus seiner Arbeit ziehen können, sobald die Technik es dem einzelnen ermöglicht, ohne besondere Kosten und Mühen Werkstücke im häuslichen Bereich selbst herzustellen, die einen einwandfreien Werkgenuss vermitteln und den gewerblich hergestellten Vervielfältigungsstücken gleichwertig sind.“ So auch *de Boor*, GRUR 1954, 440, 444; *v. Ungern-Sternberg* in: Schricker, § 15 Rn. 13; *Schack*, ZUM 2002, 497, 499; *Ulmer-Eilfort* in: FS Nordemann (1999), S. 285, 287; *Schricker/Katzenberger*, GRUR 1985, 87, 105; *Bappert*, GRUR 1956, 255, 257 f.

[879] *De Boor*, GRUR 1954, 440, 445.

[880] Vgl. *Loewenheim* in: Schricker, § 53 Rn. 1; ähnlich *Hohagen* in: FS Schricker (2005), S. 353, 358; *Baumgartner*, S. 225.

[881] BT-Drucks. 10/837, S. 9.

[882] BT-Drucks. 10/837, S. 9: „Kulturelle Schöpfung bedarf deshalb stets eines gegenseitigen Austauschs, eines Gebens und Nehmens.“

Dass Kreativität ein sozialer Prozess ist, soll an dieser Stelle nicht bestritten werden.[883] Es stellt sich aber die Frage, inwiefern kultureller Austausch „häufig die Notwendigkeit einer Vervielfältigung“[884] mit sich bringt. Ist derjenige, der kreativ tätig sein möchte, hierzu auf die Möglichkeit der Privatkopie angewiesen?

Bei der Schaffung neuer Musik wird häufig auf vorhandene Werke zurückgegriffen. Lieder werden neu interpretiert (Cover-Versionen) oder Teile von Liedern (Samples) in einen neuen Kontext gesetzt. Wenn ein ausübender Künstler ein Werk spielt, liegt keine Vervielfältigung i. S. d. § 16 UrhG vor, sondern eine Wiedergabe in unkörperlicher Form. Die Wiedergabe eines Werkes in unkörperlicher Form unterliegt gem. § 15 Abs. 2 UrhG nur dann den Verwertungsrechten des Urhebers, wenn die Wiedergabe in der Öffentlichkeit stattfindet. Ein Musiker kann daher - ohne Werke zu vervielfältigen - im privaten Bereich beliebig fremde Musikwerke interpretieren.

Soweit ein Urheber ein bestehendes Werk künstlerisch verwendet, wird regelmäßig eine Bearbeitung oder Umgestaltung i. S. d. § 23 UrhG vorliegen. Im Umkehrschluss aus § 23 S. 1 UrhG ergibt sich, dass die *Herstellung* einer Bearbeitung oder Umgestaltung im privaten Bereicht nicht erlaubnispflichtig ist, sondern erst deren Veröffentlichung und Verwertung. Dies gilt auch dann, wenn mit der Herstellung eine Vervielfältigung verbunden ist. Liegt eine Bearbeitung oder Umgestaltung vor, ist § 16 UrhG durch den spezielleren § 23 UrhG verdrängt.[885]

---

[883] Siehe *Tschmuck*, S. 257: „Dass Kreativität ein ausschließlich mentaler Prozess in einem Individuum ist, lässt sich bei genauer Betrachtung nicht halten. Stellen Sie sich vor, Sie haben eine neue Idee. Woher wissen Sie, dass diese Idee neu ist? Oder anders gefragt, woran erkennen Sie die Differenz zum Altbekannten? Um eine Differenz konstruieren zu können, bedarf es eines Vergleichs, der aber nur vor dem Hintergrund des sozialen Kontexts erfolgen kann. Erst wenn ich feststellen kann, dass ich etwas anders gemacht habe als andere, kann ich selbst das Neue erkennen. (…) Kreativität ist also nicht nur ein mentaler, sondern auch ein sozialer Prozess.“

[884] *Loewenheim* in: Schricker, § 53 Rn. 1.

[885] Vgl. *Loewenheim* in: Schricker, § 16 Rn. 8: „Die Zulässigkeit von Vervielfältigungen in Form von Bearbeitungen beurteilt sich nach § 23.“ *Heerma* in: Wandtke/Bullinger, § 23 Rn. 6; mit guten Argumenten auch *Bullinger* in: Wandtke/Bullinger, § 23 Rn. 25; nicht eindeutig („gegebenenfalls“) *Schulze* in: Dreier/Schulze, § 16 Rn. 5 a. E.

Der Urheber ist daher nur dann auf die Möglichkeit der Privatkopie angewiesen, wenn die von ihm vorgenommene Umgestaltung des vorhandenen Werks so geringfügig ist, dass darin eine bloße Vervielfältigung i. S. d. § 16 UrhG zu sehen ist.[886]

Zu beachten ist, dass Kreative, die mit Musik ihren Lebensunterhalt verdienen, einen Erwerbszweck verfolgen. Diese Art der Nutzung wird aber gerade nicht von der Privilegierung des privaten Gebrauchs erfasst. Selbst wenn § 53 UrhG Kreativen dient, könnte dies nur für Hobby-Musiker gelten, die mit ihrer Musik keinen Erwerbszweck verfolgen.

Das Argument, dass die Privatkopie zur Entfaltung von Kreativität erforderlich sei, ist bei genauer Betrachtung nicht haltbar.

E. Vorschlag für eine Neuregelung

I. Grundsätzliche Regelungsmodelle

Im Folgenden werden die zwei grundsätzlichen Regelungsmodelle vorgestellt, die für eine Neuregelung der Privatkopie in Deutschland in Betracht kommen, bevor in der anschließenden Diskussion auf einzelne Gestaltungsmöglichkeiten innerhalb dieser Regelungsmodelle eingegangen wird.

Zunächst muss die Grundentscheidung getroffen werden: Sollen Privatkopien rechtlich zulässig sein oder sollen sie verboten werden? Danach ist zu fragen, wie die Rechteinhaber vergütet werden können. Wenn die Privatkopie weiterhin ohne Einwilligung der Rechteinhaber gestattet ist, kommt nur eine pauschale Vergütung in Betracht, wobei sich die Frage stellt, worauf die pauschalen Abgaben erhoben werden sollen (Geräte, Speichermedien, Internetzugang…). Würde man die Privatkopie verbieten, so müssten Vervielfältigungen im privaten Bereich individuell lizenziert werden. Zu diesem Zweck könnten die Rechteinhaber DRM-Systeme einsetzen, die jede Vervielfältigung eines Liedes - auch zum privaten Gebrauch - registrieren. Sie könnten aber auch einen einmaligen Aufschlag auf den regulären Kaufpreis

---

[886] Vgl. *Schulze* in: Dreier/Schulze, § 23 Rn. 16; *Loewenheim* in: Schricker, § 23 Rn. 15.

erheben und damit Vervielfältigungen zum privaten Gebrauch frei geben.

Abb. 25: Grundsätzliche Modelle zur Regelung der Privatkopie.[887]

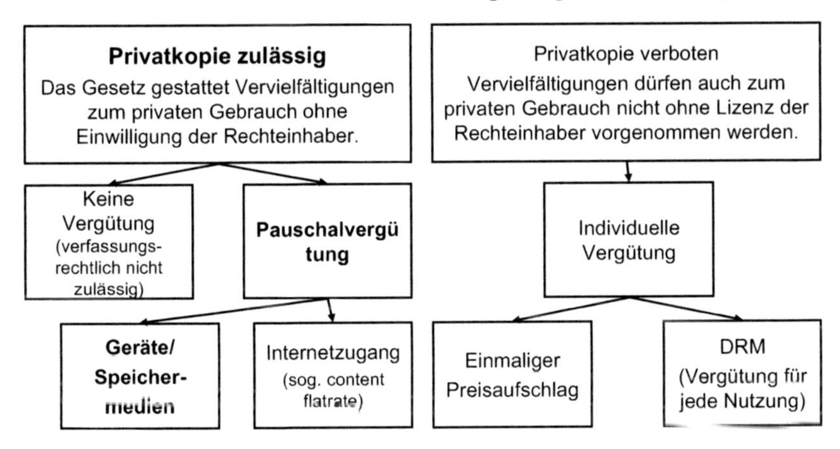

Dies stellt das Grundgerüst dar, an dem sich Überlegungen zu einer Neuregelung orientieren. Es kommen Variationen in Frage, die in der folgenden Diskussion dargelegt werden.

II. Verbot der digitalen Privatkopie?

Zuerst stellt sich die Frage, ob ein Verbot der digitalen Privatkopie unter besonderer Berücksichtigung der Verhältnisse der Musikbranche, die in Teil I dargestellt wurden, eine geeignete Lösung darstellen würde.

1. Sicht der Plattenfirmen

Ein Verbot der digitalen Privatkopie läge im Interesse der Plattenfirmen.[888] Privatkopien sind mitverantwortlich für den Rückgang des

---

[887] Die fettgedruckten Felder zeigen die momentane Rechtslage.

[888] So forderte der Verband der phonographischen Wirtschaft (seit 01.11.2007 umbenannt in Bundesverband Musikindustrie e. V.) im Rahmen des Gesetzgebungsverfah-

Absatzes von Tonträgern und Musikdateien.[889] Dieser Nachteil wird nicht durch Netzeffekte oder Einnahmen aus der Zweitverwertung ausgeglichen. Aus Sicht der Plattenfirmen ermöglichen technische Maßnahmen, und hier insbesondere Digital Rights Management-Systeme, eine individuelle Lizenzierung von Vervielfältigungen auch im privaten Bereich. Damit sei die Notwendigkeit entfallen, die Rechteinhaber auf einen pauschalen Vergütungsanspruch zu verweisen.[890]

2. *Sicht des ausübenden Künstlers*

Aus Sicht des ausübenden Künstlers hätte ein Verbot der digitalen Privatkopie sowohl Vor- als auch Nachteile.[891] Der ausübende Künstler profitiert von einer Steigerung seines Bekanntheitsgrads durch Privatkopien. Ein höherer Bekanntheitsgrad kann sowohl die Einnahmen mit Live-Auftritten als auch den Absatz von Tonträgern/Musikdateien positiv beeinflussen. Nachteile ergeben sich für den ausübenden Künstler insoweit, als sich ein Rückgang des Absatzes von Tonträgern und kostenpflichtigen Musikdateien doppelt negativ auf sein Einkommen auswirken.

3. *Sicht des Urhebers*

Aus Sicht des Urhebers wäre ein Verbot der digitalen Privatkopie überwiegend negativ. Die geringeren Einnahmen aus dem Geschäft mit Tonträgern und Musikdateien kann der Urheber durch Einnahmen aus anderen Bereichen kompensieren, so dass aus seiner Sicht bislang nur eine Verlagerung der Einkünfte stattfindet. Die durch Privatkopien geförderte stärkere Nachfrage nach Musik in der Öffentlichkeit führte in den vergangenen Jahren sogar zu einer Steigerung seiner Einnah-

---

rens zum Zweiten Korb für den Musikbereich die Privatkopie nur noch in analoger Form zu gestatten, vgl. BT-Drucks. 16/1828, S. 18. In dieser Forderung werden die Plattenfirmen von den Geräteherstellern unterstützt, da ein Verbot der Privatkopie einen Wegfall der Pauschalabgaben bedeuten würde; vgl. BT-Drucks. 16/1828, S. 18; siehe auch *Schaefer* in: FS Nordemann (1999), S. 191; *Berger*, ZUM 2004, 257, 265; wohl auch *Braun*, ZUM 2005, 100, 102.

[889] S. o. Teil I D.I.1.b), S. 86.

[890] Siehe *Geerlings*, GRUR 2004, 207, 209 f., der die Zulässigkeit der Privatkopie aus diesem Grund für verfassungswidrig hält; a. A. *Engels*, S. 142.

[891] S. o. Teil I D.III, S. 101.

men.[892] Gleichzeitig steigern Privatkopien die Bekanntheit des Urhebers und machen seine Werke einem breiteren Publikum zugänglich.

4. Gewichtung der Interessen

An einem einzelnen Lied, das auf einen Tonträger aufgenommen wurde, haben Urheber, ausübender Künstler und Tonträgerhersteller ein Vervielfältigungsrecht. Die Frage der Privatkopie muss für alle Beteiligten einheitlich erfolgen. Es muss daher festgestellt werden, wessen Interessen für die Ausgestaltung der Privatkopie ausschlaggebend sein sollen.

Die Plattenfirmen haben (soweit sie nicht gleichzeitig Tonträgerhersteller i. S. d. § 85 UrhG sind) kein eigenes originäres Recht an den von ihnen vertriebenen Liedern. Sie erwerben Nutzungsrechte an den notwendigen Urheberrechten von der GEMA und Nutzungsrechte an den erforderlichen Leistungsschutzrechten von dem ausübenden Künstler. Nur in den Fällen, in denen sie einen Künstlervertrag (im Gegensatz zu einem Bandübernahmevertrag[893]) abschließen, erwerben sie selbst das Recht des Tonträgerherstellers.

Das Recht des Tonträgerherstellers dient demjenigen, der künstlerische Leistungen verwertet.[894] Der Tonträgerhersteller ist zwingend auf die schöpferische Leistung als Basis seiner Verwertungstätigkeit angewiesen und so folgt das Recht des Tonträgerherstellers den Rechten des Urhebers und des ausübenden Künstlers nach. Der Gesetzgeber macht dies durch die systematische Stellung des § 85 UrhG im Urheberrechtsgesetz nach den Rechten des Urhebers und ausübenden Künstlers deutlich. Des Weiteren erklärt § 85 Abs. 4 UrhG die Schranken des Urheberrechts - und damit auch die Privatkopie-Schranke - für entsprechend anwendbar. Die Regelung der Privatkopie für den Tonträgerhersteller folgt der Regelung des Urhebers damit nach, so dass es nie Bereiche geben kann, in denen dem Tonträgerhersteller ein Verbotsrecht zusteht, dem Urheber aber nicht.[895]

---

[892] S. o. Teil I D.II.2, S. 97.

[893] S. o. unter Teil I B.V.2, S. 42.

[894] Vgl. *Schricker* in: Schricker, Einleitung Rn. 28, der von einer „technisch-organisatorisch-unternehmerischen“ Leistung spricht.

[895] Vgl. *Vogel* in: Schricker, § 83 Rn. 1.

Für den ausübenden Künstler ergibt sich die entsprechende Anwendbarkeit der urheberrechtlichen Schranken aus § 83 UrhG, so dass auch hier die Regelung der Privatkopie der Situation des Urhebers nachfolgt. Auf Grund der Verweisungen bewirkt eine Veränderung der Privatkopie für den Urheber automatisch eine Veränderung bei dem ausübenden Künstler und Tonträgerhersteller.

Folglich hat sich eine Neuregelung der Privatkopie vor allem *an den Interessen des Urhebers zu orientieren.* Ein Verbot der Privatkopie wäre nicht im Interesse des Urhebers, so dass aus dieser Sicht ein Verbot der Privatkopie abgelehnt werden muss.

5. *Privatkopien als Notwendigkeit im digitalen Zeitalter*

Bei der Diskussion eines möglichen Verbots digitaler Privatkopien von Musik ist ein weiterer wichtiger Aspekt zu berücksichtigen. Musik wird immer mehr in Form von Musikdateien konsumiert.[896] Anders als beim Konsum über Tonträger, ist der Konsum von Musikdateien *zwangsläufig* mit Vervielfältigungen verbunden. Eine CD kann von dem heimischen CD-Player in den mobilen Discman gelegt und anschließend in das Laufwerk eines Computers eingelegt werden. Bei einer Musikdatei ist jeder dieser Vorgänge mit einem Akt der Vervielfältigung verbunden. Wer eine Musikdatei von der Computerfestplatte auf ein mobiles Abspielgerät überträgt, nimmt zwangsweise eine Vervielfältigung vor.[897] Ebenso ist in der Regel eine Vervielfältigung erforderlich, um eine Musikdatei, die bislang nur auf dem Computer vorhanden ist, im Auto oder auf einer Stereo-Anlage abzuspielen.

---

[896] S. o. Teil I E.I, S. 106.

[897] Die gängigen Computerprogramme die eine Synchronisation zwischen Musikdateien auf der Festplatte eines Computers und einem Abspielgerät vornehmen, nehmen hierzu eine Vervielfältigung der entsprechenden Dateien vor. Zwar wäre es bei manchen Geräten technisch möglich, die Musikdatei mit der Funktion „Ausschneiden“ und „Einfügen“ so auf das mobile Gerät zu übertragen, dass keine dauerhafte Vervielfältigung vorgenommen werden muss, sondern nur eine vorübergehende Vervielfältigung im Arbeitsspeicher (RAM), die gem. § 44a UrhG zulässig wäre. Diese Vorgehensweise wäre jedoch realitätsfern. Die Betriebssoftware der gängigen Abspielgeräte sieht eine Synchronisation mit den damit verbundenen Vervielfältigungen zwingend vor.

Der Werkgenuss ist urheberrechtsfrei.[898] Das ausschließliche Recht des Urhebers erfasst die Wiedergabe von Musik nur, wenn diese in der Öffentlichkeit stattfindet (vgl. § 15 Abs. 2 UrhG). Die Verwendung von Musikdateien bringt es zwangsweise mit sich, dass Vervielfältigungen vorgenommen werden müssen, um die Musik nicht nur an dem Ort der ersten Speicherung wiedergeben zu können. Es kann daher die berechtigte Frage aufgeworfen werden, ob Vervielfältigungen, die notwendig sind um eine Musikdatei entsprechend ihrer Bestimmung nutzen zu können, noch dem Vervielfältigungsrecht der Rechteinhaber zugeordnet werden sollen. Diese grundsätzliche Frage kann hier nicht näher behandelt werden.

An dieser Stelle kommt es darauf an zu erkennen, dass derjenige, der eine Musikdatei im gleichen Ausmaß nutzen möchte wie einen Tonträger (insbes. Abspielen auf verschiedenen Geräten), ständig digitale Vervielfältigungen von der Musikdatei vornehmen muss.

Bei einem Verbot der digitalen Privatkopie würden solche für den Nutzer essentiellen Vervielfältigungshandlungen unter das Verbotsrecht der Rechteinhaber fallen und somit der essentielle Gebrauch von Musikdateien von Entscheidungen der Plattenfirmen abhängen.[899] Ein Verbot der digitalen Privatkopie brächte die Gefahr mit sich, dass die Rechteinhaber diese Macht missbrauchen und die Nutzer in dem Kern-Nutzungsbereich von Musikdateien behindern. Auch diese Gefahr spricht gegen ein Verbot der digitalen Privatkopie.

Dieser Aspekt bestätigt zudem die Forderung, die digitale Privatkopie auch beim Einsatz technischer Maßnahmen zu ermöglichen.[900] Auch von einem rechtlichen Schutz technischer Maßnahmen geht die Gefahr aus, den essentiellen Gebrauch von Musikdateien zu behindern.

6. *Sonstige Aspekte*

In der Musikbranche spricht gegen ein Verbot der digitalen Privatkopie auch die *Vielzahl der Rechte an einem einzigen Musikstück.*

---

[898] S. o. Fn. 18.
[899] Ähnlich *Baumgartner*, S. 225 und S. 229.
[900] S. o. Teil III C.VI, S. 254.

Der Nutzer würde nicht nur eine Lizenz des Urhebers benötigen, sondern auch des ausübenden Künstlers und des Tonträgerherstellers. In vielen Fällen würde die Plattenfirma die entsprechenden Rechte erwerben und an den End-Konsumenten zusammen weiterlizenzieren. Es sind aber viele Fälle denkbar, in denen einem Urheber und/oder ausübenden Künstler die Infrastruktur einer Plattenfirma nicht zur Verfügung steht, so dass der Nutzer schlimmstenfalls eine Lizenz aller drei Rechteinhaber erwerben müsste.

Ein Verbot der digitalen Privatkopie würde zwangsläufig einen *verstärkten Einsatz technischer Maßnahmen* mit sich bringen. Dass der Einsatz technischer Maßnahmen zur Kontrolle von Vervielfältigungen im privaten Bereich abzulehnen ist, wurde bereits oben ausgeführt.[901] Hinsichtlich eines Verbots der digitalen Privatkopie soll noch einmal darauf hingewiesen werden, dass viele Rechteinhaber aus finanziellen Gründen gar nicht die Möglichkeit haben, technische Maßnahmen einzusetzen. Hinzu kommt, dass die individuelle Lizenzierung von Privatkopien mit einem hohen Verwaltungsaufwand und damit verbundenen Kosten verbunden ist. Für finanzschwache Rechteinhaber wäre eine individuelle Lizenzierung oft nicht möglich. Wenn die digitale Privatkopie verboten würde, stünde der Nicht-Einsatz technischer Maßnahmen einer Freigabe zu kostenlosen Privatkopien gleich, ohne dass die Rechteinhaber eine pauschale Vergütung erhielten.

Zuletzt würde ein Verbot digitaler Privatkopien das Problem aufwerfen, wie mit Tonträgern/Musikdateien zu verfahren ist, die bereits im Umlauf sind und in der überwiegenden Anzahl der Fälle auch nicht mit technischen Maßnahmen ausgestattet sind, so dass eine nachträgliche Lizenzierung nicht möglich wäre.[902]

Zusammenfassend kann festgestellt werden, dass ein totales Verbot der digitalen Privatkopie abzulehnen ist.

---

[901] S. o. Teil III C.V, S. 249.

[902] So auch *Guntrum*, S. 212, der mit anderer Begründung ebenfalls ein Verbot der digitalen Privatkopie ablehnt. Gegen ein Verbot auch *Schäfer*, S. 127; *Freiwald*, S. 180.

III. Anforderungen an eine Neuregelung

Nun ist zu untersuchen, wie die Zulässigkeit der digitalen Privatkopie genau ausgestaltet werden soll.

1. Anforderungen der Musikbranche

In Zukunft wird die verstärkte Nutzung von Musikdateien eine weitere Zunahme digitaler Kopien begünstigen.[903] Eine Zunahme von Kopien führt zu einem Rückgang des Absatzes kostenpflichtiger Angebote, was sich für die Urheber nicht zwingend negativ auswirkt.[904] Es muss aber berücksichtigt werden, dass der Urheber zur Verwertung seines Werks auf die Leistungsschutzberechtigten angewiesen ist, da ohne ausübende Künstler und Tonträgerhersteller jedes seiner Werke als Unikat enden und nie interpretiert würde.

Die Regelung der Privatkopie darf daher Kopien nur in einem begrenzten Ausmaß zulassen, so dass den Leistungsschutzberechtigten die Möglichkeit gegeben wird, für ihre Leistungen vergütet zu werden und neue Investitionen zu tätigen.[905] Die momentane Gesetzeslage behindert die Rechteinhaber bei der Gestaltung eines funktionierenden Marktes für die kostenpflichtige Lizensierung von Musikdateien, indem sie Privatkopien von rechtswidrigen Vorlagen aus dem Internet gesetzlich privilegiert. Wer eine Musikdatei kostenlos und legal durch die Vornahme einer Privatkopie erlangen kann, wird im Regelfall nicht gewillt sein, für die gleiche Datei eine kostenpflichtige Lizenz zu erwerben.

Die Schwierigkeiten beim Vertrieb von Musikdateien im Internet werden zur Zeit noch durch den Tonträgerhandel verdeckt, der im Jahr

[903] S. o. Teil I E, S. 106.
[904] S. o. Teil I D.II, S. 96.
[905] Siehe hierzu auch Erwägungsgrund Nr. 10 der Info-Richtlinie 2001/29/EG: „Wenn Urheber und ausübende Künstler weiter schöpferisch und künstlerisch tätig sein sollen, müssen sie für die Nutzung ihrer Werke eine angemessene Vergütung erhalten, was ebenso für die Produzenten gilt, damit diese die Werke finanzieren können. Um Produkte wie Tonträger, Filme oder Multimediaprodukte herstellen und Dienstleistungen, z. B. Dienste auf Abruf, anbieten zu können, sind beträchtliche Investitionen erforderlich. (…).“

2006 für 85 % der Umsätze verantwortlich war.[906] Sobald Musik aber überwiegend in Form von Musikdateien konsumiert wird,[907] muss auch in diesem Bereich ein Geschäftsmodell möglich sein, dass den Rechteinhabern eine Vergütung für die Nutzung ihrer Musik sichert. Dabei ist es nicht Aufgabe des Gesetzgebers, den Rechteinhabern hohe Verdienstmöglichkeiten zu sichern. Der Gesetzgeber muss aber die gesetzlichen Rahmenbedingungen so ausgestalten, dass es den Rechteinhabern ermöglicht wird, für die Nutzung von Musik vergütet zu werden.

2. *Ausweitung der pauschalen Vergütungen?*

Eine Möglichkeit, den Rechteinhabern eine Vergütung zu sichern, besteht darin, Privatkopien im bisherigen Ausmaß zuzulassen, aber die Pauschalabgaben zu erhöhen. Dies könnte sowohl durch eine weitere Erhöhung der Vergütungssätze geschehen, als auch durch Pauschalabgaben auf Internetzugänge oder pauschale Zahlungen pro Haushalt.

Pauschale Vergütungen haben jedoch zahlreiche Nachteile: Erstens müssen bei pauschalen Vergütungen immer auch diejenigen für Privatkopien bezahlen, die keine Privatkopien vornehmen. Zweitens ist es schwierig, pauschale Vergütungen fair zu verteilen, da die Vergütungen eben nicht Nutzungs- und Werkbezogen, sondern pauschal erhoben werden. Drittens tragen pauschale Vergütungen dazu bei, dass die Nutzer mangels Zahlung einer unmittelbaren Vergütung kein Gefühl für den Wert geistigen Eigentums bekommen. Viertens können pauschale Vergütungen nur in Deutschland erhoben werden. Über das Internet ist Musik aus Deutschland Menschen auf der ganzen Welt zugänglich. Deren Nutzung kann mit einer in Deutschland erhobenen pauschalen Vergütung nicht abgegolten werden.

Das größte Problem mit pauschalen Vergütungen liegt darin, dass die hierdurch eingenommenen Summen immer begrenzt sind.[908] Privatkopien im momentan zulässigen Ausmaß haben auf lange Sicht die Auswirkung, den kostenpflichtigen Vertrieb von Musik gänzlich zu

---

[906] Vgl. IFPI-Jahreswirtschaftsbericht 2006, S. 17, abrufbar unter: http://www.musikindustrie.de/statistik-publikationen.html.
[907] Hierzu s. o. Teil I E, S. 106.
[908] S. o. Teil I C.V, S. 80.

ersetzen. Pauschalabgaben können aber nie so hoch sein, dass sie die Einnahmen aus dem kostenpflichtigen Vertrieb substituieren. Eine Beibehaltung der derzeitigen Regelung bei einer Ausweitung der Pauschalabgaben ist daher abzulehnen. Nur wenn der Anwendungsbereich der Privatkopie begrenzt wird, sind pauschale Vergütungen dazu geeignet, den Rechteinhabern in diesem begrenzten Anwendungsbereich einen gerechten Ausgleich zu sichern.

Es besteht dabei nicht die Gefahr, dass einzelne Beteiligte bei einer Verlagerung von pauschaler zu individueller Vergütung benachteiligt würden.[909] Die Darstellung der Musikbranche in Deutschland hat gezeigt, dass alle Beteiligten an zusätzlichen Einnahmequellen beteiligt wären, da sowohl Urheber (über die GEMA) als auch ausübende Künstler (durch einen Künstler- oder Bandübernahmevertrag) an den Einnahmen der Plattenfirmen *prozentual* beteiligt sind.[910]

3. *Verständlichkeit der Neuregelung*

Die durch die Digitalisierung eröffneten technischen Möglichkeiten erlauben es den Nutzern, Privatkopien immer schneller, in besserer Qualität und von einer unüberschaubar großen Anzahl von leicht verfügbaren Vorlagen zu machen. Wo die Technik keine Grenzen mehr setzt, muss der Nutzer sich selbst beschränken. Dies setzt zweierlei voraus: Verständnis und Nachvollziehbarkeit des Gesetzes.

Die geltende Rechtslage erschließt sich dem juristischen Laien nicht. Es fehlt eine klare und nachvollziehbare gesetzgeberische Zielsetzung, nach der sich die Nutzer richten können. Eine Neuregelung

[909] Siehe hierzu BGHZ 151, 300 ff. = GRUR 2002, 963 ff. - *Elektronischer Pressespiegel*. Der BGH führt a. A.O. aus, dass in Ausnahmefällen für den Urheber ein pauschaler Vergütungsanspruch auf Grund einer gesetzlichen Lizenz vorteilhafter sein kann als ein Ausschließlichkeitsrecht. Konkret bejahte der BGH - unter gewissen Voraussetzungen - die Anwendbarkeit des § 49 Abs. 1 UrhG auf elektronische Pressespiegel, da der Vergütungsanspruch des § 49 Abs. 1 S. 2 UrhG überwiegend den Wortautoren (also den schreibenden Journalisten als Urhebern) selbst zufließe während ein Ausschließlichkeitsrecht überwiegend dem Zeitungsverleger zugute käme, dem im Regelfall alle Nutzungsrechte vertraglich übertragen werden. Siehe hierzu auch *Findeisen*, S. 47 ff.; *Hilty* in: FS Schricker (2005), S. 325 ff.

[910] S. o. Teil I 0, S. 29.

der Privatkopie muss daher den Tatbestand des § 53 Abs. 1 S. 1 UrhG *radikal vereinfachen.*

Das Setzen klarer Grenzen ermöglicht es, den privaten Nutzern zu verdeutlichen, dass kreative Leistung auch in der Musik rechtlich geschützt ist und ihren Preis hat. Den Nutzern ist grundsätzlich klar, dass man z. B. ganze Bücher nicht kopieren und keine Kinofilme aus dem Internet herunterladen darf.[911] Bei der Nutzung von Mobiltelefonen wird selbstverständlich akzeptiert, dass jede Nutzung kostenpflichtig ist und bei einer Nutzung im Ausland zahlreiche Akteure beteiligt sind. Ebenso wurden mit Spielfilmen bespielte DVDs von Anfang an als kopiergeschütztes Medium akzeptiert.[912] Geht es hingegen um Einschränkungen bei der Nutzung von Musik oder Vergütungen für diese, fehlt eine solche Akzeptanz. Die große Herausforderung an den Gesetzgeber besteht folglich darin, eine solche Akzeptanz zu etablieren.

4. *Voraussetzungen einer zulässigen Privatkopie*

a) *Rechtmäßigkeit der Vorlage?*

Das größte Problem an der derzeitigen Fassung des § 53 Abs. 1 S. 1 UrhG ist das Tatbestandsmerkmal „offensichtlich rechtswidrige Vorlage". Eine Neuregelung könnte das Wort „offensichtlich" streichen und gesetzlich fordern, dass Privatkopien nicht von rechtswidrigen Vorlagen vorgenommen werden dürfen. Die Tatsache, dass über das Internet Vorlagen aus der ganzen Welt bezogen werden können, macht es jedoch unmöglich, Anforderungen an die rechtliche Beschaffenheit der Vorlagen zu stellen. Weder die Herkunft noch die rechtliche Lage am möglicherweise im Ausland liegenden Herkunftsort oder schon das anwendbare Recht sind für den Nutzer erkennbar. Es wäre der falsche Ansatz, Privatkopien in Deutschland von Vorgängen in anderen Ländern abhängig zu machen. Das Gesetz muss festlegen, wie sich der Nutzer in Deutschland zu verhalten hat.

---

[911] Auch wenn letzteres häufig vorkommt, besteht im Filmbereich ein stärkeres Unrechtsbewusstsein als im Musikbereich.

[912] Siehe *Brandenburg* in: F.A.Z. v. 06.12.2004: „DVDs waren von Anfang an ein geschütztes Medium, während die CD erst im nachhinein in ein geschütztes Medium umgewandelt werden soll. Aber das ist ein Desaster, weil die CD nicht mehr überall abgespielt werden kann. Damit wird das Medium beschädigt."

Man könnte - wie in der Schweiz und Frankreich[913] - an die Vorlage gar keine Anforderung stellen. Dies würde jedoch zu dem gleichen Ergebnis führen, wie die geltende Rechtslage in Deutschland und ist daher abzulehnen. Es muss eine Anforderung an die Vorlage gestellt werden, die nicht an der Rechtmäßigkeit ansetzt.

b) Privatkopie nur von „Originalen"?

Im Gesetzgebungsverfahren zur Urheberrechtsnovelle Zweiter Korb wurde im Jahr 2007 die Überlegung angestellt, in einem Dritten Korb die Zulässigkeit von Privatkopien von der Verwendung eines Originals abhängig zu machen.[914] Damit sollen Privatkopien von Vorlagen, die selber im Wege der Privatkopie erstellt wurden (Kopien der zweiten Generation) verhindert werden. Wer also z. B. von seinem Bruder eine privat gebrannte CD bekommt, dürfte nach diesem Vorschlag von der gebrannten CD keine Privatkopie vornehmen.

Eine Unterscheidung zwischen Original und Vervielfältigungsstück ist bei CDs anhand des äußeren Erscheinungsbilds in den meisten Fällen möglich.[915] Bei Musikdateien hingegen macht eine solche Differenzierung keinen Sinn. Nur in den Fällen, in denen eine Musikdatei mit einem DRM-System versehen ist, lässt sich feststellen, dass es sich um eine kostenpflichtig erworbene Datei handelt. Auf Grund der Tatsache, dass nicht alle Rechteinhaber technische Maßnahmen einsetzen, unterscheidet sich die kostenpflichtig erworbene „Original-Datei" häufig nicht von einer Kopie dieser Datei. Das Merkmal der „Originalität" ist daher nicht dazu geeignet, die digitale Privatkopie sinnvoll zu begrenzen.

Zusammenfassend kann festgestellt werden, dass ein totales Verbot der digitalen Privatkopie ebenso abzulehnen ist, wie die Zulässigkeit der Privatkopie von der Rechtmäßigkeit der Vorlage abhängig zu machen oder davon, dass der Vervielfältigende ein Original verwen-

---

[913] S. o. Teil III B, S. 235.
[914] Vgl. Beschlussempfehlung des Rechtsausschusses v. 04.07.2007, BT-Drucks. 16/5939, S. 5, vom Bundestag angenommen, vgl. Plenarprotokoll 16/108 v. 05.07.2007, S. 11144, 11158; siehe auch Abgeordneter *Krings*, Plenarprotokoll 16/108 v. 05.07.2007, S. 11144, 11148.
[915] S. o. Teil II B.VI.1, S. 159.

det. Die Neuregelung der Privatkopie muss den Rechteinhabern einen gerechten Ausgleich für Privatkopien sichern, ohne eine Ausweitung pauschaler Vergütungen auskommen, sowie verständlich und nachvollziehbar sein.

IV. Die „Kopier-Quellen"

Eine sinnvolle Neuregelung der Privatkopie muss sich mit dem Problem auseinandersetzen, das dazu geführt hat, dass eine Neuregelung der Privatkopie heute notwendig ist. Welcher Umstand hat den Anwendungsbereich der Privatkopie in besonderem Maße verändert? Erst die Ermittlung dieser Tatsache ermöglicht eine entsprechende Anpassung des Gesetzes.

1. Entscheidende Veränderung

Die digitale Technik verbessert die Qualität und Geschwindigkeit des Vervielfältigungsvorgangs und ermöglicht es, Kopien ohne klangliche Einbußen immer weiter zu vervielfältigen.[916] Dieser technische Vorteil im Vergleich zur Musikkassette allein hätte aber nicht zu den Problemen geführt, denen sich die Musikbranche heute stellen muss. Schon vor der Digitalisierung wurde zwischen Personen innerhalb ihres Umfelds Musik ausgetauscht und vervielfältigt. Durch die Digitalisierung hat dieser Anwendungsbereich an Bedeutung gewonnen, doch hätte er keine ernsthafte Bedrohung für die Musikbranche dargestellt. Solange die Verbraucher auf Vorlagen aus ihrem näheren Umfeld angewiesen waren, musste es immer eine Basis von Käufern geben, die Musik kostenpflichtig erwarb und deren Vorlagen dann kopiert werden konnten.

Die Möglichkeiten der digitalen Privatkopie konnten sich nur dadurch so stark entfalten, da die Nutzer über das Internet auf eine unbegrenzte Menge von Musikdateien zugreifen können. Die Erfindung der Datenkomprimierung und die Entwicklung verbesserter Musik-Dateiformate (insbesondere MP3) wurden nur deshalb zum Erfolg, weil es möglich wurde, Dateien über das Internet zu verschicken und vor allem zu beziehen. Der Nutzer ist heute nicht mehr darauf ange-

[916] S. o. Einführung 0, S. 13.

wiesen, dass eine Person aus seinem näheren Umfeld ihm eine Kopiervorlage verschafft. Das Welt-Repertoire der Musik ist nur wenige Klicks entfernt: Diese „Globalisierung der Privatkopie" ist es, was den „Charakter" der Privatkopie verändert hat. Vor den Zeiten des Internets wäre es undenkbar gewesen, dass sich unbekannte Menschen treffen, um untereinander Kopiervorlagen auszutauschen.

Der alles verändernde Aspekt ist folglich die Verfügbarkeit der Kopiervorlagen.

Wenn die Verfügbarkeit der Vorlagen die Ursache für die Ausweitung des Anwendungsbereichs der Privatkopie ist, läge es nahe, die Verfügbarkeit der Vorlagen zu begrenzen. Die rechtswidrig verfügbaren Vorlagen sind das Problem und erst in zweiter Linie die von diesen Vorlagen angefertigten Privatkopien. §§ 19a, 78 Abs. 1 Nr. 1, 85 Abs. 1 S. 1 UrhG gewähren den Rechteinhabern bereits heute ein ausschließliches Recht der öffentlichen Zugänglichmachung. Der deutsche Gesetzgeber hat jedoch keine Möglichkeiten zu verhindern, dass Musikdateien aus anderen Ländern über das Internet öffentlich zugänglich gemacht werden. Eine wirksame Eingrenzung der Verfügbarkeit von Kopiervorlagen im Internet ist daher nicht möglich.

2. *Begrenzung der „Kopier-Quellen"*

Der Gesetzgeber in Deutschland kann jedoch regeln, unter welchen Voraussetzungen *Privatkopien in Deutschland* vorgenommen werden dürfen. Nach dem Wortlaut des § 53 Abs. 1 S. 1 UrhG ist das bestimmende Merkmal der Privatkopie die Verwendung „zum privaten Gebrauch". Damit kann auch die Kopie einer von einem Fremden im Internet (rechtmäßig oder rechtswidrig) öffentlich zugänglich gemachten Musikdatei, eine Privatkopie darstellen.

Es zeigt sich, dass der Verwendungszweck als maßgebliches Kriterium für eine Privatkopie zu spät ansetzt, nämlich erst bei der Verwendung des bereits angefertigten Vervielfältigungsstücks statt bei der Auswahl der Vorlagen. Die Frage nach der Verwendung einer Privatkopie zum „privaten Gebrauch" ist im digitalen Zeitalter folglich nicht mehr ausreichend, um die Sachverhalte hinreichend einzugrenzen. *Die Privatkopie muss daher neu definiert werden.*

Um die Fülle von Privatkopien wieder auf ein Ausmaß zu begrenzen, das dem Ausnahmecharakter der Privatkopie gerecht wird, das durch pauschale Vergütungen angemessen abgegolten werden kann und das den Rechteinhabern erlaubt, einen funktionierenden Markt mit dem kostenpflichtigen Vertrieb von Musikdateien aufzubauen, ist eine Rückbesinnung notwendig. Wie kann der Anwendungsbereich des § 53 Abs. 1 S. 1 UrhG heute auf ein Ausmaß begrenzt werden, das dem Zustand vor der Verfügbarkeit von Kopiervorlagen aus dem Internet entspricht?

Zur Eingrenzung der verfügbaren Vorlagen muss die Differenzierung an der Herkunft der Kopiervorlagen ansetzen. Diese soll hier als „*Kopier-Quelle*" bezeichnet werden, denn sie bildet den Ursprung der Kopie. Der Vorschlag des Verfassers geht dahin, den Personenkreis, *von* dem eine Vorlage stammen darf, mit dem Personenkreis gleichzusetzen, *für* den eine Privatkopie vorgenommen werden darf: den Familien- und Freundeskreis.[917]

Der Vorschlag knüpft an § 108b Abs. 1 a. E. UrhG an, demgemäß eine Umgehung technischer Maßnahmen nicht strafbar ist, wenn diese zum Gebrauch von „mit dem Täter persönlich verbundenen Personen" erfolgt. Durch ein entsprechendes zusätzliches Tatbestandsmerkmal in § 53 Abs. 1 S. 1 UrhG würden Privatkopien von Musikdateien, die von Personen stammen, die der Vervielfältigende nicht kennt, aus der gesetzlichen Privilegierung herausfallen. Familienmitglieder und Freunde dürften sich weiterhin Musikdateien und CDs kopieren. Auch dürften die berechtigten Personen sich Musik per e-mail zusenden. Voraussetzung wäre stets die persönliche Beziehung zwischen dem Vervielfältigenden und demjenigen, der die Kopiervorlage zur Verfügung stellt.

Auf diese Weise könnten die folgenden Funktionen der digitalen Privatkopie erhalten bleiben, die keine Gefahr für die kommerzielle Verwertung darstellen und die im allgemeinen Rechtsempfinden als rechtmäßige Privatkopie eingestuft werden:

- Übertragung von Musik auf mobile Abspielgeräte
- Übertragung von Musik auf stationäre Abspielgeräte

[917] Dies beinhaltet selbstverständlich die Kopie von *eigenen* Vorlagen des Vervielfältigenden und Privatkopien für den *eigenen* privaten Gebrauch.

- Erstellung von privaten Musik-Kompilationen/Mixen
- Erstellung von Sicherungskopien
- Kopien *für* Familienmitglieder und Freunde
- Kopien *von* Vorlagen von Familienmitgliedern und Freunden

Durch die hier vorgeschlagene Gesetzesänderung wäre der Anwendungsbereich der digitalen Privatkopie im Ergebnis dem analogen Bereich angeglichen. Die Beschränkung der Kopier-Quellen und die Privilegierung von Kopien für Familien- und Freundeskreis rechtfertigt sich aus einer Rückbesinnung auf die ursprüngliche Überlegung zum Charakter der Privatkopie, nämlich die Privatkopie in den Bereichen zu erlauben, in denen die Rechteinhaber keine relevanten finanziellen Nachteile erleiden.

Diese Lösung würde zum einen Privatkopien, die kommerziell nicht relevant sind, nicht den kommerziellen Interessen der Rechteinhaber unterwerfen. In dem engen Anwendungsbereich der Privatkopie würden die Rechteinhaber weiterhin auf einen pauschalen Vergütungsanspruch verwiesen. Gleichzeitig würde das Vervielfältigungsrecht insbesondere im Internet gestärkt und im Sinne der Vertragsfreiheit den Rechteinhabern die Möglichkeit gegeben, hier eine individuelle Vergütung zu erzielen.

Es ist darauf hinzuweisen, dass der Familien- und Freundeskreis i. S. d. Neuregelung eine objektiv *enge Verbundenheit* voraussetzt.[918] Insoweit kann das oben[919] dargestellte Schweizer URG als Vorbild dienen, dessen Art. 19 Abs. 1 a „jede Werkverwendung im persönlichen Bereich und im Kreis von Personen, die unter sich eng verbunden sind, wie Verwandte oder Freunde" privilegiert. Die Verbundenheit kann sich aus einer räumlichen Nähe ergeben (z. B. bei Mitbewohnern oder anderen Personen, mit denen der Berechtigte viel Zeit verbringt) oder aus einer zeitlich gesehen langen Verbundenheit (z. B. alte Freunde). Eine enge Verbundenheit setzt grundsätzlich einen *per-*

[918] So zuvor bereits *Schack*, UrhR, Rn. 495, der ausdrücklich den „engen" Freundeskreis nennt; ebenso *Mönkemöller*, GRUR 2000, 663, 664: „Familien- und engeren Freundeskreis"; *Schäfer*, S. 60; *Flechsig*, GRUR 1993, 532, 534.

[919] S. o. Teil III B.I, S. 236.

sönlichen Kontakt voraus, so dass an Beziehungen zwischen Personen, die sich ausschließlich über das Internet kennen, insbesondere in den seit dem Jahr 2005 sehr verbreiteten „Web-Communities“,[920] hohe Anforderungen zu stellen sind.

3. *Auswirkungen der Neuregelung auf Musikdateien im Internet*

Die Eingrenzung der Kopier-Quellen darf nicht dahingehend missverstanden werden, dass Kopien aus dem Internet dadurch grundsätzlich verboten würden. Solange derjenige, der die Vorlage im Internet zur Verfügung stellt, nicht zum Familien- oder Freundeskreis des Vervielfältigenden gehört, wäre nur keine Privatkopie von dieser Vorlage möglich. Die weiteren Tatbestände des § 53 UrhG wären von der Einschränkung nicht betroffen. Eine Kopie zum eigenen wissenschaftlichen Gebrauch (§ 53 Abs. 2 S. 1 Nr. 1 UrhG) oder für den Unterrichts- und Prüfungsgebrauch (§ 53 Abs. 3 UrhG) wäre auch von Vorlagen aus dem Internet weiterhin möglich.

Ebenso stünde es den Rechteinhabern weiterhin frei, ihre Musikdateien zum Download frei zu geben.[921] Soweit eine Einwilligung der Rechteinhaber und damit eine vertragliche Lizenz vorliegt, ist der Nutzer bei einem Download nicht auf die gesetzliche Lizenz des § 53 Abs. 1 S. 1 UrhG angewiesen. Wenn ein Musiker den Wunsch hat, dass seine Musik im Internet frei zirkulieren soll, steht weder die aktuelle Gesetzesfassung noch der hier dargestellte Vorschlag dem entgegen. In der Praxis könnten z. B. auch weiterhin Kopien von Musikdateien angefertigt werden, die unter der „Creative Commons“-Lizenz veröffentlicht werden. Diese Lizenz enthält ein Recht zur Vervielfältigung.[922] Der Nutzer ist in diesen Fällen nicht auf das Privatkopienprivileg angewiesen. Im Gegensatz zur aktuellen Rechtslage läge es jedoch allein in der Hand der Rechteinhaber, den Nutzern eine solche Freigabe zu erteilen. Die Rechteinhaber müssten nicht mehr fürchten,

[920] Web-Communities verstehen sich als soziale Netzwerke im Internet. Als Beispiele gelten „Xing“, „StudiVZ“ oder die für den Musikbereich besonders relevante Gemeinschaft „MySpace“ (s. o. Fn. 589 und Fn. 632).
[921] Einschränkungen gelten möglicherweise für Urheber, die Mitglied der GEMA sind.
[922] S. o. Teil II B.VII.6.d), S. 186.

dass das Gesetz Privatkopien von Musikdateien, die ohne ihr Einverständnis im Internet angeboten werden, zulässt.

Weiter hätten Musiker die Möglichkeit, Musikdateien im Internet zu Werbezwecken kostenlos zu verteilen. Auch die kostenlose Lizenz ist eine Lizenz, so dass es nicht auf eine gesetzliche Privilegierung ankäme. Ebenso wenig wären werbefinanzierte Anbieter, die Musikdateien kostenlos anbieten, durch die Neuregelung beeinträchtigt. Der Nutzer müsste nur verstärkt darauf achten, dass ihm eine Vervielfältigungslizenz gewährt wird, da von Vorlagen, die nicht aus dem Familien- oder Freundeskreis stammen, keine digitalen Privatkopien mehr angefertigt werden dürften.

Um dem Nutzer die Nachforschung nach einer Lizenz zu vereinfachen, wäre es denkbar, eine *zentrale Stelle* einzurichten, bei der Rechteinhaber Musikdateien melden, die aus dem Internet von jedermann vervielfältigt und öffentlich zugänglich gemacht werden dürfen. In einer öffentlich zugänglichen Datenbank könnten die Nutzer sich dann vergewissern, dass sie eine bestimmte Datei rechtmäßig vervielfältigen dürfen. Die Registrierungs-Stelle könnte „freie" Dateien auch mit einem digitalen Wasserzeichen kenntlich machen.

4. *Vereinbarkeit der Neuregelung mit höherrangigem Recht*

Die hier vorgeschlagene Eingrenzung der Kopier-Quellen stünde sowohl mit verfassungsrechtlichen Vorgaben als auch mit Vorgaben internationaler Verträge und der Info-Richtlinie 2001/29/EG in Einklang.Der Verstoß gegen den Drei-Stufen-Test durch das geltende Recht würde durch die Eingrenzung der Kopier-Quellen vermieden. Für Privatkopien die nach den hier vorgeschlagenen Vorgaben angefertigt werden dürften, würden die Einnahmen aus den Pauschalabgaben einen gerechten Ausgleich i. S. d. Art. 5 Abs. 2 b) der Info-Richtlinie 2001/29/EG darstellen.

5. *Anpassung des geltenden Tatbestands*

Seit 01.01.2008 lautet der geltende Tatbestand des § 53 Abs. 1 S. 1 UrhG wie folgt:

Zulässig sind einzelne Vervielfältigungen eines Werkes durch eine natürliche Person zum privaten Gebrauch auf beliebigen Trägern, sofern sie weder unmittelbar noch mittelbar Erwerbszwecken dienen, soweit nicht zur Vervielfältigung eine offensichtlich rechtswidrig hergestellte oder öffentlich zugänglich gemachte Vorlage verwendet wird.

Durch das hier vorgeschlagene Erfordernis der Kopier-Quelle, kann das Tatbestandsmerkmal der „offensichtlich rechtswidrigen Vorlage" entfallen. Statt dessen müsste als weitere Voraussetzung in den Tatbestand aufgenommen werden, dass eine Privatkopie nur zulässig ist, „sofern sie von einer Vorlage vorgenommen wird, die aus dem Familien- oder Freundeskreis des Vervielfältigenden stammt".

Zur Vereinfachung wird empfohlen, das Merkmal „einzelne" zu streichen.[923] Dieses unbestimmte Zahlwort lässt keine Bestimmung der Anzahl zulässiger Vervielfältigungsstücke zu. Der Umfang der zulässigen Vervielfältigungen von einer Vorlage richtet sich allein nach dem privaten Zweck.[924]

Weiterhin können die im Jahr 2003 eingefügten Merkmale „durch eine natürliche Person" und „sofern sie weder unmittelbar noch mittelbar Erwerbszwecken dienen" entfallen. Beide Voraussetzungen gehen zwar auf Art. 5 Abs. 2 b) der Info-Richtlinie 2001/29/EG zurück, doch sind sie inhaltlich bereits in dem Merkmal des „privaten Gebrauchs" enthalten. Nur eine natürliche Person kann privaten Gebrauch ausüben und der private Gebrauch schließt bereits jeglichen Erwerbszweck aus.

---

[923] So auch *Liepe*, S. 250. Siehe auch *Schäfer*, S. 141, der sich für eine Beschränkung auf drei Vervielfältigungen ausspricht und diese auf eine Folgegeneration beschränken möchte.

[924] BT-Drucks. 15/38, S. 39: „Maßgeblich ist nach geltendem Recht der jeweils mit der Vervielfältigung persönlich verfolgte Zweck im Einzelfall."; *Loewenheim* in: Loewenheim, § 31 Rn. 22; *Lüft* in: Wandtke/Bullinger, § 53 Rn 10; *Loewenheim* in: Schricker, § 53 Rn. 14; *v. Gamm*, § 53 Rn. 7; *Kress*, S. 175; *Liepe*, S. 70; im Ergebnis ebenso *Maus*, S. 89; *Dreier* in: Dreier/Schulze, § 53 Rn. 9; a. A.: *Nordemann* in: Fromm/Nordemann, § 53 Rn. 3; *Schack*, UrhR, Rn. 496; ähnlich *Schäfer*, S. 60 f.; *Arlt*, DRM, S. 190; *Guntrum*, S. 95 ff. fordert bei Privatkopien für andere Personen und bei Privatkopien von fremden Vorlagen eine Beschränkung auf zwei Vervielfältigungsstücke.

Ziel ist ein vereinfachter Tatbestand, den auch der juristische Laie grundsätzlich verstehen kann. Es ist nicht notwendig, überkommene Merkmale zu wiederholen oder Merkmale, die in Art. 5 Abs. 2 b) der Info-Richtlinie 2001/29/EG enthalten sind, wörtlich zu übernehmen. Die Richtlinie ist nur hinsichtlich ihres Ziels verbindlich (Art. 249 EGV) und dieses wird auch ohne wörtliche Übernahme der Richtlinie in das deutsche Urheberrechtsgesetz erreicht.

F. Ergebnis Teil III: Vorschlag de lege ferenda

1. Auch nach der Neufassung durch das „Zweite Gesetz zur Regelung des Urheberrechts in der Informationsgesellschaft" verstößt § 53 Abs. 1 S. 1 UrhG gegen Art. 5 Abs. 2 b) der Info-Richtlinie 2001/29/EG (angemessener Ausgleich) und gegen den Drei-Stufen-Test (Drei-Elemente-Test). Eine Neuregelung durch den Gesetzgeber ist nach wie vor dringend geboten.

2. Die Untersuchung hat folgenden Vorschlag für eine Formulierung des § 53 Abs. 1 S. 1 UrhG hinsichtlich der digitalen Privatkopie von Musik de lege ferenda ergeben:

   Die Vervielfältigung eines Werkes zum privaten Gebrauch auf beliebigen Trägern ist zulässig, sofern sie von einer Vorlage vorgenommen wird, die aus dem Familien- oder Freundeskreis des Vervielfältigenden stammt.

3. Dieser Vorschlag erfüllt alle Anforderungen, die im Laufe dieser Arbeit entwickelt wurden: Die Norm berücksichtigte die Besonderheiten der Musikbranche und hier vor allem der Urheber. Sie stünde mit höherrangigem Recht, insbesondere dem Drei-Stufen-Test, in Einklang. Die Einnahmen aus den Pauschalabgaben würden eine angemessene Vergütung für den von der Neuregelung privilegierten Anwendungsbereich darstellen. Die Norm wäre für die Nutzer verständlich, nachvollziehbar und entspräche dem allgemeinen Rechtsempfinden.

4. In diesem engen Anwendungsbereich sollte die Privatkopie

durchsetzungsstark gegen den Einsatz technischer Maßnahmen ausgestaltet werden, damit nicht die für den alltäglichen Gebrauch essenziellen digitalen Privatkopien oder gar der Werkgenuss von kommerziell orientierten Entscheidungen der Rechteinhaber abhängen. Zudem würde so sichergestellt, dass die oben gefundene Lösung hinsichtlich der digitalen Privatkopie nicht durch den Einsatz technischer Maßnahmen unterlaufen wird. Die Umsetzung könnte durch die Aufnahme der digitalen Privatkopie in den Katalog des § 95b Abs. 1 S. 1 UrhG geschehen. Denkbar wäre zudem, in Anlehnung an die Rechtslage in Frankreich, die Schaffung einer unabhängigen Behörde, die über Ansprüche entscheidet, die von Schrankenbegünstigten gegen die Rechteinhaber beim Einsatz technischer Maßnahmen erhoben werden.

Gesamtergebnis

In *Teil I: Privatkopie und die Musikbranche* wurde zunächst das System der Musikbranche in Deutschland dargestellt. Es konnte daraufhin errechnet werden, dass die Einnahmen aus den Pauschalabgaben für Privatkopien, die an die Berechtigten ausgezahlt werden, verhältnismäßig gering sind und zweifelhaft ist, ob sich durch die in Zukunft von den Beteiligten ausgehandelten Vergütungssätze hieran etwas ändern wird. Es wurde dargestellt, dass die digitale Privatkopie auf den Urheber, den ausübenden Künstler und die Plattenfirmen sehr unterschiedliche Auswirkungen hat. Insbesondere wurde gezeigt, dass die digitale Privatkopie für Urheber bislang überwiegend positive Auswirkungen hat. Für Plattenfirmen und ausübende Künstler hat die digitale Privatkopie zahlreiche Nachteile, aber auch sie profitieren von einer verstärkten Nutzung von Musik in der Öffentlichkeit. Insbesondere der ausübende Künstler kann seine Einnahmen durch Live-Auftritte steigern. Hinsichtlich des Rückgangs beim Absatz von Tonträgern wurde festgestellt, dass digitale Privatkopien hierfür mitverantwortlich sind.

In *Teil II: Die digitale Privatkopie von Musik gem. § 53 UrhG* wurde insbesondere das Tatbestandsmerkmal der „offensichtlich rechtswidrigen Vorlage" nach der Neufassung durch das „Zweite Gesetz zur Regelung des Urheberrechts in der Informationsgesellschaft" (Zweiter Korb) vom 26.10.2007 untersucht. Hierbei wurde auch geprüft, nach welchem nationalen Recht sich die Rechtmäßigkeit einer Kopiervorlage in grenzüberschreitenden Sachverhalten richtet. Es wurde nachgewiesen, dass eine offensichtlich rechtswidrige Herstellung oder öffentliche Zugänglichmachung auf Grund von Schwierigkeiten bei der Feststellung des anwendbaren Rechts, einer gebotenen engen Auslegung des Merkmals „offensichtlich" und vor allem wegen zahlreichen kostenlosen legalen Angeboten im Internet fast nie bejaht werden kann. Digitale Privatkopien von rechtswidrigen Musikdateien aus dem Internet werden durch § 53 Abs. 1 S. 1 UrhG daher regelmäßig legalisiert. Die Norm verfehlt in der Praxis das gesetzgeberische Ziel und ist zudem schwer verständlich. Dies führte zu der Erkenntnis, dass § 53 Abs. 1 S. 1 UrhG auch nach der Neufassung durch den Zweiten Korb nicht geeignet ist, die Frage der digitalen Privatkopie hinsichtlich der digitalen Privatkopie von Musik angemessen zu regeln.

In *Teil III: Privatkopie de lege ferenda* wurden die Vorgaben des höherrangigen Rechts untersucht. Hierbei stellte sich heraus, dass § 53 Abs. 1 S. 1 UrhG sowohl gegen Art. 5 Abs. 2 b) der Info-Richtlinie 2001/29/EG („angemessener Ausgleich") als auch gegen den Drei-Stufen-Test (Drei-Elemente-Test) verstößt. Die Europarechtswidrigkeit der geltenden Fassung des § 53 Abs. 1 S. 1 UrhG macht eine baldige Neuregelung somit unvermeidbar. Weiter wurde die Bedeutung der technischen Maßnahmen im System der digitalen Privatkopie von Musik beschrieben. Dabei wurde die Tatsache, dass Urheber und ausübender Künstler in der Regel keinen Einfluss auf den Einsatz und die Ausgestaltung der technischen Maßnahmen haben, kritisch bewertet. Zudem befürchtet der Verfasser ein Zwei-Klassen-Urhebersystem, da nicht jedem Rechteinhaber die technischen und finanziellen Mittel zur Verfügung stehen, um einen technischen Schutz einzusetzen.

Bei der Frage nach der Ursache für die starken Veränderungen im Bereich der privaten Vervielfältigung wurde festgestellt, dass hierfür hauptsächlich die grenzenlose Verfügbarkeit von Kopier-Vorlagen verantwortlich ist. Im Rahmen der abschließenden Diskussion wurde daher vorgeschlagen, bei einer Neuregelung an einer Eingrenzung dieser Kopier-Quellen anzusetzen und Privatkopien nur von Vorlagen aus dem Familien- und Freundeskreis zuzulassen. Gleichzeitig sollte der Tatbestand des § 53 Abs. 1 S. 1 UrhG durch die Streichung überflüssiger Merkmale vereinfacht werden und die digitale Privatkopie in dem hier vorgeschlagenen Umfang durchsetzungsstark gegen technische Maßnahmen ausgestaltet werden.

Als Ergebnis der Arbeit wird folgende Neufassung des § 53 Abs. 1 S. 1 UrhG vorgeschlagen:

Die Vervielfältigung eines Werkes zum privaten Gebrauch auf beliebigen Trägern ist zulässig, sofern sie von einer Vorlage vorgenommen wird, die aus dem Familien- oder Freundeskreis des Vervielfältigenden stammt.

Schluss

Schlussendlich muss festgestellt werden, dass es nie möglich sein wird, Kopien von rechtswidrigen Vorlagen vollständig zu verhindern. Das Argument einer normativen Kraft des Faktischen darf bei Privatkopien im Internet jedoch nicht greifen. „Unrecht wird nicht dadurch zum Recht, dass es von vielen geübt wird."[925] Der Gesetzgeber muss den richtigen rechtlichen Rahmen schaffen, in dem die Rechteinhaber die Nutzer durch qualitativ anspruchsvolle Angebote überzeugen können.

Der Erfolg jeglicher gesetzlicher Normierung der Privatkopie von Musik wird letztlich davon abhängen, dass der Einzelne den ideellen Wert, der in Musik steckt, zu schätzen weiß.

In diesem Sinne schließt diese Arbeit, wie sie begonnen hat, mit einem Zitat aus dem Jahr 1901:

„Eines freilich hat die Kommission nicht erreichen können, und das kann auch der beste Gesetzentwurf nicht erreichen: dass nämlich die guten Urheber, die guten Schriftsteller und Komponisten ernster und heiterer Natur reichen Lohn für ihre Arbeit erhalten.

Dafür kann allein das deutsche Volk selbst sorgen.

Hoffen wir, dass es dieser Ehrenpflicht immer genügt."[926]

---

[925] Vgl. *de Boor*, GRUR 1954, 440, 446.

[926] Reichstagsabgeordneter *Esche*, Zweite Beratung des Entwurfs des LUG Reichstagsverhandlungen, 10. Legislaturperiode, II. Session, 1900/01, stenographische Protokolle, 75. Sitzung, 17.04.1901, S. 2142.

Anhang

A. Verzeichnis der Interview-Partner

Um möglichst praxisnah die Probleme der Beteiligten der Musikbranche untersuchen und verstehen zu können, wurden im Jahr 2006 und 2007 mit folgenden Personen Interviews geführt:

- Manfred Gillig-Degrave, Chefredakteur Musikwoche[927]
  Persönliches Interview v. 20.04.2006, München
- Peter James, Geschäftsführender Vorstand GermanSounds AG, Präsident des Verbandes unabhängiger Tonträgerunternehmen (VUT)
  Persönliches Interview v. 17.05.2006, Berlin
- Dr. Hans-Martin Gutsch, Sasse & Partner Rechtsanwälte
  Persönliches Interview v. 18.05.2006, Hamburg
- Stephan Grulert, Director Legal & Business Affairs edel AG
  Persönliches Interview v. 19.05.2006, Hamburg
- Walter Lichte, Lichte Rechtsanwälte
  Persönliches Interview v. 19.05.2006, Hamburg
- Stefan Weikert, General Manager New Business & Communication edel AG
  Persönliches Interview v. 19.05.2006, Hamburg
- N.N.[928]

[927] Die Position gibt stets die Position an, die der Interviewte zum Zeitpunkt des Interviews hatte.
[928] Teilweise wurde ein Interview zu dem Thema „Privatkopie in der Musikbranche" nur unter der Voraussetzung gewährt, dass der Interviewte in der Arbeit nicht erwähnt wird.

B. Kostenlose legale Musik-Angebote im Internet

Nach hier vertretener Ansicht sind Musikdateien im Internet vor allem deswegen nicht „offensichtlich rechtswidrig“ i. S. d. § 53 Abs. 1 S. 1 UrhG, da sie sich nicht von kostenlosen und legalen Angeboten unterscheiden lassen.[929] Um das Ausmaß zu verdeutlichen, in dem kostenlose und legale Musikdateien im Internet angeboten werden, soll auf folgende Internetseiten hingewiesen werden (alle Links zuletzt abgerufen zwischen dem 24.02. und 01.03.2008):

Viele Künstler bieten auf ihren eigenen Internetseiten oder den Internetseiten ihrer Plattenfirmen Musikstücke zum kostenlosen Download an:

- http://www.rhymesayers.com/atmosphere/
  Die amerikanische Gruppe *Atmosphere* bietet ihr Album „Strictly Leakage“ mit einem Cover zum kostenlosen Download an.

- http://www.livemetallica.com/catalog.aspx
  Die amerikanische Gruppe *Metallica* bietet Live-Aufnahmen zahlreicher Konzerte aus den Jahren 1982 - 2003 kostenlos an.

- http://www.joshuakadison.com/music.html
  Joshua Kadison bietet „The Venice Beach Sessions“ und weitere Alben kostenlos zum Download an.

- http://www.tasminlittle.org.uk/pages/02_pages/02_set-free-cd.htm
  Die britische Violistin *Tasmin Little* bietet ihr aktuelles Album „Naked Violin“, das bereits auf CD erschienen ist, nun auf ihrer eigenen Internetseite kostenlos zum Download an.

- http://www.jetsoverhead.com
  Die kanadische Band *Jets Overhead* bietet ihre Musik auf der eigenen Seite kostenlos zum download an und bittet bei Gefal-

[929] S. o. Teil II B.VII.6, S. 184.

len um freiwillige Spenden. Gleichzeitig ist die Musik auch kostenpflichtig über die regulären Download-Shops erhältlich.

- http://absolutkravitz.com/
  Der Sänger *Lenny Kravitz* bietet in Zusammenarbeit mit einem Getränkehersteller zehn Remixe des Liedes „Breathe" kostenlos an.

- http://www.tocotronic.de/rockotronic/bierbeben/secondrec/dirtydishes
  Die deutsche Gruppe *Tocotronic* bietet ein kostenloses Stück an.

- http://users.telenet.be/40winks/manifest/
  Die belgischen Produzenten *40 Winks* und der Rapper *M.anifest* aus Ghana bieten eine gemeinsame EP zum kostenfreien Download an.

- http://www.filewile.com/index.php
  Die schweizer Produzenten *Filewile* bieten das Album „Babylon Beach" kostenlos an.

- http://www.nuhr.de/index.php?kat=nochwas&site=hoeren
  Der deutsche Komödiant *Dieter Nuhr* bietet vier Stücke seiner aktuellen CD zum kostenlosen Download an.

- http://www.asiandubfoundation.com/adf_home_fs.htm
  Die britische Gruppe *Asian Dub Foundation* stellt regelmäßig kostenlose Musikdateien im MP3-Format zur Verfügung.

- http://www.bloodhoundgang.com/mp3/full/
  Die amerikanische Gruppe *Bloodhound Gang* bietet ein kostenloses Lied im MP3-Format zum Download an.

- http://www.xfm.co.uk/news/2008/download-charlatans-new-album-for-free
  Die englische Gruppe *The Charlatans* bietet ihr neues Album „You Cross My Path" vor der Veröffentlichung kostenlos zum Download an.

- http://www.myspace.com/promoe
  Der schwedische Künstler *Promoe* bietet auf seiner MySpace-Seite zwei Lieder zum kostenlosen Download an.

- http://niggytardust.com/saulwilliams/menu
  Der Amerikaner *Saul Williams* bietet sein Album „The Inevitable Rise And Liberation Of Niggytardust" zum kostenlosen Download an und fordert gleichzeitig dazu auf, freiwillig etwas zu bezahlen.

- http://www.cityslang.com
  Die Berliner Plattenfirma *City Slang* bietet einzelne Lieder ihrer Künstler zum kostenlosen Download an.

- http://www.fatwreck.com/audio/
  Die amerikanische Plattenfirma *Fat Wreck Records* bietet von allen ihren Künstlern, wie z. B. der Gruppe NOFX, zahlreiche Lieder im MP3-Format kostenlos zur Verfügung.

Des Weiteren existieren Internetseiten, die bei der Suche nach kostenlosen legalen Musikdateien im Internet helfen, fremde Angebote vorstellen oder die solche Angebote auf der eigenen Seite bündeln:

- http://www.tonspion.de
  Tonspion stellt Musik vor, die im Internet kostenlos und legal verfügbar ist und stellt Links zu den entsprechenden Seiten zur Verfügung.

- http://creativecommons.org/audio/
  Hier finden sich ausschließlich Musikdateien, die unter der *Creative-Commons*-Lizenz stehen.

- http://www.tunefinder.com/
  Tunefinder bietet eine Suche nach kostenlosen legalen Musikdateien im Internet.

- http://phlow.net/mag/mp3_download_musik/
  Das *Phlow - Magazin für Musik & Netzkultur* verweist auf legale und kostenlose Musikdateien im Internet.

- http://www.netzwelt.de/mp3audio/freie-mp3downloads.html
  Das Technikmagazin *Netzwelt* hat Verweise auf kostenlose legale Veröffentlichungen im Internet zusammengestellt.

Viele Internetseiten bieten Künstlern eine Plattform, auf der sie sich einem breiten Publikum vorstellen können. Auch hier sind die Angebote kostenlos, doch ermöglichen die Plattformen es teilweise, den Künstlern auf freiwilliger Basis Geld zu spenden:[930]

- http://www.pianosociety.com
  Pianisten stellen ihre Interpretationen von urheberrechtsfreien Werken oder Eigenkompositionen kostenlos zur Verfügung.

- http://www.musikdownload24.de
  Deutsche Plattform für Musiker

- http://www.purevolume.com
  Amerikanische Plattform für Musiker

- http://www.myownmusic.de
  Deutsche Plattform für Musiker

- http://www.mp3.de
  seit 1997 Plattform für Musiker; seit 2004 auch mit kostenpflichtigen Inhalten

- http://soundgarage.antenne.de/
  Plattform eines bayerischen Radiosenders für Musiker

- http://www.mp3tht.de
  Kostenlose Musikdateien von Musikern aus dem elektronischen Bereich

- http://www.nolabel.at
  Österreichische Plattform für Musiker

[930] Es kann nicht ausgeschlossen werden, dass sich auch auf den hier gelisteten Seiten vereinzelt rechtswidrig öffentlich zugänglich gemachte Angebote befinden. Die Betreiber der Internetseiten sind ebenfalls mit den oben beschriebenen Schwierigkeiten bei der rechtlichen Bewertung von Musikdateien im Internet konfrontiert.

- http://www.garageband.com
  Amerikanische Plattform für Musiker

- http://www.elixic.de
  Plattform für Musiker und Verweis auf kostenpflichtige Angebote eines Drittanbieters

- http://www.jamendo.com/de/
  Plattform für Musiker

Im Internet findet sich eine Vielzahl von Netlabels. Dies sind Plattenfirmen, die ihre Musik zwar nicht ausschließlich, aber überwiegend kostenlos im Internet anbieten:

- http://www.thinner.cc/pages/home.php
  Seit 1998 bietet das in Frankfurt basierte Netlabel *Thinner* elektronische Musik kostenlos an; die Nutzungsrechte richten sich nach einer Creative-Commons-Lizenz.

- http://netlabels.org/
  Diese Seite verweist auf zahlreiche deutsche und internationale Netlabels.

- http://rcrdlbl.com/
  Das „online record label" namens *RCRD LBL*

- http://www.magnatune.com
  Magnatune überlässt es den Käufern, einen angemessenen Preis für die Musik zu bestimmen.

- http://www.archive.org/details/netlabels
  Liste mit Links zu Netlabels aus der ganzen Welt

Folgende kostenlose legale Angebote, die derzeit *nicht mehr verfügbar* sind, haben in der Vergangenheit Aufsehen erregt:

- http://www.inrainbows.com/
  Ende 2007 bot die britische Band *Radiohead* ihr aktuelles Album „In Rainbows" exklusiv zum Download im Internet an.

Es war den Nutzern freigestellt, ob und welchen Preis sie hierfür zahlen wollten. Ende Dezember 2007 erschien das Album dann regulär auf CD.

- http://www.remhq.com/shared_assets/extras/remix/remixFLASH/remix.html
  REM veröffentlichten ein Remix-Album ihres Albums „Reveal“ namens „r.e.m. IX“ kostenlos auf der Band-eigenen Internetseite.

- http://www.publicenemy.com
  Im Jahr 1999 machte die amerikanische Gruppe *Public Enemy* das komplette Album „There's A Poison Goin' On...“ kostenlos im Internet verfügbar.

- http://www.curse.de/inneresicherheit/index_feuer.php
  Der deutsche Künstler *Curse* hat auf dieser Seite bis 2007 eine kostenlose EP [Extended Player] mit sechs Liedern inklusive Cover angeboten.

- http://www.myspace.com/talibkweli
  Im Januar 2007 stellten die beiden amerikanischen Künstler *Talib Kweli* und *Madlib* ihr gemeinsames Album „Liberation“ für eine Woche kostenlos im Internet zur Verfügung. Anschließend erschien das Album regulär auf Tonträger und in Download-Shops.

- http://www3.mercedes-benz.com/mixedtape/mixedtape.html
  Hier stellte der Autohersteller *DaimlerChrysler* bis 2007 ausgewählte Musikdateien nationaler und internationaler Musiker kostenlos zur Verfügung.

- http://www.myspace.com/internetinvasion
  Um Werbung für sein anstehendes Album zu machen veröffentlichte der amerikanische Künstler *Ghostface Killah* elf Lieder kostenlos im Internet.

Sonstige Angebote:

- http://www.swr.de/swr2/musik/musikstueck//id=2937886/1e3uk7m/index.html
  Der Radiosender SWR2 bietet das „Musikstück der Woche" aus seinem Archiv jeweils für eine Woche zum kostenlosen und legalen Download an.

- http://www.we7.com Einen eigenen Ansatz verfolgt dieser u. a. von Peter Gabriel gegründete Dienst. Hier können kostenlose und legale Musikdateien heruntergeladen werden, die jedoch am Anfang des Liedes bis zu 10 Sekunden Werbung einblenden. Unter bestimmten Voraussetzungen (Zeitablauf, Geldzahlung) kann die Werbe-Sequenz auch entfernt werden.

- http://www.kopien-brauchen-originale.de/
  Zuletzt weist sogar das Bundesministerium der Justiz im Internet auf diverse „kostenfreie Downloadangebote" hin:

Abbildungsverzeichnis

Literaturverzeichnis

Ahlberg, Hartwig, Der Einfluss des § 31 IV UrhG auf die Auswertungsrechte von Tonträgerunternehmen, GRUR 2002, 313

Andryk, Ulrich, Musiker-Recht, Brühl 1995

Arlt, Christian, Ansprüche des Rechteinhabers bei Umgehung seiner technischen Schutzmaßnahmen, MMR 2005, 148

Arlt, Christian, Die Undurchsetzbarkeit digitaler Privatkopien gegenüber technischen Schutzmaßnahmen im Lichte der Verfassung, CR 2005, 646

Arlt, Christian, Digital Rights Management Systeme, München 2006, zit. *Arlt*, DRM

Arlt, Christian, Digital Rights Management Systeme - Begriff, Funktion und rechtliche Rahmenbedingungen nach den jüngsten Änderungen im UrhG - insbesondere zum Verhältnis der §§ 95 a ff. UrhG zum Zugangskontrolldienstegesetz, GRUR 2004, 548

Arlt, Christian, Reichweite des Privatkopienprivilegs nach § 53 UrhG, UFITA 2006/III, S. 645

Arnold, Bernhard, Die Gefahr von Urheberrechtsverletzungen durch Umgehungsmittel nach Wettbewerbsrecht und Urheberrecht, Frankfurt 2006

Aschenbrenner, Jo Beatrix, Leitlinien aus Europa für die Umsetzung der Privatkopieschranke im Zweiten Korb der Urheberrechtsnovelle, ZUM 2005, 145

Baierle, Christian, Der Online-Vertrieb von Musikwerken im Internet unter urheberrechtlichen Gesichtspunkten, Hamburg 2003

Bappert, Das Urteil des Bundesgerichtshofs vom 18. Mai 1955 über die private Magnettonaufnahme, GRUR 1956, 255

Basedow, Jürgen, Die Neuregelung des Internationalen Privat- und Prozessrechts, NJW 1986, 2971

Baumbach, Adolf; Lauterbach, Wolfgang; Albers, Jan; Hartmann, Peter, Zivilprozessordnung, 64. Auflage, München 2006, zit. *Autor* in: Baumbach/Lauterbach/Albers/Hartmann

Baumgartner, Tobias, Privatvervielfältigung im digitalen Umfeld, Zürich Basel Genf 2006

Beck, Markus; Kreißig, Wolfgang, Tauschbörsen-Nutzer im Fadenkreuz der Strafverfolgungsbehörden, NStZ 2007, 304

Becker, Jürgen, Begrüßung und Einführung zum Symposium „Digital Rights Management - Rechtliche und wirtschaftliche Aspekte" der Instituts für Urheber- und Medienrecht am 24. Oktober 2003, ZUM 2004, 182

Berger, Christian, Die Neuregelung der Privatkopie in § 53 I UrhG im Spannungsverhältnis von geistigem Eigentum, technischen Schutzmaßnahmen und Informationsfreiheit, ZUM 2004, 257

Berndorff, Gunnar; Berndorff, Barbara; Eigler, Knur, Musikrecht, 4. Auflage, Bergkirchen 2004

Bezzenberger, Gerold; Riesenhuber, Karl, Die Rechtsprechung zum „Binnenrecht" der Verwertungsgesellschaften - dargestellt am Beispiel der GEMA, GRUR 2003, 1005

Bollacher, Philipp, Internationales Privatrecht, Urheberrecht und Internet, Frankfurt am Main 2005

de Boor, Hans Otto, Vervielfältigung zum persönlichen Gebrauch, GRUR 1954, 440

Bornkamm, Joachim, Der Dreistufentest als urheberrechtliche Schrankenbestimmung - Karriere eines Begriffs, in: Ahrens, Hans-Jürgen; Bornkamm, Joachim; Gloy, Wolfgang; Starck, Joachim; v. Ungern Sternberg, Joachim (Hrsg.), Festschrift für Willi Erdmann, Köln 2002, S. 29

Bortloff, Nils, Der Tonträgerpiraterieschutz im Immaterialgüterrecht, Baden-Baden 1995

Braun, Thorsten, "Filesharing" - Netze und deutsches Urheberrecht - - Zugleich eine Entgegnung auf Kreutzer, GRUR 2001, 193 ff. und 307 ff., GRUR 2001, 1106

Braun, Thorsten, Urheberrecht in der Informationsgesellschaft - der Referentenentwurf zum Zweiten Korb aus Sicht der Tonträgerwirtschaft, insbesondere im Hinblick auf die Privatkopie, ZUM 2005, 100

Brinkel, Guido, Filesharing, Tübingen 2006

Buchner, Benedikt, Rom II und das Internationale Immaterialgüter- und Wettbewerbsrecht, GRUR Int. 2005, 1004

Budde, Ralf, Der Independent-Verleger, in: Zollner, Bernward; Fitzner, Uwe (Hrsg.), Festschrift für Wilhelm Nordemann, Baden-Baden 1999, S. 13

Bungeroth, Erhard, Der Schutz der ausübenden Künstler gegen die Verbreitung im Ausland hergestellter Vervielfältigungsstücke ihrer Darbietungen, GRUR 1976, 454

Clement, Michel; Schusser, Oliver (Hrsg.), Ökonomie der Musikindustrie, Wiesbaden 2005

Collova, Taddeo, Über die Entwicklung der gesetzlichen und vertraglichen Regelung der Vervielfältigung zum persönlichen Gebrauch (private Überspielung) in der Bundesrepublik Deutschland, UFITA 1994 (125), 53

Däubler-Gmelin, Herta, Private Vervielfältigung unter dem Vorzeichen digitaler Technik, ZUM 1999, 769

Delden, Claas von, Peer-to-Peer-Konzepte als innovativer Absatzkanal in der Musikindustrie - Herausforderungen und Gestaltungsansätze, Dipl.-Arbeit, Universität St. Gallen, 2001

Delp, Ludwig, Das Recht des geistigen Schaffens in der Informationsgesellschaft, 2. Auflage, München 2003

Deutscher Musikverleger-Verband e.V.; Deutsche Landesgruppe der IFPI e.V. (Hrsg.), Stellungnahme der Musikwirtschaft zum Entwurf eines Gesetzes zur Änderung von Vorschriften auf dem Gebiet des Urheberrechts, Bonn 1984, zit. Stellungnahme der Musikwirtschaft

Diemar, Undine von, Die digitale Privatkopie zum privaten Gebrauch, Hamburg 2002

Diemar, Undine von, Kein Recht auf Privatkopien - Zur Rechtsnatur der gesetzlichen Lizenz zu Gunsten der Privatvervielfältigung, GRUR 2002, 587

Dreier, Thomas; Schulze, Gernot, Urheberrechtsgesetz, 2. Auflage, München 2006, zit. *Autor* in: Dreier/Schulze

Dreyer, Gunda; Kotthoff, Jost; Meckel, Astrid, Heidelberger Kommentar zum Urheberrecht, Heidelberg 2003, zit. *Autor* in: Dreyer/Kotthoff/Meckel

Dungs, Hermann, Lehrbuch des Urheberrechts an Werken der Literatur und der Künste, Berlin 1910

Enders, Theodor, Digital Rights Management Systeme (DRMS) als besondere Herausforderung an das Urheberrecht, ZUM 2004, 593

Engels, Thomas, Die verfassungsrechtlichen Grundlagen der Privatkopie, Aachen 2006

Ensthaler, Jürgen; Bosch, Wolfgang; Völker, Stefan (Hrsg.), Handbuch Urheberrecht und Internet, Heidelberg 2002, zit. *Autor* in: Ensthaler/Bosch/Völker

Evans, Alison, Private Copying in the EU: The Technological Protection and the 'Tree Step Test', Copyright Reporter Vol 21 No 2 July 2003, S. 36

Evert, Till, Anwendbares Urheberrecht im Internet, Hamburg 2005

Flechsig, Norbert P., Grundlagen des Europäischen Urheberrechts - Die Richtlinie zur Harmonisierung des Urheberrechtsschutzes in Europa und die Anforderungen an ihre Umsetzung in deutsches Recht, ZUM 2002, 1

Flechsig, Norbert P., Rechtmäßige private Vervielfältigung und gesetzliche Nutzungsgrenzen, GRUR 1993, 532

Freiwald, Sven, Die private Vervielfältigung im digitalen Kontext am Beispiel des Filesharing, Baden-Baden 2004

Friedrichsen, Mike; Gerloff, Daniel; Grusche, Till; von Damm, Tile, Die Zukunft der Musikindustrie. Alternatives Medienmanagement für das mp3-Zeitalter, München 2004

Fromm, Friedrich Karl; Nordemann, Wilhelm, Urheberrecht, 9. Auflage, Stuttgart 1998

Gamm, Otto-Friedrich von, Urheberrechtsgesetz, München 1968

Gaster, Jens, Das urheberrechtliche Territorialitätsprinzip aus Sicht des Europäischen Gemeinschaftsrechts, ZUM 2006, 8

Geerlings, Jörg, Das Urheberrecht in der Informationsgesellschaft und pauschale Geräteabgaben im Lichte verfassungs- und europarechtlicher Vorgaben, GRUR 2004, 207

Geiger, Christophe, Der urheberrechtliche Interessenausgleich in der Informationsgesellschaft - Zur Rechtsnatur der Beschränkungen des Urheberrechts, GRUR Int. 2004, 815

Geiger, Christophe, Right to Copy v. Three-Step Test, CRi 2005, 7

Geiger, Christophe, The New French Law on Copyright and Neighbouring Rights of 1 August 2006 - An Adaption to the Needs of the Information Society?, IIC 2007, 401

Geiger, Christophe, The Private Copy Exception, an Area of Freedom (Temporarily) Preserved in the Digital Environment, IIC 2006, 74

Geiger, Christophe, The Three-Step Test, a Threat to a Balanced Copyright Law?, IIC 2006, 683

Geiger, Christophe; Engelhardt, Tim; Hansen, Gerd; Markowski, Kristina, Urheberrecht im deutsch-französischen Dialog - Impulse für eine europäische Rechtsharmonisierung - Bericht von der Abschlussveranstaltung der deutsch-französischen Vortragsreihe zum Urheberrecht am 13. Januar 2006 im Europäischen Patentamt, München, GRUR Int. 2006, 475

Gercke, Marco, Tauschbörsen und das Urheberstrafrecht, ZUM 2007, 791

Gervais, Daniel, The TRIPS Agreement: Drafting History and Analysis, 2. Auflage, London 2003

Ginsburg, Jane C., Toward Supranational Copyright Law? The WTO Panel Decision And The "Three-Step Test" For Copyright Exceptions, RIDA 2001, 3

Götting, Horst-Peter, Der Begriff des Geistigen Eigentums, GRUR 2006, 353

Grassmuck, Volker, Ein Plädoyer für durchsetzbare Schrankenbestimmungen für Privatkopie, Zitat und Filesharing, ZUM 2005, 104

Guntrum, Sebastian, Zur Zukunft der Privatkopie in der Informationsgesellschaft, Hamburg 2007

Gutman, Daniel, Abruf im Internet von unbekannten und offensichtlich urheberrechtlich unrechtmäßigen Werken, MMR 2003, 706

Haller, Jochen, Urheberrechtsschutz in der Musikindustrie, Lohmar Köln 2005

Haring, Bruce, MP3 - Die digitale Revolution in der Musikindustrie, Freiburg 2002

Heidemann-Peuser, Helke, Die Pauschalvergütung für privates Kopieren, ZUM 2005, 118

Henning-Bodewig, Frauke, Herkunftslandprinzip im Wettbewerbsrecht: Erste Erfahrungen, GRUR 2004, 822

Herrnleben, Georg, Raubkopie - ein Kavaliersdelikt, MMR 2004, 505

Hertin, Paul-W., Urheberrecht, München 2004

Hertin, Paul-W., Zum Umgang mit Musikbearbeitungen bei der Cover-Version - zugleich eine kritische Befassung mit BGH GRUR 1998, 376 - „Cover-Version", in: Loewenheim, Ulrich (Hrsg.), Urheberrecht im Informationszeitalter - Festschrift für Wilhelm Nordemann zum 70 Geburtstag am 8. Januar 2004, München 2004, S. 35, zit. *Hertin* in: FS Nordemann (2004)

Hilty, Reto M., Der „zweite Korb" - ein erster Schritt in die richtige Richtung, MMR 2004, 713

Hilty, Reto M., Intellectual Property and the European Community's Internal Market Legislation - Copyright in the Internal Market, IIC 2004, 760

Hilty, Reto M., Urheberrecht in der Informationsgesellschaft: "Wer will was von wem woraus?" - Ein Auftakt zum "zweiten Korb", ZUM Sonderheft/2003, 983

Hilty, Reto M., Verbotsrecht vs. Vergütungsanspruch: Suche nach den Konsequenzen der tripolaren Interessenlage im Urheberrecht, in: Ohly, Ansgar; Bodewig, Theo; Dreier, Thomas; Götting, Horst-Peter; Haedicke, Maximilian; Lehmann, Michael (Hrsg.), Perspektiven des Geistigen Eigentums und Wettbewerbsrechts - Festschrift für Gerhard Schricker zum 70. Geburtstag, München 2005, S. 325, zit. *Hilty* in: FS Schricker (2005)

Hilty, Reto M., Vergütungssystem und Schrankenregelung - Neue Herausforderungen an den Gesetzgeber, GRUR 2005, 819

Hilty, Reto M.; Peukert, Alexander (Hrsg.), Interessenausgleich im Urheberrecht, Baden-Baden 2004, zit. *Autor* in: Hilty/Peukert

Hölscher, Ina, Die Ausnahmebestimmungen für den eigenen Gebrauch im deutschen und französischen Urheberrecht, Berlin 2001

Hoeren, Thomas, Der Zweite Korb - Eine Ubersicht zu den geplanten Änderungen im Urheberrechtsgesetz, MMR 2007, 615

Hoeren, Thomas; Sieber, Ulrich (Hrsg.), Handbuch Multimedia-Recht, Stand: 12. Lieferung August 2005 (Loseblatt), München, zit. *Autor* in: Handbuch Multimedia-Recht

Hoffmann, Willy; Ritter, Wilhelm, Das Recht der Musik, Leipzig, 1936

Hoffmann, Jochen, Die Auslegung des Begriffs der „offensichtlich rechtswidrig hergestellten Vorlage“ in § 53 Abs. 1 UrhG, WRP 2006, 55

Hohagen, Gisbert, Die Freiheit der Vervielfältigung zum eigenen Gebrauch, München 2004

Hohagen, Gisbert, Überlegungen zur Rechtsnatur der Kopierfreiheit, in: Ohly, Ansgar; Bodewig, Theo; Dreier, Thomas; Götting, Horst-Peter; Haedicke, Maximilian; Lehmann, Michael (Hrsg.), Perspektiven des Geistigen Eigentums und Wettbewerbsrechts - Festschrift für Gerhard Schricker zum 70. Geburtstag, München 2005, S. 353, zit. *Hohagen* in: FS Schricker (2005)

Huber, Andreas, Internet-Tauschbörsen, Berlin 2006

Intveen, Carsten, Internationales Urheberrecht und Internet, Baden-Baden 1999

Jani, Ole, Was sind offensichtlich rechtswidrig hergestellte Vorlagen - Erste Überlegungen zur Neufassung von § 53 Abs. 1 Satz 1 UrhG, ZUM 2003, 842

Jarass, Hans; Pieroth, Bodo, Grundgesetz, 6. Auflage, München 2002

Jayme, Erik, Das neue IPR-Gesetz - Brennpunkte der Reform, IPRax 1986, 265

Jayme, Erik, Methoden der Konkretisierung des ordre public im Internationalen Privatrecht, Heidelberg 1989, zit. *Jayme*, Methoden der Konkretisierung des ordre public

Jayme, Erik, Original und Fälschung - Beiträge des Rechts zu den Bildwissenschaften, in: Reichelt, Gerte (Hrsg.), Original und Fälschung im Spannungsfeld von Persönlichkeitsschutz, Urheber-, Marken- und Wettbewerbsrecht, Wien 2007, zit. *Jayme* in: Reichelt

Jayme, Erik; Hausmann, Rainer, Internationales Privat- und Verfahrensrecht, 13. Auflage, München 2006

Katzenberger, Paul, Inlandsschutz ausübender Künstler gegen die Verbreitung ausländischer Mitschnitte, GRUR Int. 1993, 640

Kaufmann, Noogie C.; Köcher, Jan K., Anm. zu BVerfG Urt. v. 25.07.2005 - Eigentumsverletzung durch Kopierschutz, MMR 2005, 753

Köhler, Markus; Arndt, Hans-Wolfgang, Recht des Internet, 4. Auflage, Heidelberg 2003

Kreile, Reinhold, Die rechtliche Situation der privaten Vervielfältigung in der Europäischen Union, in: Baur, Jürgen F.; Jacobs, Rainer; Lieb, Manfred; Müller-Graff, Peter-Christian, Festschrift für Ralf Vieregge zum 70. Geburtstag am 6. November 1995, Berlin New York 1995, S. 459

Kreile, Reinhold (Hrsg.), GEMA Jahrbuch 2001/2002, Berlin 2001

Kreile, Reinhold, Stellungnahme zum Referentenentwurf, ZUM 2005, 112

Kress, Daniel, Die private Vervielfältigung im Urheberrecht, Hamburg 2004

Kreutzer, Till, Napster, Gnutella & Co.: Rechtsfragen zu Filesharing-Netzen aus der Sicht des deutschen Urheberrechts de lege lata und de lege ferenda - Teil 1, GRUR 2001, 193

Kröber, Christian, Der grenzüberschreitende Internet-Handel mit CD- und DVD-Rohlingen und die Vergütungsansprüche nach §§ 54 ff. UrhG, ZUM 2006, 89

Krüger, Christof, Die digitale Privatkopie im "zweiten Korb", GRUR 2004, 204

Lahmann, Nils, Rechtlicher und technischer Schutz von Werken im Urheberrechtsgesetz, Hamburg 2005

Langhoff, Helge; Oberndörfer, Pascal; Jani, Ole, Der „Zweite Korb" der Urheberrechtsreform, ZUM 2007, 593

Larenz, Karl, Methodenlehre der Rechtswissenschaft, 6. Auflage, Berlin Heidelberg 1991

Larenz, Karl; Canaris, Claus-Wilhelm, Methodenlehre der Rechtswissenschaft, 3. Auflage, Berlin Heidelberg 1995

Lauber, Anne; Schwipps, Karsten, Das Gesetz zur Regelung des Urheberrechts in der Informationsgesellschaft, GRUR 2004, 293

Leibholz, G.; Rinck, H.J., Grundgesetz, 4. Auflage, Köln Marienburg 1971

Leinemann, Felix, Die Sozialbindung des "Geistigen Eigentums", Baden-Baden 1998

Lewinski, Silke von, Die diplomatische Konferenz der WIPO 1996 zum Urheberrecht und zu verwandten Schutzrechten, GRUR Int. 1997, 667

Liepe, Andreas, Die Vervielfältigung zum privaten Gebrauch im deutschen und US-amerikanischen Urheberrecht unter besonderer Berücksichtigung der privaten Vervielfältigung kopiergeschützter Audio-CDs, Jena 2006

Loewenheim, Ulrich (Hrsg.), Handbuch des Urheberrechts, München 2003, zit. *Autor* in: Loewenheim

Loewenheim, Ulrich, Vervielfältigungen zum eigenen Gebrauch von urheberrechtswidrig hergestellten Werkstücken, in: Ganea, Peter; Heath, Christopher; Schricker, Gerhard (Hrsg.), Urheberrecht gestern - heute - morgen, Festschrift für Adolf Dietz zum 65. Geburtstag, München 2001, S. 415, zit. *Loewenheim* in: FS Dietz (2001)

Lucas-Schloetter, Agnès, Das französische Gesetz über das Urheberrecht und verwandte Schutzrechte in der Informationsgesellschaft vom 1. August 2006, GRUR Int. 2007, 658

Luckey, Jan, Internationale Urheber- und Persönlichkeitsverletzungen im Internet, Bonn 2002

Lyng, Robert, Die Praxis im Musikbusiness, Bergkirchen 1995

Mangoldt, Hermann von; Klein, Friedrich; Starck, Christian (Hrsg.), Kommentar zum Grundgesetz, 5. Auflage, München 2005, zit. *Autor* in: Mangoldt/Klein/Starck

Marx, Iris, Möglichkeiten zum Schutz von musikalischen und filmischen Werken vor privaten digitalen Raubkopien nach dem deutschen und US-amerkanischen Urheberrecht, Berlin, 2005

Masouyé, Claude, Guide to the Berne Convention for the Protection of Literary and Artistic Works (Paris Act, 1971), Genv, 1978

Maunz, Theodor; Dürig, Günter (Hrsg.), Kommentar zum Grundgesetz, Stand: 06/2006 (Loseblatt), München, zit. *Autor* in: Maunz/Dürig

Maus, Joachim, Die digitale Kopie von Audio- und Videoprodukten, Konstanz 1991

Mayer, Christoph M., Urheber- und haftungsrechtliche Fragestellungen bei peer-to-peer-Tauschbörsen, Berlin 2003

Mediger, Harald, Magnetton und Urheberrecht, GRUR 1951, 385

Melichar, Ferdinand, Private Vervielfältigung und Pauschalvergütungen im Referentenentwurf zum Zweiten Korb, ZUM 2005, 119

Mittenzwei, Julius, Informationen zur Rechtewahrnehmung im Urheberrecht, München Ravensburg 2006

Möhring, Philipp; Nicolini, Käte, Urheberrechtsgesetz, 2. Auflage, München 2000, zit. *Autor* in: Möhring/Nicolini

Mönkemöller, Lutz, Moderne Freibeuter unter uns? - Internet, MP3 und CD-R als GAU für die Musikbranche, GRUR 2000, 663

Movsessian, Vera; Seifert, Fedor, Einführung in das Urheberrecht der Musik, 2. Auflage, Wilhelmshaven 1995

Müller, Stefan, Festlegung und Inkasso von Vergütungen für die private Vervielfältigung auf der Grundlage des „Zweiten Korbs", ZUM 2007, 777

Niehüser, Lutz, Sekundärmärkte für digitale Medien auf Basis des Digital Rights Management, Aachen 2005

Nippe, Wolfgang, Einzelne Vervielfältigungsstücke - Der Kampf mit den Zahlen, GRUR Int. 1995, 202

Noll, Alfred J., Die Benützung rechtswidriger Vorlagen (Raubkopien) bei der Herstellung digitaler Vervielfältigungsstücke zum privaten Gebrauch, Wien 2005

Nordemann, Jan Bernd, Dustmann, Andreas, To Peer Or Not To Peer, CR 2004, 380

Nordemann, Wilhelm, Urheberrechtliche Verwertungsformen im Jahre 2026, in: Ganea, Peter; Heath, Christopher; Schricker, Gerhard (Hrsg.), Urheberrecht gestern - heute - morgen, Festschrift für Adolf Dietz zum 65. Geburtstag, München 2001, S. 595, zit. *Nordemann* in: FS A. Dietz (2001)

Obergfell, Eva Inés, Das Schutzlandprinzip und "Rom II" - Bedeutung und Konsequenzen für das Internationale Urheberrecht, IPRax 2005, 9

Obergfell, Eva Inés, Digitale Privatkopie und andere Urheberrechtsschranken als Interessenausgleich im Urheberrecht, KUR 2005, 176

Passman, Donald S.; Herrmann, Wolfram, Alles, was Sie über das Musikbusiness wissen müssen, Stuttgart 2004

Peifer, Karl-Nikolaus, Das Territorialitätsprinzip im Europäischen Gemeinschaftsrecht vor dem Hintergrund der technischen Entwicklungen, ZUM 2006, 1

Peukert, Alexander, A Bipolar Copyright System for the Digital Network Environment, 28 Hastings Comm. & Ent. L.J. (2005), S. 1

Peukert, Alexander, Digital Rights Management und Urheberrecht, UFITA 2002/III, S. 689

Pfennig, Gerhard, Digital Rights Management Systeme aus der Sicht von Verwertungsgesellschaften, ZUM 2004, 198

Poeppel, Jan, Die Neuordnung der urheberrechtlichen Schranken im digitalen Umfeld, Göttingen 2005

Poll, Günter; Braun, Thorsten, Privatkopien ohne Ende oder Ende der Privatkopie, ZUM 2004, 266

Prechtl, Florian Friedrich, Privatkopie und Pauschalvergütungssystem der §§ 53 Abs. 1, 54 ff. UrhG im Zeitalter der Digitalisierung. Eine verfassungsrechtliche Untersuchung, Diss. Jena 2006 (Veröffentlichung voraussichtlich 2008)

Reber, Ulrich, Die internationale gerichtliche Zuständigkeit bei grenzüberschreitenden Urheberrechtsverletzungen, ZUM 2005, 194

Rebmann, Kurt; Säcker, Franz Jürgen; Rixecker, Roland (Hrsg.), Münchener Kommentar zum Bürgerlichen Gesetzbuch, 2. Auflage, München 2000, zit: *Autor* in: Münchener Kommentar

Rehbinder, Manfred, Urheberrecht, 14. Auflage, München 2006

Reinbothe, Jörg, Die EG-Richtlinie zum Urheberrecht in der Informationsgesellschaft, GRUR Int. 2001, 733

Renner, Tim, Kinder, der Tod ist gar nicht so schlimm! Über die Zukunft der Musik- und Medienindustrie, Frankfurt 2004

Rigamonti, Cyrill P., Eigengebrauch oder Hehlerei? Zum Herunterladen von Musik- und Filmdateien aus dem Internet, GRUR Int. 2004, 278

Rigamonti, Cyrill P., Schutz gegen Umgehung technischer Maßnahmen im Urheberrecht aus internationaler und rechtsvergleichender Perspektive, GRUR Int. 2005, 1

Schack, Haimo, Internationale Urheber-, Marken- und Wettbewerbsrechtsverletzungen im Internet - Internationales Privatrecht, MMR 2000, 59

Schack, Haimo, Private Vervielfältigung von einer rechtswidrigen Vorlage?, in: Ahrens, Hans-Jürgen; Bornkamm, Joachim; Gloy, Wolfgang; Starck, Joachim; v. Ungern Sternberg, Joachim (Hrsg.), Festschrift für Willi Erdmann, Köln 2002, S. 165, zit. *Schack* in: FS Erdmann (2002)

Schack, Haimo, Schutz digitaler Werke vor privater Vervielfältigung - zu den Auswirkungen der Digitalisierung auf § 53 UrhG, ZUM 2002, 497

Schack, Haimo, Urheber- und Urhebervertragsrecht, 3. Auflage, Tübingen 2005

Schaefer, Martin, Welche Rolle spielt das Vervielfältigungsrecht auf der Bühne der Informationsgesellschaft? - Neue Herausforderungen an eine alte Rechtsfigur, in: Zollner, Bernward; Fitzner, Uwe (Hrsg.), Festschrift für Wilhelm Nordemann, Baden-Baden 1999, S. 191

Schäfer, Oliver, Das Recht auf private Vervielfältigung von Tonträgern, Berlin 2005

Scheja, Katharina; Mantz, Reto, Nach der Reform ist vor der Reform - Der zweite Korb der Urheberrechtsreform, CR 2007, 715

Schenk, Heike, Die digitale Privatkopie, Berlin 2006

Schippan, Martin, § 95a UrhG - eine Vorschrift (erstmals richtig) auf dem Prüfstand, ZUM 2006, 853

Schippan, Martin, Rechtsfragen bei der Implementierung von Digital Rights Management-Systemen, ZUM 2004, 188

Schmid, Matthias; Wirth, Thomas, Urheberrechtsgesetz, Baden-Baden 2004

Scholz, Lothar, GEMA, GVL & KSK, Bergkirchen 2003

Schricker, Gerhard, Urheberrecht, 3. Auflage, München 2006, zit. *Autor* in: Schricker

Schricker, Gerhard; Katzenberger, Paul, Die urheberrechtliche Leerkassettenvergütung - Eine Erwiderung, GRUR 1985, 87

Schulz, Daniela, Der Bedeutungswandel des Urheberrechts durch Digital Rights Management - Paradigmenwechsel im deutschen Urheberrecht?, GRUR 2006, 470

Schulze, Erich, Das deutsche Urheberrecht an Werken der Tonkunst und die Entwicklung der mechanischen Musik, Berlin 1950, zit. *Schulze*, UrhR an Werken der Tonkunst

Schulze, Marcel, Materialien zum Urheberrechtsgesetz, 2. Auflage, Weinheim 1997

Schütze, Rolf A.; Weipert, Lutz (Hrsg.), Münchener Vertragshandbuch, Band 3. Wirtschaftsrecht II, 5. Auflage, München 2004, zit. *Autor* in: Münchener Vertragshandbuch

Senftleben, Martin, Copyright, Limitations And The Three-Step Test, The Hague 2004

Senftleben, Martin, Grundprobleme des urheberrechtlichen Dreistufentests, GRUR Int. 2004, 200

Senftleben, Martin, Towards a Horizontal Standard for Limiting Intellectual Property Rights? - WTO Panel Reports Shed Light on the Three-Step Test in Copyright Law and Related Tests in Patent and Trademark Law, IIC 2006, 407

Spellenberg, Ulrich, Die Neuregelung der internationalen Zuständigkeit in Ehesachen, IPRax 1988, 1

Spindler, Gerald, Die kollisionsrechtliche Behandlung von Urheberrechtsverletzungen im Internet, IPRax 2003, 412

Spindler, Gerald, Europäisches Urheberrecht in der Informationsgesellschaft, GRUR 2002, 105

Spindler, Gerald, Hyperlinks und ausländische Glücksspiele - Karlsruhe locuta causa finita?, GRUR 2004, 724

Spindler, Gerald, Reform des Urheberrechts im „Zweiten Korb“, NJW 2008, 9

Spindler, Gerald; Leistner, Matthias, Die Verantwortlichkeit für Urheberrechtsverletzungen im Internet - Neue Entwicklungen in Deutschland und in den USA, GRUR Int. 2005, 773

Staudinger, Julius von; Fezer, Karl-Heinz; Koos, Stefan, J. von Staudingers Kommentar zum Bürgerlichen Gesetzbuch mit Einführungsgesetz und Nebengesetzen, Einführungsgesetz zum Bürgerlichen Gesetzbuche/IPR IntWirtschR (Internationales Wirtschaftsrecht), Berlin, Neubearbeitung 2006, zit. *Fezer/Koos* in: Staudinger, IntWirtschR

Stein, Friedrich; Jonas, Martin, Kommentar zur Zivilprozessordnung, 21. Auflage, Tübingen 1993

Stickelbrock, Barbara, Die Zukunft der Privatkopie im digitalen Zeitalter, GRUR 2004, 736

Stieper, Malte, Das Herstellenlassen von Privatkopien durch einen anderen, ZUM 2004, 911

Symeonides, Symeon C., Tort Conflicts and Rome II: A View from Across, in: Mansel, Heinz-Peter; Pfeiffer, Thomas; Kronke, Herbert; Kohler, Christian; Hausmann, Rainer (Hrsg.), Festschrift für Erik Jayme, München 2004, S.935

Theiselmann, Rüdiger, Geistiges Eigentum in der Informationsgesellschaft, München 2004

Thomas, Heinz; Putzo, Hans, Zivilprozessordnung, 27. Auflage, München 2005, zit. *Autor* in: Thomas/Putzo

Thum, Dorothee, Internationalprivatrechtliche Aspekte der Verwertung urheberrechtliche geschützter Werke im Internet - Zugleich Bericht über eine WIPO-Expertensitzung in Genf, GRUR Int. 2001, 9

Tschmuck, Peter, Kreativität und Innovation in der Musikindustrie, Innsbruck 2003

Ulmer, Eugen, Das neue Urheberrechtsgesetz, UFITA 1965 (45), 18

Ulmer, Eugen, Die Immaterialgüterrechte im internationalen Privatrecht, Köln, Berlin, Bonn, München 1975, zit. *Ulmer*, IPR

Ulmer, Eugen, Urheber- und Verlagsrecht, 3. Auflage, Berlin 1980, zit. *Ulmer*, UrhR

Ulmer-Eilfort, Constanze, Zur Zukunft der Vervielfältigungsfreiheit nach Paragraph 53 im digitalen Zeitalter, in: Zollner, Bernward; Fitzner, Uwe (Hrsg.), Festschrift für Wilhelm Nordemann, Baden-Baden 1999, S. 285

Vakula, Alexandra; Bornhagen, Sophia, Das russische Recht der Verwertungsgesellschaften - Eine Studie zu problematischen Aspekten des Wahrnehmungsrechts in Russland, GRUR Int. 2007, 569

Wagner, Gerhard, Die neue Rom II-Verordnung, IPRax 2008, 1

Walter, Michael M. (Hrsg.), Europäisches Urheberrecht, Wien 2001, zit. *Autor* in: Walter

Wandtke, Artur-Axel; Bullinger, Winfried (Hrsg.), Praxiskommentar zum Urheberrecht, 2. Auflage, München 2006, zit. *Autor* in: Wandtke/Bullinger

Weiden, Henrike, Aktuelle Berichte - November 2007 - Urheberrecht: Verabschiedung des Zweiten Korbs, GRUR 2007, 955

Wenzl, Frauke, Musiktauschbörsen im Internet, Baden-Baden 2005

Weßling, Bernhard, Der zivilrechtliche Schutz gegen digitales Sound-Sampling, Baden-Baden 1995

Will-Flatau, Susanne, Rechtsbeziehungen zwischen Tonträgerproduzent und Interpret aufgrund eines Standardkünstlerexklusivvertrages, Hamburg 1990

Zombik, Peter, Der Kampf gegen Musikdiebstahl im Internet, ZUM 2006, 450

Zweigert, Konrad, Private Werkvervielfältigung durch Magnettongeräte und verfassungsrechtliche Eigentumsgarantie, Hamburg, 1963

Zypries, Brigitte, Das Urheberrecht in der Informationsgesellschaft - der Referentenentwurf zum Zweiten Korb, ZUM 2005, 98

Zypries, Brigitte, Ein modernes Urheberrecht für das digitale Zeitalter, KUR 2003, 57

Zypries, Brigitte, Hypertrophie der Schutzrechte, GRUR 2004, 977

Zypries, Brigitte, Neues Urheberrecht: Die Früchte des Zweiten Korbs, MMR 2007, 545

Lebenslauf

Persönliche Daten

Name: Stefan-Frederick Staudacher
Geburtstag: 19. Juli 1980
Geburtsort: Düsseldorf
Nationalität: deutsch
Familienstand: ledig

Ausbildung

07/1986 - 06/1988	Don-Bosco-Schule, Haan Grundschule
07/1988 - 07/1990	Theodor-Heuss-Schule, Bad Soden/Ts. Grundschule
08/1990 - 07/1999	Bischof-Neumann-Schule, Königstein Gymnasium, Abschluss: Abitur
01/1996- 01/1997	Merredin Senior High School, Merredin (Australien) Gastschüler mit AFS Interkulturelle Begegnungen e. V.
07/1999 - 04/2000	Fallschirmjägerbataillon 261, Lebach Wehrdienst
05/2000 - 01/2005	Ruprecht-Karls-Universität, Heidelberg Studium der Rechtswissenschaft, Abschluss: 1. Staatsexamen
02/2005 - 05/2007	Ruprecht-Karls-Universität, Heidelberg Promotion
10/2006 - 05/2007	Max-Planck-Institut für Geistiges Eigentum, Wettbewerbs- und Steuerrecht, München Stipendium und Forschungsaufenthalt
seit 06/2007	Hanseatisches Oberlandesgericht, Hamburg Referendariat